本书出版得到以下资助:

　　国家社科基金项目"桂滇黔民族地区传统体育助力精准扶贫绩效评价与优化路径研究"（19BTY093）；广西普通本科高校示范性现代产业学院：桂林旅游学院文化和旅游产业学院；广西一流学科建设项目：桂林旅游学院旅游管理学科

传统体育

助力精准扶贫绩效评价与乡村振兴实现路径研究

——以桂滇黔民族地区为例

陈炜　文冬妮　王媛◎著

中国财经出版传媒集团

经济科学出版社

Economic Science Press

·北京·

图书在版编目（CIP）数据

传统体育助力精准扶贫绩效评价与乡村振兴实现路径
研究：以桂滇黔民族地区为例／陈炜，文冬妮，王媛著．
北京：经济科学出版社，2024.11.
ISBN 978－7－5218－6348－2

Ⅰ. F323.8；F327.7

中国国家版本馆 CIP 数据核字第 20243Q94Z1 号

责任编辑：朱明静
责任校对：靳玉环
责任印制：邱　天

传统体育助力精准扶贫绩效评价与乡村振兴实现路径研究
——以桂滇黔民族地区为例
CHUANTONG TIYU ZHULI JINGZHUN FUPIN JIXIAO PINGJIA YU
XIANGCUN ZHENXING SHIXIAN LUJING YANJIU
——YI GUIDIANQIAN MINZU DIQU WEILI
陈　炜　文冬妮　王　媛　著
经济科学出版社出版、发行　新华书店经销
社址：北京市海淀区阜成路甲 28 号　邮编：100142
编辑部电话：010－88190489　发行部电话：010－88191522
网址：www. esp. com. cn
电子邮箱：esp@ esp. com. cn
天猫网店：经济科学出版社旗舰店
网址：http://jjkxcbs. tmall. com
固安华明印业有限公司印装
710×1000　16 开　23.25 印张　390000 字
2024 年 11 月第 1 版　2024 年 11 月第 1 次印刷
ISBN 978－7－5218－6348－2　定价：128.00 元
（图书出现印装问题，本社负责调换。电话：010－88191545）
（版权所有　侵权必究　打击盗版　举报热线：010－88191661
QQ：2242791300　营销中心电话：010－88191537
电子邮箱：dbts@ esp. com. cn）

前　　言

传统体育作为我国优秀传统文化的重要组成部分，是民族集体智慧的结晶和历史发展的沉淀，蕴含着各民族的历史文化和运动精神，其健康促进价值、文化传承价值、经济发展价值突出，在助力精准扶贫、脱贫攻坚方面有着独特的优势，是助推乡村全面振兴的重要抓手。深入挖掘传统体育的多元价值，推进资源的创造性转化，持续有效发挥传统体育在中国式现代化和高质量发展中的特有优势，是新时代背景下实现巩固脱贫攻坚成果同乡村振兴有效衔接、提升农村居民幸福感的重要途径。近年来，在国家体育扶贫工程的实施过程中，各地通过深入挖掘传统体育的价值与功能，发挥体育的综合带动作用，开发体育赛事、发展体育产业、建设体育设施、开展大众健身等多种形式日渐完善，以助力精准扶贫与巩固脱贫攻坚成果。然而，传统体育助力精准扶贫的实际效果如何，应采取何种方式对其绩效进行全面、客观评估，以及如何进一步优化传统体育助力乡村振兴的实现路径，是提升传统体育助力精准扶贫绩效水平、巩固脱贫成果同乡村振兴有效衔接的核心与关键。

桂滇黔民族地区少数民族传统体育资源禀赋丰富、文化内涵和价值功能突出，极具保护与利用价值。同时，该区域也是西部连片特困区，是"十三五"

时期脱贫攻坚的主战场，也是"十四五"时期乡村振兴的主要阵地。如何顺应时代发展潮流，通过"体育+"或"+体育"的方式，更好地发挥传统体育的多重价值、助力乡村全面振兴，成为有关专家学者和地方政府重点关注的问题。因此，本书以桂滇黔民族地区为例，对传统体育助力精准扶贫的绩效进行科学测量，合理评估体育扶贫成果与脱贫成效，提出传统体育助力乡村振兴的优化路径。本书研究结果有助于凸显传统体育在助力精准扶贫过程中所发挥的价值与作用；同时，也能够进一步明确传统体育在后续乡村振兴中的发力点和着力点，促进桂滇黔民族地区实现巩固脱贫成果同乡村振兴的有效衔接。

基于这样的思路，本书在对桂滇黔民族地区传统体育助力精准扶贫情况进行系统调查的基础上，深入剖析传统体育助力精准扶贫的逻辑演进关系与作用机理；构建传统体育助力精准扶贫的绩效评价指标体系与模型，并开展实证研究；总结归纳传统体育助力及精准扶贫的成功经验，提出传统体育助力乡村振兴的实现路径。本书研究成果对于补充和完善民族地区体育减贫的内涵与方式，进一步丰富和完善传统体育助力乡村振兴的理论体系；对于深入挖掘桂滇黔民族地区传统体育的多重价值与功能，推进民族传统体育的创造性转化与创新性发展，进一步优化传统体育助力乡村振兴的模式与路径，推动全面振兴；对于推进健康中国和体育强国建设，提升乡村居民幸福感，扎实推进共同富裕进程与加速迈向社会主义现代化国家新征程，提供了理论借鉴与实践参考。

本书分为三个部分，共七章。

第一部分是研究综述与理论基础，即第1章，主要阐述研究背景和意义、界定相关概念内涵、对国内外的相关研究进行评述，并对本书研究的理论依据和方法逐一说明。

第二部分为核心内容，包括第2章、第3章、第4章、第5章和第6章。其中，第2章是桂滇黔民族地区传统体育助力精准扶贫的现实研判，主要是对该区域传统体育助力精准扶贫的现实背景、资源基础、主要成绩、存在问题、制约因素等进行全面系统的整理和分析，从而为本书研究的进一步深入开展进行铺垫。第 3 章梳理桂滇黔民族地区传统体育的发展历史及脱贫进程，将传统体育助力精准扶贫的逻辑演进过程划分为萌芽阶段、探索变迁阶段、多元共建阶段和协同治理阶段，并总结归纳了各阶段的典型特征；从经济、健康和文化三个方面探讨传统体育助力精准扶贫的作用机理。第 4 章是桂滇黔民族地区传统体育助力精准扶贫绩效评价指标体系与模型的构建。采用利益相关者图解法，辨析影响传统体育助力精准扶贫的主要因素；通过理论遴选、专家咨询、专家问卷三轮筛选，形成传统体育助力精准扶贫绩效评价的正式指标体系；而后运用层次分析法，计算各指标权重，最终构建涵盖精准扶贫和脱贫成果巩固两个阶段的传统体育助力精准扶贫绩效评价模型。第 5 章是实证研究，选取广西靖西抛绣球、云南广南武术、贵州榕江斗牛为典型案例，根据所构建的评价模型，运用模糊综合评价法，测算出传统体育助力精准扶贫和脱贫攻坚绩效的综合分值，并剖析其面临的困境与存在的问题。第 6 章结合当前乡村振兴的战略要求，从优化资源生境、激活内生动力、深化推进方式、强化支撑保障、重视动态管理五个方面，提出桂滇黔民族地区传统体育助力乡村振兴的实现路径。

第三部分是研究结论与展望，即第 7 章，全面总结本书的研究成果、存在不足，并对该领域今后的研究方向进行展望。

目　　录

| 第 1 章 |

绪　论

1.1　研究背景及意义

1.1.1　研究背景

我国农村扶贫开发从 20 世纪 80 年代中期开始，通过 40 多年的努力取得了瞩目成就，扶贫开发工作从以解决温饱为主转入巩固温饱成果、加快乡村振兴、改善生态环境、提高发展能力、缩小发展差距的新阶段，于 2020 年实现了农村贫困人口全面脱贫。但是脱贫成果的巩固任务依然严峻，尤其是在人口众多、基础设施落后、经济欠发达的民族地区。长期以来，贫困问题仍是制约民族地区经济发展较为突出的社会问题，如何借助民族地区传统体育资源优势，助力民族地区阻断返贫，实现乡村振兴是我国现阶段的工作重心。2013 年，习近平总书记提出"精准扶贫"理念，该理念的诞生促使我国的扶贫事业进入一个从开发式扶贫向精准式扶贫转变的新阶段。精准扶贫强调激发内生发展动力，调动贫困群众的脱贫积极性，实施造血式、参与式扶贫，积极探索政府与群众、外援与内源联动的个性化和可持续的脱贫道路，其涉及经济、文化、社会、健康和教育等各个领域，需要方方面面全部脱贫。

　　传统体育是历史上各民族群众适应当地自然和人文生态环境不断发展流传下来的文化产物，是传统生产生活方式及文化发展的重要体现，具有独特魅力。民族地区传统体育内涵丰富，文化、经济、健康、教育、艺术、政治等价值功能突出，有助于增强各族人民体质、凝聚各民族精神以及促进各民族之间的文化交流。作为我国优秀民族文化的重要组成部分，传统体育在助力扶贫方面有着独特的优势，是助推脱贫攻坚和乡村振兴的重要抓手。民族传统体育的功能价值独特突出，充分发挥传统体育在脱贫攻坚战中的特有优势，实施体育扶贫工程，推进传统体育与扶贫工作深度融合，已经成为加快贫困地区脱贫攻坚、巩固脱贫成果进程的有效之举。然而由于贫困地区各级政府以及贫困群众对体育精准扶贫的认知有限、动力不足等原因，导致传统体育助力精准扶贫工作面临诸多困难与瓶颈。因此，对传统体育助力精准扶贫工作绩效进行有效的评估与监督，可以有针对性地解决实践中出现的问题，是进一步巩固脱贫成果、助力乡村振兴的关键。

　　党的十八大以来，国家发布了一系列政策，探索传统体育扶贫之路，充分发挥传统体育的优势，助力体育精准扶贫。如早在 2012 年，先后制定出台的《国家体育总局定点扶贫开发工作规划（2012 年—2020 年）》及《国家体育总局"十三五"时期定点扶贫工作方案》，提出"立志、立教、立业"和"突出体育扶贫，扶出体育特色"的扶贫指导思想，要求不断加大人力、物力、资金投入，加强体育基础设施建设和体育文化推广等工作。为贯彻党的十九大精神，2018 年 1 月，国家体育总局、国家民委印发《关于进一步加强少数民族传统体育工作的指导意见》，提出大力发展少数民族传统体育产业，助力乡村振兴和脱贫攻坚，推进少数民族传统体育与旅游、文化等融合发展，助力打赢边疆民族地区和少数民族群众脱贫攻坚战；2018 年 7 月，国家体育总局、国务院扶贫开发办联合印发《关于体育扶贫工程的实施意见》，明确提出要将体育扶贫纳入脱贫攻坚总体部署和工作体系，到 2020 年实现贫困地区体育基础设施和健身公共服务体系基本完善。步入"十四五"时期以来，国家先后颁布《"十四五"体育发展规划》《关于推进体育助力乡村振兴工作的指导意见》《关于推进健康乡村建设的指导意见》等政策举措，多次强调要保护传承发展传统体育，推动优秀传统体育文化创造性转化、创新性发展，以贯彻落实乡村振兴工作和健康中国建设的部署要求，为乡村全面振兴夯实健康保障。

作为少数民族密集分布区，桂滇黔民族地区是我国"十三五"时期脱贫攻坚主战场，也是"十四五"时期乡村振兴的主要阵地。2021 年 3 月公布的《中共中央、国务院关于实现巩固拓展脱贫攻坚成果同乡村振兴有效衔接的意见》中提出，支持革命老区、民族地区、边疆地区巩固脱贫攻坚成果和乡村振兴。桂滇黔民族地区传统体育文化资源丰富多彩、形式多样、特色鲜明，极具保护传承与开发利用价值。挖掘桂滇黔民族地区传统体育的文化旅游开发价值，有助于地方文化产业、旅游产业的发展，实现产业精准扶贫；挖掘传统体育的健康价值，有助于增强桂滇黔各族人民体质、丰富民众娱乐生活，实现健康精准扶贫；挖掘传统体育的文化价值和教育价值，有助于"扶志""扶智"，帮助桂滇黔贫困地区树立文化自信，破解文化贫困问题。桂滇黔民族地区传统体育与国家精准扶贫战略的实施具有高度的耦合性，传统体育是该地区精准扶贫的重要优质资源，将其融入精准扶贫有助于创新扶贫模式、提高扶贫效率、巩固脱贫成果。然而，目前桂滇黔民族地区在传统体育助力精准扶贫过程中，存在着扶贫资金使用效率不高、扶贫成效不显著、扶贫辐射面较窄、扶贫方式普适性不强、脱贫成果保障机制有待健全等问题；如何科学测量传统体育扶贫绩效以及科学评价脱贫成果，也缺乏全面系统的衡量标准，严重制约着桂滇黔民族地区传统体育助力精准扶贫绩效水平的提升以及精准扶贫各项政策措施的有效落实。鉴于此，本书以桂滇黔民族地区为例，对其传统体育助力精准扶贫现状及面临困境进行系统调查分析，进而剖析传统体育助力精准扶贫的逻辑演进关系与作用机理；而后，构建桂滇黔民族地区传统体育助力精准扶贫、脱贫攻坚绩效评价指标体系与模型，在开展实证研究的基础上，提出促进传统体育助力乡村振兴的实现路径与政策体系，以期拓展传统体育助力乡村经济社会发展成效评价的研究视野，为促进桂滇黔民族地区传统体育的传承发展、全民健身公共服务体系全面建立以及促进乡村全面振兴提供新的思路。

1.1.2 研究意义

1.1.2.1 理论意义

本书拟综合运用多学科的理论与方法，通过理论与实证、定性与定量研究相结合，针对桂滇黔民族地区传统体育助力精准扶贫的绩效评价与乡村振兴实现路径展开系统探讨，有助于拓展民族地区体育扶贫精准性和有效性的研究视角，丰富传统体育扶贫的内涵和方式，进一步完善传统体育助力精准扶贫与乡村振兴的理论体系。可为深入推进桂滇黔民族地区传统体育助力精准扶贫工作的有效开展，实现传统体育助力精准扶贫绩效水平的提升及进一步巩固传统体育脱贫成果提供新的理论支撑体系和方法，并具有一定的示范意义。

1.1.2.2 现实意义

桂滇黔民族地区是我国"十三五"脱贫攻坚主战场和传统体育资源富集区，也是"十四五"时期乡村振兴的主要阵地。通过对该区域传统体育助力精准扶贫的绩效评价研究，构建传统体育助力精准扶贫的优化路径与政策体系；有助于精准定位传统体育扶贫对象及帮扶主体，解决"扶持谁、谁来扶、怎么扶、如何退"等脱贫攻坚的难点、热点问题；有助于推动桂滇黔民族地区传统体育创造性转化和创新性发展，优化传统体育助力精准扶贫路径，提升扶贫绩效水平；有助于推进脱贫攻坚战取得最终胜利，促进乡村振兴的稳固衔接，进而实现共同富裕。

1.2 相关概念的界定

1.2.1 传统体育

国内外学者对"传统体育"概念的探讨是多视角、多维度的。范梅尔和伦森（Van Mele & Renson，1992）认为，传统体育是一种具有当地文化特色的娱乐活动，是扎根于民众的传统生活之中的世代相传的传统游戏活动。法必恩和拉萨尔（Fabian & Russell，2007）把传统体育界定为：一种属于传统范畴的具有娱乐性和运动性的活动，这种活动一般不具备比较完善的规则制度。国内学者王金宝、彭士媛（1996）将"传统体育"定义为：各民族在生产劳动和日常生活中创造的各种各样、丰富多彩、富有浓郁的民族和独具地方特色的体育活动与健身方法。李玉文、白晋湘（2022）认为，传统体育是民族体育的重要组成部分，指人类创造和将要创造的世代相传并延续至今的具有民族或地方特色的体育文化形态；应当结合新时代新阶段的特点进行开发利用。崔钰琪、杨红英（2022）认为，传统体育包含我国具有民族特色的体育典籍和图谱，是民众生产生活的生动体现。于善、张文婕等（2022）认为，民族传统体育学是一门以中国武术为主干，涵盖中华民族民间体育和传统养生体育的综合性新兴学科，具体包括武术、民俗民间体育、传统体育养生、少数民族体育四大块内容。

根据以上学者的概念解读，本书认为："传统体育"是各民族劳动群众在长期的生产劳动中积累发展、延续至今，依然对地方社会发展产生一定作用，具有地方特色的体育活动。

1.2.2 精准扶贫

"精准扶贫"一词最早于 2013 年 11 月习近平总书记到湖南湘西考察时提出。党的十八大以后，"精准扶贫"理念越发鲜明，习近平总书记多次就扶贫开发、脱贫攻坚发表重要讲话，党中央、国务院从精准扶贫出发多次指明扶贫工作的正确方向、方针政策，"精准扶贫"这一理念逐渐成为我国扶贫工作整体战略与社会治理的关键部分。"精准扶贫"理念兴起之初，国内外媒体与学界高度关注，但对其概念的界定，大多以官方政策文件发布的定义为主，即"通过对贫困户和贫困村精准识别、精准帮扶、精准管理和精准考核，引导各类扶贫资源优化配置，实现扶贫到村到户，逐步构建精准扶贫工作长效机制，为科学扶贫奠定坚实基础"。近年来，国内已有不少学者对"精准扶贫"的概念进行了探讨：陈成文、廖欢（2016）认为，从社会学视角看，精准扶贫是"指政府、市场和社会组织等社会治理主体在相互协调的基础上，运用一定的物质和精神手段，有计划性地对特定的贫困区域及其贫困人口进行帮助与扶持，以期达到经济效益、社会效益和生态效益最大化的一种正向的社会变迁过程"。高其（2018）指出，精准扶贫是"精确辨别瞄准所有贫困人口，全面研究其致贫根源，之后使用合理的帮扶举措，根据现实情况确定帮扶措施，利用高效管理，得到精准识别、扶持、退出的成果，让真贫得到真扶，提升扶贫的现实成效，从大水漫灌发展成精确滴灌"。王嘉鑫、陈今等（2022）认为，精准扶贫是坚持专项扶贫、行业扶贫、社会扶贫的"三位一体"扶贫格局。企业参与精准扶贫具有增值效应，主要通过提升企业社会责任感和改善公司治理实现价值增值。

根据以上学者的论述，本书可将"精准扶贫"理解为：针对不同贫困地区各不相同的发展环境及贫困户实际，在精准识别的基础上，采用精确帮扶和管理的方式开展扶贫工作。

1.2.3 扶贫绩效

"绩效"一词源于管理学中，原本指公司的组织团队或个人，在一定条件下所完成工作成效的总和（周三多、陈传明，2014），其体现了组织或个人在一定时期内的投入产出情况，核心理念表现为：主体围绕目标开展行为活动的有效性。根据中共中央办公厅、国务院办公厅印发《省级党委和政府扶贫开发工作成效考核办法》，扶贫绩效指各级扶贫部门在减贫成效、精准识别、扶贫资金和精准帮扶方面所取得的工作成效。[①] 如若单从资金层面来理解，根据《扶贫项目资金绩效管理办法》来看，扶贫绩效是指扶贫项目资

---

① 中共中央办公厅，国务院办公厅. 省级党委和政府扶贫开发工作成效考核办法［R］. 北京：国务院扶贫办，2016.

金的使用效益。[①] 就目前学术界对扶贫绩效概念的界定而言，李鹤（2017）指出扶贫绩效是"以扶贫措施要达到的效果和产生的影响为目标，在规划期内整合并投入扶贫资源，并按照国家扶贫相关的政策规定或法律法规，应用于瞄准的贫困地区或对象的各项建设和帮扶，经过有计划的管理实现与投入相比更多的产出，进而达到既定目标并产生后续影响。它属于扶贫项目绩效的一部分，与扶贫项目的投入、产出、管理和结果等相互关联、密不可分"。谢晓维（2018）认为，扶贫绩效是控制返贫、巩固扶贫成效的社会经济管理活动。樊爱霞、潘海岚等（2022）指出，扶贫绩效就是考察扶贫工作取得的业绩和成效，可从贫困地区贫困人口的经济、社会和生态三方面进行评价，以便对后续扶贫工作的开展提供指导。周子英、黄毅（2022）认为，扶贫绩效是扶贫各方面效益的整体体现，受到经济、社会与生态因素的影响，精准扶贫绩效经历了一般水平、中等水平和良好水平三种状态。

根据以上学者对该概念的探讨，本书可将"扶贫绩效"理解为：以政府为实施主体，以扶贫措施要达到的效果和产生的影响为目标，在规划期内整合并投入扶贫资源，应用于瞄准的贫困地区或对象的各项建设和帮扶，以达到相应的业绩和成效目标，可为后续扶贫工作的开展提供指导。

1.2.4　乡村振兴

为解决我国长期存在的城乡之间不平衡、农村发展不充分问题，加快农民增收致富，以习近平同志为核心的党中央提出乡村振兴战略。随后，乡村振兴逐渐受到学术界的关注，并成为学者们研究的热点与焦点。廖彩荣（2017）认为，乡村振兴战略是以习近平同志为核心的党中央，围绕新时代"三农"问题，加快农业农村现代步伐，逐步推动我国由农业大国向农业强国迈进的重大战略举措。关浩杰（2018）将乡村振兴定义为按照"产

---

① 财政部，国务院扶贫办，国家发展改革委. 扶贫项目资金绩效管理办法的通知［R］. 北京：中国政府网，2018.

业兴旺、生态宜居、乡风文明、治理有效、生活富裕"的总体要求，围绕农业供给侧改革主线，以农村第一、第二、第三产业融合发展为抓手，实现我国乡村经济、政治、文化、社会、生态文明"五位一体"协调全面发展的战略举措。李长学（2018）认为，乡村振兴是按照"产业兴旺、生态宜居、乡风文明、治理有效、生活富裕"的总要求扭转乡村衰落、实现农业农村现代化的过程。张新颖（2020）提出，乡村振兴战略是优先发展农业农村，按照"产业兴旺、生态宜居、乡风文明、治理有效、生活富裕"的总要求，统筹推进农村经济建设、政治建设、文化建设、社会建设和党的建设，让农业成为有奔头的产业，让农民成为有吸引力的职业，让农村成为安居乐业的美丽家园。赵延安（2024）认为，乡村振兴是包括产业振兴、人才振兴、文化振兴、生态振兴、组织振兴的全面振兴，其总目标是实现农业农村现代化，总要求是"产业兴旺、生态宜居、乡风文明、治理有效、生活富裕"。

尽管不同学者对乡村振兴概念和内涵的界定有所偏差，但本质上已形成基本一致的共识，即认为乡村振兴的发展过程就是从政治、经济、文化、生态、福祉和治理体系等方面的振兴与重构（芦风英，2023）。因此，参考和借鉴现有研究成果，本书认为乡村振兴是在以习近平同志为核心的党中央的领导下，按照"产业兴旺、生态宜居、乡风文明、治理有效、生活富裕"的总体要求，加快农业农村现代化、着力解决乡村衰败问题，实现乡村产业、人才、文化、生态和组织振兴的重大战略举措。

1.3　国内外研究现状

1.3.1　国外研究现状

笔者用"traditional sports""protection of traditional sports""traditional sports development""poverty reduction""poverty reduction performance"以及

"poverty reduction performance evaluation" "improved performance in poverty reduction" 等为关键词，在 Science Direct、Springer、Elsevier、EBSCO、谷歌学术等国外期刊网进行检索，目前尚未发现直接涉及传统体育助力精准扶贫绩效评价的专门文献。

虽然目前国外缺乏关于传统体育助力精准扶贫绩效评价及提升路径的系统研究成果，但相关的基础性研究成果相对丰富。本书主要从"传统体育保护传承与开发利用研究""传统体育与减少贫困的关系研究""传统体育减贫绩效评价与提升研究"三个方面对国外的相关研究成果进行梳理、归纳与分析。

1.3.1.1 传统体育保护传承与开发利用研究

当前，国外学者对传统体育研究成果颇为丰富，相关研究内容主要集中于传统体育保护传承与开发利用方面。

就传统体育的保护传承而言，21 世纪以来，随着全球化和现代化发展，世界范围内的相关社会群体、民族、国家在"保护传统体育"问题上达成了一定共识，相关研究成果日渐丰富，其中较多地集中于传统体育的教育保护传承路径研究。布昂等（Buang et al.，2008）研究了传统体育依托学校教育传承的具体路径。皮耶罗（Pierrot，2013）发现，传统体育文化进入学校，加入学校体育协会，可以增强学生的身体素质，激发其传承民族传统体育文化的积极性。莫里尔（Morrill，2014）认为，较小的棒球联盟组织在传承和保护传统体育方面发挥着重要作用，应该给予其资金与政策支持。伊戈尔等（Igor et al.，2016）发现，仍有部分教师并不热衷于将民族传统体育文化纳入教学范围之内，因此，须改进其呈现形式，增加体育活动项目，增强民族传统体育的吸引力和感染力。彼得森和彭纳（Peterson & Penner，2020）指出，传统体育赛事可以通过个人绩效指标来评价不同成员的水平，根据不同传统体育项目的特征，制定合理的个人绩效指标有利于推进传统体育的发展。皮尔等（Pere et al.，2022）认为，通过传统体育促进人与人之间的情感交流是保护传统体育的重要途径。

就传统体育的开发利用而言，从旅游开发的视角探讨传统体育的保护与传承问题，是现有研究成果中最为丰富的领域。学者们认为，旅游开发有助于唤起当地民众体育文化的保护与传承意识，扩大其社会影响和传播范围。拉姆肖（Ramshaw，2014）剖析了传统体育与旅游业之间的相互关系，指出传统体育旅游开发必须坚持以可持续发展理念为指导，尤其要真实、全面地保存并延续传统体育项目所包含的历史文化信息及价值功能。克兰切维奇（Kranjčević，2018）指出，传统体育可以作为一种可持续发展资源，在旅游、教育、健康、经济及生态等领域发挥作用。利德斯特伦等（Lidström et al.，2022）通过生物学视角，研究了北芬诺斯坎迪亚萨米人的传统体育，认为当地传统体育娱乐性较强，可以作为人们日常生活的游戏，以此促进传统体育器材的发展，并利用自然资源的丰富性创新发展多元化的游戏工具，实现传统体育及其相关领域的协调发展。

1.3.1.2 传统体育与贫困减少的关系研究

传统体育对区域经济社会发展具有重要意义，深刻影响着国家、地区的经济发展、社会文化，同时也促进减少贫困。

就体育与经济发展的关系而言，格拉顿等（Gratton et al.，2010）报告了1997年在英国举行的六项大型体育赛事的经济影响评估结果，指出大型体育赛事现在被许多城市视为其旅游战略的重要组成部分，举办大型体育赛事通常需要主办城市出资，而体育赛事对主办城市的益处，取决于赛事对当地社会产生的经济效益。库兹曼（Kurzman，2005）认为，体育是一个价值数十亿美元的产业，已成为全球数百万人生活中的主导力量和决定性力量，体育运动的广泛性具有普遍的吸引力，全球体育赞助已达到200亿美元，美国、日本和德国等国家受益最大。利弗莫尔（Levermore，2008）指明，体育运动涉及国际发展的诸多方面，目前仍需要花费更长的时间来认识和分析体育运动是推动经济社会发展计划前进的引擎。蒂博等（Thibaut et al.，2020）通过对3775名成年人进行问卷调查，利用 Tobit 回归模型分析了体育支出的决定因素和收入弹性，表明了收入与参加体育活动的关系。皮佐等（Pizzo et al.，2022）认为，将科技融入体育是促进体育与科技协调发展、带动体育经济发展的重要途径。

就传统体育与减少贫困的关系而言，范德梅臣等（Vandermeerschen et al.，2017a）通过对法兰德斯（比利时）的非营利性体育俱乐部调查得出的结果表明，地方体育当局和体育联合会在支持和鼓励体育民间组织方面可以发挥重要作用，给予贫困人口更多关注。范德梅臣等（2017b）探讨了贫困人口参与体育的意义，评价了贫困人口参与体育的机会。格兰特（Grant，2011）指出体育在一些继续面临着明显的贫困陷阱国家中的重要作用，体育与教育等其他社会力量结合起来的能力，促进了体育在国际援助和人道主义组织中地位的提高。劳森（Lawson，2010）指出，体育、锻炼和体育项目的社会工作可以提高人类一生的健康和福祉；可缓解由贫穷、社会排斥、群体间冲突造成的危害。卡里米和霍纳瓦（Karimi & Honarvar，2018）认为，发展体育旅游业能够有效带动就业，提高贫困者收入，达到减贫成效。冈田和卡舒（Okada & Kashu，2020）通过研究柬埔寨贫困者以体育摆脱贫困的案例，指出政府组织可以借助体育进行减贫。罗杰斯等（Rogers et al.，2022）认为，传统体育、电子竞技和 NBA2K 联赛可以拉动消费，促进收视率提升，同时也能够在一定程度上带动贫困人口就业。

1.3.1.3　传统体育减贫的绩效与提升研究

相比国内研究而言，国外学者在有关贫困方面的研究较早，其研究成果也较为丰硕，但直接涉及传统体育减贫的绩效与提升研究的文献仍较少，故本书主要从减贫绩效评价指标的探索以及减贫绩效评估方法的研究两个方面梳理总结国外关于减贫绩效与提升的文献，以期为本书研究主题民族传统体育助力精准扶贫绩效评价与乡村振兴实现路径研究提供一定的参考和借鉴。

就减贫绩效评价指标的探索而言，努斯鲍姆（Nussbaum，2003）进一步扩展了评价的维度，涉及健康、环境、感知等多个维度。范等（Fan et al.，2008）认为，长期公共资本积累、农业推广、教育和农村基础设施，是促进农业增长和减贫效果最佳的三种政府支出。托多（Todo，2013）对印度普渡区扶贫项目开展调研得知，就业率低、人均收入低、人口增长率较高、基础设施不完善、贫富差距大等，是造成贫困的主要因素。布兰德等（Blandón et al.，2014）监测尼加拉瓜贫困地区的健康数据后，发现贫困的发生可通过政府的干预得以有效的降低，医疗卫生、住房改善、环境保护、入学保障、就业方面是政府加大投入的重点。马勒巴（Malerba，2020）通过对135个国家（地区）减贫案例分析，发现减贫与环境保护、贫困者观念、社会提供就业机会、经济发展水平等指标相关性较大。布塞尔等（Buser et al.，2021）认为，体育与营销进行结合，政府积极引导民众参与体育活动并带动消费，在一定程度上能够促进当地经济发展，带动贫困者就业，达到减贫的效果。

就减贫绩效评估方法的研究而言，麦克蒂格（Mctigue et al.，2001）认为，在比较检验项目减贫效果的基础上，提倡实施多种措施。拉瓦里昂（Ravallion，2001）认为，可有效评价扶贫绩效的方法是随机事项与数量方法的结合，但适用所有减贫项目评估的方法并没有，绩效评估结果将受到评估参数选择、项目实施背景的影响。莱因哈特（Reinhard，2018）通过数据分析紧缩政策对贫困人口体育参与度的影响研究，表明住房、能源成本、交通、就业、医疗保健、社会福利、儿童保育、教育、养老金、公共服务、体育用品等许多生活和政策领域的紧缩措施可能会对贫困人口的休闲参与机会和结果产生影响。努涅斯等（Núñes et al.，2022）通过定量分析法，探讨参与奥林匹克体育竞赛的青年人的心理变化过程，表明体育运动在贫困地区普及有助于促进健康领域和社会价值观念的创新发展，有助于贫困者摆脱贫困。

1.3.2 国内研究现状

为全面了解国内关于传统体育助力精准扶贫绩效评价与乡村振兴实现路

径的研究现状，笔者分别以"传统体育助力精准扶贫""传统体育助力精准扶贫绩效评价""传统体育助力精准扶贫的提升路径""精准扶贫""乡村振兴""精准扶贫与乡村振兴""乡村振兴实现路径"等为关键词，在中国知网数据库、读秀数据库、超星数据库等进行检索，查阅了相关文献资料，并结合近年来较热门的各类关于体育扶贫的论著，整体上梳理了目前该领域的研究现状，以期为研究的顺利开展奠定坚实的理论基础。

笔者以"体育＋扶贫"为关键词查阅了国内相关论著，发现国内学者对该领域的研究成果较少。如石晓峰（2017）《体育旅游视域中农村扶贫模式创新研究》一书研究了山西省贫困地区体育旅游资源各要素之间的关系，建立了山西贫困地区体育旅游精准扶贫模式，打造了山西特色的精准扶贫品牌，构建了具有山西特色的精准扶贫之路。丁亚兰（2018）《我国体育特色小镇发展研究》一书，从体育特色小镇发展出发，探讨如何充分发挥政府引导作用以及市场主体作用，积极探索体育扶贫新模式。杨海燕（2020）《体育精准扶贫研究》一书，研究了体育精准扶贫的相关政策、体育扶贫政策量化评价、体育消费扶贫面临的挑战及应对措施、体育精准扶贫可采取的途径、体育精准扶贫绩效评估等内容。

在以"精准扶贫＋绩效"为关键词进行检索时，发现国内学者在这方面的专著研究成果相对丰富。如刘汉成、夏亚华（2014）《大别山旅游扶贫开发研究》一书对大别山旅游扶贫开发绩效进行分析，并构建大别山旅游扶贫机制。罗明军（2015）《云南特有七个人口较少民族扶贫绩效调查研究》一书，以提高扶持云南特有的七个人口较少民族扶贫绩效为目的，以扶持人口较少民族发展的项目为基础，以人口较少民族对扶贫绩效的评价和期望为重点内容，全面调查研究人口较少民族扶贫面临的新情况和新问题。李宝庆（2017）《精准扶贫背景下的金融扶贫及其绩效评价研究》一书，设计了金融扶贫绩效评价的评价指标体系和评价模型，并对全国592个扶贫开发重点县进行了应用分析。江书军（2018）《可行能力视域下精准扶贫综合绩效评价研究》一书运用多种学科理论与方法，从精准施策、资金管理、减贫成效三个方面系统分析了精准扶贫综合绩效的影响因素，设计了精准扶贫综合绩效评价指标体系。田文（2019）《精准扶贫政策绩效第三方评估研究》一书，以中部省份 5700 份样本农户数据为基础，使用定性和定量研究相结合的方法，研究分析了我国精准扶贫公共政策绩效，并对公共政策第三方评估方法进行了全面的阐释和深入的探讨。殷杰兰（2020）《基于模糊综合评价的县级精准扶贫绩效评价》一书，选取河南确山县作为基本评价单位，进行精准扶贫绩效评价，包括评价模型的分析与选取、评价指标体系及其权重的建立、数据收集方法与过程、评价步骤及最后评价结果的形成等内容。郭兴华（2022）《多维贫困测度扶贫路径及其绩效评估研究——基于 A 市农村的调查数据》一书，运用因子分析法，构建了涵盖贫困测度、扶贫路径、绩效评估等 15 项指标的多维贫困测度指标体系，创新性地构建了改进的 A－F 多维贫困测度模型；并以 A 市农村为例，立足于扶贫工作的系统性，研究其精准扶贫状况。

总的来说，关于传统体育助力精准扶贫绩效评价与乡村振兴实现路径的专著研究较为罕见，系统性的相关研究成果仍较为缺乏。除专著以外，笔者以"体育＋精准扶贫""传统体育＋精准扶贫＋绩效""传统体育＋乡村振兴"等为主题词进行文献检索，发现检索到的相关文献较多。结合研究需要，对检索到的相关文献进行了归纳总结，最终发现，现阶段国内学者关于传统体育助力精准扶贫绩效评价与乡村振兴优化路径的研究内容主要集中在民族传统体育与精准扶贫、民族传统体育助力精准扶贫的现状与作用机理、民族传统体育助力精准扶贫的绩效评价与提升路径以及传统体育助力乡村振兴的价值意蕴与实现路径四个方面。

1.3.2.1　传统体育与精准扶贫研究

传统体育是一种地方特色文化资源，构成了各地区发展的内生禀赋和比较优势，在国家精准扶贫战略的实施过程当中，逐渐显现出其不可替代的优势。将传统体育融入精准扶贫过程中，不仅能够助力精准扶贫，而且能在脱贫过程中使传统体育的多重价值得到更好的挖掘与发挥。

在传统体育的价值研究方面，刘明军、吴明华等（2018）从新的视角对传统体育现代功能进行深度挖掘，认为传统体育对人类观念的影响以及对人类行为的道德约束是传统体育的两大价值。许婷、张雪等（2019）认为，传统体育不仅蕴含着丰富的文化特色，还对个体身心健康具有积极效应，民族传统体育在"健康中国"行动中的价值可表现为：绿色生态、健身养生；民族团结、文化认同；立德树人、教育推进；健身推广、赛事共享；国际交流与传播等。李莹、杨风雷（2020）指出，传统体育是历史流变中的民族精神纽带，是民族文化自信的源泉，是民族文化自信的坚守。此外，国内学者们还通过不同的视角和运用各种方法探讨传统体育的多元价值：梁日忠（2020）以广西罗城仫佬族自治县仫佬族依饭节为例，从节日展演、竞赛活动和学校教育三个方面诠释了传统体育的民族传承价值和精神价值。廖磊、叶燎昆（2020）在分析云南白族传统体育价值的基础上，提出促进民族与文化繁荣发展的路径。吴学锋（2021）基于体育强国背景，分析了民族传统体育的文化价值及育人价值。贾海如、吴志恒等（2022）认为，传统体育的教育功能、经济功能、健康功能、科技功能是提升中华传统文化软实力的有力抓手。

就传统体育在精准扶贫战略实施中的价值运用研究而言，张浩、肖琴（2018）指出，民族传统体育文化与扶贫相结合有利于扶贫工作的有效开展、民族体育文化的传承、当地体育旅游资源的开发、实现民族传统体育文化与旅游产业互利共赢。王晓东、张书军（2018）探讨了体育扶贫的优势，认为民族传统体育扶贫参与是"参与式"扶贫路径，而且体育扶贫参与同现阶段脱贫攻坚思想契合。王兰、韩衍金（2019）认为在精准识别贫困原因的基础上，挖掘少数民族传统体育的文化价值和经济价值，可实现产业扶贫；发挥少数民族传统体育的健康价值，可助力健康扶贫；充分发挥其在"扶器""扶智""扶志"方面的文化和教育价值，可破解贫困文化。尚昭光（2020）分析了精准扶贫背景下民族传统体育扶贫参与的价值及实现要素，包括体育扶贫实现的政治基础、经济基础以及社会基础。张铁雄、梁巨志（2020）从解决精神贫困与经济贫困两个维度出发，以民族传统体育的健身、娱乐功能，提升贫困人群整体健康水平；以民族传统体育的教育、政治功能，唤醒贫困人群的脱贫斗志；以民族传统体育的经济功能，促进贫困地区的经济发展。谭小春（2020）指出少数民族传统体育已成为民族地区富有活力和文化内涵的旅游项目，在解决剩余劳动力、促进经济发展、提升城市影响力等方面发挥着越来越重要的作用，成为脱贫攻坚不可或缺的重要力量。卢兴、郭晴等（2021）提出从文化要素流动激活受众审美经验、异质文化媒介认知契合期待视野、功用传播突出传统体育文化价值等几方面，来拓建传播主体与海外受众汇通的文化释义空间。虎晓东、咸云龙等（2022）认为，传统体育在传统村落中具有一定的文化价值、社会价值和传播价值。

1.3.2.2 传统体育助力精准扶贫的现状与作用机理研究

当前，国内学者对传统体育助力精准扶贫的研究成果颇为丰富，相关研究内容主要从传统体育助力精准扶贫的现状与作用机理两个视角展开。

就传统体育助力精准扶贫的现状研究而言，钟礼超、仇倩湄等（2019）探明了影响粤北民族地区体育精准扶贫的因素主要有：思想上对体育轻视、制度制定未涉及以及产业结构不合理等。谷茂恒（2019）指出，目前湘西休闲体育文化精准扶贫的精准度不高、休闲体育文化精准扶贫对市场供需缺少信息实时对接、休闲体育文化发展缺乏专业性指导等问题。齐震、周家金等（2020）基于精准扶贫的视角，分析少数民族村落传统体育的资源优势和发展现状，提出民族地区应结合少数民族村落实际状况，因地制宜实施"传统体育项目＋精准扶贫"模式。冯支波、伍广津等（2021）通过对广西少数民族赛龙舟、抛绣球、抢花炮3个具有鲜明民族特色并在实践过程中影响力较大的传统体育项目开展研究，提出了民族传统体育融入乡村振兴的创新模式。许多（2022）通过分析武陵山片区土家族传统体育非物质文化遗产的发展现状及其价值，提出"以人为本，回归民族价值"导向，打造民族特色体育小镇；以文化传承教育为基础，构建"三位一体"的活态教育效应链等传承路径。

受交通、资源等条件的制约，桂滇黔民族地区传统体育助力精准扶贫的形式及路径选择较为有限，但该区域民族传统体育项目文化特色鲜明、功能价值突出，将其作为旅游资源开发在融入精准扶贫战略的实施过程中具有广阔的发展空间，故而从旅游开发的角度，探讨民族传统体育助力精准扶贫现状的研究成果较为丰富。如刘文燕、王振（2019）总结出目前黔东南民族体育旅游扶贫模式，主要包括"体育＋"或者"＋体育"的发展模式助力脱贫。潘道雍、刘永光（2020）探讨了南疆地区民族体育旅游扶贫面临的机遇和挑战。黄可可、李怀攀（2020）指出渝东南民族地区体育旅游扶贫开发过程中存在体育旅游扶贫认识不足，政府部门主管部门缺乏长远规划以及体育旅游扶贫没有形成产业化、市场化等问题。屈植斌、李延超等（2020）指出，贵州少数民族村落体育旅游扶贫的基本方式有设立文化生态保护试验区、现场演艺吸引、静态文物展览、节庆活动开发等。买器、史曙生等（2021）认为传统体育作为新疆地区重要的传统文化，应当发挥其旅游价值和文化价值，带动当地经济发展和人口就业。乔荣彤（2022）在探讨晋城传统体育开发现状的基础上，结合传统体育资源优势及晋城实际，提出"体育＋旅游"发展模式。

就传统体育助力精准扶贫的作用机理研究而言，目前尚未有直接涉及桂滇黔民族地区传统体育助力精准扶贫作用机理的文献，但已有体育扶贫作用机理的相关研究。王兰、韩衍金（2019）认为，传统体育具有多重价值，在精准扶贫中所能发挥的作用取决于少数民族社区、家庭或个人的致贫原因与传统体育本身多元功能的精准耦合度。方汪凡、王家宏（2020）指出体育运动能够保值、增值个体的人力资本，也能增强个人内在的精神素养；应加以识别、控制、干预，管理公众疾病及劳动能力丧失等健康问题，非医疗健康干预运动处方的实施，可增加健康的有利因素，减少因疾病反复而造成的贫困。杨越、骆秉全等（2020）从个体、家庭、社会三个维度详细阐述"体育＋"在阻断贫困代际传递中的积极意义和促进作用。肖坤鹏、张铁民（2020）认为体育助力"贫困治理"是通过政策的实施来保障贫困人口体育权益的重要途径，对健康、文化、教育、经济领域扶贫的助力，构成了体育助推贫困治理的逻辑起点。梁巨志、张铁雄（2020）运用文献资料法、逻辑分析法等方法，剖析贫困代际传递产生的结构、文化和混合机制，进而发掘贫困代际传递在主体禀赋、意识形态、经济基础三个维度的隐性困境；认为应从贫困主体出发，"志、智、体"三扶并重，才能促进传统体育扶贫效果提升。王科飞、王宏江（2021）从基本情况、方式与措施、效果与评价三个方面对我国8个贫困县的64个贫困村进行调研，分析当前我国体育扶贫存在的问题和不足，提出体育扶贫的主体、客体、模式、运行机制等对体育扶贫的效果产生较大影响。

1.3.2.3　传统体育助力精准扶贫的绩效评价与提升路径研究

传统体育助力精准扶贫的发展已有一段历程，相关研究成果也较为丰富，但在脱贫攻坚与乡村振兴有效衔接的背景下，目前国内学者针对桂滇黔民族地区传统体育助力精准扶贫绩效评价的研究落后于实践，笔者以"传统体育＋精准扶贫＋绩效评价"为主题词，在中国知网进行检索，截至2023年12月底，查到的相关文献较为有限，如黄君洁（2020）基于对体育精准扶贫概念的界定，从体育扶贫措施落实的精准性、体育扶贫结果实现的精准性两个方面，尝试建立评价体育精准扶贫成效的指标体系。

但国内学者对精准扶贫绩效评价研究的成果较为丰富，可为桂滇黔民族地区传统体育助力精准扶贫的绩效评价研究，提供一定的参考和借鉴，如曹朔（2018）、陈帆（2019）分别以恩施州、湘西州为研究对象探讨其精准扶贫绩效的评价指标体系构建。张志娟（2018），孟志华、李璇（2020）分别探讨了旅游精准扶贫、金融精准扶贫绩效评价指标体系的构建。王玉娜（2019）、顾兵（2020）分别探讨了数据包络法、多元Logistic回归分析，及评估指标体系法在精准扶贫绩效评价指标体系构建中的运用。评估指标体系法在精准扶贫绩效评价中使用最频繁。田晋、熊哲欣等（2017）运用微观地域可持续发展理论，确立了评价指标体系，涵盖精准帮扶情况、精准脱贫情况、经济子系统、社会子系统、生态子系统和政治子系统六个方面。杨姗姗（2021）以传统体育助力乡村振兴为视角，综合运用隶属度分析、因子分析、层次分析等方法，构建涵盖经济效益、文化效益、社会效益和环境效益四个维度的民族地区传统体育助力精准扶贫绩效评价指标体系及其评价模型。郭迎清、王鑫等（2021）基于荆棘树视图，从精准识别、精准帮扶与精准管理三大方面对传统体育扶贫的过程性绩效指标进行构建，并辅助于经济、文化、社会以及生态四大方面对结果性绩效指标进行建模与评价。唐海平、郑蓓蓓（2021）运用结构熵权模型计算权重构建体育助力乡村振兴效果评价体系，包含乡村居民体育软需求、乡村居民体育硬需求、体育产业体系、健身公共服务体系、乡村体育文化体系、政策响应、产业响应、文化响应 8 项一级指标和 27 项二级指标。

直接涉及桂滇黔民族传统体育助力精准扶贫的绩效提升路径研究的文献，其数量也较少，但与体育扶贫发展策略、成效提升路径相关的文献可为研究提供一定参考和借鉴。刘晓彤、张强（2019）在对体育精准扶贫问题进行探讨的基础上，提出完善体育精准扶贫顶层设计、广泛宣传体育精准扶贫工作、制定体育扶贫对象识别工作指引、因地制宜选择体育帮扶等措施。赵元源（2019）结合目前我国扶贫工作的各项要求，提出体育助力扶贫工作要形成科学的体育扶贫识别机制；以政府部门为主导，形成政府、市场、企业等全方位的体育扶贫机制；从提升贫困地区人民体质和发展体育产业角度出发，明确体育助力扶贫的实践路径。田静、辛榕榕（2020）提出精准识别贫困对象，实现体育扶贫资金精准调配；设立体育业绩考核制度，保障扶贫措施落实到位；培养体育教师和社区指导员专门型人才；发挥政府部门主导作用，加强体育法治建设；实施贫困县退出机制等体育精准扶贫的实施路径。杨占明（2021）在分析陕甘宁革命老区社会体育贫困原因的基础上，结合国家精准扶贫政策，提出了"纯体育、＋体育、体育＋"三种模式的发展路径。金青云、徐嘉璘等（2021）以延边边疆少数民族地区为例，运用文献资料、田野调查、访谈等研究方法，分析了传统体育发展的现实困境，构建"朝鲜族民族体育＋文化、健康、旅游、赛事"的特色体育精准扶贫实施路径。杨建美、赵惠等（2022）在分析楚雄彝族传统体育发展现状的基础上，结合地方扶贫政策，提出了楚雄彝族传统体育产业化发展路径。

1.3.2.4 传统体育助力乡村振兴的价值意蕴与实现路径研究

近年来，为推动乡村体育高质量发展，建立乡村体育发展新格局，更好地发挥体育在促进乡村振兴中的重要作用，国家体育总局、中央文明办等12个部门联合下发了《关于推进体育助力乡村振兴工作的指导意见》。学术界围绕传统体育助力乡村振兴的价值意蕴与实现路径展开了深入研究。传统体育助力乡村振兴的价值意蕴研究，钟秉枢等（2019）结合广西乡村振兴的体育实践，探讨了传统体育在丰富乡村文化建设、重构社区秩序等方面的积极作用。谢劲、金晓芳（2020）认为在乡村振兴进程中，村落体育能带动乡村经济发展，助推产业兴旺；优化乡村生态环境，实现生态宜居；丰富乡村文化生活，推进乡风文明；提升乡村道德教化，助力治理有效；改善乡村生活面貌，实现生活富裕。文冬妮、陈炜（2021）运用专家咨询法和层次分析法，从经济、文化、社会、环境等维度，构建乡村振兴战略下传统体育价值评估体系。马纯英、谭必友（2023）以谭氏苗拳为案例，探讨了传统体育非遗保护赋能乡村振兴的文化逻辑和实践经验。

传统体育助力乡村振兴实现路径研究，崔涛（2021）基于融合共通、以人为本、科学治理的理念，提出深耕民宿体育资源，助力乡村文化振兴；促进民俗体育产业化发展，助推乡村产业振兴；多渠道融合发展，推进"民俗体育产业＋"工程建设。陈佳明、蒋彬（2020）提倡从文化整体观的视角出发，统一规划区域内少数民族传统体育文化项目，优先发展优势项目，做大做强少数民族传统体育文化产业，更好助力乡村振兴战略目标的实现。王思贝等（2023）提出构建"引领型"的全民健身与乡村振兴融合发展理念；健全"制度化"的全民健身与乡村振兴融合发展实施体系；制定"全景式"的全民健身与乡村振兴融合发展行动方案；完善"赋能型"的全民健身与乡村振兴融合发展提升计划等路径。向云平（2023）认为，可从重塑发展的动力源，促进共治发展；完善发展的产业链，实现共享发展；推进传统与现代的同和，协调共生发展这几方面，构建传统体育助推乡村振兴的实现路径。方汪凡、王家宏（2019）重点探讨了体育旅游助力乡村振兴的实现路径。

1.3.3　研究述评

通过上述对国内外相关研究成果的梳理得知，近年来对传统体育助力精准扶贫绩效评价与乡村振兴实现路径的有关研究，在体育学、民族学、文化学、经济学等学科的学者和诸多相关部门的共同努力下取得了大量卓有成效的成果。但鲜有直接涉及桂滇黔民族地区传统体育助力精准扶贫绩效评价与乡村振兴实现路径的研究文献，且目前现有的相关研究在研究对象、研究内容、研究方法等方面仍存在诸多不足，具体表现在以下三个方面。

（1）研究对象：现有研究多从宏观和微观层面进行探讨，主要关注传统体育保护传承与开发利用、传统体育与相关产业融合发展，及传统体育与区域经济发展关系、传统体育与乡村振兴实现等问题。对区域性中观层面的探讨较少，尚缺乏对桂滇黔民族地区传统体育助力精准扶贫全面、系统的调查与研究。

（2）研究内容：现有研究偏向传统体育传承发展或体育扶贫问题的单一方面研究，将两者结合起来的综合性研究较少；将传统体育助力精准扶贫与乡村振兴两者置于同一分析框架内的研究更为缺乏；对桂滇黔民族地区传统体育助力精准扶贫面临困境、逻辑演进、作用机理、绩效评价及乡村振兴实现路径等问题的研究较少涉及；对民族地区传统体育助力精准扶贫过程中各利益相关者的利益诉求和利益博弈关注不够，研究成果的实际应用价值还需进一步提升。

（3）研究方法：现有研究多停留在理论探讨和描述性分析层面，全面深入的实证调查与研究较少，且所运用的学科理论方法较为单一，多学科交叉融合的定量研究偏少。

1.4　研究的理论依据

1.4.1　多维贫困理论

阿马蒂亚·森（Amartya Sen，1999）提出能力贫困的概念，认为贫困对应的是功能性福利的缺失，而功能性福利缺失的背后则是实现功能性福利可行能力的缺失。多维贫困理论认为贫困不仅是经济、消费的测量，作为社会人，其基本可行能力包括免受饥饿、疾病的功能，满足营养需求、接受教育、参与社区社会活动的功能等多个方面的内容；所以，应从多个维度，如从教育、医疗、获得信息、社会保障等进行贫困衡量。联合国开发计划署在2010 年《人类发展报告》中公布了世界各国的多维贫困指数（multidimensional poverty index，MPI），包括三个维度，涉及健康、教育、生活标准，囊括 10 项指标。伴随我国经济收入的上升，贫困问题呈现出多维度的特点，包括收入差距、医疗负担、环境污染、教育失衡等方面。因此，需建立多维贫困标准，从多个维度或角度定量评价贫困的程度，并评估各维度对贫困的贡献度，进而提高精准扶贫的效果。

多维贫困理论要求关注除了经济收入以外的其他致贫要素，与"精准扶贫"所强调的实现经济、文化、社会、健康等各个领域的造血式、参与式扶贫内在理念相一致。在精准扶贫、脱贫攻坚成果巩固与乡村振兴有效衔接的各阶段，桂滇黔民族地区因病致贫、心理亚健康、贫困文化突出等问题日益受到关注，传统体育因其在健康扶贫、文化扶贫以及经济扶贫层面独特的补位功能与作用，在扶贫、扶志、扶智以及激发贫困地区和贫困群众脱贫致富的内在动力、提高其自我发展能力方面发挥巨大的效用。因此，基于多维贫困理论，在精准识别与测量中，对桂滇黔民族地区贫困户的识别瞄准、贫困程度的测评，应将多种维度，如经济收入、健康水平、民风民俗、精神状态等纳入考虑，其中重要的指标体系涉及解决贫困人口能力问题、获得公民权利机会平等。

1.4.2 资源配置理论

资源配置理论的系统思想来源于新古典主义经济学，从字面上理解就是比较、确定资源在不同用途上使用的比例，以便用最少的资源耗费获得最佳的效益。资源配置理论强调资源的稀缺性，稀缺资源合理配置的基本目标是，根据经济技术条件对资源进行时间上的合理调整，空间上的合理布局，以充分利用资源，使资源总体利用效益最大化，从而满足日益增长的各种社会需要（张立新，2018）。它要求人们用特定的形式进行优化配置，将有限的资源合理分配到生活的各个领域中，从而来实现有限资源的高效利用。

资源配置理论要求资源的合理配置要有充分的计划和有效的配置方式，资源计划配置方式通常由政府部门负责，以计划配额的方式设定目标，以行政命令的方式来配置资源。计划配置的优点在于政府部门能够从社会整体利益出发，将掌握的资源有针对性地投入重点项目或急需推进的项目中，并集中力量推动建设的进行，但是计划配置也容易面临资源浪费现象（陈华伟，2014）。市场经济是一种有效的资源优化配置方式，它凭借平等、竞争、法制和开放等优势，能够自发地实现对商品生产者和竞争者优胜劣汰的选择，实现内部的优化配置，调节社会资源。这样，社会资源就会自动向效率更高的企业集中，最终实现整个社会资源的优化配置。资源配置是经济学的核心问题，故而资源配置理论主要在经济学学科中得到广泛的运用，将资源配置理论运用到精准扶贫研究中，不仅强调了扶贫资源的稀缺性，也将优化扶贫资源的配置和利用，达到贫困地区社会利益的最大满足。张国玉（2014）通过对资源配置的系统研究，将高校竞技体育赛事资源按照整体系统和子系统的方式进行优化配置，目的是使资源达到最优配置。闫瑞峰（2022）以社会主义市场经济体制为背景，基于政府与市场双轮驱动的协同创新理论基础，力求在资源配置主体关系上，寻求实现科技创新资源配置强度和效度的双突破。

在桂滇黔民族地区传统体育助力精准扶贫过程中，无论是政府还是市场能够提供一定的体育扶贫资源，如举办体育赛事、打造体育综合体、体育设施建设、体育企业参与、体育彩票公益金等；但此类体育扶贫资源都是稀缺性资源，由于扶贫社会机制的不健全和市场机制发展的滞后性，作为现有配置主体的作用以及市场的作用都存在一定的弊端，这就要求政府在扶贫过程中能够使资源达到合理配置，对贫困户因材施治，使需求与供给达到平衡点，实现扶贫资源的合理化配置。而资源配置的合理性则需要制定科学合理的评价指标体系，对当前阶段资源配置的效果进行有效评估，提升传统体育扶贫工作的有效性，为优化后续的工作提供方向指引。

1.4.3 参与式发展理论

参与概念的提出最早来自挑战发展传统的激进思想，但目前其已成为大多数主流机构发展规划与政策陈述中另一个常见术语。20 世纪 70 年代以来参与的概念逐步演化为相对丰富的参与式发展理论。该理论的假设是，每个人都有自己的知识，都有发表自己意见的意愿，关心自己的利益，但受制于周围环境的影响，只要有机会，他们就愿意参与讨论与自身利益有关的发展活动（王辉，2019）。与现代化理论相比，参与式发展理论是一种微观的区域发展理论，区别于传统的自上而下的发展理论，它强调尊重差异、平等协商，在"外来者"的协助下，通过当地社区成员积极、主动的广泛参与，实现其可持续、成果共享、有效益的发展（黄磊、胡彬，2011）。将社区发展与项目受众的能力相结合，可以有效解决传统发展项目存在的脱离实际、本末倒置、事倍功半等问题，而且在项目实施的过程中，可培养和提升受众者的能力和技能，能够参与项目建设与管理，从而增强社区发展潜力和可持续性，为发展实践的成功提供了更加可行和有效的路径。参与式发展理论在社会学、教育学、政治学、社区心理学、社会工作学等学科领域逐渐受到广泛关注，目前已形成一系列成熟的研究方法和工具，如参与式农村评估（KDT）、快速农村评估（DDT）、参与式评估与计划（KTK）等。杨倩倩（2022）以贵州省 Y 县为例，通过研究驻村第一书记参与乡村治理的实践，引导民众参与农村第一书记的运作制度、乡村治理的具体过程、乡村治理的逻辑、乡村治理面临的困境，最终提出优化路径。

参与式发展理论要求桂滇黔民族地区扶贫工作者、村两委干部在传统体育助力精准扶贫的实践中实现角色的转变，从服务提供者转化为共同协作者；认清贫困户是体育扶贫绩效评价的主体，经常与贫困户进行交流谈心，了解贫困户的真实需求和参与意愿；熟练掌握农村工作的方法，广泛了解当地的体育运动、风俗习惯和宗教信仰等。贫困群体在体育扶贫过程中，将资金、信息、技术等方面的外部支持转化为内生动力；同时，要保证贫困群体在参与项目中的利益，激发贫困户参与传统体育精准扶贫工作的积极性和创造性；确保贫困群体在参与发展活动和项目的过程中不断学习，进一步提高自身的能力，实现民族地区造血式、参与式扶贫。

1.4.4　人力资本理论

1961 年，美国著名经济学家舒尔茨（1990）在其《人力资本投资》一书中首次提出了人力资本理论，被认为开启了人类生产能力的崭新思路。这一理论首次将人力资本与贫困结合起来，认为人力资本也是一种重要的资本，具体表现为个体所具备的知识、技能和健康素质等方面的存量总和；人力资源的短缺是导致贫困国家经济发展水平低的根本原因。随后，贝克尔探讨了人力资本投资对家庭经济产生的影响，他认为加大人力资本投资将有助于家庭收入的增加和贫困的缓解，进一步将人力资本投资与家庭收入和贫困相联系，实现了人力资本理论从宏观到微观的延伸，进一步丰富了人力资本理论的研究体系（贝克尔、梁小民，1987；加里·斯坦利·贝克尔，2011）。参考和借鉴人力资本理论，对其进行深入解读：第一，身体健康是人力资本的重要基础，疾病和残疾则使人力资本受到损害，不仅影响到劳动能力，而且增加了康复成本，使家庭陷入贫困；第二，职业技能是人力资本的组成部分，缺乏职业技能也是导致贫困的主要因素，受教育资源和培训机会的限制，农村贫困家庭的收入不稳定且单一，缺乏一技之长使其难以适应经济结构的转型和就业市场的需求变化，进而加大了贫困的风险。

人力资本理论强调人身上的生存技能以及健康素质，在桂滇黔民族地区，健康水平较低以及职业技能缺乏都是导致贫困的重要因素。少数民族传统体育所蕴含的健康、文化以及经济等价值为当地精准扶贫工作提供新的思路和方法，并且可以极大提升民族地区精准扶贫工作的成效。因此，政府或者社会组织应当完善贫困地区的体育基础设施、组织形式多样的体育活动，让贫困群众充分参与到体育运动中来，不仅能增强和积累人力资本，还可以有效带动当地体育产业的发展，吸纳贫困群体稳定就业，最终实现民族地区传统体育助力乡村振兴的顺利实施。

1.4.5　可持续发展理论

对于可持续发展理论的定义，1987 年世界环境与发展委员会（WCED）发表了《我们共同的未来》一文，全面阐述了可持续发展的概念与内涵：可持续发展是"既满足当代人的需要，又不对后代人满足其需要的能力构成危害的发展"。1992 年，联合国召开的"环境与发展大会"，通过了以可持续发展为核心的《里约环境与发展宣言》《21 世纪议程》等文件，自此可持续发展逐渐成为世界的普遍共识。可持续发展理论涉及社会、经济、资源、人口、环境等多方面的协调，其三大基本原则是公平性、持续性、共同性，要求在发展过程中必须从整体的角度，把握好眼前和长远、经济和生态、公平和效率等问题，最终促成公平、协同、高效的发展（张秦，2014）。我国扶贫实践中需重点关注的问题是可持续发展问题。首先要深入贯彻党中央关于打好精准扶贫攻坚战的决策部署，坚持稳中求进的原则，落实精准扶贫、精准脱贫的基本方略；其次，以增强内生动力和造血功能作为出发点和落脚点，这就意味着贫困地区要通过产业发展提升贫困群众的就业能力和创业能力，进而让贫困群众真正富起来；再次，要落实各项保障措施，如加强基础设施建设、提供基本公共服务等，以改善贫困地区的教育、医疗、住房等条件，让贫困群众稳定脱贫并实现可持续发展。

在桂滇黔民族地区传统体育助力精准扶贫工作实践当中，由于前期缺乏科学合理的方法论指导，减贫方式较为粗放，过多地关注贫困群众生活水平的改善，对文化、社会、健康等方面的关注较少，造成扶贫资源浪费，社会各方面发展不均衡，扶贫工作的边际效益逐渐下降，减贫的实际效果也不够显著。可见，在扶贫过程中没有遵循可持续发展性的原则是导致这些问题发生的最根本原因。精准扶贫强调造血式、参与式扶贫，可持续发展与传统体育精准扶贫的相互结合，主要体现在将扶贫与民族地区经济、社会、文化、健康、生态各方面发展有机结合起来，达到共同、协调、公平、高效、多维的发展，实现贫困地区的长远持续发展。

1.5 研究方法

1.5.1 文献分析与田野调查相结合的方法

在文献分析方面，笔者在 Science Direct、Springer、EBSCO、谷歌学术等国外学术搜索引擎中，检索与传统体育、减贫相关的文献，通过对这些文献的整理、归纳、总结，掌握国外关于本研究领域的最新进展；同时，还通过在中国期刊网、万方数据库、维普期刊网、广西壮族自治区图书馆等文献数据库中检索，搜集、统计、分析与研究主题相关的文献资料，了解国内关于传统体育助力精准扶贫的研究现况；通过对国内外学术界相关研究成果的系统梳理，可为研究开展提供坚实的理论基础与参考依据。在田野调查方面，笔者于 2020 年 6~7 月、2022 年 7~8 月先后到贵州榕江县乐里斗牛小镇、广西百色靖西市和云南省文山壮族苗族自治州广南县等地进行实地调查，以剖析桂滇黔民族地区传统体育助力精准扶贫现状，并对政府、贫困户（脱贫户）、企业、行业组织等利益相关者开展调查分析，以便从利益相关者的角度获知传统体育助力精准扶贫的相关资料，为本书研究提供翔实的一手调研资料。

1.5.2 定性研究与定量研究相结合的方法

本书在多维贫困理论、资源配置理论、参与式发展理论、可持续发展理论等理论的指导下，对桂滇黔民族地区传统体育助力精准扶贫现状进行系统剖析；并在借鉴国内外关于扶贫绩效评价指标体系构建的基础上，充分吸收扶贫过程中各利益相关者的观点，结合桂滇黔民族地区传统体育助力精准扶贫的实际情况，构建扶贫绩效评价指标体系与模型，对传统体育助力精准扶贫绩效进行有效评价，以增强研究的科学性。此外，为能更进一步增强研究结论的科学性和可信度，笔者还运用定量研究的方法，即在问卷调查的基础上，利用 SPSS20.0、Excel 等数据统计分析软件对所收集到的有效数据进行隶属度分析、协调度分析、权重测度等，构建传统体育助力精准扶贫指标体系，并确定各指标的权重；运用层次分析法、模糊综合评价法等方法，对所构建的绩效评价模型开展实证检验。

1.5.3 规范分析与实证分析相结合的方法

规范分析和实证分析都是科学研究中运用得较为广泛的方法。对研究对象的理性判断是规范分析的特点；而实证分析则侧重于对研究对象的客观描述。本书通过规范分析，对桂滇黔民族地区传统体育助力精准扶贫现状作出理性判断，进而探索传统体育助力精准扶贫的逻辑演进与作用机理，从经济、健康、文化等方面深入剖析传统体育助力精准扶贫的作用过程。同时，本书还针对所构建的绩效评价指标体系开展实证分析，选取桂滇黔民族地区传统体育助力精准扶贫中具有典型性、代表性的案例地，对所构建的绩效评价指标体系与模型进行实证调查，进一步提出助力乡村振兴的实现路径，以推进该区域传统体育助力脱贫攻坚与乡村振兴的有序高效开展。

1.5.4 政策系统设计分析法

本书基于制度安排与机制设计理论，围绕规划、分析、设计及实施四阶段，在全面研究桂滇黔民族地区传统体育助力精准扶贫现状、作用机理和逻辑演进以及绩效评价模型的前提下，对传统体育助力精准扶贫的精准识别、精准帮扶、精准管理和减贫成效等内容进行设计规划。从全局角度通盘考虑，分析各项制度建设具体的要求和步骤，做好顶层设计；设计制度实施所需要遵循的总体原则、具体的规定和实施步骤、实施成果的检验方法等；确定传统体育助力精准扶贫的优化路径与政策体系；制定具有系统性、可操作性的"时间表""路径图"。不仅如此，在制度落实过程中，还应做好过程监督，及时评估并调整不符合整体规划和设计的措施，确保政策和制度的有效性和科学性，以便达到预期的目标。

| 第 2 章 |

桂滇黔民族地区传统体育助力精准扶贫情况调查

2.1 桂滇黔民族地区传统体育助力精准扶贫的现实背景

2.1.1 传承民族传统体育文化，助力文化强国建设

传统体育文化是中华文化的重要组成部分，也是传承中华优秀传统文化的基因（陈宗章，2021）。文化强国是中国未来一个时期必然坚持的重要文化战略，是实现中华民族伟大复兴的文化动力之源（周刚志、王星星，2022）。文化强国建设的本质内涵是满足人民群众的精神文化需求和他国民众的文化价值追求，使本国文化更具有影响力、号召力与感染力（陈国华，2018）。桂滇黔民族地区传统体育是当地民众长期以来的智慧结晶、心灵寄托以及民族文化的基因载体，传承传统体育文化是文化保护与传承的使命必然，更是文化强国建设的必然要求。传承与发展传统体育文化是增强民族文化自信、提升民众文化自信心与自豪感的有效路径，是增强民众对传统体育文化价值的认同，引起民众深度的情感共鸣的有效方式。从某种程度而言，传承传统体育文化是赓续中华民族体育的精神与灵魂，是汇聚文化强国建设的精神力量（孙楚、谢慧松等，2021），是建设文化强国的应有之义。

2.1.2　践行全民健身国家战略，助力健康中国建设

健康中国战略是全面建成小康社会、实现社会主义现代化的重要基础，是全面提升中华民族健康素质、实现人民健康与经济社会协调发展的国家战略。[①]"健康中国"的基本内涵包括健康环境、健康国民和健康覆盖三个层面，其中健康国民包括健康体魄、健康生活方式和良好健康素养（周碎平，2017）。可见，全民健身是全民健康的重要前提，是健康中国建设的重要基础，是彰显体育价值的主要表现形式，广泛开展全民健身运动，提高全民身体素质是健康中国建设的关键。传统体育文化与健康中国之间有着紧密的联系，传统体育作为桂滇黔民族地区广泛开展全民健身计划的主要内容，鼓励开发适合不同人群、不同地域特点的特色传统体育项目，是深入贯彻落实健康中国战略的必然要求。践行全民健身国家战略，通过以"健康国民"为中心，把人人参与健康、人人尽力健康、人人享有健康融入传统体育发展中，从精神健康、心灵健康、身体健康和生活健康等多角度创新性地传承和发展传统体育文化，是桂滇黔民族地区践行全民健身计划，助力健康中国建设的有效行动。

2.1.3　共享体育事业发展成果，助力体育强国建设

体育强国建设离不开体育事业的强力支撑，体育是新时期人们"主动健康"理念的全新体现，也是焕发国民生活新风貌的时代强音（万炳军、史岩等，2017）。共享体育发展成果是体育强国建设的出发点与落脚点，因为只有通过共享发展成果才能汇聚民众强大的力量，提高全民投入体育建设和健身的积极性，促进体育强国建设。随着我国"体育强国"及"健康中国"

---

　　① 中共中央　国务院印发《"健康中国 2030"规划纲要》[EB/OL]. 中华人民共和国中央人民政府网，https：//www.gov.cn/xinwen/2016－10/25/content_5124174.html，2016－10－25.

战略的实施逐步深入，我国体育事业发展取得了长足进步，进而推动了体育公平、体育设施、体育环境、体育人才、体育产业等方面全方位发展，使全国各族人民能够共享体育事业发展的成果，进一步消除了两极分化，助力共同富裕。体育强国建设与体育事业发展两者相辅相成、相互促进，体育事业发展是桂滇黔民族地区民众积极参与"主动健康"行动的基础，不仅有利于民众共享体育发展成果，助力健康中国建设，还能够为民族传统体育文化的传承和发展提供契机，进一步提升传统体育文化发展的内生动力。

2.1.4　贯彻落实体育扶贫工程，助力全面脱贫攻坚

脱贫是一个渐进式、动态的过程，是一个扶贫—返贫—再扶贫的循环过程。在这个过程中，不仅需要产业扶贫、文化扶贫，也需要体育在扶贫中发挥其应有的作用与价值。在乡村振兴的关键时期，发挥体育自身独特优势，彰显体育产业中的健康产业、幸福产业和绿色产业的属性，有助于阻断返贫（余守文，2021），推动乡村振兴。自"十三五"时期以来，桂滇黔三省（区）认真贯彻落实党中央关于脱贫攻坚的重大战略部署，在精准扶贫的理念指导下（朱军，2021），桂滇黔民族地区通过体育设施扶贫、体育赛事扶贫、体育产业扶贫和体育消费扶贫等多渠道开展传统体育扶贫工作，从多角度实施体育扶贫工程。通过改革创新充分发挥传统体育在脱贫攻坚战、乡村振兴方面的特有优势，将体育强省（区）和脱贫攻坚融合发展，形成特色鲜明的精准扶贫"体育路径"，有效激发群众内生动力，使得"体育＋扶贫"取得阶段性成效，"体育扶贫"是助力桂滇黔民族地区全面脱贫的可行战略路径。

2.1.5　加快体育产业融合发展，助力乡村振兴战略

体育产业历史性的快速发展在同一时期内形成了对脱贫攻坚的原生助力作用，特别是体育产业在经济扶贫、文化扶贫以及健康扶贫上具有强大的补位功能与时代价值（邵凯，2021）。传统体育与乡村振兴相辅相成，传统体

育是乡村产业振兴发展的新动能，乡村振兴是传统体育发展的总引领。桂滇黔少数民族地区传统体育作为乡村文化产业的重要资源，发展传统体育及其文化产业，不仅能够充分发挥民族地区资源优势，促进桂滇黔民族地区文化振兴，还能够发挥产业链的带动作用，促进当地的产业、人才、生态和组织振兴，符合乡村产业深度融合、创新发展的要求。因而，在国家共同富裕战略导向下，通过传统体育设施、赛事、产品、节庆活动等方面工作的开展，加快体育产业融合发展，能够促进乡村振兴、精准扶贫和巩固拓展脱贫攻坚成果相融合，推动脱贫攻坚举措和工作体系逐步向乡村振兴平稳过渡，实现传统体育扶贫与乡村振兴的协同发展。

2.2　桂滇黔民族地区传统体育助力精准扶贫的资源基础

2.2.1　桂滇黔民族地区传统体育资源数量丰富、类型多样

桂滇黔民族地区传统体育资源数量丰富。桂滇黔民族地区传统体育资源禀赋丰富、文化内涵与价值功能突出，极具传承利用价值。本书根据相关文献和实地调研所获资料，对桂滇黔三省（区）的少数民族传统体育文化资源进行了梳理统计[1]，统计结果显示：桂滇黔三省（区）总共有 1689 项传统体育项目，具体汇总情况如表 2.1 所示。

从体育项目的数量而言，广西、云南、贵州所拥有的传统体育项目数量存在一定的差异。广西 11 个世居少数民族拥有 476 项传统体育项目，每一个世居少数民族平均约有 43 项传统体育项目；贵州 17 个世居少数民族共有传统体育项目 655 项，每一个世居少数民族平均约有 38 项传统体育项目；云南 25 个世居少数民族，有 558 项传统体育项目，即每一个世居少数民族

---

[1]　由于民族地区是少数民族地区的简称，是一个相对宽泛的概念，既指少数民族聚居的地方，也专指或多指民族自治地方（田烨，2010），因此笔者在资源统计时只统计少数民族传统体育项目。

平均约有 22 项传统体育项目。

表 2.1　　　　　　　桂滇黔少数民族传统体育项目汇总

省区	民族	代表性传统体育项目	数量（项）
广西壮族自治区	壮族	气功、跳橡皮筋、踩高跷、放风筝、荡秋千、老鹰捉小鸡、高脚球、喇叭球、打扁担、扁担舞、跳斑鸠、罗伞舞、念口诀捉迷藏、板凳龙、跳灯、唱春牛、舞春牛、风车秋千、太阳棋、跳棋、抛绣球、三人板鞋、抢花炮、打陀螺、赛龙舟、登山赛等	193
	瑶族	鸡毛球、独木桥、对顶木杠、赛龙舟、舞狮、舞龙、顶杠、爬杆、摔跤、踢犁公、登山、上刀山、独木舟、瑶拳、刀、剑、气功、跳台桌角、跳坑沟、掷石子、抢花炮、射弩、押加、游泳节、射箭、打陀螺、火枪射击等	87
	苗族	赛龙舟、射箭、射弩、摔跤、爬坡杆、打泥脚、打鼓、打鸡毛球、打手毽、敬酒舞、抛绣球、踩脚求爱舞、竹竿舞、摆手舞、登山、芒篙舞、跳香舞、跳香、拉鼓、拉鼓舞、荡秋千、舞龙、斗牛、斗鸟、斗马、跳皮筋、打水漂、跳房子等	82
	毛南族	围母棋、同填、同拼（都拼）、同顶、同背、石担和石锁、射棋（棋乓）、三棋、抛沙袋、牛角棋（棋煞娄）等	13
	侗族	投火把、舞龙头（匏颈龙）、学斗牛、耍春牛、三三棋（侗棋、棋三、盘三、三棋）、抢花炮、骑木马、哆毽、侗拳、草球、踩石轮等	35
	仫佬族	抢糍粑、仫佬竹球、斗鸡、斗鸟、抢花炮、舞麒麟、拔河、爬山、象步虎掌、草龙舞、舞布龙、竹连球、凤凰护蛋、打陀螺等	28
	彝族	耍狮子、跳牛、打磨秋、跳弓舞、狩猎舞、跨断桥、摔跤、跳弓、二胡舞、雀舞、铜鼓舞、双杆舞、芦笙舞等	13
	京族	踩高跷（博脚）、游水捉鸭、打狗、顶竹竿、舞花棍、跳竹竿、拉吊、斗牛	8
	水族	狮子登高、赛马、翻桌子、飞马夺标、斗角舞、狮子舞、龙舞、顶花竹竿	8
	仡佬族	打篾鸡蛋球（打竹球）、打花笼、打秋千、跳牛筋、赛马	5
	回族	摔跤、敲鸡棒、武术、查拳	4

续表

省区	民族	代表性传统体育项目	数量（项）
云南省	彝族	打歌（左脚舞）、跳弦、罗作、跳菜、披毡舞、爬花房、赛装节、刷火把、抢亲、跳虎笙、赛马、摔跤、斗牛、插花节、对歌、飞镖、秋千（磨秋、车秋）、葫芦飞雷、打陀螺等	90
	白族	赛花船、赛龙船、绕三灵、打霸王鞭、登山、打陀螺、跳伟登、跳火把、耍海会、人拉人拔河、老虎跳、跳花（火）棚、跳（踩）马、跳山羊、跳牛、摔跤、跳铁门槛、越过花园门等	34
	哈尼族	摔跤、陀螺、跳大海、射弩运动、双拐、十月年、苦扎扎节、阿弩塔拉手、赛蒙抬、打石头架、跳高跷、抵肩、爬树追逐、射击、跳竹筒、武术等	20
	傣族	赛龙舟、打篾弹弓、打陀螺、放高升、打水枪、赛马、鸭子赛跑、青蛙赛跑、抓子、打滕球、武术、傣族跳绳、斗鸡、泼水节、孔雀舞等	23
	回族	武术、气功、抱小腰、掰手腕、扭扁担、拧手指头、踢毛健、赛马、斗牛、掼牛、耍狮子、掷子、中幡、摔跤、拔河等	30
	满族	珍珠球、骑马、跳马、跳骆驼、中幡、摔跤、秋千、风筝、舞蹈、骑射、举重等	11
	藏族	射箭、赛马、秋千、跳远、跳高、跳绳、双人拔河、顶头、掰牛角、打五海花、丢窝、撑台、撑舌、马术、藏棋、俄尔多、古朵、登山等	18
	水族	赛马、狮子登高、跳桌子、摔跤、武术、翻桌子、荡秋千等	7
	布朗族	爬竿、藤球、秋千、陀螺、跑马、登山、恩格兰、亚嘟嘟、斗鸡、跳大鼓、武术、荡绳秋、射箭、丢包、莫担秋、过年节等	16
	布依族	划竹排、赛马、武术、秋千、耍狮子、丢花包、打格螺、铁链械、玩山、游泳等	10
	蒙古族	游泳、赛马、划船、打秋千、射箭、武术、那达慕、祭敖包节、摔跤、跳乐等	10
	阿昌族	耍白象、耍龙、赛马、射弩、泼花水、武术（刀术、拳术、棍术）、秋千、蹬窝罗、棋类、浮水等	10
	壮族	武术、抛绣球、抢花炮、走马、角力、射柳、秋千（磨秋、车秋、荡秋）、踩高跷、打虏烈（打扁担）、划龙船、赶马进城、匣舟舟等	12

续表

省区	民族	代表性传统体育项目	数量（项）
云南省	苗族	掷石、射弩、秋千（磨秋、荡秋、车秋）、骑艺、赛马、跳狮子、摔跤、穿针赛跑、绩麻赛跑、穿在衣（花裙）赛跑、走竹竿、滚芦笙、踩鸡蛋、爬花杆、跳枕头、花山节、武术等	34
	傈僳族	爬绳、爬杆、爬树、跳远、跳高、扒爬子、爬山、顶杠、扭扁担、尼昂急、跳牛、踢脚、拉绳、四方拔河等	31
	佤族	爬杆、牛尿泡球、布球、藤球、鸡毛球、脚斗、顶杠、跳高、跳海、抢石、高跷、拉木鼓、木鼓舞、能顿等	26
	拉祜族	爬藤、爬杆、哈鸣郭、投茅、穿针比赛、甩糖包、游泳、武术、射弩、接新水、卡扒、阿莫朵等	39
	纳西族	纳西武术、东巴跳、投石器、赛独木舟、赛马、摔跤、猪尿泡球、打跳、丽江球、草球、木球、布球等	28
	景颇族	景颇武术（刀术）、射火药枪、顶械、跳高、跳远、爬滑竿、拉拉、扭杆、顶杆、打弹弓、蛇龙、摔跤等	18
	瑶族	翻跟斗、武术、躬弩、踩独木划水、丢花包、打陀螺、打铜鼓、射击、秋千等	9
	怒族	怒球、溜索、射弩、跳竹、秋千（荡秋、磨秋、轮秋）、爬绳、下母猪棋、老鹰捉小鸡等	15
	普米族	射箭、射弩、丢鸡毛球、板羽球、布球、跳高、摔跤、秋千（磨秋）、堵鲁、跳锅庄、赛跑、转山转海、赛马、踢毽、捉飞鸟、划猪槽船等	16
	德昂族	射弩、武术、篾弹弓、泼水节、跳象脚鼓等	5
	基诺族	跳牛皮鼓（跳嘎）、丢包、打鸡毛球、打毛毛球、拔藤条、拔河、游泳、高跷踢架、羊打架、泥弹弓、丢石头、跳竹竿等	26
	独龙族	独龙天梯、独龙刀术、爬树干、爬峭坡、溜索比赛、绳梯、掰手劲、跳高、撑杆跳高、老熊抢石头等	20
贵州省	苗族	赛马、射弩、骑艺、斗牛、斗马、游方、赶坳玩山、划龙舟、独木龙舟、上刀梯、下火海、抢花炮、打陀螺、坐秋千、打磨秋、打手毽等	126
		芦笙斗鸡舞、芦笙芒筒舞、迁徙舞、响篙舞、打粑棒、坐粑棒、射背牌、撕牛肉干、倒挂金钩、踩高跷、穿针赛跑、穿花衣裙赛跑等	

续表

省区	民族	代表性传统体育项目	数量（项）
贵州省	布依族	赛马、射弩、射箭、高脚马、踩高跷、跳独脚、跳拱背、滚铁环、滚钢板、跑木马、划龙舟、划独龙舟、划竹排、划三板船等	89
	侗族	抢花炮、龙舟、赶坳玩山、玩山、踩芦笙、踩歌堂、芦笙舞、打三棋、裤裆棋、母猪棋、舞龙头、滚烂泥、学斗牛、潜水摸鱼、秋千等	67
	土家族	磨磨秋、秋千、打洋战、抵牛角、斗角、抵腰杆、莲花十八响、打飞棒、舞龙、舞狮、狮子灯、玩龙灯、放炮根、扭扁担等	60
	彝族	射弩、射箭、斗牛、摔跤、赛马、铃铛舞、火把节舞、海马舞、荡秋千、磨磨秋、打鸡、蹲斗、跳花鼓、皮风子等	61
	仡佬族	打篾鸡蛋、牛撑牛、抢花炮、打花龙、打鸡毛球、较脚劲、游泳、抱鹅蛋、抱腰、赛马、射弩、打陀螺、放风筝、跳拱背、扭扁担等	52
	水族	赛马、斗牛、打陀螺、跳子门、点帕子、扯萝卜、老鹰捉小鸡、丢石子、羊吃麦子、卷晒席、摇摆、猫捉老鼠、骑颈马、打斗、拔河等	60
	白族	荡秋千、磨磨秋、捉迷藏、追"山羊"、踩"高跷"、打"鹞子翻身"、摔跤、打仗鼓、跳花盆等	22
	回族	打抛、跳格子掷子、木球、爬木城、扭扁担、打陀螺、回民七势、护身拳等	8
	壮族	芭芒燕、打拐、翻歪洞、虎抱羊、搭人山、打磨秋、跳桌、棋类、踢毽、打陀螺、打尺子等	22
	蒙古族	摔跤、骑射、赛马、马术表演、套马、蒙古象棋等	6
	畲族	站柱、虎抓羊、打尺寸、操石磉、骑"海马"、竹林竞技、粑槽舞、节日登高、盘柴槌、八仗棍等	10
	瑶族	射弩、射箭、打陀螺、摔跤、打猎操、打粉枪、独木桥、人龙、打长鼓、打尺寸、踩独木划水、打木球等	25
	毛南族	打棉球、斗地牯牛、马革球、抛沙袋、舞火龙、打猴鼓、猴鼓舞、打猎舞、上刀梯、咬铁火、同顶、同填、同背、民间棋艺等	14
	仫佬族	打篾球、抢花炮、舞草龙、群龙争珠、象步虎拳、凤凰护蛋、斗鸡会等	7

省区	民族	代表性传统体育项目	数量（项）
贵州省	满族	赛马、秋千、赛船、射箭、摔跤、珍珠球、抓"嘎拉哈"、跑马城、撞拐、满洲棋、翻绳、踢毽子、跳马、跳骆驼等	15
	羌族	推杆、射击、摔跤、扭棍子、溜索、抱蛋、骑射、观音秋、跳盔甲、武术、气功等	11
总计		—	1689

资料来源：课题组通过对桂滇黔地区国家级、省（区）级、市级、县级的非遗名录的整理，对广西壮族自治区非物质文化遗产保护中心、云南省非物质文化遗产保护中心、贵州省非物质文化遗产保护中心的网络搜索，对桂滇黔民族地区相关地方志、史志资料的查阅，以及对传统体育、非物质文化遗产相关研究成果、书籍的梳理；并在此基础上结合实地走访桂滇黔各地文体局所获一手资料，汇总整理得到桂滇黔少数民族传统体育项目数量表。

桂滇黔民族地区传统体育资源类型多样。本书根据桂滇黔民族地区的特点及传统体育资源的地域特色和资源特点，依据项群理论，将该区域传统体育划分为竞技能力、嬉戏娱乐、民俗节庆3大传统体育项群以及体能、技艺、竞速、角力、决胜、射击、棋艺、跳跃、碰击、击打、抛接、舞戏、娱乐狂欢、农事活动、宗教祭祀15个小类，具体如下。

第一，竞技类民族传统体育项目。即以竞技能力为表现形式的民族传统体育项目，主要是指游戏娱乐中所包含的竞技心理，它是一种以竞赛体力、技巧、技能为内容的娱乐活动。从性质和表现形态划分，桂滇黔少数民族传统体育竞技类项目可分为体能类、技艺类、竞速类、角力类、决胜类、射击类六大类型。在竞技类传统体育的六大类型中，体能类与技艺类的传统体育项目数量较多，两类总和将近占总数的一半。但同时，桂滇黔三省（区）传统体育项目类型也各自呈现出不同的特点。其中，广西的技艺类传统体育项目较多，体能类和射击类的传统体育项目较少；云南的体能类和技艺类传统体育项目较多；贵州的体能类传统体育项目较多，竞速类和射击类的传统体育项目较少。从传统体育项目的内容上来看，这些竞技类传统体育项目极具地方特色，也具有浓郁的民族特色，如壮族的赛龙舟、侗族的抢花炮、满族的珍珠球等。总而言之，竞技类的少数民族传统体育项目种类齐全、数量丰富、特色鲜明。

第二，娱乐类民族传统体育项目。此类项目即以嬉戏娱乐为主导的民族传统体育项目，是一种以闲暇消遣、健身娱乐为主要目的而又有一定模式的民俗活动。桂滇黔少数民族传统体育娱乐类项目可分为棋艺类、跳跃类、碰击类、击打类、抛接类、舞戏类六个类型，其中数量最多的是舞戏类。上述三省（区）民族分布广泛，几乎每个少数民族都有自己的舞蹈项目，而且具体的舞戏类型也很丰富，有模仿动物的，如广西的蚂拐舞、麒麟舞、蝴蝶舞，云南的孔雀舞，贵州的海马舞、芦笙斗鸡舞等；有借助道具的，如广西的扁担舞、板鞋舞、竹竿舞，云南的跳大鼓、跳芦笙，贵州的木鼓舞、板凳舞、花鼓舞等。数量排名第二的是击打类，紧接着是抛接类、跳跃类的传统体育项目，而碰击类、棋艺类的传统体育项目则相对较少。

第三，民俗节庆类民族传统体育项目。民俗节庆作为一个民族特有的传统庆典活动，承载着丰富的文化内涵，是民族传统体育文化的重要组成部分。通过参与节庆活动，人们可以深入了解传统体育文化的历史渊源与独特内涵，切身理解独特的民族精神和价值观念，真正领会一个民族的文化内涵及灵魂支撑。桂滇黔少数民族传统体育民俗节庆类项目可分为娱乐狂欢类、农事活动类、宗教祭祀类三种类型。在民俗节庆的三个分类中，娱乐狂欢类和宗教祭祀类的民俗节庆比农事活动类的多一些。从民俗节庆中的主要传统体育活动内容来看，它们内容丰富，形式多样：有舞蹈类的，如芦笙舞、铜鼓舞、白鹤舞、苗舞等；有竞技类的，如摔跤、赛马、抢花炮、斗牛、斗鸡等；还有表演类的，如舞龙、舞狮等。

综上所述，桂滇黔民族地区传统体育资源数量丰富、类型多样，为助力精准扶贫、巩固脱贫成果以及乡村振兴奠定了坚实的资源基础。

2.2.2　桂滇黔民族地区传统体育资源内涵深厚、特色鲜明

民族地区传统体育资源有着深厚的文化内涵。任何一项传统体育活动都与本民族所处的地域环境、生产生活方式，以及民族宗教信仰、价值观念等有着千丝万缕的联系（邱丕相，2008）。传统体育文化是民族生活环境的折

射。桂滇黔民族地区传统体育资源的产生、形成和发展，与其所生存的环境有着很大的关系，从某种意义上说，传统体育资源可以看作是该区域环境的直观反映，他们的体育活动是面对恶劣生存环境的一种体能应对。首先，传统体育是民族文化积淀的体现。桂滇黔民族地区传统体育资源是少数民族同胞在其发展历程中各种社会行为的历史沉淀，不仅是当地历史遗存、文化形态、社会习俗、生产生活方式等地域文化的体现，还是民众艰苦奋斗、开拓创新、团结进取等精神彰显的载体。其次，民族传统体育文化是一种信仰与精神图腾。诸如云南纳西族的东巴跳、广西壮族的蚂蜗舞，均是曾经为祭祀神灵而创制的各种独特的肢体动作，逐渐演变成人们锻炼身体的一种传统体育活动，在这些祭神活动中，人们需要借助祭祀台场来呈现动作，以表达对神灵的敬意与崇拜。最后，传统体育文化呈现出一种具有民族特色的现代产业意蕴。桂滇黔传统体育文化的开发利用，通过"旅游+""产业+""数字+"等多元化模式进行活化利用，为民众创造更多就业、创业的路子，从而增加贫困地区民众的收入，拉动地区经济增长，形成民族地区传统体育文化活态传承和经济发展协同并进的态势。

民族地区传统体育资源有着鲜明的文化特征。俗话说"靠山吃山，靠水吃水"，就是指人们对生存环境中特有生活资源的依赖性（李延超、饶远，2006）。在不同的自然生态环境中就会产生出各异的生产方式与生活习俗。桂滇黔是我国典型的南方喀斯特地区，自然地理条件相对恶劣，独特的地理环境显现在少数民族的传统体育文化中，如生活在大江大河边的少数民族，其所孕育的传统体育必然反映出他们独特的水文化信仰；而生活在崇山峻岭之间的少数民族，所开展的传统体育活动则鲜明体现出火崇拜。同时，桂滇黔民族地区传统体育多样性显著，因受当地复杂多样的自然环境、气候类型、价值观念以及个人信仰等因素的影响，传统体育表现出明显的多样性特征。既有以节日作为表现形式的体育项目，如流行于壮族、侗族、苗族、瑶族等民族村寨的"花炮节"；又有以竞赛作为表现形式的体育项目，如流传于云南省迪庆州德钦县云岭乡农村的摔跤比赛，广西柳州市融水苗族自治县四荣乡荣塘村的斗马比赛等，这些都是桂滇黔民族地区传统体育文化资源多样性的具体体现。此外，传统体育具有较强的娱乐特性。它着重于强调人的身心需要和情感愿望的满足，多以自娱自乐的、消遣的和游戏的活动方式出现（黄根华、卢兵，2007）。在农闲时节开展的各式各样的少数民族传统体育活动，不仅可以增强少数民族群众的体质，还有助于愉悦身心，保持心情舒畅，以更大的热情、更多的精力投入传统体育的传承和发展中。

2.2.3　桂滇黔民族地区传统体育资源分布广泛、空间集聚

桂滇黔民族地区传统体育资源分布具有广泛性特征。桂滇黔民族地区传统体育资源多点、多地分布于少数民族村落，呈现出块状分布为主、点状环绕分布的总体特征。从数量分布上来看，在桂滇黔三省（区）1689 项传统体育项目中，分布在广西的传统体育项目共有 476 项，占比 28.18%，涉及壮族、瑶族、侗族、苗族、京族、回族、仫佬族、毛南族等 11 个世居少数民族；分布在云南的传统体育项目为 558 项，占比 33.04%，涉及彝族、傣族、白族、回族、佤族、壮族、苗族、怒族、藏族、瑶族、蒙古族、普米族、纳西族、基诺族、阿昌族、阿龙族、德昂族、布朗族、景颇族、拉祜族、哈尼族、傈僳族等 25 个世居少数民族；分布在贵州的传统体育项目共有 655 项，占比 38.78%，涉及苗族、侗族、彝族、畲族、瑶族、满族、回族、白族、水族、羌族、毛南族、蒙古族、布依族、亿佬族、土家族、仫佬族等 17 个世居少数民族，这些充分体现了该区域传统体育资源分布的广泛性。

桂滇黔民族地区传统体育资源分布具有空间集聚性特征。桂滇黔民族地区传统体育资源整体分布特征为沿山分布，呈带状、片状分布相结合的整体特征。广西传统体育资源分布以桂林、南宁、柳州、百色、河池五个城市为节点，以湘桂线、云桂线、桂黔线为主廊道，以 322、323、324、210 国道为辅助廊道，形成一个环状分布格局。如表 2.2 所示，广西少数民族传统体育分布最多在河池，有 307 项；其次是柳州和百色，分别有 299 项和 284 项；分布较少的主要是梧州、钦州、贵港、玉林等地区，分布最少的地区是防城

港，仅有 8 项。另外，从资源的空间分布上来看，广西各民族，如壮族、瑶族、苗族、侗族、仫佬族、毛南族、水族等民族的传统体育文化资源分布集中在广西的东北部和西部地区；而占 90% 以上的传统体育文化资源位于从东北部的桂林、柳州、南宁到西北部的桂林、河池、百色这五城市的连线上，呈现线状集中分布，其交叉点在桂林，总体形成一个环状分布格局。

表 2.2　　　　　　　　　广西少数民族传统体育分布统计

项目	南宁	柳州	桂林	梧州	钦州	防城港	贵港	玉林	百色	贺州	河池	来宾	崇左
数量（项）	158	299	186	18	18	8	10	13	284	91	307	213	142
比例（%）	9.04	17.12	10.65	1.03	1.03	0.46	0.57	0.74	16.26	5.21	17.57	12.19	8.13

　　资料来源：依据各级非物质文化遗产名录中的申报地、广西各地史志资料的搜索，以及实地调查中所获一手资料，经统计整理获知广西少数民族传统体育的分布情况。

　　云南的传统体育资源是典型的"多点、多地、多民族"分布特征。云南省是桂滇黔地区拥有民族成分最多的省份，其境内的少数民族几乎分布于云南全省境内的各市、县、区。如表 2.3 所示，在云南的 16 个地市中，以玉溪拥有的少数民族传统体育文化资源最多，为 157 项；其次是保山，为 154 项；接下来的是昭通和丽江，这两座城市拥有的传统体育文化资源数量相差不大，分别为 149 项、148 项；拥有传统体育文化资源最少的地区是迪庆，为 46 项。传统体育文化资源拥有最多的玉溪比迪庆多 111 项，两者相差亦较大。另外，从资源的空间分布上来看，云南各民族的传统体育文化资源分布广泛，云南境内 2/3 的地方如昆明、玉溪、保山、昭通、丽江等，均有两个以上少数民族的传统体育文化资源交错分布。同时，云南各民族，如哈尼族、壮族、苗族等的传统体育文化资源又相对集中在文山、昭通、红河等地，面向外围则密度逐渐降低，呈现点状分布。总体而言，云南少数民族传统体育文化资源，从全省看是一个大杂居小聚居的分布局面，从局部看则体现了分散与集中相结合的分布格局。

表 2.3　　　　　　　　　　**云南少数民族传统体育分布统计**

项目	昆明	曲靖	玉溪	保山	昭通	丽江	普洱	临沧
数量（项）	121	50	157	154	149	148	121	85
比例（%）	7.25	3.00	9.41	9.23	8.93	8.87	7.25	5.10

资料来源：依据各级非物质文化遗产名录中的申报地、云南各地史志资料的搜索，以及实地调查中所获一手资料，经统计整理获知云南少数民族传统体育的分布情况。

　　贵州省传统体育资源呈现出"以贵阳为中心，黔东南、黔南、黔西南、黔东北四面环形分布"的分布特点。如表 2.4 所示，黔南州拥有的少数民族传统体育项目最多，为 280 项；其次是黔东南州，为 226 项；接下来是毕节 218 项；传统体育项目数量超过 100 项的地区分别为铜仁 172 项、黔西南州 138 项、贵阳 130 项、六盘水 105 项、安顺 100 项；拥有传统体育最少的城市是遵义，为 43 项。传统体育拥有最多的黔南州比遵义多 237 项，两者相差较大。另外，从资源的空间分布上来看，贵州各民族，如苗族、布依族、侗族、土家族、彝族、仡佬族等民族的传统体育文化资源集中分布在贵州的东北部、东南部、南部和西南部地区，其中 80% 以上的资源分布于东北部的铜仁、黔东南州、黔南州到西南部的黔西南州及西部的毕节，总体呈现"集中分布于黔东北，分散围绕周边"的块状与环状结合分布的总体特征。

表 2.4　　　　　　　　　　**贵州少数民族传统体育分布统计**

项目	贵阳	六盘水	遵义	铜仁	黔西南州	毕节	安顺	黔东南州	黔南州
数量（项）	130	105	43	172	138	218	100	226	280
比例（%）	9.21	7.44	3.05	12.18	9.77	15.44	7.08	16.01	19.83

资料来源：依据各级非物质文化遗产名录中的申报地、贵州各地史志资料的搜索，以及实地调查中所获一手资料，经统计整理获知贵州少数民族传统体育的分布情况。

2.2.4　桂滇黔民族地区传统体育资源功能多样、价值凸显

　　桂滇黔民族地区传统体育资源功能多样。首先是产业带动功能。精准扶贫、乡村振兴、创新驱动以及共同富裕战略的深入实施，为桂滇黔民族地区

传统体育文化产业转型升级提供了强劲动力，为助力该区域巩固脱贫攻坚成果、乡村振兴战略实施提供了机遇。如贵州榕江县的斗牛小镇，通过传统体育项目斗牛，发展旅游业、养殖业、种植业以及文化产业，为当地贫困户提供多种就业岗位，带动 500 多户贫困户就业，让民众日均增加收入 80～140元。其次是聚合功能。传统体育资源是民族凝聚的重要支撑，桂滇黔民族地区传统体育不仅是当地传统文化的具体体现和各民族内部相互交流的载体，也是各民族文化对外交流融合的一种形式，为民众之间的关系融洽以及社会的安定创造一种较为和谐的氛围。最后是传统体育教育功能显著。桂滇黔民族地区传统体育体现了当地居民的精神特质、心理结构与价值取向，具有一定的传承及教育功能，是民众精神交流的重要途径。如传统体育项目所内蕴的民间历史事件、神话传说，以及承载的民俗节庆活动、祭祀活动等生动彰显地方民族文化脉络。以彝族村寨古老的跳虎笙文化为例，它不仅具有浓厚的文化内涵、精彩的活动形式，还通过一系列"寓教于乐"的体育表现形式巧妙地诠释出人们长期以来生产、生活的各个方面知识。

桂滇黔民族地区传统体育资源价值突出。桂滇黔民族地区从传统体育文化创意设计、产业融合、科技创新角度催生了传统体育发展的新动能，增强了文化旅游产业链的现代化水平和民族地区文化旅游产业创新链效能，充分发挥了对经济发展的带动作用，拉动了经济增长，促进了脱贫地区民众就业增收。不同类型传统体育的精神内涵不同，其内在的精神价值显著。如传统体育资源中蕴含的宗教祭祀活动，先民们通过宗教仪式、神明祭拜等一系列的宗教祭祀活动，祈求风调雨顺、五谷丰登，祈求寨子平安、人畜兴旺。这是民众对传统体育文化精神内涵认同的实践结果，也是将精神寄托于传统体育文化的重要体现。此外，传统体育资源蕴含的精神价值为其保护传承提供了重要的文化基础，其传承价值鲜明。保护与传承这些传统体育资源，最根本的目的就是传承中华民族优秀的传统文化，引导民众树立文化自信和文化自觉。传承传统体育文化就是弘扬传统体育精神、传承中华民族文化，其本身的资源价值与文化价值，促进了传承价值的升华。

2.3　桂滇黔民族地区传统体育助力精准扶贫的主要成绩

2.3.1　传统体育助力精准扶贫的社会认同不断增强

当前传统体育助力精准扶贫越发获得社会的认同，自上而下广泛形成传统体育助力精准扶贫的强烈共识。长期以来，国家体育总局高度重视扶贫工作，提出了"立志、立教、立业"和"突出体育扶贫，扶出体育特色"的扶贫工作思路。特别是党的十八大以来，先后制定了《国家体育总局定点扶贫开发工作规划（2012 年—2020 年）》《国家体育总局"十三五"时期定点扶贫工作方案》等，加强顶层设计，推动扶贫工作稳妥有序开展。2018 年国家体育总局、国务院扶贫办联合印发了《关于体育扶贫工程的实施意见》，在该文件指导下，三省（区）各级政府均出台了关于体育助力精准扶贫的文件及政策，通过顶层设计自上而下地推动体育扶贫。

2020 年初云南芒市西山乡崩强村邦界小组的景颇族村民唐勒崩在德宏州民宗局的扶持下，成立了德宏少数民族传统体育器材生产基地，主要生产陀螺、高跷、板鞋等少数民族传统体育器材，该生产基地不仅让其本人致富，也成为吸纳本村建档立卡贫困户就近务工的场所之一，带动了一批建档立卡贫困户脱贫增收。民众是体育扶贫的主体力量，体育扶贫离不开民众的广泛参与支持。像三月三花炮节期间，民众积极筹备抢花炮活动的各项工作，抢花炮活动也吸引了不少外来游客，因此带动了当地的旅游业发展。民众通过参与传统体育活动、领会传统体育文化内涵、自我归类到本民族文化中，进而积极融入群体。特别是传统体育的传承人以及爱好者，他们的积极参与，让传统体育传承更具活力。如壮族会鼓习俗代表性传承人陈猛儒汇集众多会鼓爱好者，开设了会鼓手工作坊，研发马山会鼓工艺品，荣获 2019 年全国特色旅游商品大赛银奖，之后订单逐年攀升，并通过各种渠道带至多个国家和地区。与此同时，企业对传统体育资源的保护与传承意识日益增强，传统体育文化的发展已经逐渐成为民族地区经济发展的一大牵引力，为当地旅游业、餐饮业、交通等行业提供契机，且衍生了较多的就业机会，从而带动贫困人口脱贫。如广西桂平武术之乡正是在政府的鼓励和引导下，每年举办武术交流活动，并给予武术传承人、武术协会相应的资金支持，让勇敢拼搏、热爱祖国的武术精神在桂平乃至全国更多地方传播，吸引不少企业对桂平武术活动开展的赞助。桂滇黔民族地区政府、企业对传统体育的文化认同、情感认同、功能认同，共同构成了不同群体对传统体育文化的社会认同，让民众有文化依靠，从而产生文化自信的力量。

2.3.2 传统体育助力精准扶贫的案例模式日渐丰富

近年来，桂滇黔民族地区通过特色文化产业精准扶贫，防止脱贫之后返贫，传统体育助力精准扶贫的模式也在此过程中逐渐丰富，有"体育 + （旅游、农业）""体育赛事扶贫""体育产业扶贫""体育设施扶贫"等方式，开发利用传统体育资源，助力当地精准扶贫并取得了可观的成效。

广西是全国脱贫攻坚的主战场，近年来，广西壮族自治区体育局充分挖掘民族传统体育的独特优势，大力发展民族体育产业，通过在贫困地区构建"体育 + 文旅 + 扶贫"的马山模式、"体育 + 农产品"助农模式、"体育明星 + 贫困村"结对帮扶模式、"健身扶贫"模式、体育榜样扶贫、"四轮驱动"模式，助力广西传统体育精准扶贫取得良好成效。云南和贵州两省主要通过"农业 + 体育"扶贫模式和"体育 + 旅游"扶贫模式进行扶贫。其中云南借助自身资源优势开发出"休闲体育 + 生态农业"扶贫模式、"特色农业 + 体育赛事"扶贫等新模式，在实施传统体育扶贫的同时为乡村振兴提供强劲动力。贵州则创新采用"体育 + 传统古村落"模式、"线上全民健身"扶贫模式、体彩扶贫模式、"体育 + 多产业融合"扶贫模式等，充分挖掘当地传统体育资源及企业优势，并与各类资源的有机融合，共同提升传统体育精准扶贫效益（见表 2.5）。

表 2.5　　　　　　　　　　桂滇黔传统体育助力精准扶贫模式一览

地区	模式	典型案例
广西壮族自治区	"体育 + 文旅 + 扶贫"的马山模式	当地通过深入挖掘"山水"体旅资源，先后举办民族传统体育运动会、民族传统体育旅游等项目，成功创建了"赛事 + 节庆 + 旅游"的新模式。特别是"中国黑山羊之乡·马山月月生态体育旅游节"千人会鼓展演活动，已成为规模最大、规格最高的一个大型品牌项目。通过发展民族传统文化旅游及体育旅游带动当地小都百屯、灵川县袁家村等 11 个旅游扶贫村脱贫致富，被评为首批全国乡村旅游重点村
	"体育 + 农产品"助农模式	广西借体育名人现场推介农产品，通过整合传统体育赛事、美食品鉴、特色农产品展示、乡村旅游、民俗表演等特色资源，举办趣味传统体育竞技活动、电商扶贫名特优农产品展等系列活动。如赛艇奥运冠军奚爱华和体操奥运冠军邓琳琳参加恭城柿子节庆活动，助力当地农产品畅销，提升贫困人口收入
	"体育明星 + 贫困村"结对帮扶模式	广西通过体育活动" + 云购"" + 云赛事"" + 云场馆"" + 直播带货"" + 体彩体验"" + 健身指导"等十大"体育 + "板块活动，组织国内 100 位以上体育明星、100 家以上主流媒体、1000 名以上网红，为 1000 个贫困村、上万个扶贫产品进行公益代言和直播带货，并通过市场化手段筹集和发放 3 亿元运动健康消费券，助力全民健身和脱贫攻坚
	"健身扶贫"模式	广西通过举办广西万名全民健身志愿者服务百县千乡活动，推广普及八段锦、五禽戏和太极拳等传统体育健身项目，带动广大群众参与健身项目的学习，使当地群众的精神面貌焕然一新，为群众脱贫致富培养良好状态
	体育榜样扶贫模式	广西柳州通过邀请市体育局组织世界冠军、全国冠军、冠军教练和优秀运动员开展体育志愿服务走进少数民族贫困地区活动，通过冠军运动员的明星效应，让更多青少年养成锻炼习惯，在强身健体的同时享受体育的快乐并传承体育精神
	"四轮驱动"模式	广西打造健身扶贫、赛事扶贫、产业扶贫、设施扶贫"四轮驱动"模式，形成体育强区和脱贫攻坚融合发展的"体育路径"。如广西在桂林举办的体育强国建设论坛暨中国—东盟体育旅游活力月系列活动，共促成 9 个体育产业项目签约，投资金额超过 509 亿元

续表

地区	模式	典型案例
云南省	"体育＋农业＋旅游"扶贫模式	云南紧密结合当地资源特色，发展"农业＋体育"模式，把体育赛事、休闲运动融入农业领域，推广地方农业和特色农产品，为乡村振兴、传统体育、传统农业盈利带来新机会。如楚雄大姚县依托百草岭秀美的自然风光和当地浓郁的彝族风情，举办传统体育活动赛事、民族趣味运动竞技、彝族刺绣服饰展示等，有力推动乡村旅游、促进农民脱贫增收
	"特色农业＋体育赛事"扶贫模式	举办依云矿泉水冠名体育赛事。在依云小镇，依云大师赛（evian Master）已经连续举办了 21 年，借助这一赛事，依云把年轻、健康的品牌价值传递给了更多赛事观众，也因此让更多外来观众了解到当地的农业产品，民众也因此获得了将农产品推广的机会
	民族传统体育器材制作扶贫车间模式	德宏州民族宗教局在芒市西山乡崩强村邦界小组成立德宏少数民族传统体育器材生产基地。该基地是云南 16 个州市首个以建档立卡户为制作主体的少数民族传统体育器材生产扶贫车间，带动一批建档立卡贫困户脱贫增收。2019 年以来，已制作高脚 529 付、板鞋 481 付、陀螺 485 个、拳棍 100 根，分别将这些器材赠送 13 所小学、1 所敬老院及部分州直单位使用
	"体育＋互联网"扶贫模式	"中国体育彩票·云南乐走"线上线下大型健步走活动充分结合"体育＋互联网"；云南体彩将 20% 年度政府性基金预算统筹用于支持云南省脱贫攻坚工作
	"旅游观光＋户外运动＋赛事体验"	腾冲立足"旅游观光＋户外运动＋赛事体验"模式，积极举办腾冲民族体育旅游、腾冲国际马拉松、七彩云南·格兰芬多国际自行车节腾冲站比赛，通过绿色健身产业与旅游产业的融合发展带动项目区群众脱贫致富
	传统体育赛事扶贫模式	西双版纳州委、州政府通过创新机制增强发展后劲、推动振兴发展促村富民强、突出文旅带动促进文化繁荣，促进少数民族传统体育事业蓬勃发展。如全州脱贫攻坚陀螺比赛在州体育中心举行，西双版纳州教育体育局党组对全州陀螺爱好者的关心、信任和支持，鼓舞了民众借助传统体育扶贫的精气神
	"体育＋旅游"扶贫模式	云南探索体育＋旅游，德宏依托各类赛事活动，开启"一日比赛、多日停留，一人参赛、多人旅游"的体育旅游模式。贞丰县围绕"贞丰古城—双乳峰—三岔河—北盘江大峡谷—土布小镇"精品山地旅游线路，通过传统体育多样化转化，发展农家乐及民宿客栈 138 家，带动 3800 名建档立卡贫困群众增收

续表

地区	模式	典型案例
贵州省	"体育＋民族特色村寨"模式	贵州 312 个"中国少数民族特色村寨"都不同程度地发展旅游业，充分依托民族特色文化、民族医药、民族体育等特色优势，大力发展民族文化体验、康养运动、传统体育、徒步旅行等产业
	"线上全民健身"扶贫新模式	贵州全民健身线上公益徒步活动通过"线上徒步＋步数捐赠"的方式，在全省设置 9 个市（州）为捐赠地区，活动参与者每运动 1000 步对应 1 元钱扶贫资金，该资金由贵州省体育局补贴，用于全省 9 个市（州）"9＋3"的深度贫困县（区）或其他贫困地区的脱贫攻坚工作
	"体育赛事"扶贫模式	黔西南地区将山地旅游与户外民族运动结合，助力地区精准扶贫。端午龙舟竞赛成为黔东南苗族侗族自治州凯里市下司镇少数民族群众的重要就业门路
	"体育设施"扶贫模式	贵州为让易地扶贫搬迁的贫困民众达到"搬得出、稳得住"的目标，贵州体育局在有限的经费中挤出近 6000 万元，分 3 年遴选并完成了 164 个安置点的配套公共体育设施建设。赤水市大同镇利用扶贫资金 280 万元，在大同河白鹭岛打造"独竹漂"民族体育培训中心，为游客提供非遗"独竹漂"表演，丰富镇内景区业态
	"体旅扶贫"模式	贵州积极推动优秀民族体育项目进入旅游景区，荔波瑶山古寨景区把瑶族传统的猴鼓舞、花样陀螺等传统体育项目纳入了景区开发内容，成为深受游客喜爱的体旅项目，直接解决群众就业 130 人
	体彩扶贫模式	贵州开展"关爱残疾人、体彩在行动"活动，支持 300 个残疾人网点建设，为 200 名残疾人提供就业岗位；开展"旭日助学"活动，为本省 9 所大专院校 1300 名贫困大学生捐资助学；开展"公益体彩、快乐操场"活动，向贫困地区 65 所农村中小学捐赠体育器材设施，惠及学生 2 万余人
	健身扶贫模式	贵州省充分发挥全民健身公共服务大数据平台，先后举办了"重走长征路""云跑贵州"等 36 场线上赛事活动，参赛人数近 30 万。联动全省 9 个市州 88 个县区，开展"打赢歼灭战、同步奔小康"全民健身线上公益徒步活动，参加这些线上活动，参与者还能获得运动币，通过"运动币·优惠购"活动开展以来，商城共销售农产品 45 万余件，体育为"黔货出山"开辟了新通道

地区	模式	典型案例
贵州省	体育企业扶贫模式	贵州动员各类体育企业为农民工就近解决就业岗位。2019 年以来，全省体育企业提供稳定的就业岗位 82000 余个；其中，锦屏县亚狮龙羽毛球产业园的制造业，带动当地农村人口就业 1000 余人；独山县润扬运动器材有限公司解决农村人口就业 340 人
	"体育行业协会 + 扶贫"模式	贵州荔波陀螺协会组织三个陀螺专业表演队伍在梦柳小镇、小七孔景区和瑶山古寨景区专门从事陀螺表演，从事陀螺演出的人数高达 50 多人，每人每年收入达 3 万 ~5 万元

资料来源：通过对桂滇黔地区的政府门户网站、政府信息公开工作年度报告，各省（区）农业农村厅、体育局、文化和旅游厅的政务信息搜索，以及课题组成员的实地调查整理得到桂滇黔传统体育助力精准扶贫模式一览表。

2.3.3 传统体育助力精准扶贫的综合效益日益提升

近年来，桂滇黔民族地区充分发挥传统体育资源优势，通过体育赛事、体育设施、体育文化扶贫，提升传统体育的社会、经济、文化、生态等效益。在社会效益方面，主要以增加居民体育获得感为主。贵州通过传统体育发展健康产业，深入开展民族体育进校园等一系列措施，全面提升各族群众身体素质和生活质量，切实增强各族群众的获得感和幸福感。2016 年以来，云南省累计实施文化和旅游扶贫项目 1 万余个，完成乡村文化和旅游投资达 1500 亿元，组织文化和旅游扶贫培训超过 25 万人次，累计带动贫困人口脱贫 80.85 万人，占全省脱贫人口总数的 12.3%，文化和旅游扶贫在打赢脱贫攻坚战中发挥了重要作用。① 在经济效益方面，主要以体育产业带动区域经济发展为主。以传统体育文化产业发展为前提，在传统体育文化产业发展过程中建立起经营者与消费者之间的服务与消费关系，不断实现利益双方产生利益往来，增加传统体育文化的总体经济效益。如贵州省政府依托民族传统体育项目，在保留其文化内涵的基础上，大力发展文化产业，将民族传统体

---

① 云南省人民政府关于印发云南省"十四五"文化和旅游发展规划的通知［EB/OL］. 云南省政府网站，https：//www.yn.gov.cn/zwgk/zcwj/yzf/202205/t20220527_242589.html，2022 – 05 – 19.

育的资源优势转化产业优势、经济优势，带动贫困地区产业兴旺和经济发展，帮助贫困群众增收致富、稳定脱贫。在文化效益方面，主要以推动文化传承、繁荣体育事业为主。如贵州将传统体育事业发展纳入乡村振兴战略大局中谋划推动，以传统体育文化传承为主导，持续开展易地扶贫搬迁安置点公共体育设施建设，加强农村传承人培训和开展形式多样的传统体育赛事活动，让民族传统体育有地方传承、有人传承。目前云南楚雄大麦镇在体育部门的支持下，建成陀螺场地七块，全镇有一半以上的村寨都开展陀螺对打娱乐活动，普及率达 50% 以上。在生态效益方面，在传统体育助力精准扶贫过程中，把生态文明理念和原则全面融入传统体育文化传承和扶贫发展的全过程，走集约、智能、绿色、低碳的新型文化传承发展之路，实现传统体育的转型发展、绿色发展、健康发展。云南屏边县以建设"山、水、林、苗、城"为一体的生态旅游思路，以国家级非遗"苗族花山节"为支点，大力发展旅游业。节庆期间，爬花杆、打陀螺、打弹弓、跳芦笙舞等活动精彩呈现，2022 年屏边县累计接待游客 1519005 人次，同比增长 44.91%；实现旅游总收入 164857.01 万元，同比增长 37.42%。可见，绿色生态旅游有效增加了群众收入，加快了屏边脱贫攻坚进程。[①]

2.3.4　传统体育助力精准扶贫的政策制度逐步完善

中国特色的扶贫制度模式，不但构成了具有中国特色的扶贫开发政策体系，还形成了战略性实施框架。制度主体包含以国家为主体的扶贫制度制定主体、以各级地方政府和扶贫配套制度制定和实施主体为代表的制度执行主体以及扶贫制度的最终受益主体三个主要组成部分（李全利、陈国华，2020）。桂滇黔民族地区传统体育助力精准扶贫的政策制度也正逐步完善，这些政策由宏观到微观、由面及点、由大到小逐渐细化，直接或间接地促进

---

① 屏边县统计局. 屏边县 2022 年国民经济和社会发展统计公报［EB/OL］. 屏边苗族自治县人民政府网，https：//www. hhpb. gov. cn/info/5511/341251. htm，2023 – 05 – 05.

传统体育文化助力精准扶贫的发展。

广西的政策变化特点是：由宏观到微观，由面到点，整体到局部，呈现出"初步政策导向—政策与精准扶贫结合—政策与产业融合发展结合—各级地方政府针对具体传统体育项目出台相关政策"的演进过程。这一系列政策制定旨在构建政府引导调控、市场资源配置、社会广泛参与的少数民族传统体育活态传承与创新转化的政策体系；在深入挖掘民族传统体育文化内涵的基础上，建成以赛事、节庆为核心，融合康养、旅游、会展、文化等多种业态的发展格局，让传统体育文化效益惠及民众，提升民众的文化获得感、幸福感及文化自信。

云南政策制度呈现"宏观—中观—微观"的政策导向特征，体现出"总体政策导向—倾向传统体育品牌打造—政策与精准扶贫结合"的变化过程。具体是由政府引导逐渐向市场引导发展，更注重传统体育产业多元市场化发展，尤其是鼓励民族地区贫困人口依托自然旅游资源打造传统体育示范基地和品牌赛事，培育以体育竞赛为龙头的体育旅游业、以户外运动为支撑的康体休闲业、以"互联网＋体育"为引领的体育传媒业，打造具有竞争力的滇系知名企业和自主品牌。同时，发挥体育行业在脱贫攻坚战中的特有优势，推进全民健身、健康中国、体育强国等国家战略的贯彻落实，结合边疆、民族、山区、贫困等地情，围绕群众对体育健身新需求，促进体育为全省经济社会发展服务。

贵州省政策制度呈现"总—分—总"的政策特征，体现出了"围绕相关政策进行细化—精准落实到项目发展—与乡村振兴紧密结合"的变化过程。从关注民族传统体育的休闲娱乐、健身康复、民族凝聚功能到逐步激发传统体育在增加就业机会、扩宽收入来源、增进人民福祉、促进经济发展等社会经济功能，随后逐渐将"精准扶贫""巩固拓展脱贫成果"与"乡村振兴""体育强省"等多种政策融通结合。结合地方传统体育资源优势，旨在构建民族体育旅游品牌，建设山地民族特色体育大省强省。相关政策具体如表 2.6 所示。

表 2.6　　　　国家及桂滇黔地区传统体育助力扶贫有关政策文件

主体	时间（年）	政策制度
国家部委	2018	国家体育总局、国家民委《关于进一步加强少数民族传统体育工作的指导意见》；国家体育总局、国务院扶贫办《关于体育扶贫工程的实施意见》；文化和旅游部等 17 部门《关于促进乡村旅游可持续发展的指导意见》
	2021	国家体育总局《"十四五"体育发展规划》、文化和旅游部《"十四五"文化和旅游发展规划》
广西壮族自治区	2018	广西壮族自治区体育局《关于进一步加强体育扶贫工作的通知》；中共广西壮族自治区委员会、广西壮族自治区人民政府《关于打赢脱贫攻坚战三年行动的实施意见》
	2019	广西壮族自治区人民政府《关于加快大健康产业发展的意见》；广西壮族自治区人民政府《关于加快文化旅游产业高质量发展的意见》；广西壮族自治区体育局、文化和旅游厅《关于大力发展体育旅游的指导意见》
	2020	广西壮族自治区人民政府《关于进一步加强少数民族传统体育工作的实施意见》；广西壮族自治区人民政府《关于加快提振文化和旅游消费若干措施的通知》；广西壮族自治区人民政府《关于促进乡村旅游高质量发展若干措施的通知》
	2021	广西壮族自治区人民政府《广西全民健身实施计划（2021—2025 年）的通知》
	2022	广西壮族自治区体育局《广西壮族自治区体育发展"十四五"规划》
云南省	2018	中共云南省委、云南省人民政府《关于打赢精准脱贫攻坚战三年行动的实施意见》；云南省人民政府《关于加快发展健身休闲产业的实施意见》
	2019	云南省人民政府《关于加快发展体育竞赛表演产业的实施意见》
	2020	云南省人民政府《健康云南行动的实施意见》；云南省人民政府《关于促进全民健身和体育消费推动体育产业高质量发展的实施意见》；云南省人民政府《关于加快建设体育强省的意见》
	2021	云南省民宗委、云南省体育局《云南省少数民族传统体育基地建设管理办法（试行）》《云南省少数民族传统体育运动会组织管理办法》；云南省体育局《云南省"十四五"体育产业发展规划》《云南省"十四五"体育发展规划》
	2022	云南省体育局《关于加快发展全域体育基地推动高原特色体育强省建设实施意见的通知》；云南省人民政府《云南省全民健身实施计划（2021—2025 年）》

主体	时间（年）	政策制度
贵州省	2017	贵州省人民政府《关于加快发展健身休闲产业的实施意见》
	2018	中共贵州省委、贵州省人民政府《关于深入实施打赢脱贫攻坚战三年行动发起总攻夺取全胜的决定》
	2019	贵州省人民政府《关于贵州省创建全国体育旅游示范区的意见》；贵州省体育局《贵州省全国体育旅游示范区总体规划（2019—2035 年)》
	2021	贵州省人民政府《贵州省建设山地民族特色体育强省行动方案》；贵州省体育局《贵州省"十四五"体育发展规划》；贵州省人民政府《贵州省全民健身实施计划（2021—2025 年)》

2.4 桂滇黔民族地区传统体育助力精准扶贫的现实问题

2.4.1 传统体育助力精准扶贫的政策保障机制仍需完善

由前文可知，虽然近年来国家和桂滇黔地方政府先后出台了多项体育扶贫的政策措施，为民族传统体育助力精准扶贫提供了政策支持。但无论是宏观的顶层设计，还是微观的扶贫政策，桂滇黔民族地区传统体育助力精准扶贫的政策保障机制仍有待进一步完善。

专门政策机制不健全。通过对国家体育总局出台的体育领域政策进行梳理发现，截至 2021 年 12 月，我国现行有效的体育文件共有 332 件，其中，中共中央办公厅及国务院文件 26 件，部门规章 31 件，规范性文件 165 件，体育总局制度性文件 110 件。而涉及民族传统体育的政策文件仅有 105 件，专门针对民族传统体育的文件仅有 3 件。大部分民族传统体育政策囊括在群众体育或其他相关政策中，涉及面宽泛，针对性不强，专项政策缺失（张建业、戴羽，2022）。改革开放以来，中共中央、国务院以及其他部门先后发布了扶贫政策 124 件，涉及经济、政治、金融、环保、人口、卫生健康等诸多领域（肖坤鹏、张铁民，2020），但与体育扶贫密切相关的政策仅有 1 项，即 2018 年 7 月，国家体育总局、国务院扶贫办联合下发的《关于深入实施体育扶贫工程的意见》，但该文件着重强调马拉松、奥运会等现代体育的扶贫措施，专门针对民族传统体育的精准扶贫政策仍处于缺位的状态。虽然中央出台了体育扶贫政策，广西壮族自治区体育局也制定了《关于进一步加强体育扶贫工作的通知》，但通过对比发现，地区性政策调整十分有限，基本上是照搬国家出台的体育扶贫意见，地方性、可操作性都有待考量（黄君洁、许寒润，2020）。与此同时，贵州、云南两省尚未出台专门的体育扶贫政策，两省少数民族传统体育助力精准扶贫陷入无章可循的尴尬境地。

配套法律机制不健全。目前，无论是民族传统体育领域，还是扶贫领域，我国的配套法律机制均有待完善。在民族传统体育立法方面，截至 2021 年 12 月底，我国现行的体育有关法律、行政法规有 8 部，但涉及民族传统体育的只有 1 部，即《中华人民共和国体育法》，其中规定"国家鼓励、支持民族、民间传统体育项目的发掘、整理和提高"。由此可见，我国缺乏专门民族传统体育的相关立法（秦卫斌，2019）。具体到扶贫领域，国外的扶贫立法比较完善，英国早在 1601 年就颁布了《济贫法》，美国则在 1964～1993 年先后颁布了《反贫困法案》《扶持家庭法》等法律，为其反贫困工作的顺利开展提供了法律依据。对比发现：我国的扶贫立法相对滞后，当前尚缺乏国家层面的扶贫开发法或反贫困法，反贫困法律体系建设滞后，多数尚停留在行政法规、行政规章和政策规定等规范性文件层面（张一鸣，2020）。民族传统体育助力精准扶贫领域的立法尚属空白。从地方层面看，虽然桂滇黔三省（区）分别出台了《广西壮族自治区扶贫开发条例》《云南省农村扶贫开发条例》《贵州省大扶贫条例》等地方性法规，但这些条例规范的是扶贫开发项目、资金等各类事项，未涉及扶贫开发与就业、教育、医疗、低保、体育等制度衔接（王莹桦、孙兆霞，2019）。且上述政策在具体执行过程中，仍存在着条例宣传不到位、配套法律制度不完善等问题。长此以往，桂滇黔民族地区传统体育助力精准扶贫工作将陷入无法可依的困境。

考核激励机制不健全。首先，是考核机制不健全。精准扶贫考核是一项由上级对下级进行考核的活动，通常是在上级党委政府扶贫办等相关部门的组织下，对下一级党委及相关人员进行全面细致的评估（赵思，2021）。桂滇黔民族地区传统体育扶贫的考核多以相关部门自评为主，缺少独立性和客观性。虽然也采用了第三方评估，但评估主体多由学者、专家等构成，他们对贫困地区的经济发展、地理环境不够熟悉，在评估过程中仍然有赖于政府的配合（黄皖毅，2022）。现阶段针对民族地区传统体育扶贫的考核常以场地设施供给数量、覆盖范围等量化指标作为考核标准，而对体育设施的分配结构、居民满意度、使用率等质效指标鲜有涉及（郭庆，2021），且对组织传统体育活动、争取体育资金等内容的考核不够重视，造成民族地区传统体育扶贫容易流于形式（张元通，2020）。其次，是激励机制不健全。通过对比桂滇黔鄂浙①五省（区）省会城市体育部门职工工资福利可知，当前桂滇黔地区体育部门的工资水平整体偏低，无论是基础工资，还是福利待遇，都与中东部地区相差甚远。而对于基层体育扶贫人员而言，更是存在任务繁重、待遇收入差等问题，甚至出现补贴缺失、津贴发放不到位等情况（见表2.7），严重影响到基层体育扶贫人员的工作热情，不利于扶贫干部队伍的稳定，也给打赢脱贫攻坚战带来负面影响（覃蓝天，2020）。最后，晋升激励机制待完善，桂滇黔民族地区扶贫工作人员提拔、晋升机会相对较少，近七成奋战在脱贫攻坚一线的工作人员仍坚守在原工作岗位上。具体到体育领域，这一数据则更低。以广西体育专业高等学校为例，该校曾先后派驻第一书记和工作队员18人，精准识别工作队员25人，但仅有7人获得晋升机会，所占比重为16.28%，大部分扶贫人员仍坚守在原工作岗位上。长此以往，既打击了扶贫人员的工作积极性和主动性，又难以吸引优秀的人员加入扶贫工作中，不利于体育扶贫队伍的长期稳定建设，一定程度上制约着体育扶贫工作的开展，影响了该区域乡村振兴甚至全面建设小康社会的建设。

---

① 为便于比较桂滇黔与中东部地区体育扶贫项目开展情况，笔者选取中部重要战略支撑点湖北与东部共同富裕示范区浙江进行对比分析，后文所用数据均为桂滇黔鄂浙五省（区）相关数据。

表 2.7　　　桂滇黔鄂浙五省（区）体育局部门职工平均工资福利支出　　　单位：万元

城市\指标	基本工资	津贴补贴	奖金	绩效工资	养老保险	职业年金	其他社会保障	住房公积金
南宁	0.30	0.05	0.03	0.37	0.12	0.06	0.02	0.10
昆明	0.14	0.08	0.02	0.18	0.07	0.03	0.01	0.05
贵阳	0.25	0.12	0.13	0.14	0.07	—	0.01	0.09
武汉	0.40	0.19	0.12	0.78	0.15	0.02	0.01	0.22
杭州	0.40	0.21	0.22	0.69	0.12	0.06	0.03	0.20

资料来源：南宁、昆明、贵阳、武汉、杭州五地 2020 年体育局部门预算。

2.4.2　传统体育助力精准扶贫的统筹兼顾能力尚需加强

桂滇黔民族地区传统体育助力精准扶贫是一项系统工程，涉及各级政府、贫困群众、体育企业、社会组织等多个主体，但这些主体的利益关系错综复杂，没有形成协同治理的合力，主要体现在以下三个方面。

一是上下级的扶贫工作信息沟通不畅。我国各级政府上下级之间的行政沟通，往往都是通过报告、文件、电视会议的方式，这种沟通形式大多是单线沟通，并不注重沟通对象的具体情况（常滨婕，2019）。同时，全国范围内尚未建立共享、开放的体育扶贫开发信息系统，体育扶贫信息传递仍以书面或者口头的形式为主，缺乏大数据、云计算、区块链等最新技术的运用，这样容易造成体育部门上下级信息传递受阻。究其根源：一方面，是体育部门扶贫一些领域还存在不作为、假作为等形式主义、官僚主义问题，甚至弄虚作假、谎报瞒报（王贵福，2017），不仅影响扶贫信息的真实性，也不利于体育部门的上下级沟通。另一方面，由于大多数贫困户分布在偏远山区，信息的收集与数据的整理都依赖于人工完成，收集信息的时间与经济成本较高，且不同地区信息采集的时间各不相同，信息的更新不够及时与准确，导致扶贫信息的不对称（孙涛、刘世荣等，2021）。

二是横向政府部门的扶贫协作不足。桂滇黔民族地区传统体育助力精准扶贫单靠体育部门很难起到效果，需要民族、文化、住建、旅游、宣传等多个部门的通力合作。然而，目前我国体育扶贫事业的实施主体主要是国家体育总局、各省市体育局等体育行政部门，这反映出在体育扶贫过程中存在着过度依赖体育政府部门的现象，其他部门责任意识不够强（田静、辛榕榕，2020）。同时，各个职能部门之间因为工作性质和内容的不同，往往分散孤立、各自为政，同样缺乏部门间的协调（郭庆，2017）。这样一来，传统体育助力精准扶贫难以全面深入开展，实施效果也将大打折扣。

三是多方扶贫力量的推进程度不均。传统体育扶贫是一项复杂的民生工程，不仅需要政府部门的支持，也需要地方居民、贫困群众、体育企业、社会组织等诸多主体的共同参与。但就现实而言，目前体育行政部门在体育扶贫开发中依然发挥着绝对主体作用，社会力量调动不足（耿迪、何颖等，2020）。调研过程中了解到广西梧州市藤县南安社区计划新建篮球场，建设费用为 10 万元，其中驻村第一书记可以申请 5 万元左右的补助，目前存在 5 万元的资金缺口，当地居民、相关企业参与意愿不强，以致当前篮球场建设仍处于停滞状态。与此同时，民族传统体育赛事普遍存在关注度不够、民众参与热情不高等问题（杨彬，2017）。由此可见，社会对体育扶贫认识不充分、关注度不够，从而导致社会力量参与体育扶贫的人力、资源以及精力投入等均较为有限，进而影响到体育扶贫工作覆盖的范围（汪跃金，2020）。

2.4.3 传统体育助力精准扶贫的帮扶体制机制有待深化

桂滇黔民族地区传统体育助力精准扶贫工作存在帮扶对象识别不够精准和帮扶方式简单粗放等问题，造成一些地区传统体育助力精准扶贫虽然消耗大量的人力、物力、财力，但是收效甚微。

帮扶对象识别不精准。第一，帮扶对象识别标准欠缺。当前，我国还没有形成识别农村体育发展的统计标准，工作人员难以准确地评估与确认贫困地区的体育发展情况，容易出现识别误差（赵嘉磊，2020）。而且受人力、物力等方面的制约，各地在识别和认定贫困对象时，一般无法深入每家每户去测量其贫困程度，并分析致贫原因，只能有选择性地采取一些测定成本相对较低的方式对识别对象进行排序，而后根据排序情况认定扶贫对象，但在这一过程中实际识别标准的采用具有较大的随意性（温丽，2017）。第二，帮扶对象识别方法不当。当前，桂滇黔民族地区一些政府部门缺乏对体育扶贫的认识和了解，片面地将低于贫困线的人口都纳入体育精准扶贫的对象中，进而影响到体育扶贫的精准度。在实地走访过程中，部分扶贫干部反映传统体育扶贫仍以乡镇、村来配备相应的设施、器材，没有采用"一对一"的方式进行识别和确认，这种重区域（乡镇、村）、轻群体和个体（体育贫困者）的瞄准方法不可避免地导致识别精度的下降。第三，帮扶对象识别信息不对称。当前，桂滇黔民族地区传统体育扶贫存在信息不完全、信息不对称等问题，使得体育贫困人口往往难以被识别（黄君洁，2020）。

帮扶措施缺乏针对性。第一，帮扶措施没有因地制宜。当前，我国一些地区体育扶贫尚处于以区域为对象的"大水漫灌"阶段，尚未完全进入以贫困对象为核心的"精准扶贫"阶段，因而扶贫绩效精准度相对较低。当前，桂滇黔民族地区现处在脱贫攻坚与乡村振兴的衔接阶段，且各地经济发展状况、自然地理条件千差万别，脱贫基础各不相同，所采取的扶贫措施理应有所区别。然而，目前该区域民族传统体育扶贫工作存在简单化、统一化和形式化的问题。第二，帮扶措施没有因人而异。一方面，桂滇黔民族地区贫困类型多样，笔者曾在广西西林、隆林，贵州兴义、安龙，云南罗平等县进行调查，在接受调查的 600 名贫困户中，发现当地贫困户因缺少发展资金致贫的人数最多，为 175 人，所占比重高达 29.17%；随后依次是因学致贫（25.33%）、因病致贫（21.00%）、内生动力不足（14.50%）和因残致贫（10.00%）。另一方面，在走访过程中了解到部分村寨按照全民健身扶贫实施方案统一修建了标准篮球场、足球场，配以简单的运动器材，但却忽视了帮扶对象的性别、年龄、职业差异，致使一些体育设施长期闲置。

2.4.4　传统体育助力精准扶贫的公共服务体系亟须优化

体育场地设施不完善。当前，桂滇黔民族地区传统体育场地设施不够完善，成为制约其助力精准扶贫的重要因素。从总量上看，截至 2020 年底，与中部的湖北、东部的浙江相比，桂滇黔三省（区）体育场馆、体育场地、全民健身活动中心、全民健身路径工程的数量明显偏少，因桂滇黔民族地区经济发展相对滞后，地方财政收入有限，以致投入体育设施建设的资金较局限，体育设施不够完善（见表 2.8）。桂滇黔民族地区长期的城乡二元结构格局使体育设施的配置存在严重的不平衡，城乡差距明显。例如，2020 年贵州省城镇、乡村体育场地数量分别为 47708 个和 45921 个，城乡相差 1787 个；体育场地面积分别为 3908.65 万平方米和 2384.83 万平方米，两者相差 1523.82 万平方米，由此可见，贵州省城乡体育场地设施数量和面积均有较大的差距。此外，民族地区传统体育设施供给与群众体育锻炼需求之间严重失衡，体育扶贫绩效不佳，受经济发展水平、地理区位、历史发展等因素的制约，贵州黔东南州从江县丙妹镇敖里村、丙梅二村、老或村等村寨没有开展民族传统体育活动的场所和设施。六盘水桥新区、黔东南州镇远两路口等易地搬迁社区的体育设施多为现代化的篮球场、乒乓球场、体育健身器材，而健身步道、自行车道、足球场等设施则相对缺乏，适合民族传统体育活动开展的场所则少之又少，居民只能在闲置空地、临近学校、自家庭院等地开展体育活动。

表 2.8　　　　　　2020 年桂滇黔鄂浙五省（区）体育设施比较

项目	广西	云南	贵州	湖北	浙江
体育场馆（个）	190	242	272	283	317
全民健身活动中心（个）	10	21	19	23	33
全民健身路径工程（条）	5379	14040	9934	334969	55224
体育场地（个）	133989	113788	93629	163230	193218
体育场地面积（万平方米）	9947.04	7884.8877	6293.48	11854.98	14956.52
人均体育场地面积（平方米）	2.01	1.85	1.63	2.0	2.32

资料来源：桂滇黔鄂浙五省（区）2021 年统计年鉴、"十四五"体育发展规划等。

体育组织服务不健全。当前，桂滇黔民族地区体育社会组织数量明显不足，如图 2.1 所示，"十三五"时期，拥有体育社会组织数量最多的为广西，达到 2244 家，比湖北多 115 家，但较之浙江相差 13756 家，可见，广西体育组织存在总量偏少的问题。具体到农村，传统体育组织覆盖率更低，且举办的活动偏少。以云南省老年体育协会为例，县级体育组织覆盖率为 100%，举办体育活动 2574 次，乡镇组织覆盖率为 89%，举办体育活动为 1654 次，行政村（社区）组织覆盖率为 76%，举办体育活动为 495 次。相比于县级的全覆盖，仍有 11% 的乡镇（街道）缺乏老年体育协会，24% 的农村没有实现老年体育协会的覆盖。桂滇黔民族地区贫困村的传统体育社会组织建设相对滞后。根据在广西西林、隆林，贵州兴义、安龙，云南罗平等县进行走访调查发现，近六成以上的行政村没有建立体育组织，体育组织大多集中在乡、镇，距离农村位置偏远，组织形式以老年体育协会或农村体育协会为主，人员数量少，加上经费的限制，这些体育组织开展的活动次数少之又少。由此可见，桂滇黔民族地区传统体育的组织管理机构相对薄弱，难以为传统体育助力精准扶贫提供强大的组织支持。

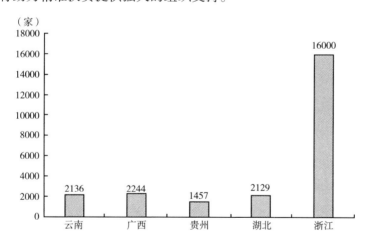

图 2.1　"十三五"时期桂滇黔鄂浙五省（区）社会体育组织数量比较

资料来源：桂滇黔鄂浙五省（区）体育发展"十四五"规划。

　　体育指导服务不科学。当前，桂滇黔民族地区传统体育活动的开展缺乏专业的指导队伍，当地群众无法接受正规的体育指导服务，以致传统体育助力精准扶贫的效果不够明显。第一，桂滇黔民族地区社会体育指导人员供给不足，该区域社会体育指导员数量明显少于东部沿海地区。"十三五"时期桂滇黔地区每千人社会体育指导员分别为 1.71 名、1.31 名和 1.64 名，不仅均低于全国平均水平（1.86 名），更低于湖北（2.00 名）、浙江（2.20 名）等中东部地区（见表 2.9）。在实地调查过程中了解到该区域乡村社会体育指导员数量严重偏少，每千人社会指导员不足 1 名。第二，桂滇黔民族地区传统体育传承人老龄化现象较为严重。截至目前，该区域传统体育的传承主要依靠传承人口传心授、言传身教的方式进行。桂滇黔民族地区传统体育项目国家级传承人有 59 人，但 3 人已故，剩余的 56 名传承人年龄在 42～90 岁，其中 70 岁及以上的传承人达到 26 人，所占比重更是高达 46.43%。这些传承人虽然熟悉民族传统体育，但年龄偏大、没有接受过正规的基础文化教育、读写能力偏弱，对开展传统体育扶贫服务心有余而力不足，在一定程度上限制了民族传统体育助力精准扶贫工作的开展。

表 2.9　"十三五"时期桂滇黔鄂浙五省（区）每千人社会体育指导员数量比较

地区	每千人社会体育指导员数量（名）
广西	1.71
云南	1.31
贵州	1.64
湖北	2.00
浙江	2.20
全国	1.86

资料来源：桂滇黔鄂浙五省（区）及全国体育发展"十四五"规划。

体育信息服务不到位。课题组在调查中发现，桂滇黔民族地区传统体育扶贫信息宣传数量少、渠道单一，在一定程度上制约了传统体育扶贫的范围和广度。此外，虽然桂滇黔三省（区）政府大力宣传传统体育助力精准扶贫的案例，但宣传力度仍较弱。笔者在桂滇黔三省（区）体育局官方网站上以"扶贫"为主题词进行搜索，在 2020 年分别查找到 6 条、1 条和 7 条，但所发布的体育信息则多达 642 条、3458 条和 92 条，体育扶贫信息占公开信息的 0.93%、0.03% 和 7.61%。由此可见，桂滇黔民族地区传统体育扶贫宣传力度较弱（见表 2.10）。

表 2.10　　　　2020 年桂滇黔三省（区）体育局扶贫与公开信息统计

省区	扶贫信息（条）	公开信息（条）	比重（%）
广西	6	642	0.93
云南	1	3458	0.03
贵州	7	92	7.61

资料来源：通过对广西、云南、贵州各地体育局网站所发布的信息整理而得。

与此同时，桂滇黔民族地区传统体育助力精准扶贫的宣传渠道也较为单一。根据对广西西林、隆林，贵州兴义、安龙，云南罗平等县的调查结果显示：在接受调查的 600 名贫困户中，274 名贫困群众没有接受传统体育助力精准扶贫的调查，所占比重高达 45.67%，可见，传统体育助力精准扶贫的宣传范围较为有限。同时，通过广播和海报渠道了解体育扶贫信息的贫困人口分别为 189 人和 157 人，所占比重分别为 31.50% 和 26.17%，这可能与贫困群众多为老年人和疾病患者有关。仅有 8.00% 的贫困群众通过网络了解传统体育助力精准扶贫的信息。由此可见，桂滇黔民族地区传统体育助力精准扶贫的宣传范围较窄，而且宣传渠道较为单一，进而造成传统体育助力精准扶贫的信息难以准确传导到贫困群众中（见表 2.11）。

表 2.11　　　　贫困群众对传统体育扶贫宣传情况统计　（n = 600）

宣传途径	人数	百分比（%）
没有接受宣传	274	45.67
广播宣传	189	31.50
网络宣传	48	8.00
海报宣传	157	26.17
讲座宣传	61	10.17
其他方式	54	9.00

资料来源：通过对广西、云南、贵州各地政府门户网站、体育局网站所发布的信息整理而得。

2.4.5　传统体育助力精准扶贫的多元价值功能尚待提升

当前桂滇黔民族地区传统体育助力精准扶贫仍停留在"体育 + 设施"

上，体育扶贫的产业、健康、旅游等多元价值功能尚待提升。

传统体育的产业价值亟待提升。纵观桂滇黔民族地区传统体育产业发展状况发现，当前存在产业结构不合理的问题。以贵州为例，据统计，2020年贵州省体育产业总规模为271.85亿元，增加值为112.42亿元，其中体育服务业增加值为109亿元，占该省体育产业增加值的97%；体育用品及相关产品制造增加值为3.05亿元，所占比重为2.7%；体育场地设施建设增加值为0.37亿元，占比仅为0.3%。由此可见，贵州省体育仍以体育服务业为主。如表2.12所示，从总量上看，2020年桂滇黔民族地区体育产业规模最高的为广西，达到342.74亿元，但尚不足湖北的1/4，浙江的1/7；具体到单项：桂滇黔三省（区）拥有的国家级体育产业示范基地、示范单位和示范项目的数量均与湖北、浙江等地相差甚远。通过对比发现，桂滇黔民族地区传统体育的产业价值仍有较大的提升空间。

表2.12　　　　2020年桂滇黔鄂浙五省（区）体育产业发展状况统计

项目	广西	云南	贵州	湖北	浙江
体育产业规模（亿元）	342.74	132.41	303.5	1500	2614.76
国家体育产业示范基地（个）	1	3	1	5	12
国家体育产业示范单位（家）	1	1	1	9	13
国家体育产业示范项目（个）	2	2	3	7	15

资料来源：通过对桂滇黔鄂浙五省（区）体育产业发展"十四五"规划整理而得。

传统体育的健康功能发挥不足。当前，桂滇黔民族地区传统体育的健身功能发挥不足。如图2.2所示，以2020年为例，桂滇黔三省（区）中经常参加体育锻炼人数比例最高的为广西，达到39.80%，高于全国平均水平（37.20%）；云南和贵州则为36.01%和36.50%，均低于全国平均水平。具体到农村，这一数据则更低，有数据显示，我国农村贫困地区亚健康人群比重高达40.75%，但农村贫困地区人民体育锻炼率仅为13%（张汪洋、赵子建等，2018）。在调查过程中了解到：桂滇黔民族地区亚健康人群比重高达69.15%，但经常参加传统体育锻炼的居民所占比重仅为10.58%。

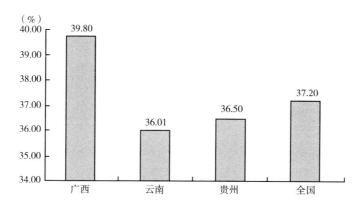

图 2.2　2020 年桂滇黔及全国经常参加体育锻炼人数比例比较

资料来源：通过对桂滇黔及全国体育发展"十四五"规划整理而得。

　　同时，桂滇黔民族地区传统体育的康复功能发挥不足，体医融合程度不高。据相关研究对我国体医融合程度的测量发现（见表 2.13），2019 年广西的体医融合度为 0.541，处于勉强协调状态；云南、贵州的体医融合度分别为 0.440 和 0.404，均处于濒临失调的状态（柴王军、刘龙飞，2021）。究其原因，一方面，当前桂滇黔民族地区体医融合机构较少，以"体医融合"中心为例，截至目前上海已经建成 20 家，扬州建成 10 家；昆明仅有 2 家，南宁、贵阳分别仅有 1 家。从地理位置看，桂滇黔民族地区传统体育融合机构多集中在省会城市，非省会城市、乡镇及农村地区则处于停滞状态，这无疑影响到传统体育康复功能的发挥。另一方面，当前桂滇黔民族地区体医融合复合型人才不足。在云南，2021 年 4 月，首次举办的运动处方培训活动，培训学员仅有 80 多名，参加培训的医生占比不足千分之一，难以满足云南省体医融合的现实需求。另以广西为例，截至 2020 年底，先后开展各类体医融合复合型人才培训班 20 期，培训体医融合复合型人才仅有 3150 人；而广西乡镇级农村人口约为 4396.23 万人，由此可见，当前广西培训的体育复合型人才远不能满足农村体医融合的需求，无疑会直接影响到传统体育康复功能的发挥。

表 2.13   **2019 年桂滇黔三省（区）体医耦合协调度**

项目	广西	云南	贵州
体育与医疗耦合协调度	0.541	0.440	0.404
体育与医疗耦合协调等级	勉强协调	濒临失调	濒临失调

传统体育旅游缺乏文化内涵。当前该区域传统体育旅游主要挖掘了传统体育文化的物质层面，深层次的体育精神、文化礼仪、民族性格没有体现出来。同时，在旅游开发过程中，部分开发商为了迎合游客需求对传统体育进行肆意改造，扭曲了其文化内涵。在商业利润的驱使下，桂滇黔民族地区传统体育旅游存在项目形式单一、活动内容趋同、参与性不强等问题。例如，贵州少数民族村落所出售的民族传统体育旅游纪念品几乎都以刀、剑、陀螺、弓、弩为主，这些产品大多由浙江义乌等地的加工厂批量生产，与国家民委"一村一品"工程相关要求相差甚远，与所在村落流传的少数民族传统体育不完全一致，无法真正体现少数民族传统村落体育文化内涵（屈植斌、李延超等，2020）。由于所开发的项目单一、产品大同小异，缺乏文化内涵与特色，难以给旅游者留下深刻的印象，也无法产生显著的扶贫效益。

2.4.6　传统体育助力精准扶贫的资金使用效率有待提高

充足的资金支持是桂滇黔民族地区传统体育助力精准扶贫的重要保证，当前桂滇黔民族地区传统体育扶贫资金的来源渠道单一、使用不够科学，成为制约其助力精准扶贫工作深入开展的重要瓶颈。

体育扶贫资金来源渠道单一。当前，桂滇黔民族地区传统体育助力精准扶贫的资金来源渠道较为单一，主要依托于政府资金，社会资金筹集不足。以广西为例，自治区体育局曾对 14 个市、111 个县（市、区）进行调查，发现各地区公共体育设施建设经费主要依靠上级部门支持，所占比重高达61.20%，其次是本级财政和彩票公益金投入，比例为32.60%，两者合计达到93.8%。市场（银行）融资、社会投资、单位或部门自筹、企业和社会团体捐助、个人捐助等所占比较小，分别为 1.52%、1.16%、2.14%、

0.82% 和 0.51%。由此可见，该区域传统体育扶贫资金整合力量不够，社会参与不足。又如云南省，2020 年体育局部门收入合计 50341.36 万元，其中财政拨款收入达到 41512.25 万元，占总收入的 82.46%；事业单位收入 6872.69 万元，占总收入的 13.65%；其他收入仅为 1957.02 万元，所占比重仅为 3.89%。

体育扶贫资金使用不够科学。在资金短缺的情况下，桂滇黔民族地区传统体育助力精准扶贫仍然存在资金使用不充分，甚至出现挪用、截留、套取、私分扶贫资金等现象。如 2020 年 2 月，贵州省委第四巡视组向体育局党委反馈的巡视意见中指出，贵阳市体育局曾因未及时安排使用省级彩票公益金 256.93 万元受到巡视组约谈并责令整改；铜仁市体育局曾挪用群众体育活动资金 50 万元，用于购置办公用品，发现后被上级部门要求原渠道归还，重新安排资金用于群众性体育活动。① 根据南宁市纪委通报的违规使用扶贫资金典型案例得知，2016 年 3 月至 2018 年 1 月，广西南宁市上林县西燕镇东敢村挂点帮扶单位先后给予该村扶持资金共计 23350 元，该村委将其中 12955 元用于本村景区建设、群众危房改造、文化设施建设、清洁乡村等工作的开支，结余 10395 元由村干部黄德学现金保管，并于 2018 年 1 月分发给 8 名"两委"干部。② 由此可见，桂滇黔民族地区体育扶贫资金使用领域还存在利用率不高、不够科学，乃至违规使用等现象，一些专项资金没有真正用于解决人民群众的体育贫困问题。

2.5　桂滇黔民族地区传统体育助力精准扶贫的制约因素

桂滇黔民族地区传统体育助力精准扶贫工作的开展受到主客观因素的制

---

① 省体育局党委关于巡视整改进展情况的通报［EB/OL］. 贵州省纪委监委网站, http//www. gzdis. gov. cn/xsxc/bjxsxc/xsgz/202104/t20210419_67865111. html, 2021 – 04 – 19.

② 市纪委通报三起违规使用扶贫资金典型案例［EB/OL］. 南宁市纪委监委网站, http//jw. nanning. gov. cn/zljc/fplyfbhzfwtpgzq/t1717131. html, 2019 – 04 – 01.

约，其中主观因素主要是传统体育助力精准扶贫的意识、能力和人才等，而客观因素则是客观存在的，不以人的意识为转移，不由相关人员决定的因素，即自然环境、经济环境和基础设施等。

2.5.1 传统体育助力精准扶贫的客观制约因素

2.5.1.1 自然环境制约

桂滇黔地区是我国典型的南方喀斯特地区，石漠化分布广泛。如表2.14所示，石漠化片区包括15个地（市、州）、91个县（市、区），是全国14个片区中扶贫对象最多、少数民族人口最多、所辖县数最多、民族自治县最多的片区，总面积19.93万平方千米，约占三省（区）土地面积的24.7%。大部分地处亚热带季风气候区，降水量充足，因碳酸盐类岩分布范围广，加上常年流水侵蚀，形成世界上喀斯特地貌发育最典型的地区之一。

表 2.14　　　　　滇桂黔石漠化集中连片特困区各县名单

地区	省份	城市	县
滇桂黔石漠化集中连片特困区分县名单（91）	广西（35）	柳州市	融安县、融水苗族自治县、三江侗族自治县
		桂林市	资源县、龙胜各族自治县
		南宁市	上林县、隆安县、马山县
		百色市	田阳县、隆林各族自治县、德保县、西林县、靖西县、田林县、那坡县、乐业县、凌云县、右江区、田东县、平果县
		河池市	巴马瑶族自治县、大化瑶族自治县、凤山县、都安瑶族自治县、东兰县、环江毛南族自治县、罗城仫佬族自治县、金城江区、南丹县、天峨县
		来宾市	忻城县
		崇左市	天等县、宁明县、大新县、龙州县

续表

地区	省份	城市	县
滇桂黔石漠化集中连片特困区分县名单（91）	贵州（44）	六盘水市	六枝特区、水城县、钟山区
		安顺市	西秀区、镇宁布依族苗族自治县、平坝县、普定县、紫云苗族布依族自治县、关岭布依族苗族自治县
		黔西南布依族苗族自治州	贞丰县、安龙县、兴仁县、册亨县、普安县、望谟县、晴隆县、兴义县
		黔东南苗族侗族自治州	雷山县、黄平县、剑河县、麻江县、施秉县、锦屏县、黎平县、三穗县、镇远县、台江县、从江县、岑巩县、天柱县、榕江县、丹寨县、凯里市
		黔南布依族苗族自治州	龙里县、荔波县、瓮安县、惠水县、贵定县、平塘县、长顺县、独山县、罗甸县、三都水族自治县、都匀市
	云南（12）	曲靖市	师宗县、罗平县
		红河哈尼族彝族自治州	屏边苗族自治县、泸西县
		文山壮族苗族自治州	麻栗坡县、砚山县、富宁县、西畴县、丘北县、广南县、马关县、文山市

资料来源：根据 2012 年 6 月国家扶贫办公室公布的《全国连片特困地区分县名单》整理而得。

2.5.1.2　耕地面积稀少

桂滇黔三省（区）中耕地面积占国土面积的比重分别为 14.02%、14.08% 和 19.73%（见表 2.15）；相比于湖北、浙江等中东部地区，桂滇黔地区耕地面积相对较少。这样不仅导致人地矛盾突出，也是造成该区域贫困的重要原因。由于耕地面积少，该区域农村集体建设用地非常紧张，公益性建设用地更是缺乏，无法配建体育场地和体育设施，更难以开展体育产业化运营，进而给体育扶贫工作的开展带来诸多困难。以广西壮族自治区河池市大化瑶族自治县为例，该县原是国家扶贫开发工作重点县，石山面积占全县总面积的 90% 以上，耕地利用率仅为 10% 左右，是广西深度贫困县之一。

表 2.15　　　2020 年桂滇黔鄂浙五省（区）土地面积和耕地面积比较

省区	土地面积（万平方千米）	耕地面积（千公顷）	所占比重（％）
广西	23.6	3307.6	14.02
云南	38.33	5395.5	14.08
贵州	17.6	3472.6	19.73
湖北	18.59	4768.6	25.65
浙江	10.55	1290.5	12.23

资料来源：2021 年《中国统计年鉴》。

2.5.1.3　自然灾害频发

桂滇黔民族地区还是塌方、泥石流、地震等地质灾害以及干旱、洪灾等自然灾害的主要发生区。2020 年因干旱、洪涝、滑坡、泥石流、地震、风雹等灾害发生，桂滇黔三省（区）受灾人数分别为 337.6 万人、1128.51 万人和 475.65 万人，紧急转移 25.10 万人、3.08 万人和 28.76 万人，农作物受灾面积分别达到 279.3 千公顷、1228 千公顷和 234.4 千公顷，直接经济损失达到 118.7 亿元、139.21 亿元和 90.53 亿元（见表 2.16）。各类灾害不仅造成了严重的经济损失，而且更加剧了该区域返贫的风险，也容易损害体育场地、设施等，给体育扶贫工作的开展带来较大难度。

表 2.16　　　　　　2020 年桂滇黔地区自然灾害基本情况

项目	广西	云南	贵州
受灾人数（万人次）	337.6	1128.51	475.65
失踪人数（人）	37	63	8
死亡人数（人）	25	10	46
紧急转移安置（万人）	25.10	3.08	28.76
房屋倒塌（万间）	0.664	0.12	0.55
农作物受灾面积（千公顷）	279.3	1228	234.4
直接经济损失（亿元）	118.7	139.21	90.53

资料来源：根据桂滇黔各地政府门户网站、应急管理厅、气象局自然灾害有关数据整理而得。

2.5.1.4　经济环境制约

经济发展水平直接影响贫困地区体育设施的投入、体育项目的开展以及贫困群众体育消费的水平。与湖北、浙江等中东部地区相比，桂滇黔地区经济发展明显滞后（见表 2.17）。以三省（区）经济发展状况最好的云南为例，2020年其地区经济发展总值、人均地区生产总值、财政收入分别为 24521.90 亿元、50299 元和 3995.36 亿元，但这仅是浙江相应指标的 37.95%、50.26% 和3.25%。2020 年三省（区）体育局支出最多的为贵州，达到 75827.0406 万元，群众体育支出为 613.8276 万元，但与湖北、浙江等中东部地区相比（见表 2.18），桂滇黔体育部门支出金额仍较少，用于群众体育的资金支出尚有差距，由于体育扶贫资金相对匮乏，这就在一定程度上影响到桂滇黔民族地区传统体育的设施建设、项目开发等，进而制约着传统体育助力精准扶贫的步伐。

表 2.17　　　　**2020 年桂滇黔鄂浙五省（区）经济发展状况统计**

省份	地区生产总值（亿元）	人均地区生产总值（元）	财政收入（亿元）
广西	22156.69	44309	2800.61
云南	24521.90	50299	3995.36
贵州	17826.56	46267	3082.03
湖北	43443.46	75226	289612
浙江	64613.34	100067	123080

资料来源：2021 年《中国统计年鉴》。

表 2.18　　　　**2020 年桂滇黔鄂浙五省（区）体育局部门预算情况统计**

省份	体育部门支出（万元）	文化旅游体育与传媒支出（万元）	群众体育支出（万元）
广西	45012.2	21893.10	297.11
云南	18882.43	33258.37	500
贵州	75827.0406	19452.5174	613.8276
湖北	92522.01	42720.12	282.6
浙江	987882.8	79709.59	687.7

资料来源：2020 年桂滇黔鄂浙五省（区）体育局部门预算。

另外，由于桂滇黔地区经济发展相对滞后，该区域居民的收入水平都相对偏低，体育消费水平较低。与中东部地区相比，桂滇黔城镇居民和农村居民人均可支配收入均偏低，导致城镇居民和农村居民的消费支出也相对偏低，以满足基本生活需求为主，教育文化娱乐支出相对偏低，体育消费支出少之又少，参与体育活动的能力相对偏弱，制约着体育扶贫工作的开展（见表 2.19 和表 2.20）。桂滇黔三省（区）城镇居民消费支出基本上是农村居民消费支出的 2 倍，城镇居民和农村居民的收入水平和教育文化娱乐消费水平存在明显差距，受经济条件的制约，该区域农村居民的体育消费观念更为保守，健身意识薄弱，体育活动支出更少，体育扶贫开展的难度更大。

表 2.19　　　　2020 年桂滇黔鄂浙五省（区）城镇居民收支情况统计

省份	城镇居民人均可支配收入（元）	城镇居民消费支出（元）	城镇居民教育文化娱乐支出（元）	教育文化娱乐支出占消费支出比重（%）
广西	35859	20907	2181	10.43
云南	37500	24569	2531	10.30
贵州	36096	20587	2801	13.61
湖北	36706	22885.47	2040.84	8.92
浙江	62699	36197	3450	9.53

资料来源：2021 年桂滇黔鄂浙五省（区）统计年鉴。

表 2.20　　　　2020 年桂滇黔鄂浙五省（区）农村居民收支情况统计

省份	农村居民人均可支配收入（元）	农村居民消费支出（元）	农村居民教育文化娱乐支出（元）	教育文化娱乐支出占消费支出比重（%）
广西	14815	12431	1408	11.33
云南	12842	11069	1324	11.96
贵州	11642	10818	1030	9.52
湖北	16306	14472.5	1382.3	9.55
浙江	31930	21555	1776	8.24

资料来源：2021 年桂滇黔鄂浙五省（区）统计年鉴。

2.5.1.5　基础设施制约

受历史发展、地理环境等客观因素的制约，民族地区经济发展相对滞后，基础设施仍不够完善，特别是交通设施落后，制约着传统体育助力精准扶贫的工作进程。从整体上看，桂滇黔民族地区基础设施建设状况较为落后。截至 2020 年底，桂滇黔地区总面积为 81 万平方千米。为便于比较，笔者选取湖北、安徽、浙江、山东、河南中东部五省，其面积达到 76 万平方千米。通过对比桂滇黔和中东部五省的交通设施状况可以发现，两大区域铁路运营里程分别为 13383.8 千米和 27074 千米，内河航运里程分别为 14250千米和 26417 千米，公路里程分别为 630814 千米和 1206608 千米，高速公路里程分别为 20413 千米和 31803.21 千米，民用航空吞吐量分别为 9045.06 万人次和 14058.6 万人次，货运周转量分别为 6975.79 亿吨千米和 27827.88 亿吨千米，客运周转量分别为 1454.06 亿人千米和 2015.02 亿人千米，后者是前者的各项指标的 2.02 倍、1.85 倍、1.91 倍、1.56 倍、1.55 倍、3.99 倍和 1.39 倍（见表 2.21）。由此可见，与中东部地区相比，桂滇黔地区的基础设施建设相差较为悬殊。

表 2.21　　　　　2020 年桂滇黔与中东部地区基础设施状况统计

省份或地区	铁路运营里程（千米）	内河航运里程（千米）	公路里程（千米）	高速公路里程（千米）	民用航空吞吐量（万人次）	货运周转量（亿吨千米）	客运周转量（亿人千米）
广西	5206	5707	131642	6803	1808.2	4159.61	553.96
云南	4220	4589	292479	6003	4983.7	1551.07	375.63
贵州	3957.8	3954	206693	7607	2253.16	1265.11	524.47
桂滇黔地区	13383.8	14250	630814	20413	9045.06	6975.79	1454.06
湖北	5185	8488	289960.4	7229.81	1776.1	5295.68	612.42
安徽	5287	5651	236483	4904	1032.9	10209.2	728.6
浙江	3159	9758	123080	5096	4996.4	12323	674
山东	6924	1117	286814	7473.4	3847.8	10340.6	595.2
河南	6519	1403	270271	7100	2405.4	8690.52	1074.96
中东部五省	27074	26417	1206608	31803.21	14058.6	27827.88	2015.02

资料来源：2021 年《中国统计年鉴》。

此外，体育设施的落后也是制约桂滇黔民族地区传统体育助力精准扶贫工作开展的瓶颈制约。当前桂滇黔民族地区传统体育场地甚少，人均体育场地面积严重不达标。农村公共体育设施的承建单位和供给单位参差不齐，"搭便车""劣币驱良币""偷工减料"等现象较为突出，使得一些公共体育场地和设施质量难以保证，农村篮球场地面湿滑，多功能健身器械不达标（成英、葛小军，2016）。部分贫困村刚刚脱离贫困，乡村资金有限，影响到乡村体育设施的维护和管理，以致部分体育设施损坏后不能得到及时维修（谢菲、魏梅等，2019），设施功能发挥受到影响，存在较大的安全隐患，难以满足当地居民的体育锻炼需求，更影响到体育扶贫绩效的提升。

2.5.2　传统体育助力精准扶贫的主观制约因素

桂滇黔民族地区传统体育助力精准扶贫不仅受到客观因素的制约，也受到贫困人口主观因素的限制，主要体现在意识、能力和人才三个方面。

意识制约。当地居民的思想观念较为传统，对体育扶贫的认识比较局限。他们认为资源的贫困、经济领域的贫困才是真正的贫困，体育是一种满足基本生存和生活需求前提下的社会活动，不在贫困的范畴之列，也就谈不上"体育＋"扶贫，体育扶贫被排除在贫困的范畴之外，遭到轻视、忽视，甚至无视，体育扶贫工作自然也就处于薄弱、滞后状态（薛明陆、李新红等，2018）。此外，桂滇黔民族地区居民对体育的认识存在偏差，只有少部分年轻人理解体育文化活动，但受诸多因素制约和影响，缺乏一定身体锻炼。认识偏差无形中影响到居民参与体育锻炼的积极性和主动性。

能力制约。当前，桂滇黔民族地区农村居民的文化素质和科学素养整体偏低，自身发展能力较为有限。根据2020年底第七次全国人口普查数据，桂滇黔三省（区）大学学历以上的居民所占比重分别为10.81%、11.60%、10.95%，均低于全国平均水平（15.13%），高中（含中专）学历人数所占比重分别为12.96%、10.34%、9.95%，也低于全国平均水平（14.76%）；

小学学历居民所占比重分别27.86%、35.67%、31.92%，高于全国平均水平（24.22%）（见表2.22）。同时，三省（区）中仅有广西的文盲率（2.37%）低于全国平均水平（2.67%），而云南、贵州则分别为4.65%和6.68%，则高于全国平均水平。桂滇黔地区居民的文化素质整体偏低，自身发展能力受到诸多限制，对传统体育锻炼的认识不足，参与体育活动主动性不够，进而制约着传统体育助力精准扶贫的步伐。

表 2.22　　　　　　　2020 年桂滇黔及全国人口、受教育程度比较

范围	人口总数（万人）	大学（大专及以上）（万人）	比重（％）	高中（含中专）（万人）	比重（％）	初中（万人）	比重（％）	小学（万人）	比重（％）	文盲（万人）	文盲率（％）
广西	5012.68	541.66	10.81	649.75	12.96	1824.03	36.39	1396.30	27.86	118.84	2.37
云南	4720.93	547.67	11.60	488.04	10.34	1683.82	35.67	1683.82	35.67	219.33	4.65
贵州	3856.21	422.33	10.95	383.74	9.95	1174.76	30.46	1230.93	31.92	257.43	6.68
全国	144349.74	21836.08	15.13	21300.53	14.76	48716.35	33.75	34965.88	24.22	3775.02	2.67

资料来源：第七次全国人口普查数据。

　　人才制约。当前专业人才的短缺也是制约该区域传统体育助力精准扶贫的重要因素之一。一方面，随着现代化和城镇化进程的加快，我国农村人口向城镇人口转移，乡村地区出现人口空心化、老龄化现象，参与传统体育活动的居民越来越少，影响到传统体育扶贫工作的深入开展。根据第七次全国人口普查结果：近 10 年来，桂滇黔三省（区）城镇人口比重分别提高了14.18%、14.85%和19.34%，基本高于全国平均水平（14.21%）。农村人口分别减少了465.2 万人、620.5 万人、493.2 万人。桂滇黔民族地区农村人口大量转移到城镇，留守农村的多为老人和儿童。另一方面，由于桂滇黔民族地区的经济收入偏低，且精神激励不足，不仅难以吸引高素质体育人员，也造成严重的人才外流现象，尤其是具有较高文化素质，可参与当地体育产业发展的高素质体育人才流失现象较为严重。

桂滇黔民族地区传统体育助力精准扶贫的
逻辑演进及作用机理

桂滇黔民族地区传统体育作为传统文化的重要组成部分，不仅历史悠久、底蕴深厚，而且在娱乐人民生活、提高身体素质、推动经济发展、促进社会进步等多方面具有举足轻重的作用。第 2 章已对桂滇黔民族地区传统体育助力精准扶贫的现实状况进行了系统调查分析，本章将继续深入探讨传统体育助力精准扶贫的逻辑演进及作用机理：在系统梳理传统体育发展演变历程的基础上，从演化经济学的视角出发，分析传统体育助推精准扶贫的关系演进，剖析其助力精准扶贫逻辑演进的变异机制、选择机制和遗传机制；结合传统体育整体发展、脱贫进程和阶段性特征，从历史发展角度将传统体育助力精准扶贫的逻辑演进过程划分为萌芽、探索变迁、多元共建和协同治理等阶段；充分发挥传统体育的经济、健康、文化功能，深入剖析传统体育助力精准扶贫的作用机理。

3.1 桂滇黔民族地区传统体育发展的历史演变

受不同历史阶段政治、经济、文化等因素的影响，桂滇黔民族地区传统体育呈现出不同的阶段性特征：在原始社会，由于生产力发展水平较低，传统体育在远古先民的生产劳动、宗教祭祀、军事战争中孕育萌芽产生。进入阶级社会后，受战事、政治、经济、文化等影响，桂滇黔民族地区传统体育与中原汉族体育逐渐融合，呈现出兼收并包的发展特点。1840 年鸦片战争后，我国进入半殖民地半封建社会，西方近代体育传入国内。在与西方体育的冲突和融合中，桂滇黔民族地区传统体育不断地重新认识和改造。新中国成立后，我国政府开始对各民族传统体育进行大规模的整理、发掘和改造，桂滇黔民族地区传统体育也在全面挖掘和改造后日渐规范化与科学化；改革开放后，便进入了普及与提高阶段。21 世纪以来，我国政府更加注重非物质文化遗产的保护与传承，将传统体育项目纳入非物质文化遗产名录中；"精准扶贫"政策提出后，桂滇黔民族地区充分发挥传统体育的文化、经济、健康等多重价值，不仅实现了传统体育的创造性发展，而且更好地助推精准扶贫工作的开展。本章参考中国历史发展阶段，结合传统体育发展的阶段性特征，将桂滇黔民族地区传统体育的历史演变划分为以下几个发展阶段。

3.1.1　孕育产生（原始社会—公元前 201 年）

原始社会时期桂滇黔民族地区的古彝族和百越族先民们在生产生活、宗教祭祀、军事战争等活动中孕育了传统体育项目。受自然地理环境的影响，西南夷、南越西瓯之地的先民们以采集和狩猎为生，自然产生拳打脚踢、跳跃翻滚等行为，以及攀援、射飞、出行等基本活动技能。如藤秋千，就是利用树上垂下藤条摆荡来采集果实；约 3000 年历史的云南"沧源崖画"，留有众多狩猎、叠罗汉、奔跑、玩石球等画像；兴义市猫猫洞遗址出土的飞索石以及开阳县大小岩口、关岭自治县马马崖、六枝特区桃花洞、丹寨县银子洞和长顺县博家院等处的崖壁画，都清晰地再现了古人射警、投枪、骑术和手搏等活动的生动场景①。随着社会生产力的提高，桂滇黔各族先民们多从事山地农耕，并逐渐形成围绕农耕、祭祀为主的传统体育项目。例如，舞龙是

---

① 贵州省地方志编纂委员会. 贵州省体育志［M］. 贵阳：贵州人民出版社，2001.

求雨祭祀的舞蹈表演；东巴跳是纳西族原始宗教东巴教文武二道场中的武道场，原为一种跳神的舞蹈；广西三江侗族抢花炮运动源于古时放炮还愿酬神仪式的一项庙会活动，群众视"花炮"为吉祥物，抢得头炮者，地方风调雨顺，人畜平安。① 另外，部落间频繁的战争促使斧、戈、矛、刀、弓箭等武器的出现。追溯至战国的左江花山壁画充分展示了壮族先民练武的器具，如环首刀、剑、长枪、手镖、山弩、竹箭等。据《史记·西南夷列传》记载，西南夷地区（云南、贵州）为滇国、夜郎等古彝族部族统治，与中原地区相对隔绝；秦南征百越时在南越西瓯之地设置象郡、桂林郡，中原文化开始传入岭南，但各民族仍然处于一个与中原地区相对隔离的氏族部落生活状态。由此可见，桂滇黔民族地区传统体育源于西南夷、南越西瓯地区先民的生产生活、宗教祭祀、军事战争等活动。

3.1.2 兼容并包发展（公元前202～1839年）

自公元前202年，刘邦建立汉朝后，封建君主专制逐渐走向正轨，并在明清时期得到强化，封建王朝的兴衰和统治政策在一定程度上影响着桂滇黔民族地区传统体育的流变和发展。如三国时期战事对峙频繁，隋唐推行武举制等，国家强兵重武；两晋时期对民间禁武，弱化器械弓弩，发展角抵、投石、高跷、舞龙、舞狮、歌圩等民间传统体育。三国时期，流传于贵州安顺的铜鼓藤甲舞是增强士兵体能、鼓舞团队士气的体育锻炼方式。但随着战争的消亡，藤甲舞则表现为人们手持矛、工件、箭头等器械进行劳作。另外，受战事、政治、经济、自然灾害等影响，来自中原地区及北方地区的军队、官员、商贾、难民流入桂滇黔民族地区，他们带来了先进的农耕技术与生产经验的同时，也改变了当地居民的生活方式和风俗习惯，民族传统体育也在融合过程中不断演变。如农历三月初三，古称上巳节。魏晋以后，上巳节改

① 中国体育博物馆，国家体委文史工作委员会.中华民族传统体育志［M］.南宁：广西民族出版社，1990.

为"三月初三",故又称"三月三"。宋代以后,上巳节在中原地区逐渐式微;而在岭南少数民族地区,特别是壮族地区,"三月三"与当地歌圩文化逐渐融合,演变成隆重而盛大的节日(李富强、李丽莎莎等,2018)。其中宋朝时期《太平寰宇记》岭南篇中就有关于壮族歌圩活动的记载:"男女盛服……聚会作歌"。南宋周去非的《岭外代答》中记载"邕州溪峒之民,无不习战,刀弩枪牌,用之颇精",也体现出桂滇黔民族地区传统体育项目融合发展的态势。宋代朱辅的《溪蛮丛笑》中描写苗族、瑶族、僚族、仡佬族等民俗的风俗中,丢花包已形成"土俗",岁节数日,男女各以五色彩囊豆粟往来抛接,名"飞砣"(徐玉良,2005)。可见,宋代桂滇黔民族地区的苗族、瑶族、仡佬族等民族群众已盛行丢沙包活动。明代纳西族诗人木公在《春居玉山院》的诗中就曾写道:"飞红舞翠秋千院,击鼓鸣钲蹴鞠场",反映出纳西族人民在明代就有汉族地区开展的秋千、踢足球等运动(桑国强、贾明学,2009)。广西马山会鼓在宋代发展起来,《岭南遗录》中记载"宋时狄青率部南下镇压侬智高起义,马山古零镇民众在金刚寨筑城抵御宋军,每至天黑,宋军鸣金收兵,土民擂鼓而进",这里的"鼓"即现在马山地区所传承的会鼓,最早用来驱除邪魔、镇除妖怪,每至节日、新年、祭祖、生子时,便大擂其鼓,至清末逐渐成为壮族民间主要娱乐活动。《隆山县志》中记载:"击鼓之习,相传已久,今犹未衰,每年农历正月初一至元宵为自由娱乐期,每村每屯,男丁三五成群,作赛鼓之乐。"由此可见,在封建君主专制统治下桂滇黔民族地区传统体育融合吸收各民族元素兼容发展。

3.1.3　西方体育引入(1840~1948 年)

自 1840 年鸦片战争后,中国开始进入半殖民地半封建社会,桂滇黔民族地区传统体育的发展不但受统治阶级的影响,而且掺杂着外部的殖民侵略。尤其是在"西学东渐"的背景下,西方近代体育传入中国后逐渐占据主流地位。伴随西方体育传入我国,广西、云南两省(区)基督教会与青年开始接触西方体育,设立西方体操课程,对以奥林匹克文化为代表的西方体育不断认识、引进、吸收和消化，完成了西方体育在桂滇黔民族地区的植根过程。而且，在中西文化不断碰撞、融合的过程中，部分民族传统体育或被边缘化，或被重新改造。由于社会动荡，民不聊生，宫廷及民间一些以文化娱乐为主的体育活动，如象棋、围棋、蹴鞠等急剧衰退（林伯原，1992）。在内忧外患的大环境下，部分传统体育项目如射弩、骑马、武术、拳击进入农民革命及民间自发的"尚武""习武"御敌行为之中，以武术文化为代表的民族传统体育被改良和改造，正在逐渐适应近代社会发展的需要和需求。如太平天国起义时期，设立"大馆"（相当于拳馆），训练拳术、跑步、爬山、负重步行、骑术等。抗日战争时期，云南成为大后方，内地很多武术高手相继来昆，如陈玉泉、张金龄、买祝三、吴峻山等。① 1938年中央国术馆由南京迁来昆明两年，除授课外，还为云南省办了国术训练班，培养了骨干。当时的云南省主席龙云号召要将云南建成"国术模范省"。云南省教育厅成立云南国术团，昆明市成立国术馆，民间国术社团也纷纷成立，如振武社、共武社、昭通国术研究所等。可见，在近代内忧外患时期，桂滇黔民族地区传统体育的发展与时代紧密相连，且选择性吸收西方体育元素，形成了"强兵御敌—强族强国—健身娱乐"的功能转换发展。

3.1.4　探索前行（1949～2006年）

新中国成立后，国家把发展少数民族传统体育作为促进少数民族进步、实现民族团结繁荣的重要任务，民族地区传统体育项目开始受到国家重视。据不完全统计，新中国成立后，全国共挖掘整理出了1000多项民族传统体育项目，其中700多项来源于55个少数民族，当中就包括贵州苗族的射弩；广西侗族的抢花炮、瑶族的大陀螺；云南布朗族的藤球等（李效辉，2008）。四年一届的全国少数民族体育运动会，是展示我国少数民族传统体育运动项目的重要平台。1953年在天津举办的第一届全国少数民族体育运动会上，云

---

① 云南省地方志编纂委员会. 云南省体育志［M］. 昆明：云南人民出版社，1994.

南彝族摔跤、傣族象鼓舞和武术表演，曾受到与会行家的高度赞扬和好评（周晓艾，2007）。1955 年，云南大理举办了第一届全省少数民族运动会，随后各州市先后举办当地的民族传统体育运动会，推动着民族团结事业发展。然而，十年"文革"期间，我国体育事业遭受到严重的破坏，桂滇黔民族地区传统体育亦难以避免地受到重创。

党的十一届三中全会后，桂滇黔民族地区积极贯彻落实党和政府关于少数民族传统体育发展的政策，广西南宁、云南昆明、贵州贵阳先后成功举办三届全国少数民族传统体育运动会；同时，该区域各级政府逐步完善民族地区体育场所、体育馆等体育基础设施，为当地居民提供了体育运动的场所，在一定程度上促进了民族体育的传承与发展。如广西三江侗族抢花炮在国家民委、体委的重视下，1982 年被推介到内蒙古呼和浩特举办的第二届全国少数民族传统体育运动会作为表演项目；1986 年，抢花炮项目因其突出的传统特色和竞技性，被列入第三届全国少数民族传统体育运动会的竞技项目，在全国范围内进一步普及推广。在云南，1986 年楚雄州第二届少数民族传统体育运动会把陀螺列入传统体育比赛项目后，各级政府更加重视传统的"打陀螺"活动，把大麦地镇列为传承基地，各村寨积极开展陀螺对打娱乐活动，大大提高了"打陀螺"这一游戏类传统体育项目的普及率。由此可见，在新中国成立初期，桂滇黔民族地区传统体育是民族团结、沟通的重要桥梁，但发展速度仍然较为缓慢；而改革开放后，桂滇黔民族地区则通过少数民族运动会逐步推广至全国。

3.1.5　保护与开发并举（2006 年至今）

2006 年为规范非物质文化遗产保护传承工作，促进传统文化复兴，国务院批示开始确立国家级非物质文化遗产名录，传统体育项目也包含在名录之内。桂滇黔民族地区陆续开展传统体育非物质文化遗产的普查申报工作，系统、全面地整理区域内相关资料，进行归类、整理、存档。抢花炮、多耶、打扁担、田阳壮族狮舞、赤水独竹漂、苗族芦笙舞、高台舞狮等入选国家级非物质文化遗产代表性项目名录。与此同时，2006年1月，国家民族事务委员会和国家体育总局联合出台了《关于加强少数民族传统体育工作的意见》，其中明确提出"把民族体育事业纳入国民经济与社会发展的总体规划，坚持政府主导和民间推动相结合的方针，立足于实现民族平等、民族团结，振奋民族精神，弘扬民族文化，增强民族凝聚力"。由此可见，国家对传统体育保护工作日渐重视，先后出台一系列政策，用以弘扬和传承民族传统体育。在政策引导下，桂滇黔民族地区纷纷开展传统体育的保护与传承工作。例如，自2007年端午节开始，每年在贵州省多地举行的"多彩贵州"龙舟、独竹漂系列竞赛活动，吸引了来自国内外逾百支队伍参赛，观赛群众超过百万。

2013年，桂滇黔民族地区在加强传统体育保护传承的同时，积极贯彻"精准扶贫"思想，深入挖掘传统体育的功能价值，推动其创造性转化与创新性发展。广西田阳壮族舞狮技艺入选国家级非物质文化遗产后，当地政府积极打造"舞狮之乡"品牌形象，加大保护资金扶持力度，成立田阳壮族舞狮技艺传承馆，创办舞狮艺术培训班，推动传统体育产业化，着力打造民族文化品牌。贵州赤水市大同古镇景区积极探索民族传统体育与旅游市场的有机结合，不仅引入独竹漂表演、花样陀螺、猴面鼓表演，还尝试将苗族射弩、布依丢糠包、侗族摔跤、彝族"三跺脚"、三人板鞋等民族传统体育项目开发成参与体验式旅游项目。

2021年2月25日，习近平总书记在"全国脱贫攻坚总结表彰大会"上庄严宣告："我国脱贫攻坚战取得了全面胜利"，并提出"要切实做好巩固拓展脱贫攻坚成果同乡村振兴有效衔接各项工作，让脱贫基础更加稳固、成效更加持续"。[①] 站在新的历史起点上，桂滇黔民族地区传统体育总结精准扶贫时期的宝贵经验，在此基础上，抓重点、补短板，重视脱贫攻坚成果的巩固和拓展，推进传统体育助力乡村振兴。广西以"感党恩，跟党走"为主

---

① 习近平．在全国脱贫攻坚总结表彰大会上的讲话（2021年2月25日）[EB/OL]．中华人民共和国中央人民政府网站，https：//www.mct.gov.cn/preview/special/9700/9705/202102/t20210226_942337.htm，2021－02－25.

题，开展了"民族体育炫"活动，如广西体育云赛，贺州市狮王邀请赛，柳州百人芦笙赛团结活动，荔浦大塘镇富德村舞龙、舞狮、投绣球、大象拔河比赛活动等，以此推动民族体育文化的传承发展，带动民族体育运动消费。贵州省体育工作电视电话会议指出，将继续加快传统体育产业发展，支持各地申报体育旅游示范县，打造红色体育赛事活动，开展传统体育进社区活动，为乡村振兴添加体育动力。

3.2　桂滇黔民族地区传统体育助力精准扶贫的逻辑演进

党的十八大以来，考虑到贫困并不是单一因素所影响，针对我国以往的粗放扶贫模式进行了修改，并提出了"精准扶贫"的新方向，提出"六个精准"的发展基本要求。① 党的十九大报告指出，"坚决打赢脱贫攻坚战，精准脱贫，把扶志和扶智两手抓作为扶贫的主要方面，确保我国现行标准下的农村人口实现全部脱贫"。② 国外著名学者阿马蒂亚·森在分析贫困的时候指出，贫困虽然与收入有着不可分割的关系，但是也不能将之视为唯一的衡量标杆，应该更关注个体能力的缺失。如知识资源储备缺少、健康卫生条件较差、自主发展意识弱、信息获取能力缺乏等（阿马蒂亚·森，2012）。由此可见，贫困是多维度的，其中包含了收入贫困、知识贫困、健康贫困、环境贫困等（徐虹、王彩彩，2018）。探其根源，贫困更多是由于人们自身能力缺失，从而导致出现经济收入不足、知识水平较低、健康发展不如意、生活环境不佳等问题。人类学的整体观也要求，任何一个社会与民族的良性发展都必须是整体协调一致的，扶贫亦是如此，其不应只是简单的产业扶贫或者经济扶贫，而是多维度的、系统的大工程（陆德泉、朱健刚，2013）。由

---

① 习近平谈精准扶贫：找准症结把准脉，开对药方拔"穷根"［EB/OL］. 人民网，http：//cpc. people. com. cn/xuexi/n1/2018/0918/c385476 - 30299933. html，2018 - 09 - 18.

② 习近平. 决胜全面建成小康社会夺取新时代中国特色社会主义伟大胜利［M］北京：人民出版社，2017.

上可知，精准扶贫应坚持以人为本、因地制宜的原则，主张对症下药、分类施策，因村因户因人施策、因贫困原因施策、因贫困类型施策；同时，强调激发内生发展动力，调动贫困群众的脱贫积极性，走出一条政府与群众、外援与内源联动的个性化、可持续脱贫道路。

联合国教科文组织指出"文化是发展的重要推动力之一"。① 我国历史文化璀璨且悠久。习近平总书记强调，"各民族文化多元一体，这是民族先辈留下的一笔珍贵遗产，也是国之优势"。② 因此，民族地区扶贫开发事业不能是简单的休克式再造，而应当是深挖民族文化内涵，立足文化特色的接续式发展。作为民族文化重要组成部分的传统体育，是一种推动区域经济社会发展的潜在优势资源；其扎根区域乡土，是历代少数民族群众不断适应区域自然与人文环境后积淀并传承至今的优秀文化产物，构成民族地区社会与经济发展的内生禀赋和比较优势。联合国教科文组织在《国际体育运动宪章》指出：体育运动能在健康、社会和经济三方面为个人和家庭、社会作出贡献；③ 在其发布的《传统体育与游戏国际宪章》中也称，传统体育和游戏具有教育、文化、交流以及健康促进等功能，可以推动个人和社区的全面发展。④

桂滇黔民族地区处于云贵高原向广西盆地过渡地带，生态环境脆弱，自然灾害频繁，喀斯特地貌广布，地形复杂多样。受自然地理环境限制，该区域产业基础薄弱，交通、水利等基础设施建设成本高，整体经济发展水平较低，自我发展能力偏弱，导致形成了集中连片特困区。与此同时，该区域又是我国少数民族聚居区，民族成分丰富多样，世代居住着壮族、侗族、苗族、回族、彝族、布依族等多个少数民族。各族人民在漫长的历史发展过程

---

① 保护和促进文化表现形式多样性公约 ［EB/OL］. 联合国教科文组织网站，http：//unesdoc. unesco. org/images/0014/001429/142919c. pdf，2018 – 02 – 18.

② 习近平在会见基层民族团结优秀代表时强调：中华民族一家亲，同心共筑中国梦 ［EB/OL］. 新华网，http：//www. xinhuanet. com//politics/2015 – 09/30/c_1116727894. htm，2015 – 09 – 30.

③ 国际体育运动宪章 ［EB/OL］. 联合国教科文组织网站，http：//unesdoc. unesco. org/images/0023/002354/235409e，2017 – 05 – 07.

④ 传统体育与游戏国际宪章 ［EB/OL］. 联合国教科文组织网站，http_jugaje_com_en_source_popups_charte_unesco，2005 – 08 – 11.

中创造了丰富多彩、独具特色的传统体育项目，例如，云南纳西族的东巴跳、广西壮族的蚂蚁舞、贵州榕江的斗牛等，这些传统体育项目历史悠久、文化底蕴深厚、价值功能突出，在娱乐人民生活、提高人民身体素质、推动经济发展、促进社会进步等多方面起着举足轻重的作用。

3.2.1　传统体育助力精准扶贫逻辑演进动力机制

传统体育助力精准扶贫是动态演化的过程，从历史角度分析传统体育经济发展与精准扶贫的关系演进，剖析其助力精准扶贫逻辑演进动力机制，为探索传统体育助推精准扶贫的逻辑演进过程及阶段特征提供理论支撑。为此，本章节运用演化经济学理论，借用生物学的变异（创新）机制、选择机制、基因遗传机制的运作，来解释经济系统演化过程的理论框架，以探讨传统体育助推精准扶贫的逻辑演进动态变化。

3.2.1.1　变异机制

在演化经济学分析框架中，变异机制也称创新机制，原意是指新事物的产生过程，是演化的核心机制（韦倩、宋伟弘，2022）。在生物界中，变异使得生物个体产生新的内容，以此实现生物生命系统的进化，以及个体特征的多样性。类比至经济事物的演化，经济事物内部的变异即是重组现有的生产要素，以形成新的生产要素，也可以视为"创新"。创新行为并非独立产生的，在其行为产生的过程中也会形成一些生成机制。因此，创新被认为是经济事物发展过程中最重要的生产要素，而且对经济系统演化有着重要促进的驱动力，被纳入经济系统的演化研究中。

在传统体育经济形成的早期，其内在的经济发展环境和外部的市场环境不确定性较高，各生产要素间存在着相互耦合与矛盾的关系。随着传统体育经济与区域经济发展系统频繁交互，系统内各生产要素重组创新使得传统体育经济内部产生变革，结构迭新，驱动着传统体育经济的演化，提升了传统体育助力精准扶贫的效率。从微观视角来看，传统体育经济发展主体为了抢占更多市场份额，或者赶超同类竞争者的发展而进行创新，由此提升经济发展效益的行为。中观层面来看，传统体育经济有目的、有计划地进行结构要素创新和转型升级等。宏观层面来看，区域政府系统为了充分发挥传统体育资源优势、有效拓宽区域经济发展道路，推动区域经济的新发展，而进行制度创新等行为。因此，在传统体育经济系统中，微观、中观、宏观的传统体育企业的生产创新、产业的转型升级、区域的顶层设计创新层次，相互形成了较为和谐、稳定、共同的演化系统，并在因果效应的长期累积作用下，对整个区域经济发展产生驱动，从而助力精准扶贫工作。

3.2.1.2 选择机制

生物进化理论认为，自然选择主要是通过生物的生存斗争实现的，以选择机制实现对生物个体的优胜劣汰。在社会经济系统的演化进程中，选择机制也同样发挥着"筛选"的功能。在市场竞争中，实现盈利是自然选择的原则。因此，传统体育经济发展的选择机制以经济发展效益为主，即传统体育经济发展对区域经济发展产生作用效益，具体表现为，传统体育经济的竞争力和经济结构的优化升级。同时，社会制度也参与传统体育经济的选择机制中，发展传统体育经济作为扶贫的重要举措，经济绩效、扶贫效果等社会效应也是重要的选择标准。传统体育经济发展依靠当地的传统体育文化，需要当地居民、政府等多个利益主体的共同参与和支持。因此，实现正向社会效益的体育经济才得到社会支持而生存下来，反之则被淘汰。可见，选择机制对于传统体育经济、精准扶贫之间的协调共生具有重要的作用，且激励着传统体育经济的创新行为，如面对激烈的行业竞争，传统体育企业要能够主动进行创新以持续生存于区域经济的发展系统内。这时，选择机制实际上是为了激励与驱动传统体育经济系统内部各生产要素之间相互碰撞与融合，从而达到系统内部各生产要素间的演化。从另一个角度来看，传统体育经济演进中选择机制的基础是传统体育企业主体的异质性与差异性，传统体育企业的异质性推动企业主体内部形成竞争，并在市场外部竞争的拉力作用下构成了传统体育经济的选择机制，从形成了优胜劣汰的选择状态。当然，选择机制也会受到系统内外各种因素的制约，而因此产生非积极有效率的作用，抑制着精准扶贫效果的提升，导致扶贫事业发展产生区域性的差异。

3.2.1.3 遗传机制

遗传机制是创新行为特有的属性，主要用于描述系统中的创新行为和结果被复制和采用的渠道和途径。遗传主要体现在特定时间内，经济系统内部的参与主体主动复制和采用创新的成果，如新技术方法、知识等，使得成功的惯例、成果得以复制和发展。从这一过程来看，遗传机制实质上是一种经济系统内部参与主体多层次的学习机制。现代演化经济理论创始人纳尔逊和温特（Nelson & Winter，1982）认为，遗传是经济演化的重要环节，遗传既是经济产生的基础，也是保存和扩散创新变异的成果。传统体育经济属于文化经济范畴，它以传统体育文化为基础而获得发展。因此，传统体育文化传承通过变异机制成为推动传统体育经济发展的重要动能。在经济发展过程中，传统体育经济在市场和社会双重因素的选择机制下，无论是微观的传统体育企业，还是中观的传统体育产业，都或多或少拥有自身独创的并且符合区域经济发展需要的创新成果，各个市场参与主体通过遗传机制并以某些形式采用、复制适合自身的部分创新成果，并以此来提升自身发展效率，最终实现传统体育的综合效益，达到传统体育助力精准扶贫绩效提升的目的。此外，在传统体育经济发展过程中，创新的成果一旦被传统体育经济系统内部各参与主体学习与采用，还会为其带来新的效率提升，这是创新所具有的基本功能。总而言之，这种创新成果的外溢效应不仅能够给各参与主体带来效率的提升，还能给传统体育经济发展参与主体带来创新的动能，最终形成传统体育经济系统创新网络体系，成为传统体育助力精准扶贫效率提升的重要驱动力量。

3.2.2 桂滇黔民族地区传统体育助力精准扶贫的逻辑演进过程及阶段特征

传统体育助力精准扶贫是一个动态演变的过程，在这个系统中传统体育经济和扶贫行动在相互作用下共同演变。桂滇黔民族地区结合区域实际切实推进传统体育经济发展，正是区域内不断整合内外部资源，推动传统体育从停滞不前到繁荣发展，实现从传统体育辅助减贫到传统体育有效巩固脱贫成果的演进过程。基于演化经济学，探讨桂滇黔民族地区传统体育助力精准扶贫的逻辑演进过程及其阶段特征，有利于总结不同阶段传统体育助力精准扶贫的实践经验和教训，精准把握区域内传统体育和精准扶贫工作的发展方向和改进路径。体育助力精准扶贫治理是政府、社会组织、企业和个人等多主体运用体育元素或手段，精准识别、精准施策、精准管理，推动贫困地区经济、教育、医疗等进一步发展，助力贫困人口摆脱贫困，防止贫困人口再次返贫，最终实现共同富裕目标的方法和范畴。

早在 1949 年 9 月 30 日，《中国人民政治协商会议共同纲领》便提出了"提倡国民体育"，开启了新中国体育扶贫的序幕（吴飞，2022）。但这一时期体育扶贫收效甚微，体育扶贫制度亟待变革。1978 年改革开放以来，随着我国经济、社会的快速发展，党和政府逐步丰富和完善贫困地区体育治理方式，通过体育援藏援疆、体育支援西部、体育扶贫等方式，各有侧重地对贫困地区进行帮扶，使贫困地区体育治理方式不断创新，模式和机制不断升级（王科飞、王宏江，2021）。由此可见，改革开放以后，体育扶贫才正式融入我国扶贫政策话语体系。本书结合发展状况、脱贫进程以及国家扶贫政策重大变革的时间节点，将桂滇黔民族地区传统体育助力精准扶贫的逻辑演进过程划分为以下四个阶段：萌芽阶段（1978～1985 年）、探索阶段（1986～2012 年）、多元共建阶段（2013～2020 年）、协同治理阶段（2021 年至今）。

3.2.2.1　萌芽阶段（1978～1985 年）：民族地区传统体育资源禀赋与经济社会内生发展诉求

桂滇黔民族地区传统体育文化资源禀赋和经济社会内生发展诉求是传统体育助力精准扶贫的逻辑起点，并由此逐步演进为精准扶贫的有效途径。虽然该时期传统体育扶贫并不是桂滇黔民族地区主要的扶贫方式，但广泛开展的扶贫行动在一定程度上提高了人民的生活质量，促进了区域经济社会的发展，为传统体育活动开展创造了条件；同时，桂滇黔民族地区依托其优越的传统体育文化资源，大力发展体育事业，通过体育扶贫工作提高了少数民族同胞的身体素质，为传统体育事业的发展提供了良好的物质条件。另外，扶贫行动也激发了少数民族同胞自强不息的体育精神，主要表现为内生发展需求的增强。总体上看，在萌芽阶段，传统体育作为一种辅助手段来实现减贫目标，同时通过培育传统体育事业，促进经济社会发展，进而为精准扶贫工作的开展奠定了基础。

这一历程正好能够使用演化经济学当中的遗传机制来进行阐释。在演化经济学中，经济事物一般会被类比成生物有机体，而经济事物发展演进过程中有规律的，有遗传特征的行为活动通常被称作遗传基因，也称"惯例"。惯例的获取渠道不只有代际的遗传，通过某些学习性行为也可获得。因此，本书将从丰富的传统体育文化资源、人民自强不息的内生发展需求惯例，对桂滇黔民族地区传统体育助推精准扶贫的萌芽阶段特征进行分析。

（1）丰富的传统体育文化资源为区域创造良好扶贫条件。

桂滇黔地区属于多民族聚居区，世居着壮族、苗族、布依族、瑶族、侗族等多个少数民族，各民族在长期的历史发展过程中创造了丰富多彩的传统体育项目。据前文统计，桂滇黔民族地区传统体育项目共计 1689 项，包括广西富禄三月三花炮节、贵州赤水独竹漂、云南文山壮族苗族自治州吹枪等。这些丰富的民族传统体育资源，是各民族优秀传统文化的结晶，与各族人民的生产生活、信仰崇拜、民风习俗息息相关，具有鲜明的民族特色和浓郁的乡土气息。此外，桂滇黔民族地区交通较为闭塞，经济发展相对落后，各民族按照惯有方式开展生活、劳作、娱乐、运动，这就让极具浓郁民族风情、饱含深刻民族文化内涵的传统体育得以保存并发展。桂滇黔民族地区传统体育项目不仅民族特色鲜明，而且类型丰富，如前所述，可分为竞技能力、嬉戏娱乐、民俗节庆 3 大传统体育项群以及体能、技艺、竞速、角力、决胜、射击、棋艺、跳跃、碰击、击打、抛接、舞戏、娱乐狂欢、农事活动、宗教祭祀 15 个小类（见表 3.1）。这里有知名的施洞独木舟竞渡，有称作"东方迪斯科"的反排木鼓舞，有精彩绝伦的斗牛，还有被誉为"水上芭蕾"的独竹漂等。有些民族体育活动或体育节庆，经过长期的旅游宣传与民族旅游的发展在全国具有较高的知名度和影响力，如西双版纳傣族赛龙舟、香格里拉市藏族赛马会、石林县彝族摔跤等。还有部分少数民族传统体育，如哈尼族的秋千、怒族的射弩，则通过民族运动会享誉海内外，并吸引着众多游客前来体验，有效推动了当地经济发展，也为体育扶贫工作的开展创造了条件。

表 3.1　　　　　　　　桂滇黔民族地区部分代表性传统体育项目

项群	小类	代表性项目
竞技能力	体能类	老鹰捉小鸡、舞狮、打霸王鞭、跳马、登山赛、打洋战等
	技艺类	气功、武术、花拳、刀术、傩仪刀技、金钱棍等
	竞速类	独竹漂、划竹排、爬花杆、高脚马、赛龙舟、三人板鞋、赛马、独木舟竞渡等
	角力类	斗牛、拔河、顶肩、掰牛角、扭扁担、抵腰杆、推杆等
	决胜类	珍珠球、抢秧旗、藤球、打泥脚、斗地牯牛等
	射击类	射箭、射弩、射击、打篾弹弓、打弹弓、骑射等
嬉戏娱乐	棋艺类	三三棋、牛角棋、月亮棋、藏棋、母猪棋、满洲棋等
	跳跃类	跳橡皮筋、跳竹杠、跳狮子、跳大海、跳独脚、翻绳等
	碰击类	踩高跷（搏脚）、摔跤、撞拐、掰手劲、高跷踢架、象步虎掌等
	击打类	打鼓、打蜂鼓、打陀螺、打水枪、打粑棒、打棉球等
	抛接类	抛绣球、打手毽、打篾鸡蛋、丢花包、高脚球、仫佬竹球等
	舞戏类	蚂蚁舞、麒麟舞、孔雀舞、扁担舞、木鼓舞、板鞋舞、跳大鼓等

项群	小类	代表性项目
民俗节庆	娱乐狂欢类	投绣球、象脚鼓舞、打陀螺、丢包、磨磨秋、打歌等
	农事活动类	芦笙舞、斗牛、跳大鼓、赛马、爬坡杆、响篙舞等
	宗教祭祀类	打铜鼓、上刀梯、斗鸡、踩鼓舞、太阳鼓舞、跳嘎等

（2）人民内生发展诉求推进区域民众现实生活条件改善。

桂滇黔民族地区地处云贵高原与广西盆地，石漠化问题严峻，整体生产生活条件远落后于平原、海滨地区，形成了连片集中贫困地区，各民族同胞改善现实生活条件的愿望较为强烈。由表 3.2 可知，1980～1985 年，桂滇黔三省（区）农村居民人均可支配收入均呈现出逐年递增的趋势，但与全国相比，三省（区）农村居民收入水平明显偏低。在此背景下，桂滇黔民族地区各族民众的内生发展诉求较为强烈，普遍希望收入增加、生活质量改善。

表 3.2　　　　1980～1985 年桂滇黔和全国农村居民人均可支配收入比较　　　　单位：元

范围	1980 年	1981 年	1982 年	1983 年	1984 年	1985 年
广西	173	204	235	262	267	303
贵州	161	209	223	225	261	288
云南	150	178	232	267	310	338
全国	219	286	346	359	446	549

资料来源：根据国家统计局、桂滇黔各地统计局公布的 1980～1985 年农村居民人均可支配收入数据整理而得。

改革开放后，我国政府先后出台了多项政策，以扶持农村体育发展。例如，1978 年中共第十一届三中全会一致通过了《农村人民公社工作条例（试行草案）》，其中提出要开展业余文艺体育活动，发展文化生活；1979 年出台的《关于进一步加强群众体育工作的意见》中明确了群众体育工作的具体方针和手段，这让农村地区体育活动开始受到重视；1982 年国家体委召开了全国农村体育工作座谈会，代表们一致认为需要提高农民的文化体育生活要求；1984 年 10 月，中共中央下发了《关于进一步发展体育运动的通知》，其中明确提出"建设社会主义体育强国"的目标。在国家政策引导下，桂滇黔民族地区各族人民积极开发传统体育文化资源，增强群众身素质，激发贫困群众的内生动力，促进地方社会经济发展。桂滇黔民族地区对传统体育事业发展的需要，不仅是少数民族群众愉悦身心、增强体质的需要，也是保护与传承区域民族传统体育文化、提升民族认同感、强化民族向心力的精神需要。因此，各民族的内生发展诉求驱动桂滇黔民族地区群众以传统体育为载体开展扶贫工作，实现摆脱贫困的束缚，走上脱贫致富的道路。

3.2.2.2 探索变迁阶段（1986～2012年）：完善体育设施，不断丰富体育减贫内容体系

（1）相关体育扶贫政策陆续出台。

正式制度嵌入成为传统体育扶贫的关键驱动要素。国家及地方政府为促进民族传统体育发展，先后印发了一系列传统体育扶贫相关的政策文件。例如，1986年第六届全国人大四次会议提出帮助贫困地区改变落后的经济和文化面貌，成立"国务院贫困地区经济开发领导小组"，并划定了258个国家级贫困县，开始实施以贫困县瞄准为重点的扶贫开发政策。1995年8月，第八届全国人民代表大会常务委员会第十五次会议通过了《中华人民共和国体育法》，其中明确指出"要加强农村体育工作，提高农民体质和健康水平"，这为我国偏远和贫困地区农村体育发展提供了法治保障。2001年6月，国务院颁布的《中国农村扶贫开发纲要（2001—2010年)》中要求"把贫困人口集中的少数民族、革命老区、边疆和特困地区作为扶贫开发和体育支援的重点"，扶贫开发的重点从贫困县转向贫困村。同年8月，云南按照中央要求制定实施了《云南省农村扶贫开发纲要（2001—2010年)》，把405万特困人口作为帮助扶持的首要对象，重视农村残疾人扶贫工作，把贫困人口相对集中的少数民族地区、边境地区、革命老区和自然环境条件恶劣的特困地区列为扶贫开发的重点区域。此后，云南又相继出台了《关于加快新时期扶贫开发工作的决定》《关于实施"兴边富民工程"的决定》等文件，为促进贫困地区的可持续发展和大规模的减贫脱贫提供了政策引导。2006年7月国家体育总局研究制定《"十一五"群众体育事业发展规划》，提出要逐步改变城乡基层尤其是农村基层公共体育设施严重欠缺的现象，明显提高基层特别

是农村基层体育服务能力；关注下岗失业人群、城镇贫困人口、农民工等人群的身体健康，创造必要条件，丰富其文化体育生活。贵州省在《体育事业"十一五"发展规划》也提出要积极争取"雪炭工程""青少年体育俱乐部"和"农民体育健身工程"等体育彩票公益金援建项目，尤以推行"农民体育健身工程"为重点，每年投入体育彩票公益金在农村乡镇和有条件的行政村建设室外篮球场为主的多功能体育场地。2012 年国家体育总局出台了《国家体育总局定点扶贫开发工作规划（2012 年—2020 年)》《国家体育总局"十三五"时期定点扶贫工作方案》。

综上所述，在这个阶段，桂滇黔民族地区体育扶贫相关政策呈现渐进发展的趋势和特点，体育扶贫内容体系日益丰富和全面，扶贫政策得到了极大的加强，实施和运行机制不断完善，以体育定点帮扶、对口支援为有效抓手，使得体育扶贫范围不断扩大，体育扶贫制度、措施逐步完善。但这一时期体育扶贫制度存在政府投入单一化、体育多元功能宣传缺乏等主要问题，需要继续深化改革传统体育扶贫治理体系，寻求建立更加合理的传统体育扶贫体系。

（2）传统体育基础设施不断完善。

在传统体育扶贫的探索变迁阶段，桂滇黔民族地区传统体育的发展及传统体育扶贫工作较为粗放、效率低，主要以政府各级部门为主体，依靠国家财政拨款、地方性财政拨款及体育彩票公益金，以完善民族地区县、镇的体育基础设施建设。以云南省为例，探索变迁阶段，云南省体育局对全省各老、少、边、穷等经济欠发达地区实施体育"雪炭工程"24 个，总计投入3070 万元，覆盖全省 16 个州（市）的 24 个县（区、市），使各地农村体育设施条件逐步配备、改善；到 2005 年，云南省场地数量已经达到 40989 个，人均体育场地面积为 0.77 平方米（饶远、王秀华，2008）。截至 2010 年底，广西在农村共资助建设农民体育健身工程 2390 个，覆盖率占全区行政村的35%；城市、农村建设全民健身路径 5679 条、乒乓球台 590 多张、大型健身苑 79 个、篮球架 2100 副，全区人均体育场地面积达约 1.2 平方米。其中，国家三部委共配套扶持资金 5061.6 万元，建设农民体育健身工程 2109 个，自治区、市、县匹配资金 6728 万元，新增体育场地面积约 170 万平方米

（商汝松，2013）。具体到贵州，有关数据显示：2012 年贵州省加大了城乡公共体育设施建设力度，仅当年就投入体育彩票公益金 4400 万元在全省城乡社区建设了 2 个"雪炭工程"，以及 300 条健身路径、400 个村级工程、50 个乡镇工程（即"2345 工程"），新增场地面积 521600 平方米，极大地完善了贫困地区的体育设施，为贫困群众开展体育活动提供了场所。由此可见，在政府的主导与支持下，传统体育事业取得相应发展，同时也推动着桂滇黔民族地区扶贫事业的发展。

3.2.2.3 多元共建阶段（2013～2020 年）：从传统到现代的扶贫发展理念与方式转变

在多元共建阶段，桂滇黔民族地区传统体育市场需求不断变化，部分企业、个人等社会力量加入体育扶贫进程中，依托得天独厚的传统体育文化资源优势大力发展体育事业，进一步提高了传统体育文化的开发利用效率。2013 年，"精准扶贫"理念的提出，为新时期我国扶贫工作指明了方向。桂滇黔民族地区传统体育扶贫也由传统的救济式扶贫向精准扶贫转变，其扶贫理念与方式也发生了较大转变，具体表现在治理主体多元化、发展模式多样化、传统体育产业功能多维化，这样不仅提高了传统体育助力精准扶贫的治理效率，而且形成了规模效益，增强了扶贫效能。

（1）治理主体多元化。

在多元共建阶段，传统体育扶贫治理由单一主体逐渐向多元主体转变，逐步形成多元主体共同推进模式。自习近平总书记提出"精准扶贫"理念，我国进入精准扶贫时期。各级政府不断鼓励社会力量参与民族传统体育产业发展，旨在培育多元治理主体，推动民族地区传统体育经济融合发展，也提高了体育扶贫的治理效率。例如，广西马山县坚持合作共赢的原则，采取"中国登山协会＋政府＋企业"联合的三位一体合作模式，形成"体育＋文旅＋脱贫攻坚＋县域经济发展"的扶贫模式，走出一条经济发展与生态保护同步、人与自然和谐共生的可持续发展之路。贵州省体育局与多部门开展合作，协同推进民族传统体育扶贫工作：与省民族宗教事务委员会合作，在少数民族贫困地区建设传统体育项目基地、举办运动会等；与教育厅携手将民族健身操、武术等项目向学校推广，挖掘少数民族传统体育项目的深层文化内涵，培养青年学生奋勇拼搏的精神；联合省少数民族传统体育协会，共同推进传统体育项目的培训与推广工作，进一步调动社会参与的积极性。

在传统体育项目发展资金筹措方面，除政府财政拨款和补贴、优惠税收和投融资政策等支持外，国家还鼓励银行、企业等社会资本投入，为传统体育扶贫工作开展提供长期稳定的资金支持。通过对国家体育总局、桂滇黔各省（区）体育局网站查询得知，自 2013 年开始，广西在全国率先设立体育产业发展引导资金，从 2013 年到 2015 年连续三年投入 7165 万元，扶持了 74 个项目，带动企业投资 89.1 亿元。云南体育彩票汇聚广大购彩者的公益爱心，搭建了全面健身工程，助力云南高质量打赢脱贫攻坚战。2016 年起，云南体彩将 20% 年度政府性基金预算统筹用于支持云南省扶贫工作；截至 2020 年，专项统筹资金 1.52 亿元；同时，省政府明确从 2016 年起，当年省本级彩票公益金收入的 20% 调入一般公共预算统筹用于扶贫，共计统筹 7.07 亿元。贵州省于 2020 年，联动全省 9 个市州 88 个县区，开展"打赢歼灭战、同步奔小康"全民健身线上公益徒步活动，50 天报名参赛人数 16 万，将用步数换来的奖金 870 万元捐赠给贫困地区用于支持体育事业发展。由此可见，桂滇黔民族地区传统体育助力精准扶贫的治理主体由"单一"转向"多元"，更加注重群众、企业家、协会等社会力量参与，各类主体的治理能力不断提升。

（2）产业模式多样化。

在精准扶贫时期，桂滇黔民族地区传统体育产业模式日渐多样化，与金融、地产、建筑、交通、食品、医药、旅游等相关行业企业开展跨界合作，不仅扩展了传统体育领域产品和服务的功能，而且丰富了体育扶贫的路径。一是传统体育与金融产业的融合发展，各类金融机构在遵循行业发展原则的基础上，增加适合传统体育产业发展的信贷业务。二是传统体育产业与保险产业的融合，保险公司根据大众需求，为健身休闲、竞赛表演、户外运动等传统体育项目推出公众责任险、人身意外险等不同类型的保险产品。三是传统体育与保健行业的融合发展，医疗机构积极研发并充分运用运动康复技术，开办康体服务各类机构。四是体教融合发展，教育与体育部门联合建立传统体育项目的教练员、裁判员、运动员等专业人员的培训机制。五是传统体育与旅游的融合发展，形成体育旅游新形态，开发专项体育产品以及组合型体育产品，以观赏和体验为主要形式，满足人们休闲娱乐、健身等目的。从桂滇黔民族地区传统体育发展状况看，各地区特色显著，云南省将民族地区的传统体育项目融入休闲体育之中。广西建设运动休闲特色小镇，如，南宁市马山县古零攀岩体育小镇、防城港市防城区"皇帝岭—欢乐海"滨海体育小镇。贵州省结合生态旅游，将山地户外活动和少数民族体育融合，打造山地民族特色体育强省，举办梵净山国际攀岩登山比赛、下司激流回旋国际公开赛等多项赛事。该阶段的传统体育产业重点聚焦于传统体育健身休闲和传统体育竞赛表演两大产业领域，由此衍生与传统体育相关的产业业态，共同助力民族地区贫困人口精准脱贫。在传统体育健身休闲方面，形成传统体育技艺培训与教育产业、传统体育非遗产业、传统体育器械制造业、传统体育服饰生产加工业、传统体育健身基础设施业、传统体育文化创意产业、传统体育旅游业等产业；在传统体育竞赛表演方面，推动传统体育竞赛表演活动、传统体育表演培训服务、传统体育传媒与信息服务、传统体育场馆服务等的快速发展（见图3.1）。

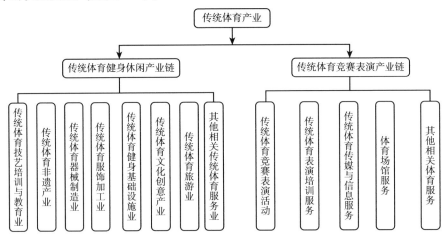

图3.1 传统体育产业发展结构

（3）产业功能多维化。

在精准扶贫背景下，桂滇黔民族地区深入挖掘传统体育的产业功能，综合运用传统体育愉悦身心、科普教育、文化传承、经济发展等功能，从经济发展、身心健康与文化精神三个层次助力贫困人口脱贫。首先，桂滇黔民族地区从挖掘传统体育本身价值出发，发挥传统体育的健身功能与娱乐功能，对民族地区贫困人口进行健康干预，关注贫困人口的身体健康和心理健康状况，普及健康生活，提高健康水平；将传统体育与预防、医疗、康复等深度结合，逐渐形成体医融合的疾病管理与健康服务模式；对因病致贫、因病返贫的贫困户，通过体育锻炼和康复，节省医疗成本。其次，充分发挥传统体育的教育与文化功能，增进民族地区贫困人口的文化认同，实现民族文化自信，从精神文化上阻断民族地区的贫困。最后，发挥传统体育的经济功能，逐渐实现传统体育与其他产业的深度融合发展，增加贫困人口就业岗位，增加其收入来源，从经济层面上阻断民族地区的贫困（见图3.2）。

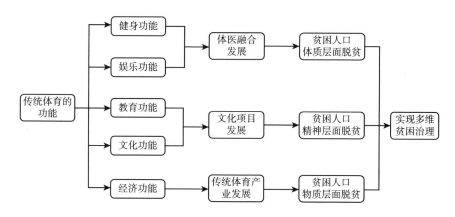

图 3.2　传统体育多维功能助力精准扶贫

3.2.2.4　协同治理阶段（2021 年至今）：脱贫成果有效巩固，乡村振兴全面开展

2021 年 2 月 25 日，在全国脱贫攻坚总结表彰大会上，习近平总书记庄严宣告：经过全党全国各族人民共同努力，在迎来中国共产党成立一百周年

的重要时刻，我国脱贫攻坚战取得了全面胜利，现行标准下 9899 万农村贫困人口全部脱贫，832 个贫困县全部摘帽，12.8 万个贫困村全部出列，区域性整体贫困得到解决，完成了消除绝对贫困的艰巨任务创造了又一个彪炳史册的人间奇迹！① 经过治理主体多元化、发展模式多样化、传统体育产业功能多维化的发展阶段之后，桂滇黔民族地区与全国人民一起打赢了脱贫攻坚战，步入全面乡村振兴的新阶段。首先，传统体育产业的市场选择机制被激活，社会资本积极参与传统体育经济发展，市场竞争促进传统体育经济生产要素循环流动，推动传统体育市场经济效益持续提升，促使桂滇黔民族地区传统体育走向区域产业融合发展道路，促进传统体育产业转型升级，从而形成传统体育贫困治理的可持续发展模式。其次，传统体育产业在社会观念的指引下更注重社会效益，持续关注民族地区贫困人口身心健康，提升贫困人口自我发展能力，有效巩固已取得的脱贫成果，并且同乡村振兴有效衔接。最后，传统体育产业高质量发展推动传统体育的文化要素转化为人力资本要素，以文化人，回归文化软实力，提升人力资本价值与效能，增强文化自信，为传统体育助力乡村振兴注入不竭动力，从而实现桂滇黔民族地区脱贫成果与乡村振兴的有效衔接。

（1）经济效益持续提升。

经济结构演进及优化会促进经济总量的增长，传统体育经济作为民族地区经济的重要组成部分，通过与其他经济融合发展形成民族地区经济增长的重要引擎。政府部门、企业、高校、社会组织等利益相关主体对桂滇黔民族地区传统体育资源进行有机整合，借助现有产业基础，综合考量市场需求、贫困人群能力及适应性，精准就业择业，推动桂滇黔民族地区传统体育走向区域产业融合发展道路，形成"传统体育＋"产业模式，将传统体育产业势能转变为经济发展的新动能，推动该区域经济总量增加。基于利益共同点和市场契合点，依托各类通用资源在民族地区集聚共享，使得传统体育与其他

---

① 习近平. 在全国脱贫攻坚总结表彰大会上的讲话（2021 年 2 月 25 日）［EB/OL］. 中华人民共和国中央人民政府网站，https：//www. mct. gov. cn/preview/special/9700/9705/202102/t20210226_942337. htm，2021 － 02 － 25.

产业的融合发展。

一方面，通过跨界合作、竞争合作、战略联盟等方式进行多元化经营，从而提高民族地区传统体育资源的利用效率，实现规模经济的发展。以富禄乡"三月三"花炮节为例，节庆期间不仅有抢花炮、抬官人、舞龙等体育活动，还有民俗巡游、非遗展演、农特产品展销等多彩活动，吸引了区内外大量群众热情参与，实现民族传统体育与旅游产业的深度融合。另一方面，传统体育事业横向发展、纵向延伸，打破传统体育产业的边界，创新商业模式，融合产业新生，从而催生新兴产品及服务，创造了以传统体育资源为核心的产业业态更高的价值及更强的竞争力，有效作用于企业、脱贫户及地方经济的发展。例如，云南省德钦格萨尔射箭节不仅促进了弓、箭、散发器、箭弦的制作和销售，仅箭支制作一项，全县就有近 300 名手工艺人从事这一行业；在德钦县有"青箭""江初""扎纳""精箭""乐乐""阿青""俞林"等制箭品牌，每一对箭销售价格在 130 元至 200 元不等，同时在升平镇、拖顶乡、霞若乡有专业生产制造德钦传统弓的手艺人，每把弓的销售价格在 550 元至 800 元不等。据不完全统计，德钦县全年射箭配件销售能达到 180 万元。此外，在利益联结机制下，地方政府、企业、贫困人口等多方主体共享传统体育产业发展成果。各主体在满足自身需要后，将剩余生产要素投入传统体育事业发展的再生产过程中，进一步激活了传统体育事业的生产要素，并促进要素间的循环，进而形成规模经济，推动地方传统体育产业转型升级，焕发传统体育产业新的生命力，从而形成传统体育贫困治理的可持续发展模式。

（2）脱贫成果不断巩固。

从投入—产出比的视角来看，体育不失为一种低投入、高效率的应对策略，其收益期能立足人的全生命周期，是巩固脱贫攻坚成果的重要抓手（肖坤鹏、王庆然，2022）。防止规模性返贫是巩固脱贫攻坚成果的首要问题和底线性任务，所谓返贫是指农村地区脱贫人群因致贫原因的再次出现而返回到贫困状态的现象，主要存在因病返贫、因就业返贫等类型。实践证明：开展体育健身活动不仅可以帮助有效缓解个体慢性疾病的患病率，还可以有效降低多种疾病的发病率和死亡率。桂滇黔民族地区相对贫困群体的体育锻炼，不仅提升群众的健康水平，对抗因患慢性病所带来的人力资本水平下降，而且能挤占闲暇时不良生活方式的时间，促进其健康生活方式的形成。如今，南丹县里湖乡的瑶族打陀螺、融水县安太乡元宝村的芦笙踩堂等都成为脱贫人群消遣娱乐、健身休闲的主要手段，也是保持身心健康的养生实践路径（王晓晨、乔媛媛等，2022）。此外，就业不稳定也是脱贫人群返贫的重要因素，而在脱贫地区发展传统体育产业能为脱贫人群提供生产、服务等与传统体育制造、服务业相关的工作岗位，可以有效应对因就业不稳定而返贫的风险。同时，体育彩票基金发挥养老助残、勤工助学等"输血式"的社会福利事业的兜底功能，为贫困地区的老、弱、病、残等一些依靠自身能力难以满足生活需求的高风险返贫人群提供有效援助，夯实脱贫人群稳定脱贫的基础，确保脱贫人群脱真贫、真脱贫。根据贵州省体育局网站数据，贵州省在脱贫攻坚三年行动中，累计引导投入资金 3.54 亿元开展体育扶贫工作，投入专项资金近 6000 万元完成 164 个易地扶贫搬迁安置点的配套公共体育设施建设。[①]

（3）文化自信日益凸显。

桂滇黔民族地区传统体育作为传统文化的重要组成部分，通过文化传承促进贫困人口文化思想脱贫。一方面，将传统体育的文化要素转化为人力资本要素，以文化人，回归文化软实力，提升人力资本价值与效能。在了解民族地区地方性文化的基础上，传统体育因其协作性、群体性、竞争性等特点，对民族地区落后的、保守的贫困文化进行改造，改变贫困人群保守、宿命论等封建落后思想；脱贫人口在参与传统体育活动时，建立开拓进取、努力奋斗、团结协助等积极的观念，树立民族文化自信，打破贫困的思想要素瓶颈，从根本上坚定贫困人口战胜贫困的决心。另一方面，桂滇黔民族地区将传统体育项目以非物质文化遗产的形式进行保护与传

① 贵州省体育局. 中国缩影 非凡十年 健康贵州动感添活力［EB/OL］. 贵州省体育局网，https://www.sport.gov.cn/n14471/n14495/n14543/c24800707/content.html，2022 - 10 - 12.

承，有利于规范传统体育项目保护传承工作，从而激发人民群众的民族自豪感，提高民族地区的向心力和创造力。广西自 2021 年 4 月起，以"感党恩，跟党走"为主题，开展 5 个板块、1000 多场活动，其中与"民族体育炫"板块相关的活动有广西体育云赛，贺州市狮王邀请赛，柳州百人芦笙赛以及荔浦大塘镇富德村舞龙、舞狮、投绣球、大象拔河比赛等，以此增强民众对传统体育文化的认同，推动民族体育文化的传播（钟学进、阎海梅，2023）。

（4）乡村振兴有效衔接。

精准扶贫与推进乡村振兴战略具有目标的一致性，有助于实现脱贫攻坚与乡村振兴的有效衔接。随着桂滇黔民族地区体育扶贫的深入推进，传统体育的经济、健康、文化价值得到相对贫困群体的认可，不仅促进了传统体育的保护与传承，而且更好地助力乡村产业、生态、文化、组织等方面振兴。桂滇黔民族地区拥有旅游、康养、制造等特色产业，发展传统体育事业有助于实现体育与特色产业的有机融合，加速"产业兴旺"。例如，脱贫地区体育特色小镇建设就是加速体育与特色产业融合的一条重要途径。发展传统体育也可促进"生态兴旺"，脱贫地区的山水田林湖等自然要素赋予了体育生态性潜质，在自然环境中开展的登山运动、水上运动等，可有效促进相对贫困群体就地非农化，在增加非农经济收入的同时，打造脱贫地区的"生态宜居"环境。发展传统体育还能实现"文化兴旺"，例如，国家级贫困县马山县依托区域传统体育文化，结合原始的岩壁资源开发了 553 条攀岩线路，形成了生态可持续的自然生活场景。在脱贫地区依托这些赛事的连续举办，能进一步促进邻里关系和睦、村际关系和谐，黏合了乡村社会人际断裂的情感，在展现"乡风文明"的同时，推动了乡土社会的城镇化图景建设。传统体育的发展还可促使"组织兴旺"，随着传统体育赛事举办频次的增加，相对贫困群体体育人口将呈现规模化发展，由相对贫困群体组成的民间体育组织将会相继建立，能有效提升其在社区体育发展中的治理能力。

3.3 桂滇黔民族地区传统体育助力精准扶贫的作用机理

3.3.1 桂滇黔民族地区传统体育助力精准扶贫理论模型构建

2015 年 11 月，中共中央、国务院印发的《关于打赢脱贫攻坚战的决定》中也同样强调要通过发展产业、转移就业、易地搬迁、加强教育、健康支持等多种方略来实现精准扶贫。由此可见，精准扶贫是全方面脱贫，涉及经济、文化、健康等领域。传统体育作为少数民族群众生活中不可或缺的重要组成部分，其社会、文化、经济价值巨大，具有强大的包容性和多元化功能（肖坤鹏、张铁民，2020）。2018 年 7 月，为充分发挥体育扶贫的特有优势，加快体育工作与扶贫工作的深度融合，国家体育总局、国务院扶贫开发领导小组办公室联合印发了《关于体育扶贫工程的实施意见》，通过引进体育赛事、发展体育产业、援建基础设施、开展大众健身等助力脱贫，在贫困地区构建"体育＋"或"＋体育"的发展模式，营造精准扶贫、体育助力的良好局面。桂滇黔民族地区更是依托其丰富的传统体育资源，通过"体育＋健康""体育＋文化""体育＋旅游""体育＋产业"等多种组合扶贫模式，推进该区域在健康脱贫、文化脱贫的同时，在经济上也同步脱贫（屈植斌、李延超，2018）。对此，桂滇黔民族地区传统体育助力精准扶贫实现的维度可以从经济、健康、文化三个方面进行分析与衡量。

第一，在经济方面，桂滇黔民族地区传统体育资源禀赋丰富、类型多样、特色鲜明，极具保护与开发价值。传统体育资源的开发利用以及与其他旅游资源的深度融合不仅可以吸引更多游客的"睛"，还可以吸引更多游客的"金"，进而让贫困人口的"腰包"鼓起来，成为贫困人口"富起来"的主要途径（王兰、韩衍金，2019）。更重要的是，桂滇黔民族地区体育产业的高质量发展有助于优化配置优势体育资源，激发潜在体育资源，推动"体育＋旅游""体育＋文化"等多产业融合发展，激活新产业新业态，拉动贫困地区经济增长，达到脱贫攻坚目的（周铭扬、谢正阳等，2021）。

第二，在健康方面，联合国教科文组织指出"体育运动可以提升耐力、力量、灵活性、协调、均衡和控制，从而在提高参与者的身体素质、幸福、健康和能力方面起到重要作用"。[①] 可见，体育事业在脱贫攻坚战中起着重要的基础性作用。体育锻炼是脱贫人群抵抗慢性病和心理疾病的"治疗药物"。因此，在精准扶贫过程中，作为民众幸福指数、获得指数、安全指数最高的健康干预手段，桂滇黔民族地区传统体育能够赋能贫困群体的身心健康，提升人力资本的使用效能，增强贫困群众的自我造血能力、激发脱贫内生动力，是健康扶贫的有益补充，也是夯实脱贫工作成果的有效方式。

第三，在文化方面，桂滇黔民族地区传统体育是各民族同胞在漫长的社会发展过程中形成的独具民族性和地域性特色的民族文化，是各民族集体智慧的结晶，不仅承载着民族的历史文化，体现了少数民族同胞的生活习惯、民俗风情、宗教信仰等，而且折射出民族的精神特质。贫困人口对传统体育活动的参与，也是接纳和融合传统体育文化的过程。此外，传统体育文化教育作用的发挥，有助于促进集中连片特困地区从根本上摆脱贫困。传统体育活动所展现出的健康、朝气、勇敢、团结、乐观、积极等文化特质，能引导贫困地区群众形成讲文明、乐奉献、树新风、守规矩、爱劳动等良好的价值观，从而改善贫困地区群众的精神面貌（任明，2017）。

综上所述，传统体育助力精准扶贫的作用具有独特的补位功能，对健康、文化、经济领域扶贫的助力构成了体育助力精准扶贫的逻辑起点（方汪凡、王家宏，2020）。因此，桂滇黔民族地区传统体育发展对精准扶贫的影响主要有产业经济结构转型、健康水平提升、传统体育文化振兴等三方面，其基本关系如图 3.3 所示。

借鉴相关研究成果，本章运用数学模型，建立分析传统体育助力精准扶贫的逻辑函数，构建桂滇黔民族地区传统体育助力精准扶贫的理论框架。该逻辑函数如下：

---

① 联合国教科文组织. 国际体育运动宪章［EB/OL］. 联合国教科文组织网站，http：//unesdoc. unesco. org/images/0023 / 002354 / 235409e.

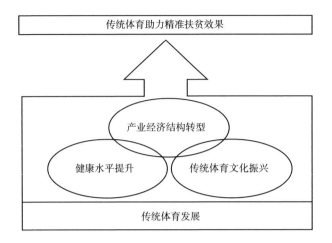

图 3.3 桂滇黔民族地区传统体育助力精准扶贫基本作用关系

假设传统体育助力精准扶贫效果 S 为传统体育发展因子（健康水平提升 A、传统体育文化振兴 U、产业经济结构转型 D）的逻辑函数，其表达式可写为：

$$S = D_t F（A，U）\tag{3.1}$$

将研究假设定义为传统体育助力精准扶贫效果的基本关系，传统体育精准扶贫效果函数的两个内生变量设置为健康水平提升因子 A 和传统体育文化振兴因子 U。同时，社会经济发展使得因子 A 和因子 U 发生变动，进而引起产业结构的调整，因此，可将因子 D 作为独立的因素即外生变量，纳入传统体育精准扶贫效果函数中。依据传统体育助力精准扶贫效果逻辑函数，建立健康水平提升 A、传统体育文化振兴 U、产业经济结构转型 D 的影响因素分析模型，以进一步结合定性分析进行定量研究。

对式（3.1）进行推导变换，过程如下：

全微分：
$$dS = FdD + D\frac{\alpha F}{\alpha A}dA + D\frac{\alpha F}{\alpha U}dU\tag{3.2}$$

除以 S
$$\frac{dS}{S} = \frac{dD}{D} + \frac{1}{F}\frac{\alpha F}{\alpha A}dA + \frac{1}{F}\frac{\alpha F}{\alpha U}dU = \frac{dD}{D} + \frac{\alpha F}{\alpha A}\frac{A}{F}\frac{dA}{A} + \frac{\alpha F}{\alpha U}\frac{U}{F}\frac{dU}{U}$$

即：
$$\frac{dS}{S} = \frac{dD}{D} + \alpha\frac{dA}{A} + \beta\frac{dU}{U}\tag{3.3}$$

式（3.3）中，α 为健康水平提升 A 的弹性系数，即健康水平提升 A 每变动百分之一将促使传统体育助力精准扶贫效果 S 变动百分之几，计算方法为式（3.4）；β 为传统体育文化振兴 U 的弹性系数，即文化发展因子 U 每变动百分之一将促使传统体育助力精准扶贫效果 S 变动百分之几，计算方法为式（3.5）：

$$\alpha = \lim_{\Delta A \to 0} \frac{\Delta F}{F} \div \frac{\Delta A}{A} = \lim_{\Delta A \to 0} \frac{\Delta F}{\Delta A} \frac{A}{F} = \frac{\alpha F}{\alpha A} \frac{A}{F} \tag{3.4}$$

$$\beta = \lim_{\Delta U \to 0} \frac{\Delta F}{F} \div \frac{\Delta U}{U} = \lim_{\Delta U \to 0} \frac{\Delta F}{\Delta U} \frac{U}{F} = \frac{\alpha F}{\alpha U} \frac{U}{F} \tag{3.5}$$

至此，传统体育助力精准扶贫效果 S 的逻辑函数可以表达为微分和差分两种形式，即：

微分形式：
$$\frac{dS}{S} = \frac{dD}{D} + \alpha \frac{dA}{A} + \beta \frac{dU}{U} \tag{3.6}$$

差分形式：
$$\frac{\Delta S}{S} = \frac{\Delta D}{D} + \alpha \frac{\Delta A}{A} + \beta \frac{\Delta U}{U} \tag{3.7}$$

那么，传统体育助力精准扶贫效果 S 的逻辑函数意义可以理解为：传统体育助力精准扶贫效果 S 的变化率 = 产业经济结构转型 D 变化的影响率 + 健康水平提升 A 变化的影响率 + 传统体育文化振兴 U 变化的影响率。

通过桂滇黔民族地区传统体育演进对精准扶贫的影响分析，发现桂滇黔民族地区传统体育从经济、健康、文化三个维度共同助力精准扶贫效果提升。产业经济结构转型方面，主要是通过将传统体育文化资源作为经济增长生产要素激发桂滇黔民族地区传统体育发展潜力和内生发展动力，使地方传统体育资源优势转化为经济发展动能，这是传统体育助力精准扶贫工作的内核所在；通过传统体育的创造性发展，激发市场潜力，发挥产业联动的聚能效应与辐射效应，从而形成多元化的产业结构与趋于完整的产业链条，吸纳更多的贫困人口和社会资本参与其中，最终实现资源的优化配置和经济效益的提升、贫困人口收入多样性的增强。健康水平提升方面，桂滇黔民族地区传统体育功能的发挥推动贫困人口的身心健康，提升人力资本使用效能，保障贫困人口持续性脱贫能力，改善贫困人口精神面貌。在传统体育文化振兴方面，传统体育通过"扶器"，保障贫困群众行使体育的权利；通过落实各种传统体育扶贫政策和开展多种形式的传统体育活动，将"扶智"与"扶志"相结合，发挥传统体育文化聚力，挖掘贫困群众内生动力的重要作用，树立民族文化自信，促进传统体育文化弘扬与振兴。由此可见，桂滇黔民族地区传统体育的发展与其助力精准扶贫的效果构成了一个客观的作用系统，由子系统中的系列因素共同作用的结果，其作用机理见图3.4。

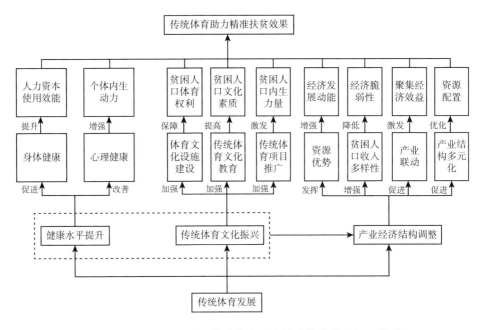

图3.4 桂滇黔民族地区传统体育助力精准扶贫作用机理模型

3.3.2 桂滇黔民族地区传统体育助力精准扶贫作用机理

3.3.2.1 桂滇黔民族地区传统体育产业发展助力经济扶贫

传统体育产业作为一个覆盖广、产业关联度高的朝阳产业，在助力精准扶贫方面具有突出的健康、文化功能和显著的经济价值、经济功能和经济张力。它在增强贫困地区经济发展动能、产业聚能联动、解决就业问题、增加居民收入等方面具有显著作用，是脱贫攻坚战场的有生力量。

（1）传统体育资源优势转化为经济发展动能。

民族传统文化不是阻力，亦非摆设，而是民族生存和发展的重要力量，还是精准扶贫的靶向着力点。作为民族文化的重要组成部分，传统体育承载着各民族的历史文化，记录着各民族的生活方式、宗教信仰、行为习惯，折射出各民族的精神特质。桂滇黔民族地区传统体育资源禀赋丰富、历史悠久、种类多样，极具观赏性与趣味性，是极富吸引力的文化资源，对其进行开发利用不仅可以产生良好的经济效益，而且可以为贫困人口增加就业机会，增加个人收入，最终助推精准扶贫工作的开展。近年来，在政府的推动下，桂滇黔民族地区不断挖掘传统体育文化的资源优势，大力发展传统体育特色产业。例如，贵州黔东南州围绕传统体育项目进行"独家定制"，相继推出全国独竹漂邀请赛、"雷公山之巅·巴拉河之夏"自行车爬坡赛及竞速赛、黔东南中国"牛王争霸赛"，以及斗鸡、斗鸟、赛马等特色赛事，将体育赛事与民族文化、旅游等相融合，促使传统体育由资源优势向资本优势转变，解决贫困人口的就业困难，多角度促进区域经济发展与精准扶贫工作开展。云南和广西也充分运用地方特色的传统体育文化发展体育经济。2023 年4 月30 日，中国临沧佤族司岗里"摸你黑"狂欢节盛大开幕，节日期间不仅有盛大的"摸你黑"活动，而且还有佤族原生态歌舞《族印·司岗里》、斗牛比赛、木鼓舞表演等活动，吸引了来自全国的82.48 万游客参加，创造了6.27 亿元的旅游收入，有效带动了临沧县的旅游增长。广西桂林市阳朔县将民族传统体育与传统文化、旅游产业相融合，在景区推广开展抛绣球、打铜鼓、舞狮子、龙舟、跳竹竿等民族传统体育项目，丰富景区文化内涵，也增加了地方经济效益，阳朔县2023 年"五一"假期共接待游客74.6 万人次，旅游总消费10.59 亿元，分别同比增长487.62% 和519.30%。[①] 总体而言，桂滇黔民族地区依托丰厚的传统体育资源基础，激活当地的土地、人

---

① 旅游强劲复苏 假日人气爆棚［N］. 广西日报，2023 – 05 – 06.

力、资金、自然与人文景观等各要素，并将其进行有机整合，以激发当地生产力，有效延长了传统体育产业链，带动了当地农民就业和增收，促进当地脱贫致富。

（2）传统体育产业增强贫困人口收入多样性。

有学者研究发现，农民的收入多样性与增加农民收入、降低贫困存在一定的正相关关系（丁建军、宁燕，2016）。传统体育扶贫项目实施过程中，不同贫困群体都能参与其中，使其在家门口可获得经济收入，不仅能够减少外出务工成本，而且拓宽农民增加收入的渠道，在传统体育扶贫项目的带动下，优美秀丽的自然风景、特色浓厚的民俗文化、独特有趣的传统体育文化、历史悠久的农耕活动、美味的农家菜肴、优质的农牧副产品等，都能转变为贫困群体创收的途径，收入结构的多元化，可有效提升贫困群众收入的稳定性和可靠性。例如，贵州省黔西南州结合各地传统体育文化资源优势进一步加大体育产业投资，出台配套扶持政策，同时发展民族特色旅游商品5个系列36种，农家乐、民宿客栈共138家，吸引贫困群众加入民宿、客栈、农家乐、特色手工艺等业态的体育旅游产业发展链条中，带动3800名建档立卡贫困群众增收。中国壮乡广西武鸣"三月三"歌圩活动中，开展了珍珠球、毽球、投绣球、三人板鞋竞技、打陀螺、顶竹竿等民族传统体育活动，其间承接了东部产业转移招商推介会共签约项目15个，达20.061亿元的项目总投资额；其中，共有80家企业进场进行大型劳务输出招聘，提供5100个就业岗位，共达成用工意向3052人，县城服务行业创下营业总额1000万元。① 传统体育产业的发展，不仅弘扬了民族传统体育项目，推动了当地旅游业的发展，促进了贫困人口收入的多样性，为当地带来了巨大的经济效益。

（3）传统体育产业联动激发经济聚集效能。

传统体育产业在经济发展中具有聚集效应，民族传统体育文化与民族音乐、服饰、舞蹈、饮食、自然风光结合形成的传统体育产业链条，能够更好

---

① 冯梓剑. 打造"歌圩"促县域经济发展 [N]. 南宁日报，2009 – 03 – 26.

地展示民族文化的同时，还能够带动其他产业的发展，从而产生联动效应。桂滇黔民族地区根据地方特色，有针对性地选择传统体育项目，有效地避免了同质化竞争。例如，广西南宁马山县就探索出适合自身的"体育+扶贫"模式，2016～2019 年，全县接待游客人数年均增长 30.82%，旅游总消费年均增长 37.54%，成为县域经济发展的新亮点，助推全县实现 73 个贫困村摘帽、9.37 万人脱贫。"体育+文旅+扶贫+县域发展"的马山模式综合效益有效凸显。传统体育项目具有辐射效应，如传统体育赛事项目于贫困地区开展，在赛事举办过程中可带动贫困户优先就业；在政府的引导下积极推广传统体育项目，通过贫困地区传统体育项目开展，连接当地多元项目来吸引游客消费，扩大传统体育影响力的同时，也较好增加了贫困地区人民的收入。[①]2020 年，广西创新开展以"爱尚运动，乐享生活"为主题的"百星百媒千红千村万店万品"运动健康消费大行动，为 1000 个以上贫困村、10000 个以上商家的上万个扶贫产品，及各类商品进行公益代言、直播带货，开辟了体育"+云购""+云游""+直播带货"等多种线上产业链，通过市场化手段筹集和发放 3 亿元以上各类运动健康消费券，有效扩大扶贫产品市场影响力。由此可见，传统体育具有较强的经济效益以及产业带动能力，其涉及的产业范围广，规模市场适应性强，发展传统体育产业可以拉长产业链和价值链，促进产业多样化，不仅调整了贫困地区产业格局，盘活、整合和改善市场资源配置；而且使其更适应市场的发展需求，顺应时代发展的大环境和大背景，实现"一种举措，多重效应"的效果。

3.3.2.2　桂滇黔民族地区传统体育功能发挥推动健康扶贫

疾病是脱贫攻坚中最难消除的致贫因素，也是导致脱贫地区人口返贫的重要原因之一。健康扶贫也是精准扶贫的重要内容。开展传统体育运动不仅能够从生物性角度出发提高个人身体健康水平，促进个体人力资本的保值甚至增值，也能从文化性角度激发个体内生动力，增强内在精神素

---

① 覃星星."体育+"助力"山旮旯"闯新路［N］.新华每日电讯，2022 - 08 - 04.

养，增进人的身心健康发展。因此，传统体育是精准破解因病致贫的有效工具。

（1）传统体育运动促进贫困人口身体健康。

联合国教科文组织在《传统体育与游戏国际宪章》中指出："传统体育与游戏作为一种更安全、更廉价的运动方式，能够使医疗和社会成本最小化。传统体育项目不需要昂贵的设施和设备，在世界各地，特别是在资源不足的地区，应推广传统体育。"① 参与传统体育活动，不仅能锻炼心肺的功能，活动身体，改善体质，而且还能提高身体的柔韧性，达到健美、保健的效果。桂滇黔民族地区传统体育项目，从头、肩、腰、臂、肘、膝、脚都有动作，动静相结合，通过胳膊、手腕、脖颈等的移动加以点缀，能够使全身得到很好的活动。例如，流行于侗族、壮族、仫佬族的抢花炮活动，极具竞争性和对抗性，能够强健体魄、树立顽强的意志、培养快速的反应能力；而苗族和京族人们普遍喜爱的跳竹竿可以增加人的腿部力量和身体协调性。云南拉祜族的接新水、傈僳族的射弩、回族的木球、藏族的押加、白族的霸王鞭、哈尼族的秋千等，都要求屏气静心，讲究气运肢行的协调，从而起到强身健体的功效，使人们在生产、生活之余，得到体力与精神的锻炼和调节（邓开民，2012）。流行于云南新平地区的彝族传统体育项目——辣地，又称"春谷子"，为青年男子游戏活动，游戏者甲倒爬在乙的背上，双脚夹住乙的脖子，拖住腰部，乙抱住甲的大腿成一桥形，乙将甲背起后放下，甲落地后又拖起乙，使其双腿离地后再放下，这样一起一落，形同春谷子。在这样的传统体育项目中有助于增进人体的心脏、神经、肺脏、血管、呼吸以及肌肉器官等的生理机能，增强体质。由此可见，传统体育运动对治疗和康复都有显著的作用，将传统体育精准扶贫纳入健康扶贫工程中，弥补单一医疗保障体系的不足，形成"体育＋医疗""主动＋被动"互为补充的形态。

---

① Preliminary Report on the Desirability and Scope of an International Charter on Traditional Games and Sports［R］. https：//unesdoc. unesco. ogr/ark：/48223 / pf0000140342，2018 － 01 － 05.

（2）传统体育运动改善贫困人口心理健康。

在经济收入低、自然环境差、身体健康出现问题等综合因素的影响下，部分贫困人口在心理上会面临巨大的压力，容易产生心理亚健康状况。面对这些问题，不仅需要有专门的心理健康手段的干预，更需要有健康的活动来缓解压力，释放情绪。桂滇黔民族地区在推进"体育＋健康"项目过程中，通过招聘贫困人员参与项目建设，或提供体育运动周边服务，营造体育运动氛围，加强健康理念的传播，在关注改善贫困人口物质生活的同时，也注重其身心健康（周道平，2019）。桂滇黔民族地区传统体育根植于地方的自然地理环境中，强调天人合一、人与自然和谐统一，还讲求形神兼具、内外兼修，以达到身心合一、阴阳平衡的健康状态，这对于因贫困引起的亚健康状态有一定改善效果。位于广西梧州市藤县象棋镇留村，2015年精准识别出贫困户102户共363人，自治区体育局扶贫工作队结合群众兴趣，连续举办了4届春节运动会，通过体育与扶贫工作深度融合，有效激发群众内生动力，当地体育活动日渐丰富，群众的精神面貌焕然一新。[①] 另外，传统体育项目，如抢花炮、摔跤、舞狮等，不仅有娱乐、休闲、健身、养生的功能，还可以增强团队意识、激发上进心和自豪感，有效改善贫困人口心理健康。

3.3.2.3　桂滇黔民族地区传统体育文化传承促进文化扶贫

从表面上看，贫困是经济性的、物质性的；而深层剖析下来，贫困其实是社会文化在起作用。因此，文化扶贫是脱贫攻坚过程中实施的重要举措。根据内容和影响深度，可以将文化扶贫划分为三个层级：第一层是对贫困地区的文化基础硬件设施建设及完善，如文化活动场所、图书室、网络、健身器件等，即"扶器"。第二层是提升贫困地区人口的科学文化素质水平，即"扶智"，主要是发展贫困地区的文化教育事业。文化教育事业的落后或者缺失会使贫困地区人口难以获得促进自身发展的知识和技能。这一层次的文化

---

① 方家起，李泳知，关安婷. 广西体育局"四轮驱动"助力打赢脱贫攻坚战［EB/OL］. 国家体育总局网，https：//www. sport. gov. cn/n315/n20066836/c20611745/content. html，2020－06－07.

扶贫更主要的是帮助贫困地区人口学习、获取文化知识，使贫困人口学会用知识武装头脑，提升自身素质水平，从而改变贫困落后的现状。第三层也是最深层次的，是帮助贫困地区人口增强自身脱贫的思想意识、树立正确的价值取向等，即"扶志"。所谓扶贫先扶志，"造血"比"输血"更重要。贫困人口存在错误、落后的思想观念、价值取向，会影响脱贫攻坚行动的开展，影响贫困地区群众内生动力的激发。因此，扶贫要与扶志进行有机结合，才能更有助于贫困地区人口树立创造美好生活的信心，激发贫困群众脱贫致富的决心。

传统体育作为桂滇黔民族地区民族文化的组成部分，扎根于乡土社会，拥有综合性、群众性、参与性、娱乐性、经济性等特点。在精准扶贫过程中，通过"扶器"，保障贫困群众行使体育的权利；因地制宜，精准发力，通过落实各种传统体育扶贫政策和开展多种形式的传统体育活动，将"扶智"与"扶志"结合起来，发挥传统体育文化聚力，挖掘贫困群众内生动力的重要作用，树立民族文化自信，增强民族骨气和底气，激发内生动力，助力精准扶贫。

（1）传统体育助力"扶器"。

"扶器"是"以物助人"，通过在贫困村庄等建立文化硬件设施，输送文化知识和文化项目，丰富人们的业余生活。近年来，桂滇黔民族地区逐步加大对民族传统体育硬件设施的建设和完善，如建设文化活动室、文化广场、健身场所等，让贫困群众有更好、更便利的活动空间和条件开展传统体育活动。

如贵州实施"六个身边"工程，通过完善群众身边的体育健身组织、建设群众身边的体育设施、丰富群众身边的体育健身活动、支持办好群众身边的体育健身赛事、加强群众身边的体育健身指导、弘扬群众身边的体育健身文化，为广大群众体育健身创造良好环境和条件。贵州大力实施《全民健身计划 2016—2020 年》，建成全民健身活动中心 45 个，全民健身活动站（点）5637 个；建成城市街道室内外公共健身设施 15478 个；乡镇、行政村（社区）农民体育健身工程 16437 个，人均体育场地面积达到 1.63 平方米；安排专项资金 5121 万元建设全省 164 个移民搬迁点公共体育设施，推动农村体育公共服务均等化。[①]"十三五"期间，广西投入超过 80 亿元，整合多方资源，用以完善体育设施，全覆盖于 111 个县（市、区）、1250 个乡镇（街道）、14282 个行政村。[②] 此外，在贫困地区积极组织开展丰富多彩的传统体育文化运动，使更多当地居民参与传统文化演出及传统体育运动，极大地丰富了贫困地区与群众生活。同时，也向贫困地区群众传递现代健康的生活理念，不断增强他们奋发向上、改变贫困生活现状的意识和精神思想，激发贫困山区人们积极摆脱贫困的内生动力。广西贺州市昭平县作为国家扶贫开发工作重点县、广西深度贫困县。扶贫工作开展以来，昭平县严格按照广西体育局和贺州市体育局对体育扶贫工作的要求，努力推动昭平全民体育大健康和扶贫脱贫工作大融合，助推昭平脱贫摘帽大提速。2015～2016 年，连续举办了两届桂粤湘龙舟邀请赛暨昭平县长寿文化旅游节活动；2017～2019 年，连续三年成功举办中国龙舟公开赛等民族传统体育赛事，丰富了群众体育文化生活，激发了全县群众团结奋斗、同舟共济、勇立潮头的体育精神，为提速脱贫摘帽提供强有力支持。可见，"扶器"很大程度上能够保障贫困群众体育参与的权利，对于"扶志"和"扶智"都有重要的基础作用。

（2）传统体育助力"扶智"。

"扶智"是"扶智育人"，培养和加强贫困人口脱贫致富的本领和才智。现代教育强调素质教育，包括思想道德素质、能力培养、个性发展、身体健康和心理健康教育。传统体育作为素质文化教育的重要组成部分，也是实现精准扶贫的重要手段。桂滇黔民族地区丰富多彩的传统体育活动具有强身健体的重要价值。贫困群众在参与传统体育活动过程中，血液循环加速，新陈代谢得以提升，能够为大脑提供充足优质养分，对大脑灵活性也是有重要的

---

①　贵州省体育局. 贵州省"十四五"体育发展规划［EB/OL］. 贵州省人民政府网.［2022 - 08 - 30］. https：//www. guizhou. gov. cn/

②　张昕摄. 广西壮族自治区体育局：为脱贫攻坚注入强大的"体育 +"力量［EB/OL］. 国家体育总局网，https：//www. sport. gov. cn/n4/n24972416/n24972376/n24972506/c974470/content. html，2020 - 12 - 25.

增强作用。桂滇黔民族地区传统体育类型多样、内容丰富，能够适应不同年龄、性别、体质特征人群的体育锻炼需要。

云南省体育局在保留地方民族传统文化特色的基础上注重健身性，创编了10套民族健身操，成为晨晚练点、学校的常规性锻炼项目；而射箭、射弩、赛马等传统体育活动赛事在全省各地举办，成为云南各族人民蓬勃开展全民健身活动的亮丽风景线。在精准扶贫中注重传统体育元素的融入，在增强贫困地区人口身心健康的同时，增强民族文化自信。另外，发展传统体育事业也有利于破解贫困文化的代际传递。主要体现在传统体育活动的开展有助于贫困家庭的孩子树立体育锻炼的意识和培养体育运动的良好生活习惯，也能促进其动手能力和创造力的培养，防止贫困文化产生。广西把学校作为推广和普及民族传统体育项目的主阵地，将少数民族传统体育项目融入中小学体育课程，作为学校民族教育的重要内容，积极开展"一校一品""一校多品"教学模式，推动打陀螺、三人板鞋、铜鼓等民族传统体育项目进校园，使传统体育项目得到较好的传承和普及。近年来，广西河池市各中小学校结合当地实际，将打陀螺融入"课间10分钟""校园大课间"，丰富了学生课余生活，增强了学生体质和民族自信心。广西柳州市体育局为了进一步宣传体育精神，激发贫困人口热爱体育、参与体育健身活动的热情，组织了世界冠军、全国冠军、冠军教练和优秀运动员开展体育志愿服务，走进少数民族贫困地区，以宣传民族体育，弘扬体育精神。让更多青少年养成锻炼习惯，在强身健体的同时享受传统体育的快乐并传承体育精神，培养拼搏战胜困苦、奋斗走向成功的励志精神。

（3）传统体育助力"扶志"。

扶志是"以文化人"，通过体育文化的塑造激发贫困群众奋发向上以及脱贫的内生动力。桂滇黔民族地区传统体育具有丰富的精神文明内涵，并具有积极向上、奋力进取、诚实守信、公平竞争的文化特质，每一项传统体育项目、动作都承载着各族人民独特的精神文化基因，具有重要的教育人、发展人的价值作用。引导贫困地区民众积极参与传统体育活动，其实质是引导贫困地区群众对当地传统体育文化的接纳过程，从而引导贫困群众形成健康乐观、自立自强的精神思想，引领贫困地区树立讲诚信、遵守规则、勇于担当、甘于奉献的良好社会风尚。此外，桂滇黔民族地区传统体育具有群众性、娱乐性、互动性和协作性等特征。引导贫困地区群众参加传统体育活动，可以培养群众公平竞争、团结协作、锐意进取、积极向上的思想意识，从而革除落后的、保守的观念，改变一些贫困地区存在的赌博、酗酒等不健康的生活方式。云南西双版纳勐海县政府在扶贫开发过程中注意"扶志"，多次派专业技术人员下乡进行培训，针对不同民族，因人施教，开展民族舞、象脚鼓等传统体育培训，并组织传统体育赛事，让贫困地区的民众从封闭的贫困环境中"走出来"，陶冶情操、大胆锻炼、开阔视野，鼓舞了他们的奋斗意志，增强了其致富信心。因此，在精准扶贫过程中，因地制宜开展传统体育活动，发挥其文化价值，可以增强贫困地区群众对民族文化的自豪感和认同感，增强民族信心，激发奋斗意识，真正做到"扶贫先扶志"。

第 4 章

桂滇黔传统体育助力精准扶贫绩效评价指标体系与模型构建

党的十九届五中全会指出，要"实现巩固拓展脱贫攻坚成果同乡村振兴有效衔接"，"走中国特色社会主义乡村振兴道路"。随着我国农村绝对贫困的消除，巩固拓展脱贫攻坚成果同乡村振兴有效衔接成为当前"三农"工作的重中之重（张琦，2021）。科学测量传统体育助力精准扶贫绩效，合理评价脱贫成效，能够明晰桂滇黔民族地区传统体育助力精准扶贫绩效水平，体现其所发挥的多元价值与功能作用，进一步明确传统体育在后续脱贫成果巩固与乡村振兴阶段的发力点和着力点，促进脱贫地区转型发展。

桂滇黔民族地区传统体育项目数量众多、类型丰富，在助力精准扶贫中产生绩效水平的高低取决于民族地区、家庭、个人的致贫原因与传统体育多元价值的精准耦合。如前所述，传统体育有竞技能力、嬉戏娱乐、民俗节庆3大项群以及体能、技艺、竞速、角力、决胜、射击、棋艺、跳跃、碰击、击打、抛接、舞戏、娱乐狂欢、农事活动、宗教祭祀15个小类，每种传统体育项目的特点不同，价值内涵多样；但又因桂滇黔民族地区经济发展较为落后，生产水平较低，致贫原因复杂。可见，衡量该区域传统体育助力精准扶贫绩效是一项较为庞杂的研究工作。在前期调研的基础上，本书尝试应用定量与定性分析相结合的方法，建立一套针对性及科学性较强的传统体育助力精准扶贫绩效评价指标体系，精准涵盖传统体育在助力精准扶贫中能够发挥出的多重作用，对桂滇黔民族地区传统体育助力精准扶贫的绩效进行客观评价和科学分析，以期进一步明确桂滇黔民族地区传统体育资源开发利用方向，充分发挥其扶贫、扶器、扶智、扶志的价值，助推乡村振兴战略的实施，实现脱贫攻坚成果同乡村振兴全方位、全领域、多层次、多尺度地有序有效衔接。为传统体育助力精准扶贫及乡村振兴奠定理论基础，加快我国减贫治理进程，助力社会主义现代化国家新征程。

4.1　桂滇黔传统体育助力精准扶贫绩效影响因素识别

随着国家脱贫攻坚战的深入推进与有效落实，扶贫绩效的评价问题受到学术界的广泛关注，国内外不少学者已从规范和实证方面，将利益相关者理论运用于社会绩效评价方面是否有效的研究，并将利益相关主体的诉求作为组织制定绩效目标的重要因素（凌彬，2013）。鉴于此，本书从利益相关者的角度出发，识别桂滇黔民族地区传统体育助力精准扶贫的核心利益相关者及其利益诉求，对传统体育助力精准扶贫绩效评价的影响因素开展研究，为后续有针对性地进行评价指标的选取提供参考。

4.1.1　传统体育助力精准扶贫的核心利益相关者界定

通过引入利益相关者理论，一定程度上解答了桂滇黔民族地区传统体育助力精准扶贫过程中主体的界定、识别、定位等问题。此外，利益相关者理论也使人们意识到，桂滇黔民族地区传统体育助力精准扶贫绩效评价应关注各主体的利益诉求，在兼顾经济绩效、社会效益、文化效益的基础上，各主体利益诉求是否得到满足也应体现在绩效评价考核之中。即在利益相关者努力创造足够的财富或价值，并在分配过程中保持相对公平的情况下，才能保证减贫成效的持续性，进而巩固拓展脱贫成果，衔接乡村振兴战略。为此，本章运用利益相关者理论界定桂滇黔民族地区传统体育助力精准扶贫的利益相关者。

早在 1963 年，美国斯坦福研究所的一些学者便提出"利益相关者（stakeholder）"一词，他们对利益相关者的定义是"对企业来说存在这样一些利益群体，如果没有他们的支持，企业就无法生存"（杨修发，2004）；而在 1984 年，弗里曼（Freeman，1984）的《战略管理：一种利益相关者的方法》一书中就十分明确地提出了利益相关者理论，它是指：指为综合、平衡企业内部与外部所涉及的各个利益相关者的利益，实现利益最大化，从而促使企业经营管理者所采取的经营管理行为。20 世纪 90 年代初期，经过弗里曼、布莱尔（Blair）、米切尔（Mitchell）、克拉克森（Clarkson）等学者的共同努力，利益相关者管理理论逐渐开始引人注目，并逐渐形成了较为完善的理论框架，在实际应用中取得了丰硕的成果（黄昆，2004）。对于利益相关者，弗里曼定义其为："能够影响一个组织目标的实现，或者受到一个组织实现其目标过程影响的所有个体和群体"。根据这一定义，本书将桂滇黔民族地区传统体育助力精准扶贫过程中的利益相关者界定为那些能够影响传统体育助力精准扶贫过程，或者受到传统体育助力精准扶贫过程影响的所有个体和群体。弗雷德里克（Frederick，1988）和克拉克（Clark，1998）指出与企业生存、发展密切相关的利益相关者，包括股东、投资者、雇员、顾客、供应商、其他相关群体。利益相关者理论被引用到扶贫领域后，学术界不少学者对扶贫所涉及的利益相关者进行了研究，郭晓娜、陈思其（2020）在教育精准扶贫绩效评价中将利益相关者分为四类，分别是：核心利益相关者（教师、学生）、主要利益相关者（政府、教育行政部门）、重要利益相关者（学校）、次要利益相关者（社会组织、企业）；顾海娥指出政府、贫困人口、传承人、企业为民族地区传统体育助力精准扶贫的重要利益相关者（顾海娥，2017）。

参考和借鉴现有研究成果，结合桂滇黔民族地区传统体育助力精准扶贫的实际情况，本书采用专家评分法对该区域传统体育助力精准扶贫的利益相关者进行界定。笔者向 27 名专家提供企业、行业协会、高校、传承人、社区居民、政府部门等 8 类利益相关者，请他们根据桂滇黔民族地区传统体育助力精准扶贫实际情况，选出相应的利益相关者。通过专家多次建议及调整，得到桂滇黔民族地区传统体育助力精准扶贫的利益相关者，专家评分统计结果如表 4.1 所示。

表 4.1　　　　　桂滇黔民族地区传统体育助力精准扶贫利益
相关者界定的专家评分法统计结果

利益相关者	入选（个）	入选率（%）	利益相关者	入选（个）	入选率（%）
企业	25	93	行业协会	16	59
高校	11	41	传承人	26	96
社区居民	15	56	政府部门	25	93
贫困人口	27	100	社会公众	18	67

从表 4.1 可以看出，首先贫困人口作为精准帮扶的重要主体，是传统体育助力精准扶贫的响应者、接受者、监督者，既是脱贫攻坚的对象，更是脱贫致富的主体，入选率达到了 100%，说明这是所有专家都认可的利益相关者。其次是政府部门，作为传统体育助力精准扶贫的规划者、实施者、管理者，对精准扶贫绩效的实现有着显著的影响，入选率相对较高，达到 97%；与政府部门入选率十分接近的为传承人和企业，入选率分别为 93% 和 96%。传承人作为传统体育文化的重要承载者和传递者，是助力精准扶贫的传播者、推动者、监督者；企业作为传统体育助力精准扶贫的参与者、执行者，在推动传统体育助力精准扶贫的过程中扮演着重要的角色。相比之下，高校、行业协会、社会公众和社区居民的入选率都比较低，均未达到 60%。本书以入选率 60% 作为标准，将入选率达到 60% 以上的企业、贫困人口、传承人、政府部门认定为桂滇黔民族地区传统体育助力精准扶贫的核心利益相关者；入选率低于 60% 的高校、行业协会、社会公众和社区居民认定为非核心利益相关者。核心利益相关者在传统体育助力精准扶贫中占据着主导地位，与传统体育助力精准扶贫有着十分紧密的关系，一定程度上直接影响着传统体育助力精准扶贫的效果。因此，在桂滇黔民族地区传统体育助力精准扶贫利益相关者的探讨中，着重选取核心利益相关者进行论述。

基于专家测评结果，将企业、贫困人口、传承人、政府部门 4 类利益群体作为桂滇黔民族地区传统体育助力精准扶贫的核心利益相关者，并据此得出传统体育助力精准扶贫的核心利益相关者基本图谱，如图4.1所示。

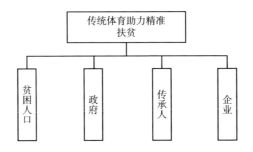

图4.1　桂滇黔民族地区传统体育助力精准扶贫核心利益相关者图谱

4.1.2　传统体育助力精准扶贫中利益相关者诉求及关系

4.1.2.1　传统体育助力精准扶贫中利益相关者的利益诉求分析

利益是指人们想要占有的、以满足自身需要为目的的稀缺客观对象，它包括经济利益关系、政治利益关系和文化利益关系，三者构成了全部社会关系的总和（胡象明，1999）。在脱贫攻坚背景下，桂滇黔民族地区传统体育助力精准扶贫需要多方利益相关者的共同参与，凝聚着各利益主体的经济、文化、社会利益，不同的利益相关者有着各自的利益诉求。因此，理清传统体育助力精准扶贫中各利益相关主体的利益诉求，并处理好不同利益主体间的相互关系，是提升桂滇黔民族地区传统体育助力精准扶贫绩效的重要前提。

为能更深入地了解桂滇黔民族地区传统体育助力精准扶贫中利益相关者的利益诉求及其相互间的关系，本书在借鉴国内外利益相关者有关研究成果基础上，结合桂滇黔民族地区传统体育助力精准扶贫的现状，设计了针对政府部门、贫困人口、传承人、企业四类核心利益相关者关于利益诉求重要性评价的调查问卷，并采用李克特五级量表作为测量工具，分别对"很不重要、不重要、一般、重要、很重要"五个重要程度赋分"1、2、3、4、5"。本调查主要采用简单随机不重复抽样的方式，开展核心利益相关者的问卷调查，以识别其不同利益诉求的重要程度。综合考虑桂滇黔民族地区传统体育资源的类型、分布状况及其扶贫现状等，本书选取了广西靖西市、云南文山壮族苗族自治州广南县、贵州榕江县等地为案例地进行调查。现对桂滇黔民族地区传统体育助力精准扶贫中各核心利益相关者的利益诉求进行具体分析。

（1）政府利益诉求分析。

政府通过行政干预，对传统体育助力精准扶贫的过程进行宏观调控，为巩固与扩展脱贫攻坚成果提供组织和领导上的有力保障。传统体育助力精准扶贫是一项自上而下的政策实践过程，各级政府在其中扮演的角色和行动能力各有不同，中央政府是精准扶贫政策指令的下达者，地方政府是政策的组织实施者。具体到县一级的传统体育助力精准扶贫实践中，政策实施的具体政府部门主要包括县委、县政府、县扶贫办、体育局、民族宗教事务委员会、乡镇政府、村级组织等部门。县级政府是扶贫政策、项目、资源的中转站，在接到上级贫困治理相关文件或通知后，结合本县传统体育资源的具体情况制定扶贫项目规划和方案。在传统体育助力精准扶贫的实际过程中，由于所涉及的政府部门众多，各部门的职责又不尽相同，以致出现分工不明、责任不清、管理重叠等问题，进而限制工作效率的提高以及传统体育扶贫政策的有效实施。因此，为保证传统体育助力精准扶贫工作的有序开展，首先需要明确各政府部门的共同利益诉求，以此协调政府部门的管理职责。为全面了解桂滇黔民族地区传统体育助力精准扶贫中各级政府部门的真实想法，笔者针对所选取案例点的实际情况设置相应的评价指标，对政府部门的相关人员进行问卷调查，问卷发放 60 份，回收有效问卷 51 份，具体调查结果如表 4.2 所示。

表 4.2　　　　　　　　政府部门利益诉求均值的描述性统计

利益诉求	最大	最小	均值	标准差	排序
贫困人口减少	5	4	4.95	0.220	1
促进社会就业	5	4	4.65	0.489	2
当地经济发展	5	3	4.45	0.686	3
促进民族团结	5	3	4.40	0.754	4
和谐社会发展	5	3	4.30	0.801	5

利益诉求	最大	最小	均值	标准差	排序
传统体育的保护	5	3	4.25	0.851	6
体育基础设施的完善	5	3	4.15	0.745	7
传统体育的创新发展	4	3	3.95	0.759	8

从表4.2中可以看出，政府部门的利益主要集中在社会利益诉求、文化发展诉求、环境效益诉求。但作为桂滇黔民族地区传统体育助力精准扶贫的全局指导者和调控者，政府部门更加关注社会价值、经济及环境价值。在传统体育助力精准扶贫的过程中，传统体育多重价值的发挥与政府利益诉求相吻合。一方面，传统体育作为一种地方文化资源，在参与精准扶贫过程中，通过与第一、第二、第三产业结合，能够创造更多的就业机会，帮助贫困人口增加收入，进而摆脱物质贫困；另一方面，传统体育活动的开展能够提升村民的健康水平，引导村民树立正确的精神文化观念，助力贫困人口的物质和精神富裕，从而不断增强乡村凝聚力，培育乡村体育文化氛围和道德风尚，最终促进贫困地区经济发展、民族团结以及和谐社会建设（王兰、韩衍金，2019），多维度助力精准扶贫，并与后续乡村振兴相衔接。

国家体育总局、国务院扶贫办联合印发的《关于体育扶贫工程的实施意见》中指出，要加大对贫困地区特别是国家贫困县、深度贫困县及"三区三州"建档立卡贫困村公共体育设施建设的支持力度。在实地调研过程中，不少政府部门人员表示，体育基础设施是民族传统体育活动开展的基础和前提，但长期以来，桂滇黔民族地区经济发展相对滞后，地方财政收入有限，民族传统体育场地较少，器材、设备严重匮乏，影响到体育扶贫的效果。因此，政府部门对"体育基础设施的完善"有着一定的诉求。

然而，资源价值诉求，即"传统体育的保护""传统体育的创新发展"，虽非政府部门的首要诉求，但其仍希望通过整合、重组和再现的方式增强传统体育资源的造血功能，使其得以持续传承与创新发展，为后续巩固脱贫成果及助力乡村振兴打下基础。桂滇黔民族地区总共有1689项传统体育项目，它们不仅因为历史悠久、内涵丰富逐渐而备受世人重视，更因其在市场需求上占据的优势而被开发利用，许多濒临失传的传统体育如靖西抛绣球、马山会鼓、田阳舞狮等项目随着开发利用而被重新挖掘、整理和保护，实现持续传承发展。

（2）贫困人口利益诉求分析。

贫困人口作为精准扶贫的响应者、接受者、监督者，既是脱贫攻坚的对象，更是脱贫致富的主体。桂滇黔民族地区传统体育寄托了贫困地区群众的思维方式、审美情趣、道德观念，在贫困群众中具有广泛的认同度、参与度和支持度，在助力精准扶贫的过程中，能够有效发挥贫困群众的主体性作用，使处于"被脱贫"地位的贫困人口能够积极主动地参与扶贫开发工作，配合传统体育助力精准扶贫政策的实施，从而不断增强其造血能力，激发贫困群众的内生动力。在实际的精准扶贫工作中，贫困人口的致贫原因复杂多样，包含了收入贫困、健康贫困、知识贫困、环境贫困、权利贫困等，究其根源，是人们自身能力缺失导致的获取经济收入、身心健康、教育水平、生活环境等需要的不满足（徐虹、王彩彩，2018）。全面了解贫困人口致富"瓶颈"与真实利益诉求，量身定制传统体育帮扶规划，做到精准帮扶、因村施策、因地制宜，才是传统体育助力精准扶贫的制胜法宝。因此，为全面了解贫困人口的真实诉求，考量后续传统体育扶贫的精准性，笔者针对所选取案例点的实际情况设置相应的评价指标，对 120 位贫困人口进行了问卷调查，回收有效问卷 112 份，具体调查结果如表4.3所示。

表 4.3　　　　　　　　贫困人口利益诉求均值的描述性统计

利益诉求	最大值	最小值	均值	标准差	排序
经济收入增加	5	3	4.95	0.224	1
政府扶贫力度增强	5	3	4.65	0.489	2
生活水平的提高	5	3	4.55	0.510	3
子女教育的改善	5	3	4.50	0.513	4
就业技能培训	5	3	4.45	0.510	5
地区经济发展	5	2	4.30	0.657	6
就业渠道拓宽	5	2	4.20	0.606	7
健康状况的改善	4	2	4.15	0.613	8

由表 4.3 可知，贫困人口主要利益诉求为生活水平诉求、生活环境诉求与参与扶贫诉求。贫困人口关注度排名最高的为"经济收入增加"，同时这一指标也是摆脱贫困最有力的证明。传统体育助力精准扶贫的过程中，通过与旅游业等行业的结合，大力进行产业融合发展，给当地的贫困人口创造更多的就业机会，提高收入水平。如贵州榕江县乐里镇深入挖掘斗牛文化，发展斗牛文化旅游产业，直接带动 870 户 3480 名贫困人员实现就业，户均增收 3.5 万元。此外，在课题组实地调研过程中发现，贫困人口"等""靠""要"的思想仍较为严重。从表 4.3 可以看出，贫困群众对"政府扶贫力度增强"的诉求比较强烈，期望政府的资金、人员、设备等支持意愿明显，这也表明贫困人口的主动发展意识较为缺乏。同时，值得注意的是，"子女教育的改善"这一诉求排名也比较靠前，说明贫困人口已经意识到"摆脱贫困、阻断穷根"的有效方法就是接受教育。即帮扶一名贫困学生，让其接受公平而有质量的教育，也就相当于帮助一户贫困家庭脱贫致富，通过户户"扶智""扶志"，达到造福一村的效果，所以教育扶贫是贫困人口拔掉穷根、稳定脱贫的关键。

在传统体育助力精准扶贫的实际考察中发现，贫困人口希望通过参与传统体育相关产业的就业技能培训加入传统体育助力精准扶贫的行动中，希望地区经济快速发展从而拓宽就业渠道，解决自身发展问题。此外，"健康状况的改善"也是贫困人口希望通过传统体育扶贫实现的诉求。要想增强贫困人口的健康资本，则需要在贫困群体中普及体育卫生健康知识，并倡导贫困人群通过科学的体育健身，增强身体素质，更好地参与精准扶贫工作。

（3）传承人利益诉求分析。

桂滇黔民族地区传统体育的生存与发展离不开传承主体。传承人作为传统体育文化的承载者和传递者，以及助力精准扶贫的传播者、推动者、监督者，掌握着传统体育文化内涵及其主要技能。因此，传统体育助力精准扶贫离不开传承人的参与和支持，调动和发挥其积极性和聪明才智，使他们自觉、主动地参与扶贫行动，在促进传统体育传承发展的同时，更好助力脱贫攻坚。但目前，在精准扶贫工作中，传承人处于弱势地位，其自身的利益诉求并未得到很好的满足。因此，为全面了解传统体育传承人的真实想法，笔者针对所选取案例点的实际情况设置相应的评价指标，对 20 位传统体育传承人进行问卷调查，回收有效问卷 19 份，具体调查结果如表 4.4 所示。

表 4.4　　　　　　　　传承人利益诉求均值的描述性统计

利益诉求	最大值	最小值	均值	标准差	重要性排序
传统体育的活态传承	5	3	4.80	0.523	1
传承机制的健全	5	3	4.55	0.605	2
政府支持力度的加强	5	3	4.45	0.686	3
经济收入的增加	5	3	4.35	0.671	4
自身社会地位的提高	5	3	4.30	0.801	5
民族文化氛围的维护	5	2	4.30	0.801	6
传承管理的参与权	4	3	3.75	0.786	7
传统体育设施建设	4	2	3.20	0.756	8

由表 4.4 可知，传承人最为关注的是"传统体育的活态传承""传承机制的健全"及"政府支持力度的加强"。可见，传承人对传统体育有着较强的认同感，愿意为传统体育的保护传承贡献力量，反映出传承人对本民族文化有着高度的认同感和自豪感。同时，传承人认为，传统体育的传承与发展并非易事，需要多方的共同努力，现有的传统体育保护与传承体系中存在传承机制不健全的问题，有待进一步改善；而且，受到现实社会快速发展的深刻影响，"经济收入的增加""自身社会地位的提高"逐渐成为传承人关注的重点。在调查中还发现，一方面，一些传承人的生活陷于贫困或是处在贫困的边缘，更为关注传统体育能否帮助其摆脱经济窘境，使其生活质量得以提高；另一方面，因现代科学技术的快速发展与西方体育文化的冲击，传统体育所蕴含的文化内涵被认为是落后、老旧的体现，使传承人并未受到社会应有的重视与尊重。可见，传统体育文化价值的认可、传承人经济状况的改善及其生活质量的提升，是确保传统体育可持续发展与有效助力精准扶贫的重要保障。

此外，大部分传承人认为，发挥传统体育的扶贫价值与功能，在扶贫决策过程中，不仅需要政府的支持，传承人也应参与其中，其对"传承管理的参与权"的诉求也较高。而且，他们还表示，希望政府部门投入更多的资金以完善传统体育设施，营造良好的体育活动氛围，为传统体育传承发展营造更好的文化生态空间。

（4）企业利益诉求分析。

企业是传统体育助力精准扶贫的参与者、执行者，是传统体育助力精准扶贫中利益导向最为明确和直接的利益相关者，且又最具实际操作能力。在精准扶贫过程中，企业与贫困地区政府协商，对传统体育资源进行开发利用。虽然这种方式以获利为主要目的，但在助力精准扶贫过程中，这些民间资本能以产业化运作的方式为贫困地区带来发展资金、提供就业机会，使传统体育的经济价值得以更好地挖掘利用，推动贫困地区脱贫致富、加快发展；而且有助于扩大传统体育的知名度和影响力，促进其保护传承与创新发展。为全面了解桂滇黔民族地区传统体育助力精准扶贫过程中所涉及企业的真实想法，笔者针对所选取案例点的实际情况设置相应的评价指标，对40名相关企业人员进行问卷调查，回收有效问卷35份，调查结果如表4.5所示。

表4.5　　　　　　　　　企业利益诉求均值的描述性统计

利益诉求	最大值	最小值	均值	标准差	排序
获取经济收益	5	4	4.80	0.410	1
扶持政策倾斜	5	3	4.55	0.605	2
营造良好的市场环境	5	4	4.55	0.510	3
产业转型升级	5	3	4.50	0.607	4
保护传承传统体育	5	3	4.25	0.716	5
承担社会责任	4	2	4.25	0.716	6
增强企业竞争力	4	3	3.85	0.671	7
扩大产品影响力	4	2	3.80	0.768	8

通过表4.5均值大小比较可知，企业最为关注的是"获取经济利益"，

即对经济利益诉求有着较为明显的期盼。由于对传统体育开发注入了大量的资本，企业最为关注的是如何最大限度地实现传统体育资源的经济价值，以便尽快回笼资金，并获得尽可能多的利润。由于贫困地区的基础设施较为薄弱、营商环境较差，因此在传统体育助力精准扶贫工作中，企业也比较关注"扶持政策的倾斜"与"营造良好市场环境"，以方便企业在贫困地区获得更好的发展空间。另外，"产业转型升级"也是企业较为关注的诉求。在国家体育扶贫工程的推动下，桂滇黔民族地区传统体育相关产业负责人表示："希望将体育产业作为行业扶贫的重要抓手，在深入挖掘民族传统体育文化内涵的基础上，加快民族体育健身娱乐业、体育教育培训业、体育用品制造业等行业的发展，在促进农村产业转型升级的同时，为其提供更为广阔的平台，带动贫困人口增收致富，最终实现产业转型、企业发展与脱贫攻坚的共赢。"

除此之外，不少企业表示："履行社会责任，有其鲜明的时代特性。只有承担社会责任，加入打赢脱贫攻坚战，并在其中发挥作用，才是企业的社会责任所在。"通过承担更多的社会责任，如为贫困居民提供更多的就业岗位、吸纳建档立卡贫困户就业等，不仅有助于脱贫攻坚战的如期完成、扩大企业本身产品的影响力，而且在提高企业形象、增强企业竞争力和实现企业自身的长远发展等方面具有重要意义。可见，企业在传统体育助力精准扶贫过程中，其社会责任感和文化自觉性在逐步增强，不仅考虑其投资举措能否为企业带来经济效益，而且还考虑企业的行为对社会以及传统体育发展造成的影响。

4.1.2.2 传统体育助力精准扶贫中利益相关者的利益关系分析

通过上述相关分析可知，与桂滇黔民族地区传统体育助力精准扶贫密切相关的核心利益相关者由政府部门、贫困人口、传承人、企业4类主体构成。不同的利益相关者有着各自的利益诉求，如政府部门主要追求的是社会效益、文化效益和环境效益；贫困人口主要侧重追求经济效益、社会效益；传承人以经济效益、文化效益为核心；企业更多关注经济效益和自身发展。这些不相一致的目标追求促使利益相关者之间形成利益协作和利益冲突两种关系。协作关系通过彼此的合作，科学合理开发传统体育资源，推动桂滇黔民族地区贫困人口稳定增收，共同达成精准扶贫的目标，进一步巩固和拓展脱贫成果。而冲突关系则因各自追求利益最大化而引发矛盾升级，这将阻碍桂滇黔民族地区传统体育助力精准扶贫的发展进程，同时也会对传统体育的保护传承产生负面影响。各利益相关者对自身利益实现的追求是引发相互关系构成的主导原因，因此，本节将在前文分析桂滇黔民族地区传统体育助力精准扶贫中四类核心利益相关者利益诉求的基础上，探讨其相互间的利益关系。

（1）核心利益相关者的利益关系探讨。

核心利益相关者在桂滇黔民族地区传统体育助力精准扶贫中占据着主导地位，与传统体育扶贫有着十分紧密的利害关系，是在一定程度上直接影响着传统体育助力精准扶贫效果的群体，尽管各方利益群体的利益诉求不相同，但他们却以传统体育助力精准扶贫为共同目标。但在现实中，由于桂滇黔民族地区传统体育助力精准扶贫中各利益相关者的利益诉求不同，及其各自所占有的传统体育资源存在差异，即便有共同目标的引导，也会因各主体无限制地追求自身利益最大化，导致各种不正当竞争手段及障碍的产生，形成利益冲突关系，如图4.2所示。

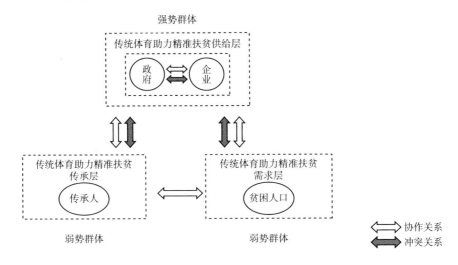

图4.2　桂滇黔民族地区传统体育助力精准扶贫利益相关者关系

从图4.2可知，因桂滇黔民族地区传统体育助力精准扶贫过程中利益相关者诉求的不同，及其所拥有资源要素禀赋的日渐不平衡，以致相关群体间的社会矛盾趋势增强，进而使得利益相关者之间形成了协作与冲突并存的关系。如政府部门、企业作为传统体育助力精准扶贫的供给者，较大程度上掌握着决定权，属于强势群体，两者处于协作关系时对传统体育助力精准扶贫有着较为积极的促进作用。政府在先行完善基础设施，并给予相关扶持政策后，吸引企业参与贫困地区传统体育助力精准扶贫的行动，带动贫困地区的经济发展；而企业则在政府扶持下，投入传统体育的开发利用，共同协作于地方的经济建设、文化发展，协同推动着传统体育助力精准扶贫工作的开展。然而，当其处于冲突关系时，不仅会破坏传统体育资源，而且也会损害弱势群体的利益。政府部门代表的是公共利益，追求社会总体利益的最大化，即希望企业能创造更多的就业机会，协调促进地方的经济、社会、文化、环境发展；而企业作为自主经营、自负盈亏的盈利性主体，以追求自身利益最大化为主要目标，往往不够重视社会、资源与环境的保护。这也导致了二者目标迥异，而在传统体育助力精准扶贫进程中产生冲突。

传承人作为传统体育文化的承载者和传递者，是助力精准扶贫的传播者、推动者、监督者，大多被动地接受传统体育助力精准扶贫的各种影响，属于弱势群体，尤其与供给层的企业存在着较为明显的冲突关系。在桂滇黔民族地区传统体育助力精准扶贫的过程中，企业以自身的条件优势确立其强势地位，使其获得绝大部分的收益。而传承人由于缺乏管理权与决策权，对于传统体育助力精准扶贫的分配与决策并未起到显著的影响作用，同时大部分企业尚未制定体育传承人参与精准扶贫工作的利益保障措施，导致他们没有得到与之匹配的预期收入。此外，由于企业追求较高的经济利益，在传统体育开发过程中，部分企业为了迎合市场需求还可能增加或改变其原有的文化内涵，进而阻碍传统体育的可持续发展，传承人对此不满，两者由此产生了矛盾冲突。

在桂滇黔民族地区传统体育助力精准扶贫的过程中，传承人与贫困人口之间为协作关系，贫困群众参与传统体育项目，不仅可以强身健体，而且激发内生动力，还进一步缓解传承人后继乏人的困境。贫困人口的脱贫目标与政府精准扶贫的利益目标一致，能够积极配合各项扶贫政策的落实。但在实际扶贫过程中，一些地方政府对政策理解不透彻，对政策覆盖主体的识别不精准，进而引发贫困人口的不满，若未能处理好给弱势群体造成的影响，则容易导致贫困人口对政府产生抵触情绪，影响脱贫攻坚政策的顺利实施。此外，企业是按照市场机制和逻辑运行的主体，参与扶贫很大程度上是受政府激励政策的影响，当优惠政策发生变动时，企业很大程度上也会进行较大的经营调整，若没有对企业主体参与扶贫的约束和规范机制，则无法保证脱贫成果的稳定性，一旦发生这种情况，对贫困人口的伤害是巨大的。

综上分析可知，桂滇黔民族地区传统体育助力精准扶贫中利益相关者间的关系错综复杂，需协调好各利益相关者的矛盾冲突，以形成良好的协作关系，才能有效保证该区域传统体育扶贫工作的顺利开展，更好助力脱贫攻坚与乡村振兴。

（2）核心利益相关者的协作关系识别。

利益相关者是传统体育助力精准扶贫持续开展的重要因素，而协作关系则是在满足各利益相关者共同合理利益诉求的基础上所形成，可以有效地协调各利益相关者的关系，使其参与体育扶贫的主动性与积极性得以充分调动，拓展和巩固脱贫成果。因此，为了能够探明不同利益相关者间的协作关系，需识别桂滇黔民族地区传统体育助力精准扶贫利益相关者的共同合理利益诉求。

根据桂滇黔民族地区传统体育助力精准扶贫中利益相关者的利益诉求分析可知，虽然政府、贫困人口、传承人和企业有着不同的利益诉求。但各利益相关者彼此密切相关，由此形成利益共同点；利益诉求共同点可存在于两个利益相关者间，也可存在三者之间，利益共同点的实现，可有效形成良好的协作关系。桂滇黔民族地区传统体育助力精准扶贫的利益共同点如图4.3所示。

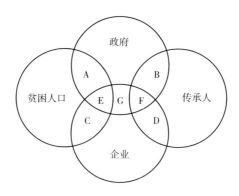

图 4.3 桂滇黔民族地区传统体育助力精准扶贫利益相关者的利益共同点

桂滇黔民族地区传统体育助力精准扶贫核心利益相关者间虽存在着矛盾和冲突，但其两两间或三者之间却存在着利益诉求的共同点，这些利益诉求共同点的实现推动着不同利益相关者相互间协作关系的形成。如图 4.3 所示，A 代表着政府和贫困人口的共同利益诉求；B 代表着政府和传承人之间的共同利益诉求；C 代表着贫困人口与企业的共同利益诉求；D 代表着传承人与企业的共同利益诉求；E 代表着贫困人口、政府和企业的共同利益诉求；F 代表着政府、传承人和企业的共同利益诉求；G 代表着政府和企业两者之间的共同利益诉求。

此外，为更明确各利益相关者间利益诉求共同点的具体内容，本书结合各利益相关者的具体利益诉求，将各主体自身的利益诉求进行整理，如表4.6所示。

表 4.6 桂滇黔民族地区传统体育助力精准扶贫利益相关者的利益诉求

利益相关者	利益诉求分类	利益诉求具体内容
政府部门	社会效益诉求	贫困人口减少、促进社会就业、当地经济发展
	环境效益诉求	促进民族团结、和谐社会发展
	传统体育保护诉求	传统体育的保护、体育基础设施的完善、传统体育的创新发展
贫困人口	生活条件诉求	经济收入增加、生活水平的提高
	生活环境诉求	地区经济发展、政府扶贫力度增强
	参与扶贫诉求	子女教育的改善、就业技能培训、就业渠道拓宽、健康状况的改善

利益相关者	利益诉求分类	利益诉求具体内容
传承人	传统体育保护诉求	传统体育的活态传承、民族文化氛围的维护、传承机制的健全、政府支持力度的加强
	生活环境诉求	经济收入的增加、自身社会地位的提高
	传统体育管理诉求	传承管理的参与权、传统体育设施建设
企业	经济效益诉求	获取经济收益
	传统体育保护诉求	保护传承传统体育
	企业发展诉求	承担社会责任、增强企业竞争力、扩大产品影响力
	市场环境诉求	扶持政策的倾斜、产业转型升级、营造良好的市场环境

通过表 4.6 桂滇黔民族地区传统体育助力精准扶贫中利益相关者各自具体利益诉求的整理，及图 4.3 传统体育助力精准扶贫利益交叉关系的呈现，得知利益相关者间利益共同点的具体体现。例如，传承人和企业都希望能通过自身的行为对传统体育进行保护传承，促进民族地区传统体育的创造性转化与创新性发展；政府部门与贫困人口之间的共同利益诉求都是希望能够帮助贫困人口实现脱贫，同时带动贫困地区经济发展；政府部门与企业之间也存在着共同的利益诉求，即都希望能够提供更多的就业机会，促进民族地区经济发展，同时实现对民族地区传统体育的保护传承与创新发展。传承人与贫困人口对于民族地区经济发展都有着共同的诉求。由此，也可对利益相关者三者之间存在的共同利益诉求进行探讨。最终可知，桂滇黔民族地区传统体育助力精准扶贫中四类核心利益相关者的共同利益诉求是希望民族地区经济持续发展，以及传统体育得以保护传承与创新发展。正是由于各利益相关者之间存在着的共同利益诉求，使得他们为实现共同的利益目标而寻找到共赢的平衡点，形成了相互协作关系，这将对桂滇黔民族地区传统体育助力精准扶贫工作起到积极的促进作用。

4.1.3 传统体育助力精准扶贫绩效的影响因素识别

自习近平总书记于 2013 年提出"精准扶贫"的概念以来，精准扶贫问题便受到社会各界的广泛关注，更成为学术界的研究热点。针对这一问题的探讨，学术界从不同的视角开展了研究：陈升（2016）基于东中西部的案例，提出扶贫对象精准、项目安排精准、资金使用精准、措施到户精准与因村派人精准是精准扶贫的核心影响因素。靳永翥（2017）在对三大集中连片特困地区进行调查分析的基础上，从精准识别、精准帮扶、精准管理和精准考核四个角度探寻项目制减贫绩效的影响因素。杜兴洋（2019）发现农村金融发展水平及其效率的提高、农村产业结构的优化及政府财政政策支持等有利于提高金融扶贫效率，而城乡二元经济结构则降低了金融扶贫效率。顾慧（2021）从贫困户的角度，探寻脱贫农户认可的减贫成效影响因素，指出家庭人均纯收入、家庭收入增长情况、产业扶贫政策、就业扶贫政策、驻村工作队帮扶情况和帮扶干部帮扶情况是影响减贫成效的主要因素。同时，由于民族地区传统体育资源极具价值与功能，在脱贫攻坚战中发挥着重要的作用，引起了学术界的重视，并取得了一定的研究成果；但学者们大多从传统体育在精准扶贫中发挥的价值及发展策略角度展开研究，对传统体育助力精准扶贫绩效的影响因素研究较少，尚未发现从利益相关者的角度，专门针对桂滇黔民族地区传统体育助力精准扶贫绩效评价影响因素进行研究的相关文献。为此，本章在探讨桂滇黔民族地区传统体育助力精准扶贫利益相关者的基础上，归纳传统体育助力精准扶贫绩效的影响因素。

通过前文的相关探讨，可知桂滇黔民族地区传统体育助力精准扶贫的核心利益相关者为政府、贫困人口、传承人和企业四类，因各利益相关者有着各自不同的利益诉求，使得相互间形成冲突或协作的关系，对传统体育助力精准扶贫产生了消极性或积极性的影响。因此，为探明不同利益相关者的哪些诉求及行为因素会影响桂滇黔民族地区传统体育助力精准扶贫的绩效，本章从核心利益相关者的利益诉求中提取对传统体育助力精准扶贫绩效产生影响的因素，初步将影响因素定为32项，具体如表4.7所示。

表4.7　　桂滇黔民族地区传统体育助力精准扶贫绩效的影响因素初步量表

维度	变量	维度	变量
政府	贫困人口减少	贫困人口	经济收入增加
	促进社会就业		政府扶贫力度增强
	当地经济发展		生活水平的提高
	促进民族团结		子女教育的改善
	和谐社会发展		就业技能培训
	传统体育的保护		地区经济发展
	体育基础设施的完善		就业渠道拓宽
	传统体育的创新发展		健康状况的改善
传承人	传统体育的活态传承	企业	获取经济收益
	传承机制的健全		扶持政策的倾斜
	政府支持力度的加强		营造良好的市场环境
	经济收入的增加		产业转型升级
	自身社会地位的提高		保护传承传统体育
	民族文化氛围的维护		承担社会责任
	传承管理的参与权		增强企业竞争力
	传统体育设施建设		扩大产品影响力

　　通过对桂滇黔民族地区传统体育助力精准扶贫中利益相关者的利益诉求进行整合，得出传统体育助力精准扶贫绩效影响因素的初步量表。此变量的甄选是基于利益相关者的视角开展，影响传统体育助力精准扶贫绩效的因素来自政府、贫困人口、传承人和企业四类核心利益相关者的诉求，涉及文化、经济、社会、市场、主体自身等方面的内容。同时，也可得知当利益相关者之间形成协作关系时，即所追求的利益诉求相一致时，意味着所构建的影响因素初步量表里囊括的变量在内容上存在着重合。为能较好地突显各变量的独立性、代表性，需要对初步甄选的变量进行整合，对内容叠加的变量予以合并、对内容表述不够准确的变量进行优化，对影响较小、内容不具代

表性的变量予以删除，以提高桂滇黔民族地区传统体育助力精准扶贫绩效影响因素量表的科学性、合理性。

综合以上对桂滇黔民族地区传统体育助力精准扶贫利益相关者的诉求分析，结合传统体育助力精准扶贫中各利益相关者的实际情况，对影响因素初步量表进行了修正和完善，具体如表4.8所示。

表 4.8　桂滇黔民族地区传统体育助力精准扶贫绩效的影响因素修正量表

序号	变量
A1	贫困人口减少
A2	促进社会就业
A3	当地经济发展
A4	促进民族团结
A5	和谐社会发展
A6	贫困人口经济收入增加
A7	贫困人口就业技能培训
A8	贫困人口文化教育
A9	贫困人口的身体素质
A10	传统体育的保护传承
A11	社会的尊重与重视
A12	传承机制的健全
A13	传统体育设施完善
A14	民族文化氛围的维护
A15	政府扶持政策
A16	市场秩序的规范性
A17	产业转型升级
A18	企业投融资能力
A19	企业承担社会责任

4.2 桂滇黔传统体育助力精准扶贫绩效评价指标库选取

前文通过对桂滇黔民族地区传统体育助力精准扶贫中利益相关者的利益诉求进行系统剖析，已经探明了影响传统体育助力精准扶贫的主要因素，这些因素展示了核心利益主体对传统体育助力精准扶贫的诉求，这些诉求通过转化，便可成为传统体育助力精准扶贫绩效评价指标库的重要组成部分。为了更好地将主观与客观相结合、宏观与微观相结合、局部与全局相结合，增强指标体系的科学性、合理性和实用性，在现有影响因素的基础上，系统梳理前人研究成果以及传统体育助力精准扶贫相关政策文件的内容，对扶贫绩效影响因素进行优化与完善，最终形成桂滇黔民族地区传统体育助力精准扶贫绩效的甄选评价指标。

4.2.1 评价指标库选取的依据

评价指标体系库的建构主要是从传统体育助力精准扶贫的视角出发，按照一定的逻辑，利用层次分析法，将与评估相关的指标进行分层。评价指标体系库的构建步骤：首先在影响因素的基础上，借鉴政策文件及扶贫绩效评价的相关成果，对影响因素进行转化、修改、补充，使其成为指标库指标，并对其进行概念化处理；其次邀请相关领域的专家，采用头脑风暴法就初级指标库中的指标进行讨论和研究；最后综合专家的意见，形成规范的评价指标体系库。桂滇黔民族地区传统体育助力精准扶贫是响应国家脱贫攻坚的政策号召，充分利用该区域传统体育的资源优势，助力贫困地区稳定脱贫。因此，绩效评价指标库的指标必须符合国家脱贫攻坚的政策文件要求，涵盖传统体育助力精准扶贫的内涵。鉴于此，以国家政策为指导，以地方政策为落脚点，以相关扶贫绩效评价研究成果为依托，笔者对以上材料进行了梳理，为后续评价指标的确定奠定了基础。

国家政策层面。2011 年，中共中央、国务院印发《中国农村扶贫开发纲要 2011—2020 年》，提出实现"两不愁三保障"的总体目标。2013 年 11 月"精准扶贫"重要思想提出，成为新时期脱贫攻坚的指导思想（崔元培、魏子鲲，2020）。2016 年 2 月，国务院出台了《省级党委和政府扶贫开发工作成效考核办法》，考核内容包括减贫的成效、精准识别的精准度、精准帮扶是否因地制宜和扶贫资金指向是否明确四个方面。2018 年 7 月，国家体育总局、国务院扶贫办联合印发《关于体育扶贫工程的实施意见》指出，要充分发挥体育行业在脱贫攻坚战中的特有优势，将体育扶贫纳入脱贫攻坚总体部署和工作体系，实施体育扶贫工程，通过实施赛事扶贫行动、体育综合体扶贫行动、体育设施扶贫行动、体育企业扶贫行动、冠军扶贫行动、体彩扶贫行动六大举措，在贫困地区构建"体育＋"或"＋体育"的发展模式，推动体育工作与扶贫工作深度融合，加快贫困地区脱贫攻坚进程。

地方政策层面。2016 年 10 月，云南省体育局发布《云南省体育发展"十三五"规划》，就推进体育精准扶贫等方面对未来五年内云南省体育事业发展进行了部署。2016 年 11 月，贵州省人民政府印发《贵州省全民健身实施计划（2016—2020 年）》，提出要做好体育扶贫工作，重点扶持革命老区、民族地区、贫困山区因地制宜发展全民健身事业，提高贫困地区群众身体素质和健康水平。2018 年 10 月，广西壮族自治区体育局出台的《关于进一步加强体育扶贫工作的通知》中提出通过引进体育赛事、发展体育产业、援建基础设施、开展大众健身等助力脱贫。2019 年 2 月，广西壮族自治区人民政府发布《关于打赢脱贫攻坚战三年行动的实施意见》要求做到扶持对象精准、脱贫成效精准，因地制宜、从实际出发。

随着国家精准扶贫政策的陆续出台以及对民族地区传统体育重视程度的加深，与之相关的研究成果不断涌现。国内关于因地制宜推动精准扶贫的研究成果丰硕，但研究对象大多集中在自然风景、农业资源上，对传统体育资源扶贫问题的探讨相对较少。为给桂滇黔民族地区传统体育助力精准扶贫绩效评价指标的甄选提供理论参考，现将学者们从不同角度对精准扶贫绩效评价相关研究文献进行梳理分析，具体如表 4.9 所示。

表 4.9　　　　　　学术界关于精准扶贫绩效评价体系研究成果的梳理

作者	研究主题	研究视角	一级指标	二级指标
杨姗姗 （2021）	民族地区精准扶贫绩效评价指标体系与模型构建——以传统体育助力乡村振兴为视角	传统体育助力精准扶贫绩效评价	经济效益、文化效益、社会效益、环境效益	就业机会增加、经济收入的提高、生活条件的改善、体育产业的转型、当地经济的发展、贫困人口的素质教育、贫困人口的行业技能、传承人的培养管理、传统体育的保护传承、体育文化氛围的维护、贫困人口的参与度、贫困人口的精神面貌、贫困人口的身心健康、民族自信心的增强、民族团结合作的推动、和谐社会的建设、体育扶贫政策的实施、精准识别的精准度、精准帮扶的适宜度、精准管理的明确度、体育配套设施的完善、自然人文环境的保护
介佩玺、武欻华 （2019）	非物质文化遗产开发扶贫评价指标体系构建研究	非物质文化遗产开发扶贫绩效评价	精准识别、精准帮扶、精准管理、地区发展、个人发展	贫困人口参与非遗产业项目比率、地区"非遗"扶贫专项资金比率、扶贫资金到户比率、参与培训的群众比率、定向帮扶户数比率公平公正程度、群众参与决策程度、制度完善程度、组织沟通水平、脱贫率、"非遗"项目收入、"非遗"项目产值比率、"非遗"技艺保存的完整性、相关民俗文化保存的完整性、生态环境改善程度、参与"非遗"项目群众人均收入、参与"非遗"项目的积极性、对"非遗"的认识程度、"非遗"产品的创新能力
黄强等 （2019）	江西省精准扶贫绩效评价体系构建及实证研究——基于AHP法	精准扶贫绩效评价	精准识别、精准帮扶、生活水平、基础设施建设、减贫成效	贫困人口识别率、贫困人口退出率、扶贫资金使用效率、产业扶贫精准率、职业培训扶贫精准率、教育扶贫精准率、贫困人口人均可支配收入增长率、贫困人口恩格尔系数、贫困人口家用电器入户率、村级道路硬化率、饮用水安全保障率、用电保障率、贫困村信息化率、贫困县退出率、贫困人口减少率
李社宁等 （2019）	全过程视域下精准扶贫绩效评价体系构建	精准扶贫绩效评价	精准识别、精准帮扶、公共服务、社会发展、脱贫成效	贫困人口识别比例、贫困人口退出比例、扶贫资金的使用效率、驻村精准帮扶比例、扶贫政策制定精准率、村级道路通畅、用电保障率、饮水安全保障率、医疗服务保障率、就业技能培训扶贫精准率、产业扶贫精准率、健康扶贫精准率、建档立卡人口减少率、贫困县退出率、贫困地区农民收入增长率

续表

作者	研究主题	研究视角	一级指标	二级指标
王林雪、殷雪（2019）	精准扶贫视角下教育扶贫绩效评价体系构建	教育扶贫绩效评价	扶贫对象识别、资源投入、教育扶贫产出、扶贫成效	对象选择、诉求识别、退出机制、资金投入时效、资金投放精准度、产出规模、产出质量、经济成效、社会成效
周兵、胡振兴（2019）	深度贫困地区产业扶贫模式与效果评价——基于生态位理论视角的案例分析	产业扶贫模式与效果评价	经济、社会、环境、市场	经济规模、贫困户增加收入、农村经济发展状况、政府扶持力度、社区组织发展能力、医疗卫生状况、乡村教育情况、生态环境背景、生态环境保护、交通完备度、区位依托条件、市场消费潜力
吴国琴（2017）	贫困山区旅游产业扶贫及脱贫绩效评价——以郝堂村为例	旅游产业扶贫及脱贫绩效评价	经济绩效、生态绩效、社会文化绩效	人均国内生产总值、农民年均纯收入、旅游收入占总收入的比重、恩格尔系数、旅游产业人员的比重、居民登记失业率、对生态环境保护的重视程度、大气污染程度、水污染程度、土壤与植被破坏程度、生物多样性破坏程度、噪声污染程度、对社会文化保护的重视程度、对传统文化的影响程度、对传统民俗的影响程度、犯罪率、不文明行为
冯伟林、陶聪冲（2017）	西南民族地区旅游扶贫绩效评价研究——以重庆武陵山片区为调查对象	旅游扶贫绩效评价	经济绩效、社会绩效、环境绩效	促进了本村农产品销售、促进本村商业发展、加快了本村的脱贫致富、拓宽了家庭增收渠道、提供了更多的工作机会、旅游收益主要由外来经营者获取、造就了生活成本的提高、促进了与外界信息交流、带来了新的思想观念、改善了居住条件、挽救了民俗风情和手艺、造成了社会治安变坏、拉大了家庭的贫富差距、改善了道路水利基础设施、改善了村卫生和整体环境、造成了用地紧张、破坏了当地生态环境
焦克源、徐彦平（2015）	少数民族贫困县扶贫开发绩效评价的实证研究——基于时序主成分分析法的应用	扶贫开发绩效评价	贫困基础、人文发展、生存环境	人均纯收入、地方财政预算收入、贫困发生率、人均粮食总量、恩格尔系数、儿童在校率、有卫生室村比例、劳动力文盲率、健康比重、拥有通信设备、通公路率、安全饮水、用户用电户比重、住房面积、受灾面积

作者	研究主题	研究视角	一级指标	二级指标
焦克源、吴俞权（2014）	农村专项扶贫政策绩效评估体系构建与运行——以公共价值为基础的实证研究	专项扶贫政策绩效评估	可持续性、合作性、公平性、效率	技能培训与就业指导率、特色产业开发收入增长率、农户参与项目积极性、生态能源建设覆盖率、地方特色产业规模、项目决策村民参与率、项目需求与项目安排一致率、农户对公共扶贫项目监督率、扶贫工作人员与贫困农户交流率、贫困人口瞄准率、贫困人口收入差距、农村扶贫项目的惠及率、获得小额信贷人数占贫困人口比率、收入增长率、贫困人口增长率、完成项目目标率、基础设施建设、项目按时完成率
庄天慧等（2012）	西南少数民族贫困县反贫困综合绩效模糊评价——以10个国家扶贫重点县为例	反贫困综合绩效模糊评价	温饱水平、生产生活条件、生态环境、发展能力	贫困发生率、农民人均纯收入、人均粮食产量、农村人均用电量、电话普及率、安全卫生室普及率、每千人拥有医生数、适龄儿童入学率、土地森林覆盖率、单位 GDP 消耗、人均 GDP、非农产品占 GDP 总量比率、劳动力转移率
张海霞、庄天慧（2010）	非政府组织参与式扶贫的绩效评价研究——以四川农村发展组织为例	非政府组织参与式扶贫的绩效评价	项目投入、项目产出、项目后续管理	单位功能投资指标、参与项目实施村民占全村人口比例、参与项目实施得到村干部数、实际投资超额率、农户协调配合率、项目计划目标完成率、项目村农户收益率、参与项目后续管理村民占受益人口比例、参与项目后续管理的村干部人数、扶贫主体对项目后续管理的满意度

4.2.2　初级评价指标库的甄选

传统体育助力精准扶贫是一项系统工程，是多个因素共同作用的结果，其初级绩效评价指标体系的构建涉及多种指标的组合筛选。因此，笔者在探明传统体育助力精准扶贫绩效影响因素的基础上，结合相关政策文件、前人研究成果与桂滇黔民族地区传统体育助力精准扶贫的现状，最终将民族团结的推动、贫困人口减少、促进社会就业、政府扶持政策等19项影响因素转化、增添、补充为推进民族团结进步、建档立卡贫困人口退出精准率、体育产业带动就业状况、体育扶贫政策精准度等 39 项指标，构成桂滇黔民族地区传统体育助力精准扶贫绩效初级评价库 $X^{(1)}$，如表 4.10 所示。

表 4.10　桂滇黔民族地区传统体育助力精准扶贫绩效评价初级指标库 $X^{(1)}$

序号	变量
X_1	建档立卡贫困人口识别精准率
X_2	建档立卡贫困人口退出精准率
X_3	构建扶贫效果监测评估机制
X_4	本级财政投入体育活动经费支持力度
X_5	打造传统体育特色产业
X_6	传统体育赛事举办次数增长率
X_7	体育扶贫政策体系完备性
X_8	贫困居民人均可支配收入增长率
X_9	传统体育关联其他产业能力
X_{10}	健全动态管理机制
X_{11}	体育产业带动就业状况
X_{12}	干部帮扶比例
X_{13}	体育扶贫政策精准度
X_{14}	传统体育项目建设内容完成率
X_{15}	传统体育扶贫年度资金使用率
X_{16}	体彩公益金资助力度
X_{17}	健全帮扶干部考核管理机制
X_{18}	贫困人口精神面貌改善
X_{19}	贫困人口健康水平提高
X_{20}	传统体育项目丰富度
X_{21}	传统体育扶贫成效满意度
X_{22}	脱贫不稳定人口发生率
X_{23}	边缘易致贫人口发生率
X_{24}	传承传统体育文化
X_{25}	传统体育扶贫资金到位率
X_{26}	突发严重困难户发生率
X_{27}	创新传统体育文化
X_{28}	传统体育文化自觉的增强

序号	变量
X_{29}	传统体育产业相关技术培训农户比例
X_{30}	农村体育设施建设项目投资力度
X_{31}	传统体育传承基地数量增长率
X_{32}	传统体育基础设施覆盖程度
X_{33}	普及传统体育文化知识
X_{34}	推进民族团结进步
X_{35}	民族传统体育学校比重
X_{36}	体育冠军志愿服务次数增长率
X_{37}	改善民风民俗
X_{38}	传统体育品牌数量增长率
X_{39}	传统体育传承人补贴经费增长率

经过理论遴选得到的桂滇黔民族地区传统体育助力精准扶贫绩效评价初级指标库 $X^{(1)}$，虽然能够集中反映研究者们的意见，但其科学性、有效性和合理性难以得到有效保证，存在的主要问题表现在两个方面：一是评价指标之间存在重复，系统性不强；二是评价指标缺乏典型性和代表性。因此，有必要运用专家咨询法、专家问卷法、因子分析法等方法进行多重的实证筛选，以进一步优化桂滇黔民族地区传统体育助力精准扶贫绩效评价初级指标库，提高评价指标体系库的科学性、有效性和合理性。

4.2.3 初级评价指标库的确定

首先通过专家会议的方式，共邀请了 195 位专家参与初级指标体系库的遴选。除参与利益相关者界定邀请的 27 名专家外，还有来自广西、云南、贵州等各大高校，以及桂滇黔地区相关政府部门、科研机构的 168 名专家。笔者将遴选出的初级评价指标库提交给各位专家，让专家们对各项指标的重要程度进行判断，并对现有指标存在的问题进行补充。本书采用李克特量表，重要程度分为很重要、重要、一般、不重要、很不重要，并相应赋值为

5、4、3、2、1；为了增强指标体系的科学性，运用因子分析法对专家调查结果进行综合分析。在进行因子分析之前，首先对收集到的数据进行 KMO 测度和巴特利球形检验。检验结果显示：KMO 统计量值为 0.899 > 0.7，表明数据适宜作因子分析；巴特利球体检验的 X^2 统计值的显著性概率为 0.001 < 0.01，说明数据具有相关性，适宜进行因子分析。

在因子分子中，主要选择降维因子分析，即将桂滇黔民族地区传统体育助力精准扶贫绩效评价初级指标库中的 39 项指标，归纳为具有代表性的几大类指标。笔者利用 SPSS 软件中的最大方差法，对 39 项指标进行因子旋转，使各个变量在尽可能少的因子上有比较高的载荷，在其他因子的载荷较低，具体结果如表 4.11 所示。

表 4.11　　　　　　　　最大方差法旋转后的因子载荷矩阵

变量	因子载荷值			
	1	2	3	4
建档立卡贫困人口识别精准率	0.918			
建档立卡贫困人口退出精准率	0.949			
脱贫不稳定人口发生率	0.927			
边缘易致贫人口发生率	0.912			
突发严重困难户发生率	0.917			
本级财政投入体育活动经费支持力度		0.922		
传统体育赛事举办次数增长率		0.912		
体育扶贫政策体系完备性		0.937		
体育扶贫政策精准度		0.907		
干部帮扶比例		0.905		
体彩公益金资助力度		0.897		
传统体育项目丰富度		0.895		
传统体育扶贫资金到位率		0.853		
传统体育产业相关技术培训农户比例		0.872		

续表

变量	因子载荷值			
	1	2	3	4
传统体育基础设施覆盖程度		0.866		
农村体育设施建设项目投资力度		0.848		
传统体育传承基地数量增长率		0.837		
民族传统体育学校比重		0.709		
体育冠军志愿服务次数增长率		0.637		
传统体育品牌数量增长率		0.671		
传统体育传承人补贴经费增长率		0.662		
健全动态管理机制			0.839	
传统体育项目建设内容完成率			0.813	
传统体育扶贫年度资金使用率			0.827	
健全帮扶干部考核管理机制			0.711	
构建扶贫效果监测评估机制			0.703	
打造传统体育特色产业				0.783
传统体育关联其他产业能力				0.652
贫困居民人均可支配收入增长率				0.643
体育产业带动就业状况				0.587
贫困人口精神面貌改善				0.579
贫困人口健康水平提高				0.537
传统体育扶贫成效满意度				0.517
传承传统体育文化				0.781
创新传统体育文化				0.767
增强传统体育文化自觉				0.783
普及传统体育文化知识				0.679
推进民族团结进步				0.576
改善民风民俗				0.552

从表 4.11 可以看出，通过最大方差旋转后的桂滇黔民族地区传统体育助力精准扶贫绩效评价的 39 个变量被归为 4 大类，并在相应成分上的载荷值都在 0.5 以上，说明所提取的 4 个公因子与相应的变量因子关系密切。因此，结合相关专业知识对各个因子进行命名，如表 4.12 所示。

表 4.12　　　　　　　　　　　旋转后总方差分解及因子命名

因子	特征值	贡献率（％）	累计贡献率（％）	包含变量	命名
F1	4.953	25.981	25.981	X_1，X_2，X_3，X_{22}，X_{26}	精准识别
F2	3.562	20.351	46.332	X_4，X_6，X_7，X_{13}，X_{12}，X_{16}，X_{20}，X_{25}，X_{29}，X_{32}，X_{30}，X_{31}，X_{35}，X_{36}，X_{38}，X_{39}	精准帮扶
F3	2.656	16.976	63.308	X_{10}，X_{14}，X_{15}，X_{17}，X_{23}	精准管理
F4	2.369	12.723	76.031	X_5，X_8，X_9，X_{11}，X_{18}，X_{19}，X_{21}，X_{24}，X_{27}，X_{28}，X_{33}，X_{34}，X_{37}	减贫成效

如表 4.12 所示，旋转后得到 4 个解释因子，公因子的累计方差贡献率为 76.031％，即 4 个因子共解释了总变量的 76.031％；公因子的累积贡献率超过 60％，表明相关数据适合因子分析。

在所提取出来的四大因子中，F1 中所包含的变量以"建档立卡贫困人口识别精准率""建档立卡贫困人口退出精准率""脱贫不稳定人口发生率""边缘易致贫人口发生率""突发严重困难户发生率"为主要内容，这五项指标均符合精准识别内涵，因此将其命名为"精准识别"，其贡献率达 25.981％，说明精准识别在桂滇黔民族地区传统体育助力精准扶贫绩效评价中起着核心作用。精准识别是精准扶贫的首要前提，扶贫目标的确定及对象特征决定了精准帮扶的内容及采取的措施，同时也是传统体育助力精准扶贫的工作导向。

F2 体现了桂滇黔民族地区传统体育助力精准扶贫中的具体帮扶措施，因此将其命名为"精准帮扶"，其贡献率仅次于 F1 为 20.351％。"精准帮扶"是精准扶贫政策的核心，贫有百种，困有千样，根据不同贫困群体的致贫原因和贫困程度应该采取差异化的扶贫举措，做到因户施策，有针对性地采取帮扶措施。

F3 主要从管理这一角度对传统体育助力精准扶贫绩效进行评价，因此将其命名为"精准管理"，其贡献率为 16.976%，排名第三。"精准管理"是精准扶贫的有效保证，精准管理主要体现在贫困人口的管理、帮扶干部的考核、扶贫资金的使用、扶贫评估以及监测机制的完善等方面。

F4 体现的是传统体育助力精准扶贫措施的成效，其指标涵盖扶贫、扶志、扶器、扶智等四个维度，以综合判断减贫效果。

综合因子分析结果和专家咨询意见，对桂滇黔民族地区传统体育助力精准扶贫绩效评价初级指标库 $X^{(1)}$ 作如下调整和修订：第一，将"精准识别""精准帮扶""精准管理""减贫成效"作为一级指标。第二，在精准帮扶一级指标下，将"体育扶贫政策精准度"修改为"传统体育扶贫政策落实情况"，将"干部帮扶比例"修改为"帮扶责任人帮扶工作满意度"，将"民族传统体育学校比重"修改为"开设传统体育课程的学校比重"，删除"体育扶贫政策体系完备性""传统体育赛事举办次数增长率""本级财政投入体育活动经费支持力度"这 3 项指标，增加"传统体育政策宣传力度"和"传统体育产业项目投资比重"2 项指标。第三，在精准管理一级指标下，增加"建立传统体育扶贫激励约束机制""形成扶贫效果动态反馈机制""落实传统体育扶贫责任""规范传统体育扶贫资金管理"4 项指标。删除"健全帮扶干部考核管理机制"这一指标。第四，在减贫成效一级指标下，将"打造传统体育特色产业"修改为"传统体育产业增长率"，将"传统体育关联其他产业能力"修改为"体育产业带动就业情况"，将"体育产业带动就业状况"修改为"贫困人口就业技能增加"，将"传承传统体育文化"修改为"传统体育保护传承"，将"创新传统体育文化"修改为"传统体育创新发展"。增加"贫困人口文化教育水平提升""贫困人口自我发展能力增强""传统体育人才培养体系完整性""民族文化自信的坚定"4 项指标。

通过上述一系列的修改、整理，最终形成由 4 项一级指标、45 项二级指标构成的桂滇黔民族地区传统体育助力精准扶贫初级绩效评价指标库 $X^{(2)}$，如表 4.13 所示。

表 4.13　桂滇黔民族地区传统体育助力精准扶贫初级绩效评价指标库 $X^{(2)}$

一级指标	二级指标	一级指标	二级指标
精准识别	建档立卡贫困人口识别精准率	精准管理	传统体育扶贫年度资金使用率
	建档立卡贫困人口退出精准率		规范传统体育扶贫资金管理
	脱贫不稳定人口发生率		建立传统体育扶贫激励约束机制
	边缘易致贫人口发生率		构建扶贫效果监测评估机制
	突发严重困难户发生率		形成扶贫效果动态反馈机制
精准帮扶	传统体育扶贫政策宣传力度	减贫成效	传统体育产业增长率
	传统体育扶贫政策落实情况		体育产业带动就业情况
	帮扶责任人帮扶工作满意度		贫困人口人均可支配收入增长率
	体彩公益金资助力度		贫困人口就业技能增加
	传统体育产业项目投资比重		贫困人口文化教育水平提升
	传统体育项目丰富度		贫困人口自我发展能力增强
	传统体育扶贫资金到位率		传统体育人才培养体系完整性
	传统体育产业相关技术培训农户比例		贫困人口精神面貌改善
	传统体育基础设施覆盖程度		贫困人口健康水平提高
	农村体育设施建设项目投资力度		传统体育扶贫成效满意度
	传统体育传承基地数量增长率		传统体育保护传承
	开设传统体育课程的学校比重		传统体育创新发展
	体育冠军志愿服务次数增长率		增强传统体育文化自觉
	传统体育品牌数量增长率		普及传统体育文化知识
	传统体育传承人补贴经费增长率		民族文化自信的坚定
精准管理	落实传统体育扶贫责任		推进民族团结进步
	健全动态管理机制		改善民风民俗
	传统体育项目建设内容完成率		

　　如表 4.13 所示,桂滇黔民族地区传统体育助力精准扶贫初级绩效指标体系包括精准识别、精准帮扶、精准管理和减贫成效 4 项一级指标。其中精准识别维度包含"建档立卡贫困人口识别精准率""建档立卡贫困人口退出精准率""脱贫不稳定人口发生率""边缘易致贫人口发生率""突发严重困难户发生率"5 项二级指标。建档立卡贫困人口是经过严格标准和程序识别

出来，瞄准和识别建档立卡贫困人口进行帮扶是完成脱贫攻坚目标的内在要求，因此，下设"建档立卡贫困人口识别精准率""建档立卡贫困人口退出精准率"2 项指标。2020 年底，建档立卡贫困人口虽已脱贫，但在一定时间内存在返贫风险，脱贫不稳定人口、边缘易致贫人口、突发严重困难户都属于防止返贫的重点监测对象，因此，在精准识别这一维度中补充"脱贫不稳定人口发生率""边缘易致贫人口发生率""突发严重困难发生率"3 项指标。

帮扶政策、帮扶干部、帮扶资金、帮扶设施是精准帮扶的重点。基于此，该维度下设"传统体育扶贫政策宣传力度""传统体育扶贫政策落实情况""帮扶责任人帮扶工作满意度""体彩公益金资助力度""传统体育产业项目投资比重""传统体育项目丰富度""传统体育扶贫资金到位率""传统体育相关产业技术培训农户比例""传统体育基础设施覆盖程度""农村体育设施建设项目投资力度""传统体育传承基地数量增长率""开设传统体育课程的学校比重""体育冠军志愿帮扶次数增长率""传统体育品牌数量增长率""传统体育传承人补贴经费增长率"共 15 项指标。其中，"传统体育扶贫政策宣传力度""传统体育扶贫政策落实情况"2 项指标用以衡量传统体育扶贫政策的支持力度；桂滇黔民族地区在帮扶资金、干部、设施等方面始终保持较大的支持力度，采用"帮扶责任人帮扶工作满意度""体彩公益金资助力度""传统体育产业项目投资比重""传统体育项目丰富度""传统体育扶贫资金到位率""传统体育相关产业技术培训农户比例""传统体育基础设施覆盖程度""农村体育设施建设项目投资力度""传统体育传承基地数量增长率""开设传统体育课程的学校比重""体育冠军志愿帮扶次数增长率""传统体育品牌数量增长率""传统体育传承人经费增长率"13项指标衡量传统体育助力精准扶贫的绩效。

精准管理维度涉及农户信息管理、阳光操作管理、扶贫事权管理 3 项重要内容。在不同的扶贫工作发展阶段，都需对责任、信息、资金、体制机制等环节严格管控，以提升扶贫质量。因此，精准管理维度下设"落实传统体育扶贫责任""健全动态管理机制""传统体育项目建设内容完成率""传统体育扶贫年度资金使用率""规范传统体育扶贫资金管理""建立传统体育扶贫激励约束机制""构建扶贫效果监测评估机制""形成扶贫效果动态反馈机制"8 项指标，用以衡量传统体育扶贫绩效。

　　基于多维贫困视角，减贫成效维度主要采用扶贫、扶智、扶志 3 个层面共 17 项指标进行衡量。扶贫主要体现在经济维度，采用"传统体育产业增长率""传统体育带动就业情况""贫困人口人均可支配收入增长率"3 项指标来衡量扶贫成效；扶智是扶知识、扶技术、扶思路，旨在提升贫困群众的综合素质，采用"贫困人口就业技能增加""贫困人口文化教育水平提升""贫困人口自我发展能力增强""传统体育人才培养体系完整性"4 项指标来衡量传统体育的扶智成效；扶志是指扶思想、扶观念、扶信心，旨在帮助贫困群众树立文化自信，激发脱贫斗志，采用"贫困人口精神面貌改善""贫困人口健康水平提高""传统体育扶贫成效满意度""传统体育保护传承""传统体育创新发展""增强传统体育文化自觉""普及传统体育文化知识""民族文化自信的坚定""推进民族团结进步""改善民风民俗"10 项指标，衡量传统体育的扶志成效。

4.3　桂滇黔传统体育助力精准扶贫绩效评价指标体系构建

　　综合运用问卷调查、专家评分、专题小组讨论等研究方法，对初步构建的评价指标进行筛选和修正，最终确定了桂滇黔民族地区传统体育助力精准扶贫绩效评价指标体系。

4.3.1　评价指标体系的修正与确定

　　初步构建的桂滇黔民族地区传统体育助力精准扶贫绩效评价指标体系理论框架，具有较为明显的主观色彩，影响着绩效评价准确度。因此，有必要对初步建立的指标体系进行进一步的修正与优化，以增强评价指标的信度。

本书运用解释度分析和协调度分析对初步构建的桂滇黔民族地区传统体育助力精准扶贫绩效评价指标体系进行修正优化。

4.3.1.1　评价指标的解释度分析

基于地理探测器的解释度 q 值分析，可以判断各评价指标是否对总目标有影响作用，以定量的结果筛选出对总目标具有重要影响力的因子。q 值是自变量对总目标的解释度，其取值范围是 [0，1]，目前学术界对 q 值的临界值无明确规定，本书参考已有学者的做法，以 q > 0.5 为临界值，剔除 q < 0.5 的变量。

采用五级李克特量表设计调查问卷，运用地理探测器对问卷数据进行分析，进而得到评价指标的解释度 q 值，通过 q 值定量化确定出对桂滇黔民族地区传统体育助力精准扶贫绩效评价影响较大的因子。虽然在受访者的选择方面具有一定的主观色彩，但是由于是受访者本人认知、经验和价值观的反映，其主观中蕴含着一定的客观性，因此通过集成多群体的意见，可以化主观为客观，剔除一些不能客观反映传统体育助力精准扶贫绩效的评价指标。

根据以上初步建立的指标体系，笔者将 45 项指标设计成咨询问卷，咨询对象须满足科学性、多元性、地域性。因此，将咨询问卷发放到桂滇黔三省（区）的传统体育传承人、传统体育社区居民、传统体育企业管理人员、各级政府工作人员等多个群体，要求受访者根据自身对桂滇黔民族地区传统体育助力精准扶贫的认知，对 45 项指标进行重要程度打分。问卷共发放 480 份，回收 437 份，剔除无效问卷后，得到有效咨询问卷 433 份，有效回收率为 90.21%。

解释度 q 值是对多种因素影响的事物作出全面评价的有效决策方法，q 值越大表示评价指标 X 对总目标 Y 的解释力越强。其具体测算公式如式（4.1）所示：

$$q = 1 - \frac{L}{n\sigma^2} \sum_{K=1}^{L} n_k \sigma_k^2 \qquad (4.1)$$

式（4.1）中，L 是评价指标的分层数；n 和 n_k 分别是整体和第 k 层的单元数；σ^2 和 σ_k^2 分别是总目标在整体和第 k 层的方差；q 是评价指标对桂滇黔民族地区传统体育助力精准扶贫绩效的解释力。通过地理探测器识别各评价指标的影响程度，据此剔除一些不能科学反映传统体育助力精准扶贫绩效的评价指标，各指标解释度 q 值如表 4.14 所示。

表 4.14　桂滇黔民族地区传统体育助力精准扶贫绩效评价指标解释度分析

指标名称	q 值	指标名称	q 值
建档立卡贫困人口识别精准率	0.8902	传统体育扶贫年度资金使用率	0.6707
建档立卡贫困人口退出精准率	0.8658	规范传统体育扶贫资金管理	0.6463
脱贫不稳定人口发生率	0.8537	建立传统体育扶贫激励约束机制	0.7317
边缘易致贫人口发生率	0.8049	构建扶贫效果监测评估机制	0.7561
突发严重困难户发生率	0.8659	形成扶贫效果动态反馈机制	0.6098
传统体育扶贫政策宣传力度	0.7683	传统体育产业增长率	0.7683
传统体育扶贫政策落实情况	0.8171	体育产业带动就业情况	0.5159
帮扶责任人帮扶工作满意度	0.6463	贫困人口人均可支配收入增长率	0.7683
体彩公益金资助力度	0.7122	贫困人口就业技能增加	0.7561
传统体育产业项目投资比重	0.7561	贫困人口文化教育水平提升	0.6707
传统体育项目丰富度	0.7487	贫困人口自我发展能力增强	0.7195
传统体育扶贫资金到位率	0.6731	传统体育人才培养体系完整性	0.6951
传统体育产业相关技术培训农户比例	0.7195	贫困人口精神面貌改善	0.6220
传统体育基础设施覆盖程度	0.9024	贫困人口健康水平提高	0.9146
农村体育设施建设项目投资力度	0.7683	传统体育扶贫成效满意度	0.6854
传统体育传承基地数量增长率	0.8293	传统体育保护传承	0.7317
开设传统体育课程的学校比重	0.7927	传统体育创新发展	0.6463
体育冠军志愿服务次数增长率	0.3171	增强传统体育文化自觉	0.5276
传统体育品牌数量增长率	0.2683	普及传统体育文化知识	0.5029
传统体育传承人补贴经费增长率	0.7561	民族文化自信的坚定	0.7561
落实传统体育扶贫责任	0.7805	推进民族团结进步	0.7317
健全动态管理机制	0.6707	改善民风民俗	0.4634
传统体育项目建设内容完成率	0.3780		

根据解释度分析结果确定筛选指标的标准，目前学术界尚无权威规定。参照已有文献的做法（康雷、杨兆萍，2022），以评价因子解释度 q 值为

50%作为临界值，剔除解释度低于50%的指标，即删除"传统体育项目建设内容完成率""体育冠军志愿服务次数增长率""传统体育品牌数量增长率""改善民风民俗"4项指标；同时，结合受访者意见，对解释度超过临界值但较低的指标，即q值介于（0.5~0.6）的指标进行修正：将"体育产业带动就业情况"修改为"传统体育带动就业比率"，以凸显传统体育对拓展就业渠道和带动居民增收起到的推进作用；将"增强传统体育文化自觉"调整为"民族文化认同的加深"，以更为直观地呈现传统体育对民族地区基本价值认同的提升成效；将"普及传统体育文化知识"修改为"民族文化共享的加强"，以准确衡量传统体育推动民族地区文化传播及发展的效用。

因此，本轮综合政府工作人员、传统体育传承人、社区居民、企业管理人员的评价打分与专家的交流讨论，经过地理探测器解释度q值分析修正，得到桂滇黔民族地区传统体育助力精准扶贫绩效评价指标体系修正表，共包含4项一级指标以及41项二级指标，如表4.15所示。

表4.15　桂滇黔民族地区传统体育助力精准扶贫绩效评价指标体系修正

目标	一级指标	二级指标
桂滇黔民族地区传统体育助力精准扶贫绩效评价指标	精准识别	1. 建档立卡贫困人口识别精准率
		2. 建档立卡贫困人口退出精准率
		3. 脱贫不稳定人口发生率
		4. 边缘易致贫人口发生率
		5. 突发严重困难户发生率
	精准帮扶	6. 传统体育扶贫政策宣传力度
		7. 传统体育扶贫政策落实情况
		8. 帮扶责任人帮扶工作满意度
		9. 体彩公益金资助力度
		10. 传统体育产业项目投资比重
		11. 传统体育项目丰富度
		12. 传统体育扶贫资金到位率
		13. 传统体育产业相关技术培训农户比例
		14. 传统体育基础设施覆盖程度

续表

目标	一级指标	二级指标
桂滇黔民族地区传统体育助力精准扶贫绩效评价指标	精准帮扶	15. 农村体育设施建设项目投资力度
		16. 传统体育传承基地数量增长率
		17. 开设传统体育课程的学校比重
		18. 传统体育传承人补贴经费增长率
	精准管理	19. 落实传统体育扶贫责任
		20. 健全动态管理机制
		21. 传统体育扶贫年度资金使用率
		22. 规范传统体育扶贫资金管理
		23. 建立传统体育扶贫激励约束机制
		24. 构建扶贫效果监测评估机制
		25. 形成扶贫效果动态反馈机制
	减贫成效	26. 传统体育产业增长率
		27. 传统体育带动就业比率
		28. 贫困人口人均可支配收入增长率
		29. 贫困人口就业技能增加
		30. 贫困人口文化教育水平提升
		31. 贫困人口自我发展能力增强
		32. 传统体育人才培养体系完整性
		33. 贫困人口精神面貌改善
		34. 贫困人口健康水平提高
		35. 传统体育扶贫成效满意度
		36. 传统体育保护传承
		37. 传统体育创新发展
		38. 民族文化认同的加深
		39. 民族文化共享的加强
		40. 民族文化自信的坚定
		41. 推进民族团结进步

4.3.1.2　评价指标的协调度分析

基于地理探测器的解释度分析，通过计算并比较评价因子的解释度 q

值，判断各指标与绩效评价总目标之间是否存在相互作用关系。但因解释度调查主体为传承人、社区居民及企业管理者，学科领域专业性相对欠缺，为进一步提升指标体系的科学性和客观性，还须结合专家学者的意见对指标体系进行完善。因此，本轮采用协调度分析法对其进一步修正，以增强评价指标的可信度。

（1）专家基本情况。

本书根据指标修正的实际情况，在前文初级评价指标库的专家中进行遴选，共遴选36名专家。这36名专家分别在与传统体育扶贫关联程度较高的高校、政府、企业、科研单位、社会组织等机构工作，其中，从事其主要专业（即第一专业）20~29年的占47.22%；30年以上的占30.56%；且在第一轮专家咨询中，这36名专家均反馈了评价结果，具体情况如表4.16所示。

表4.16　　　　　　　　专家基本情况一览

项目	选项	数量（人）	比例（%）
年龄	30~39岁	5	13.89
	40~49岁	18	50.00
	50~59岁	10	27.78
	60岁及以上	3	8.33
学历水平	大专及以下	4	11.11
	本科	5	13.89
	研究生及以上	27	75.00
工作单位	高校	14	38.89
	政府部门	13	36.11
	体育企业	3	8.33
	研究机构	6	16.67
工作年限	≤10年	2	5.56
	10~19年	6	16.67
	20~29年	17	47.22
	30年及以上	11	30.56

续表

项目	选项	数量（人）	比例（%）
目前所从事的 专业领域	传统体育文化	13	36.11
	精准扶贫	10	27.78
	体育资源开发与利用	7	19.44
	体育经济学	6	16.67

（2）专家积极系数和专家权威系数。

①专家积极系数。专家积极系数即专家咨询表的回收率，反映专家对本研究的关心程度（沈绮云、欧阳河，2021）。由表4.17可知，本书有着较高的专家积极系数，两轮咨询回收率均达到90%及以上。不仅说明专家对本书的关心程度较高，也反映本研究意义得到了多数专家的认可。

表 4.17　　　　　　　　　专家积极系数

发放问卷数（份）		回收问卷数（份）		回收率（%）	
第一轮	第二轮	第一轮	第二轮	第一轮	第二轮
36	36	36	33	100	91.67

②专家权威系数。专家权威系数表征被咨询专家针对某一问题或者研究方向的权威力度，其值的大小对指标体系评价的可靠性影响显著（周春芳、禄晓龙，2021）。专家权威系数（Cr）由专家对问题的判断依据和专家对问题的熟悉程度两个因素决定，其中判断依据用 Ca 表示，熟悉程度用 Cs 表示：

$$Cr = (Ca + Cs) / 2 \qquad (4.2)$$

如式（4.2）所示，判断依据以"理论分析""实践经验""国内外同行的了解""个人直觉"等因素来衡量。具体来说，如表4.18所示，若判断系数总和＝1，即对专家判断的影响程度大；判断系数综合＝0.8，即对专家判断的影响程度为中等；判断系数总和＝0.6，即对专家判断的影响程度小。熟悉程度的具体量化标准如表4.19所示，分为"很不熟悉""较不熟悉""一般""较熟悉""熟悉""很熟悉"6个等级。专家权威系数是根据专家咨询问卷中自填的"对指标熟悉程度""判断依据及其影响程度"数据计算而来。

表4.18　　　　　　　　　　　专家判断依据及其影响程度赋值

判断依据	对专家判断的影响程度		
	大	中	小
理论分析	0.3	0.2	0.1
实践经验	0.5	0.4	0.3
国内外同行的了解	0.1	0.1	0.1
个人直觉	0.1	0.1	0.1

表4.19　　　　　　　　　　　专家对问题的熟悉程度赋值

熟悉程度	Cs
很熟悉	0.9
熟悉	0.7
较熟悉	0.5
一般	0.3
较不熟悉	0.1
很不熟悉	0.0

　　桂滇黔民族地区传统体育拥有深厚的文化基因，具有类型多样、特色鲜明、内涵丰富等特点，近年来已引起众多相关领域专家、学者的关注。参与咨询的专家大多数都在此领域内有较为扎实的理论基础或丰富的工作经验，从而保证了问卷调查结果的质量。

　　由表4.20可知，在第一轮专家咨询中，各位专家对"精准识别""精准帮扶""精准管理""减贫成效"4项一级评价指标的熟悉程度多在"熟悉"与"较熟悉"之间，最终专家权威系数的均值在0.8左右，说明本书专家的权威程度较高。由于该数据是由专家自我评价而得，因而在对指标进行筛选时，未将专家权威程度系数作为筛选依据。

表 4.20　　　　　　　　　　　　　　专家权威程度

指标	判断系数 Ca	熟悉程度 Cs	权威系数 Cr
精准识别	0.9334	0.6513	0.7924
精准帮扶	0.9485	0.6788	0.8136
精准管理	0.9346	0.7257	0.8302
减贫成效	0.9215	0.7095	0.8155

（3）第一轮协调度分析指标筛选结果。

笔者将解释度分析修正后的指标体系制成调查问卷，邀请广西、贵州、云南传统体育及精准扶贫相关领域的专家学者，根据研究经验以及自身认知，对调查问卷中各项指标的重要程度进行打分，打分采用李克特量表法，按照"非常不重要 =1""不重要 =3""一般 =5""重要 =7""非常重要 =9"赋值，并提出书面的建议。

笔者运用 SPSS22.0 对调查结果进行相应的数据处理，其中，各指标得分的均值（M_j）表示专家意见的重要程度，得分越高，表明专家认为该指标越为重要；标准差（S_j）表示专家意见的离散程度，标准系数越大，表明专家的意见离散程度越大；变异系数（V_j）又称标准差率，是标准差与平均值的比值，它与标准差、方差一样，是反映一组数据离散程度的统计量。本书用变异系数表示专家的意见协调程度，一般认为，变异系数大于或等于0.25，说明专家意见协调度较差；反之，变异系数小于 0.25 时，专家意见集中程度和协调度较好。变异系数（V_j）的推导过程如下。

假设 X_{ij} 表示第 i 个专家对第 j 项指标的打分，共有 n 个专家：

$$M_j = \frac{1}{n} \sum_{i=1}^{n} X_n \qquad (4.3)$$

$$S_j = \sqrt{\frac{1}{n-1} \sum_{i=1}^{n} (X_{ij} - M_j)^2} \qquad (4.4)$$

$$V_j = S_j / M_j \qquad (4.5)$$

式中，V_j 越小，j 指标的专家意见协调度越高；

M_j 为 n 个专家对 j 指标评分的算术平均值；

S_j 为 n 个专家对 j 指标评分的标准差；

V_j 为全部专家对 j 指标评价的变异系数。

就一级指标而言，提交有效问卷的 36 位专家打分都较高，根据意见集中度与意见协调度的计算结果（见表 4.21），各位专家对桂滇黔民族地区传统体育助力精准扶贫绩效评价指标体系修正表中确定的 4 项一级指标的重要性给予充分肯定，且 36 名专家的意见协调度高，基本达成一致意见，认为"精准识别""精准帮扶""精准管理""减贫成效"适合作为桂滇黔民族地区传统体育助力精准扶贫绩效评价的一级指标。

表 4.21　　　　　　　　　　　第一轮一级指标评价结果

一级指标	精准识别	精准帮扶	精准管理	减贫成效
M_j	8.272	8.357	8.021	8.608
V_j	0.105	0.114	0.127	0.133

就二级指标而言，如表 4.22 所示，41 项二级指标中"传统体育项目丰富度""传统体育扶贫资金到位率""传统体育扶贫年度资金使用率"3 项指标的 M_j 较低，"体彩公益金资助力度""传统体育产业相关技术培训农户比例""传统体育基础设施覆盖程度""农村体育设施建设项目投资力度""健全动态管理机制"等多项指标的 V_j 较高。由此可知：一方面，说明被调查专家对评价指标体系修正表中某些二级指标的重要程度存在不同意见；另一方面，也显示专家们对某些指标的选用有较大分歧，因此，这些评价指标的均值也较小。

表 4.22　　　　　　　　　　　第一轮二级指标评价结果

二级指标	M_j	V_j
1. 建档立卡贫困人口识别精准率	6.308	0.178
2. 建档立卡贫困人口退出精准率	6.077	0.167
3. 脱贫不稳定人口发生率	6.231	0.183
4. 边缘易致贫人口发生率	6.000	0.170
5. 突发严重困难户发生率	6.385	0.172

续表

二级指标	M_j	V_j
6. 传统体育扶贫政策宣传力度	8.000	0.162
7. 传统体育扶贫政策落实情况	7.539	0.133
8. 帮扶责任人帮扶工作满意度	8.154	0.172
9. 体彩公益金资助力度	7.769	0.219
10. 传统体育产业项目投资比重	8.231	0.169
11. 传统体育项目丰富度	3.846	0.279
12. 传统体育扶贫资金到位率	3.308	0.251
13. 传统体育产业相关技术培训农户比例	6.154	0.243
14. 传统体育基础设施覆盖程度	6.023	0.259
15. 农村体育设施建设项目投资力度	6.215	0.242
16. 传统体育传承基地数量增长率	7.231	0.126
17. 开设传统体育课程的学校比重	7.385	0.154
18. 传统体育传承人补贴经费增长率	7.692	0.120
19. 落实传统体育扶贫责任	7.538	0.160
20. 健全动态管理机制	6.488	0.243
21. 传统体育扶贫年度资金使用率	3.462	0.309
22. 规范传统体育扶贫资金管理	6.846	0.162
23. 建立传统体育扶贫激励约束机制	6.077	0.149
24. 构建扶贫效果监测评估机制	6.020	0.130
25. 形成扶贫效果动态反馈机制	7.613	0.162
26. 传统体育产业增长率	7.462	0.143
27. 传统体育带动就业比例	7.615	0.178
28. 贫困人口人均可支配收入增长率	7.846	0.193
29. 贫困人口就业技能增加	8.000	0.177
30. 贫困人口文化教育水平提升	7.692	0.179
31. 贫困人口自我发展能力增强	7.462	0.125
32. 传统体育人才培养体系完整性	6.062	0.257
33. 贫困人口精神面貌改善	7.846	0.106
34. 贫困人口健康水平提高	7.539	0.120
35. 传统体育扶贫成效满意度	7.077	0.146
36. 传统体育保护传承	7.385	0.110

续表

二级指标	M_j	V_j
37. 传统体育创新发展	7.308	0.105
38. 民族文化认同的加深	6.308	0.142
39. 民族文化共享的加强	7.539	0.160
40. 民族文化自信的坚定	7.462	0.119
41. 推进民族团结进步	8.225	0.135

根据数据分析结果与专家意见反馈，以意见集中度 $M_j > 6.0$ 为临界值，剔除 $M_j \leqslant 6.0$ 的 3 项指标；同时，保留意见集中度 $M_j > 6.0$ 的 38 项指标，在此基础上进一步结合变异系数较大的评价指标，如"体彩公益金资助力度""健全动态管理机制"等指标，作出如下修改：

①重新审视剩余的 38 项二级指标，对评价指标的内容、表述进行进一步的归纳、合并，避免不同指标对同一内容的重复评价，提高评价指标的有效性和精简性。如将"传统体育基础设施覆盖程度"和"农村体育设施建设项目投资力度"合并为"传统体育设施建设覆盖率"，将"传统体育产业相关技术培训农户比例"和"传统体育人才培养体系完整性"归纳为"传统体育人才培养"。

②根据专家意见，更改、替换评分变异系数大于协调度低的指标。一些专家认为，体彩公益金主要用于落实《全民健身计划纲要》和《奥运争光计划纲要》中资助开展全民健身活动、增建体育设施、体育扶贫工程等活动，因此，"体彩公益金资助力度"的概念较为宽泛，结合体育扶贫特点，建议将其修改为"体彩公益金扶贫投入比例"；一些专家认为，"健全动态管理机制"的指代范围比较广，其中涉及的扶贫对象、扶贫资金、扶贫产业等内容会与"规范传统体育扶贫资金管理""构建扶贫效果监测机制"指代的内容混淆，建议将其调整为"健全贫困户信息管理"。

③个别专家提出增设"传统体育扶贫政策体系完备性""传统体育赛事增长率""贫困人口稳定就业能力增强"3 项二级指标作为补充。

综合上述计算结果与专家意见，对部分指标进行修正与调整，最终确定了桂滇黔民族地区传统体育助力精准扶贫第一轮评价指标体系，包括 4 项一级指标和 39 项二级指标，具体如表 4.23 所示。

（4）第二轮协调度分析指标筛选结果。

由于桂滇黔民族地区传统体育助力精准扶贫绩效评价指标体系初步框架中的一级指标已得到了专家的一致认同，为此，本轮仅是将第一轮筛选中的二级指标进行设计，以此形成第二轮的专家咨询问卷，以相同方式交给第一轮参与调查的专家，请他们再次对每项指标的重要性与可操作性进行打分。本轮专家问卷共发放 36 份，有效回收 33 份，回收率为 91.67%，具体分析结果如表 4.23 所示。

表 4.23　　　　　　　　　第二轮二级指标评价结果

一级指标	二级指标	M_j	V_j
精准识别	1. 建档立卡贫困人口识别精准率	7.308	0.158
	2. 建档立卡贫困人口退出精准率	8.027	0.144
	3. 脱贫不稳定人口发生率	7.238	0.153
	4. 边缘易致贫人口发生率	7.000	0.105
	5. 突发严重困难户发生率	6.377	0.162
精准帮扶	6. 传统体育扶贫政策宣传力度	7.000	0.102
	7. 传统体育扶贫政策落实情况	7.779	0.142
	8. 传统体育扶贫政策体系完整性	8.004	0.131
	9. 帮扶责任人帮扶工作满意度	8.769	0.119
	10. 体彩公益金扶贫投入比例	7.471	0.102
	11. 传统体育产业项目投资比重	7.844	0.125
	12. 传统体育设施建设覆盖率	8.377	0.141
	13. 传统体育传承基地数量增长率	7.164	0.175
	14. 开设传统体育课程的学校比重	7.923	0.108
	15. 传统体育赛事增长率	7.772	0.129
	16. 传统体育传承人补贴经费增长率	8.031	0.103
精准管理	17. 落实传统体育扶贫责任	7.386	0.122
	18. 健全贫困户信息管理机制	8.602	0.126
	19. 规范传统体育扶贫资金管理	7.338	0.128
	20. 建立传统体育扶贫激励约束机制	7.402	0.141
	21. 构建扶贫效果监测评估机制	7.552	0.146
	22. 形成扶贫效果动态反馈机制	7.823	0.109

一级指标	二级指标	M_j	V_j
	23. 传统体育产业增长率	8.072	0.135
	24. 传统体育带动就业比例	7.000	0.122
	25. 贫困人口人均可支配收入增长率	7.613	0.112
	26. 贫困人口就业技能增加	6.473	0.495
	27. 贫困人口稳定就业能力增强	6.615	0.295
	28. 贫困人口文化教育水平提升	6.056	0.244
	29. 贫困人口自我发展能力增强	6.080	0.307
	30. 传统体育人才培养	7.582	0.179
减贫成效	31. 贫困人口精神面貌改善	7.332	0.325
	32. 贫困人口健康水平提高	7.863	0.217
	33. 传统体育扶贫成效满意度	4.846	0.226
	34. 传统体育保护传承	8.547	0.150
	35. 传统体育创新发展	7.298	0.107
	36. 民族文化认同的加深	7.445	0.162
	37. 民族文化共享的加强	7.728	0.136
	38. 民族文化自信的坚定	8.328	0.110
	39. 推进民族团结进步	7.179	0.142

因此，根据数据分析结果与专家意见反馈，以意见集中度 $M_j > 6.0$ 为临界值，剔除意见集中度 $M_j \leqslant 6.0$ 的 1 项评价指标，即删除"传统体育扶贫成效满意度"。在保留意见集中度 $M_j > 6.0$ 的 38 项评价指标基础上，进一步结合变异系数较大的评价指标，作出如下修改：

①多数专家认为，指标体系应分为精准扶贫、成果巩固两个阶段。本书研究处于精准扶贫和乡村振兴两大战略的政策叠加期和历史交汇期，两者虽有不同的重心指向，但在逻辑关系和现实实践层面紧密相关，因而两大战略具有一定的承继性、兼容性和内在契合性。2021 年 3 月，十三届全国人大四次会议表决通过《中华人民共和国国民经济和社会发展第十四个五年规划和 2035 年远景目标纲要》，设立五年衔接过渡期，要求在保持现有主要帮扶政策总体稳定的基础上，合理把握节奏、力度、时限，逐项分类优化、调整完善、巩固拓展脱贫攻坚成果同乡村振兴有效衔接的政策制度体系和具体实施

办法。2020 年 12 月，中共中央、国务院出台《关于实现巩固拓展脱贫攻坚成果同乡村振兴有效衔接的意见》中强调，巩固脱贫攻坚成果不是简单地延续精准扶贫，也不是围绕相对贫困治理"另起炉灶"，而是在摆脱贫困的基础上巩固脱贫成果，拓展相对贫困治理。可见，评价传统体育助力精准扶贫绩效，既要保留体现精准扶贫时期有效做法的相关指标，又要契合新政策情境下的实践需要，补充反映成果巩固时期社会经济现象特征的统计指标，对两个阶段的传统体育扶贫工作成效作出系统、科学、合理的评价。因此，指标体系应涵盖精准扶贫和成果巩固两个阶段，紧密结合我国扶贫工作发展实际，全面反映被评价地区传统体育扶贫绩效的变化过程，提高指标体系的全面性和系统性。

②一些专家认为，分为精准扶贫、成果巩固两个阶段进行绩效评价之后，由于两者的重心指向不同，个别指标在两个阶段应指代不同的内涵。例如，成果巩固阶段，2020 年 12 月中共中央、国务院《关于实现巩固拓展脱贫攻坚成果同乡村振兴有效衔接的意见》等政策文件中明确指出，建立健全巩固拓展脱贫攻坚成果长效机制，帮助脱贫县、脱贫村、脱贫人口扶上马送一程，确保脱贫人口不返贫。因此，成果巩固阶段，将各指标中的"贫困人口"改为"脱贫人口"，以体现精准扶贫和成果巩固两者之间战略目标的推进关系；2022 年中央一号文件《中共中央 国务院关于做好 2022 年全面推进乡村振兴重点工作的意见》强调，促进脱贫人口持续增收，压实就业帮扶责任，确保脱贫劳动力就业规模稳定。因此，将成果巩固阶段的"贫困人口就业技能增加"修改为"脱贫人口稳定就业能力增强"，以凸显新政策情境下对脱贫人口就业能力的新要求。

③增加部分代表性更强的评价指标。党的十九届五中全会和 2021 年中央一号文件指出：要把脱贫攻坚中探索形成的组织推动、要素保障、政策支持、协作帮扶、考核督导等工作机制承接到乡村振兴工作中。为此，在成果巩固阶段的精准管理维度，增加"建立乡村振兴有效衔接工作体系"，以精准衡量脱贫地区在巩固脱贫成果过程中取得的实质性进展。

通过上述一系列的意见征询和修改调整，最终确定了桂滇黔民族地区传统体育助力精准扶贫绩效评价指标体系，分为精准扶贫阶段和成果巩固两个阶段，其中成果巩固阶段有 11 项指标与精准扶贫阶段有所区别，在后文评价指标释义中将一一说明，如表 4.24 所示。

表 4.24　桂滇黔民族地区传统体育助力精准扶贫绩效第二轮评价指标体系

一级指标	精准扶贫阶段二级指标	成果巩固阶段二级指标
精准识别	建档立卡贫困人口识别精准率	脱贫不稳定人口发生率
	建档立卡贫困人口退出精准度	边缘易致贫人口发生率
		突发严重困难户发生率
精准帮扶	传统体育扶贫政策宣传力度	传统体育扶贫政策体系完备性
	传统体育扶贫政策落实情况	
	帮扶责任人帮扶工作满意度	
	传统体育扶贫资金财政支持力度	传统体育扶贫资金财政支持力度
	体彩公益金扶贫投入比例	体彩公益金扶贫投入比例
	传统体育产业项目投资比重	传统体育产业项目投资比重
	传统体育设施建设覆盖率	传统体育设施建设覆盖率
	传统体育传承基地数量增长率	传统体育传承基地数量增长率
	开设传统体育课程的学校比重	开设传统体育课程的学校比重
	传统体育赛事增长率	传统体育赛事增长率
	传统体育传承人补贴经费增长率	传统体育传承人补贴经费增长率
精准管理	落实传统体育扶贫责任	落实传统体育扶贫责任
	健全贫困户信息管理机制	健全贫困户信息管理机制
	规范传统体育扶贫资金管理	规范传统体育扶贫资金管理
	建立传统体育扶贫激励约束机制	建立传统体育扶贫激励约束机制
	构建扶贫效果监测评估机制	构建扶贫效果监测评估机制
	形成扶贫效果动态反馈机制	形成扶贫效果动态反馈机制
		形成乡村振兴有效衔接工作体系
减贫成效	传统体育产业增长率	传统体育产业增长率
	传统体育带动就业比率	传统体育带动就业比率
	贫困人口人均可支配收入增长率	脱贫人口人均可支配收入增长率
	贫困人口精神面貌改善	脱贫人口精神面貌改善
	贫困人口健康水平提高	脱贫人口健康水平提高
	贫困人口就业技能增加	脱贫人口稳定就业能力增强

续表

一级指标	精准扶贫阶段二级指标	成果巩固阶段二级指标
	贫困人口文化教育水平提升	脱贫人口文化教育水平提升
	贫困人口自我发展能力增强	脱贫人口自我发展能力增强
	传统体育人才培养	传统体育人才培养
	传统体育保护传承	传统体育保护传承
减贫成效	传统体育创新发展	传统体育创新发展
	民族文化认同的加深	民族文化认同的加深
	民族文化共享的加强	民族文化共享的加强
	民族文化自信的坚定	民族文化自信的坚定
	推进民族团结进步	推进民族团结进步

4.3.2　评价指标释义

本书结合桂滇黔民族地区传统体育的特点，构建了该区域传统体育助力精准扶贫绩效评价的指标体系，该指标体系分为精准扶贫和成果巩固两个阶段，两阶段都包括总目标、一级指标、二级指标三个层次。其中，精准扶贫阶段的总目标下设 4 项一级指标，34 项二级指标；成果巩固阶段的总目标下设 4 项一级指标，34 项二级指标。为进一步明确该指标体系的科学内涵，本书将对各二级指标的内涵、意义和重要性予以说明。

4.3.2.1　精准扶贫阶段指标释义

（1）建档立卡贫困人口识别精准率。

2016 年 2 月，中共中央、国务院印发的《省级党委和政府扶贫开发工作成效考核办法》考核指标中明确规定，建档立卡贫困人口识别精准率是指一个区域已建档立卡的扶贫对象数量与实际需要精准扶贫对象数量的比例。精准扶贫阶段，严格按照"两不愁三保障"扶贫标准，以"五看十步"步骤识别建档立卡贫困人口，测算识别精准率。

（2）建档立卡贫困人口退出精准度。

2016 年 2 月中共中央、国务院印发的《省级党委和政府扶贫开发工作成效考核办法》考核指标中明确规定，建档立卡贫困人口退出精准度是指一个评价周期内，一个区域通过采取多种扶贫方式后，符合摆脱贫困县标准的扶贫对象数量与实际退出的扶贫对象比例。

（3）传统体育扶贫政策宣传力度。

传统体育扶贫政策宣传主要以基层干部为主，向人民群众讲解传统体育扶贫政策，与群众共商发展之策，有效调动全民参与体育扶贫的积极性，提高人民群众对传统体育扶贫政策的知晓率，确保扶贫政策深入人心，实现全区域覆盖。

（4）传统体育扶贫政策落实情况。

传统体育扶贫政策落实是指遵照执行国家及地方提出的传统体育相关政策，将政策落实到实际操作与处理过程中，落实情况可通过走访调查、座谈讨论、查阅政策工作报告、现场交流等方式获取。

（5）帮扶责任人帮扶工作满意度。

帮扶责任人主要负责落实党和政府的传统体育扶贫政策，其帮扶工作满意度取决于是否在政策宣讲、入户排查、协调各级帮扶措施等工作环节中，得到帮扶对象的认可。

（6）传统体育扶贫资金财政支持力度。

传统体育扶贫资金财政支持是在公共财政框架下，政府为传统体育扶贫工程所进行的资金投入、资金配置和资金管理等安排。传统体育扶贫资金财政投入力度是指在一个评价周期内，财政投入传统体育扶贫资金与财政扶贫资金投入总额的比值。

（7）体彩公益金扶贫投入力度。

结合精准扶贫实际，体彩公益金扶贫投入力度是指用于农村体育基础设施建设、体育产业发展、体育教育事业等多个扶贫领域的投入力度。本书中，体彩公益金扶贫投入力度用体彩公益金扶贫投入与体彩公益金总额的比值来表示。

（8）传统体育产业项目投资力度。

传统体育产业项目投资力度是指用于传统体育产业项目建设的固定资产投资份额。本书中，采用传统体育产业项目投资额与固定投资总额的比值来表征传统体育产业项目投资力度。

（9）传统体育设施建设覆盖率。

传统体育设施建设也是精准帮扶的重要方式之一，加强包括传统体育设施在内的农村全民健身场地设施建设，不仅可提升村民参与健身活动的积极性，而且有利于丰富村民公共生活，增强乡村传统体育文化传承发展氛围。本书中，传统体育设施建设覆盖率用传统体育设施建筑面积与公共服务设施建筑总面积的比值来表示。

（10）传统体育传承基地数量增长率。

传统体育传承基地是涵盖各民族文化、体育、艺术创作、人才培养、民俗展示等多方面内容的硬件支撑，是传统体育文化传承的重要阵地，可促进桂滇黔民族地区传统体育的宣传和普及。本书中，传统体育传承数量增长率采用近五年（2017～2021 年）传统体育传承基地数量年平均增长率来表示。

（11）开设传统体育课程学校比重。

开设传统体育课程，形成体育训练与比赛相结合的民族体育特色教学体系，在推动民族传统体育创新性发展、增强学生体育锻炼积极性、增进民族团结等方面都具有积极作用。开设传统体育课程学校比重采用开设传统体育课程学校数量与全部学校数量比值表示，衡量传统体育在扶智方面作出的贡献。

（12）传统体育赛事增长率。

传统体育赛事指包括中国传统体育国际锦标赛、全国少数民族传统体育运动会等赛事等在内的民族传统体育项目比赛。本书中，传统体育赛事增长率采用近五年（2017～2021 年）传统体育赛事举办次数年平均增长率来表示。

（13）传统体育传承人补贴经费增长率。

传承人补贴经费是精准帮扶的重要体现，不仅帮助改善传承人的生活质量，而且有助于增强传承人工作的积极性、主动性、创造性，促进传统体育的持续发展。传统体育传承人补贴经费增长率采用近五年（2017~2021 年）传统体育传承人补贴经费年平均增长率来表示。

（14）落实传统体育扶贫责任。

落实传统体育扶贫责任即帮扶责任人针对实现传统体育扶贫目标过程中，出现和可能出现的问题，落实各个方面和各个岗位的责任，确保党中央、地方政府各项决策部署落到实处。

（15）健全贫困户信息管理机制。

健全贫困户管理机制，强调按照动态识别、动态管理的要求，采集录入所有扶贫对象数据，将返贫户和新增贫困户全部纳入，并对脱贫列出的贫困人口、贫困村实施退出管理，确保家底清楚、动态完善、管理规范。

（16）规范传统体育扶贫资金管理。

规范传统体育扶贫资金管理，是指对于传统体育及其相关产业项目，要规范销售收入、专账专款、资产登记等方面的管理，强化财政涉农统筹整合资金，切实提高资金使用效益，保障脱贫攻坚资金需求。

（17）建立传统体育扶贫激励约束机制。

建立传统体育扶贫激励约束机制是指加强就业创业政策激励、脱贫奖励激励，并围绕产业扶贫、小额信贷、就业扶贫、危房改造等方面建立约束机制。

（18）构建扶贫效果监测评估机制。

构建扶贫效果监测评估机制，是指围绕监测对象、监测范围、监测程序和帮扶措施，制定实施办法和落实管理政策，及时发现和解决工作中遇到的苗头性倾向，不断完善机制，改进工作提高成效。

（19）形成扶贫效果动态反馈机制。

形成扶贫效果动态反馈机制是指在扶贫工作中，不仅要将因灾、因病、因学返贫的人口及时纳入贫困管理体制，及时给予帮扶。对于经过精准帮扶后脱贫的建档立卡贫困人口，应及时将其退出扶贫范围，引导其树立自力更生的思想意识，主动寻求致富渠道，双管齐下，形成动态反馈。

（20）传统体育产业增长率。

传统体育产业包括传统体育用品、传统体育场馆经营、传统体育服务业等产业。传统体育产业增长率是指一个评价周期内，相关体育产业产值的增长情况，采用近五年（2017～2021年）传统体育产业产值年平均增长率来表示。

（21）传统体育带动就业比例。

桂滇黔民族地区依托丰富的传统体育资源，结合脱贫攻坚实际，通过传统体育节会、研发传统体育商品、创建传统体育传承基地等形式，带动贫困群众就业增收。传统体育带动就业比例用传统体育产业从业人数与所有从业人数的比值表示，衡量传统体育对桂滇黔民族地区的就业带动作用。

（22）贫困人口人均可支配收入增长率。

人均可支配收入是居民可用于自由支配的收入，是个人收入扣除向政府缴纳的各种直接税款以及非商业性费用等以后的余额。贫困人口人均可支配收入增长率采用近五年（2017～2021年）贫困人口人均可支配收入年平均增长率来表示。

（23）贫困人口精神面貌的改善。

贫困人口精神面貌包括对国家扶贫政策的满意度，对脱贫致富的积极态度以及对巩固脱贫成果的坚定信心。因此，精准扶贫阶段采用"贫困人口精神面貌的改善"来衡量贫困群众摆脱困境的信心与勇气。

（24）贫困人口健康水平的提高。

贫困人口健康水平是身体上、精神上的健康程度，以及适应力水平，不仅仅只是没有疾病及衰弱的状态。开展传统体育运动能够提高个人的身体健康水平，使得个体人力资本得以保值、增值；也能够激发个体的内生动力，其内在的精神素养得以增强，身心健康发展得以增进。因此，精准扶贫阶段，可采用"贫困人口健康水平的提高"来衡量减贫工作成效。

（25）贫困人口就业技能的增加。

贫困人口就业技能是指个体获得和保持工作的能力，还包括持续完成工作，实现良好职业生涯发展的能力。采用"贫困人口就业技能的增加"衡量精准扶贫阶段贫困人口获得初次就业、保持就业的基本能力和素质。

（26）贫困人口文化教育水平提升。

贫困人口文化教育水平提升是指，通过教育扶贫，发挥教育的经济功能、教化功能，提升贫困地区人口的文化知识水平，使贫困人口获得持续发展的能力。因此，精准扶贫阶段采用"贫困人口文化教育水平提升"衡量传统体育在"扶智"方面的减贫绩效。

（27）贫困人口自我发展能力增强。

增强农村贫困人口的自我发展能力是反贫困的核心与关键，是提高桂滇黔民族地区人口素质的重要途径。贫困人口的自我发展能力增强包括文化素质、生存技能、信贷资金获取能力、农村基层组织管理等各方面能力的提升。

（28）传统体育人才培养。

桂滇黔民族地区传统体育产业和体育事业的发展离不开人才的培养。传统体育人才培养是指通过师徒传承、学校教育、社区教育、社会培训等形式，培养既懂技术，也懂文化、市场、管理等知识的各级各类传统体育人才。

（29）传统体育保护传承。

传统体育保护传承是指针对桂滇黔民族地区政府及其他利益相关者通过建设保护基地、展馆、工作室，以及给予补助津贴、知识产权保护等措施，推动传统体育的保护与传承。

（30）传统体育创新发展。

传统体育创新发展是按照时代特点和要求，对桂滇黔民族地区传统体育的文化内涵加以补充、拓展和完善，赋予其新的表现形式，激活传统体育的生命力，增强其影响力和感召力，进而推动其创造性转化与创新性发展。

（31）民族文化认同的加深。

民族文化认同的加深是指通过民族传统文化的挖掘、保护和创新，发挥教育文化传承的作用，提升民族地区群众的多元识读能力以及综合素养，增强群众的文化自觉和认同感，推进传统体育文化的传承与发展。

（32）民族文化共享的加强。

加强民族文化共享，即在全社会范围内共享基础教育资源，并通过互联网媒体、视频网站、音乐软件等平台共享文化资讯，有效提高贫困人口的文化素质，推动优秀民族文化的传播及推广。

（33）民族文化自信的坚定。

坚定民族文化自信是指，民族地区从传统体育中汲取文化滋养，紧跟时代步伐，赋予传统体育新的时代内涵和表现形式，满足人民群众对传统文化的需求，坚定各民族群众对传统文化与价值体系的认同。

（34）推进民族团结进步。

推进民族团结进步是指，全面深入地开展民族团结进步工作，铸牢中华民族共同体意识，坚持共同团结奋斗、共同繁荣发展，推进各民族走向包容性更强、凝聚力更大的命运共同体。

4.3.2.2 成果巩固阶段指标释义

由于两个阶段部分指标重合，重叠的指标在前文已有详细释义，不再重复赘述，尚有 11 项指标与精准扶贫阶段有所不同，释义如下。

（1）脱贫不稳定人口发生率。

脱贫不稳定人口是建档立卡脱贫户中，在上一年度家庭人均可支配收入低于国家扶贫标准1.5 倍左右且存在：①内生动力不足、就业增收不稳；②因重大疾病；③因突发事件（重大变故、疫情影响）；④因重大灾害；⑤因经营亏损（产业失败）等引发的刚性支出明显超过上年度收入和收入大幅缩减的；⑥家庭主要劳动力因残完全丧失或部分丧失劳动力等情况的农户。精准识别脱贫不稳定人口，有利于检验传统体育扶贫工作成效，同时推动建立健全返贫人口快速发现和响应机制（廖冰、邝晓燕等，2022）。本书中，脱贫不稳定人口发生率是指脱贫不稳定人口数量与脱贫人口数量的比值。

（2）边缘易致贫人口发生率。

边缘易致贫人口是指一般农户中，上一年度家庭人均可支配收入低于国家标准1.5 倍左右，正常生产生活有困难且存在：①患大病重病或长期慢性病按合规分级诊疗个人自费开支较大的；②家庭供养 2 个及以上全日制普通高校在校生（含高职学生）未享受助学政策或享受后个人常规花费开支较大的；③家庭遇到重大灾害、突发事件（意外事故、疫情影响）引发的刚性支出明显超过上年度收入和收入大幅缩减的；④家庭主要劳动力完全或部分丧失劳动能力（因残）就业不稳或家庭收入来源不稳定等情况的农户（白雨霏，2021）。本书中，边缘易致贫人口发生率是指边缘易致贫人口数量与农村人口数量的比值。

（3）突发严重困难户发生率。

突发严重困难户是指家庭人均可支配收入高于返贫监测底线，但因病、因灾、因意外事故等突发状况，刚性支出较大超过预警标准或收入大幅缩减，导致基本生活出现严重困难，存在返贫致贫风险的脱贫户（孙昊，2024）。本书中，突发严重困难户发生率是指突发严重困难户数量与农户数量的比值。

（4）传统体育扶贫政策体系完备性。

传统体育扶贫政策体系完备性可衡量桂滇黔民族地区传统体育扶贫政策是否全面，是否符合当地实际贫困现状，是否聚焦于解决当地实际贫困问题，能否帮助到该地区每一户贫困家庭。

（5）建立乡村振兴有效衔接工作体系。

在脱贫攻坚与乡村振兴的转型接续期，建立精准扶贫与乡村振兴有效衔接的工作体系，按照乡村振兴的目标要求，将扶贫产业发展、基础设施建设、干部人才交流、要素保障、公共服务提升等具体工作全面衔接到乡村振兴。因此，从精准管理角度，采用"建立乡村振兴有效衔接工作体系"来评估成果巩固阶段传统体育助力精准扶贫的绩效。

（6）脱贫人口稳定就业能力增强。

脱贫人口稳定就业能力是指，脱贫人口具备一定技术水平、身体素质和文化程度，可应对各种风险和挑战，实现稳定就业的能力。脱贫人口稳定就业是实现长效脱贫的根本途径，是决定脱贫人口从"被动扶贫"向"主动脱贫"局面转变的关键要素，用以测算成果巩固阶段传统体育的扶贫成效。

（7）脱贫人口人均可支配收入增长率。

新时期经济社会发展目标，强调民生福祉达到新水平，居民人口可支配收入增长要与国内生产总值增长基本同步。可见，成果巩固阶段，人均可支配收入依然是考察地区经济发展能力的标准之一。因此，脱贫人口人均可支配收入增长率采用近五年（2017～2021 年）贫困人口人均可支配收入年平均增长率来表示。

（8）脱贫人口精神面貌的改善。

成果巩固阶段，脱贫人口精神面貌的改善是指，传统体育助力脱贫地区经济社会发展的同时，提振了居民的精神风貌，增强了脱贫群众的开放意识、创新意识、科技意识、规则意识、市场意识等。

（9）脱贫人口健康水平的提高。

《脱贫地区健康促进行动方案》强调将工作重点由"健康扶贫"转向"健康促进"，以农村低保对象、特困人员、易致贫返贫人口和脱贫人口为重点，在脱贫地区大力开展健康知识普及，不断提升脱贫群众的身体水平。脱贫人口健康水平的提高是指，引导脱贫群众参与传统体育，帮助其树立科学的健康观，掌握必备的健康技能，科学就医合理用药，使其达到身体、心理、社会功能三方面完满的状态。

（10）脱贫人口文化教育水平提升。

脱贫人口文化教育水平提升是指保持教育扶贫政策稳定的背景下，全方位对接农村低收入人口和欠发达地区帮扶机制，巩固脱贫地区学校建设成果，提升教育质量和办学水平。

（11）脱贫人口自我发展能力增强。

脱贫人口自我发展能力增强是指，脱贫人口自我发展积极性，向小康社会迈进的主观能动性，增收致富主动性的全面提升。巩固脱贫成果，需以脱贫人口"自我发展能力建设"为抓手，尤其强调提升人力资本，全面提升脱贫质量，着力巩固脱贫成果。

4.4 桂滇黔传统体育助力精准扶贫绩效评价模型建立

4.4.1 总目标评价模型的构建

层次分析法可以对非定量事件作定量分析，也能对人的主观判断作定量描述。该方法于 20 世纪 70 年代初由美国运筹学家托马斯·塞蒂（T. L. Satty）等提出，其基本原理是首先把需要分析的目标层次化，然后根据问题的性质与评价要求，将目标分解为不同的评价指标和组成因素，并按照这些因素之间的相互关系，将其以不同层次进行聚集组成，最终形成一个多层次分析结构模型。层次分析法可以弥补专家咨询法的缺陷，较为全面地汇集并评价各位专家的主观意见，提高评价结果的客观性。为此，本书运用层次分析法构建桂滇黔民族地区传统体育助力精准扶贫绩效评价模型；这是在评价指标体系的基础上，遵循传统体育、精准扶贫以及乡村振兴的相关评价标准，所建立的两阶段三层二级指标模型树，即递阶层次模型。其中，目标层为"桂滇黔民族地区传统体育助力精准扶贫绩效评价"，也称为最高层，表征评价的目的，包括精准扶贫和乡村振兴两个阶段；评价项目层包括"精准识别""精准帮扶""精准管理""减贫成效"4 个因素，是对目标层的具体描述和展开；评价因子层包括"建档立卡贫困人口识别精准率""传统体育扶贫政策宣传力度""传统体育产业增长率"等 34 个因素，这一层是对评价项目层的进一步细化，也是对总目标层进行评价的最具体措施，处于模型的最底层，如图 4.4 所示。

由图 4.4 可知，桂滇黔民族地区传统体育助力精准扶贫绩效评价模型涉及两个阶段，即精准扶贫阶段和成果巩固阶段，两个阶段均包括 4 项一级指标和 34 项二级指标。

就"精准识别"而言，精准扶贫阶段包括"建档立卡贫困人口识别精准率""建档立卡贫困人口退出精准率" 2 项指标；成果巩固阶段，包括

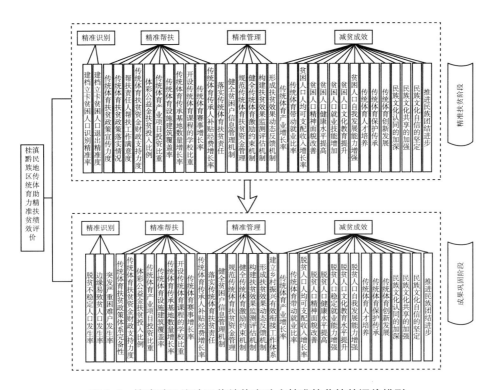

图 4.4　桂滇黔民族地区传统体育助力精准扶贫绩效评价模型

"脱贫不稳定人口发生率""边缘易致贫人口发生率""突发严重困难户发生率"3 项指标，是精准扶贫工作得以开展的前提，也是评价传统体育助力精准扶贫绩效的核心。

就"精准帮扶"而言，精准扶贫阶段包括"传统体育扶贫政策宣传力度""传统体育扶贫政策落实情况"等 11 项指标；成果巩固阶段，包括"传统体育扶贫政策体系完备性""传统体育扶贫资金财政支持力度"等 9 项指标，是在精准识别基础上，根据具体贫困原因采取的针对性举措，将传统体育精准扶贫开发规划、传统体育精准扶贫目标转化为可落实、可实现、可推行的具体工作。

就"精准管理"而言，精准扶贫阶段和成果巩固阶段均包括"落实传统体育扶贫责任""健全贫困户信息管理机制""规范传统体育扶贫资金管理""健全传统体育激励约束机制""构建扶贫效果监测评估机制""形成扶贫效果动态反馈机制"6项指标。此外，在成果巩固阶段，增加了"建立乡村振兴有效衔接工作体系"这项指标，以凸显传统体育资源挖掘与产业发展为桂滇黔民族地区乡村振兴衔接工作开辟新的路径。

就"减贫成效"而言，精准扶贫阶段，包括"传统体育产业增长率""贫困人口人均可支配收入增长率""贫困人口文化教育提升""民族文化认同的加深"等15项指标；成果巩固阶段，贫困人口摆脱绝对贫困，进入乡村振兴衔接时代，该阶段包括"脱贫人口精神面貌改善""脱贫人口稳定就业能力增强""民族文化自信的坚定"等15项指标。反映传统体育助力精准扶贫后获得的效益，也是桂滇黔民族地区传统体育助力精准扶贫绩效评价的必备因素。

4.4.2 评价模型指标权重的确定

桂滇黔民族地区传统体育助力精准扶贫绩效评价指标之间存在着相互制约的关系，使得具体实践过程中，不同指标对其绩效影响程度也不尽相同，因此，有必要解决各指标权重的问题。为使获得的权重更加科学、客观、合理，笔者将层次分析法和专家问卷法相结合，从参与第二轮评价指标体系筛选的36名专家中选取30名，以调查问卷的形式，就最终确定评价模型中各层指标的重要程度，按照重要、较重要、一般、较不重要、不重要的判断级别，以9、7、5、3、1作为量化标准，对同一层次指标间相对于上一层次某项指标的相对重要性进行判断，并适当提出修改意见。

本次调查共发放专家问卷30份，回收有效问卷23份，有效率达76.67%。在对收回的问卷进行系统整理、综合与检查后，笔者采用23位专家的平均意见作为评价指标权重的原始数据，运用层次分析法软件yaahp10.3，分别计算出精准扶贫阶段和成果巩固阶段，评价项目指标层以及评价因子指标层所有指标的权重。

4.4.2.1　精准扶贫阶段指标权重的确定

表 4.25　　　　　　　　　　精准扶贫阶段绩效评价项目指标权重结果

总目标	精准识别	精准帮扶	精准管理	减贫成效	W_i
精准识别	1.0000	0.2000	0.3333	0.2000	0.3636
精准帮扶	—	1.0000	3.0000	0.3333	0.2709
精准管理	—	—	1.0000	0.2000	0.1217
减贫成效	—	—	—	1.0000	0.2438

一致性比例：0.0977 < 0.1；λ_{max} = 17.1752；对总目标权重为 1.0000

由表 4.25 可知，精准扶贫阶段，评价项目指标层的 CR = 0.0977 < 0.1，通过一致性检验，所得权重值有效。从排序结果来看，"精准识别"所占权重最大，达到 0.3636，是桂滇黔民族地区传统体育助力精准扶贫绩效评价的核心内容；"精准帮扶"所占权重排名第二，达到 0.2709，是精准扶贫的关键，也是影响桂滇黔民族地区传统体育扶贫成效的重要因素；"减贫成效"和"精准管理"所占权重分别为 0.2438 和 0.1217，是"精准识别"和"精准帮扶"的有益补充，对评价传统体育助力精准扶贫绩效意义重大，是整项指标体系中必不可少的组成部分。

就评价因子层而言，结合评价项目层权重，根据评价模型，制定了精准扶贫阶段评价因子指标权重表，包括桂滇黔民族地区传统体育助力精准扶贫绩效评价指标体系中的 4 项一级指标、34 项二级指标，具体如表 4.26 所示。

表 4.26　　　　　　　　　　精准扶贫阶段评价因子指标权重

总目标	评价项目层	项目层权重	评价因子层	指标权重	组合权重
桂滇黔民族地区传统体育助力精准扶贫绩效评价	精准识别	0.3636	建档立卡贫困人口识别精准率	0.5477	0.1989
			建档立卡贫困人口退出精准度	0.4523	0.1647
	精准帮扶	0.2709	传统体育扶贫政策宣传力度	0.0416	0.0113
			传统体育扶贫政策落实情况	0.0494	0.0134
			帮扶责任人帮扶工作满意度	0.1381	0.0374

续表

总目标	评价项目层	项目层权重	评价因子层	指标权重	组合权重
桂滇黔民族地区传统体育助力精准扶贫绩效评价	精准帮扶	0.2709	传统体育扶贫资金财政支持力度	0.0926	0.0251
			体彩公益金扶贫投入比例	0.1169	0.0317
			传统体育产业项目投资比重	0.1143	0.0310
			传统体育设施建设覆盖率	0.0373	0.0100
			传统体育传承基地数量增长率	0.0718	0.0195
			开设传统体育课程的学校比重	0.1116	0.0302
			传统体育赛事增长率	0.1574	0.0426
			传统体育传承人补贴经费增长率	0.0690	0.0187
	精准管理	0.1217	落实传统体育扶贫责任	0.2381	0.0290
			健全贫困户信息管理机制	0.1180	0.0143
			规范传统体育扶贫资金管理	0.1404	0.0171
			建立传统体育扶贫激励约束机制	0.1181	0.0144
			构建扶贫效果监测评估机制	0.1371	0.0167
			形成扶贫效果动态反馈机制	0.2483	0.0302
	减贫成效	0.2438	传统体育产业增长率	0.0706	0.0172
			传统体育带动就业比率	0.0698	0.0170
			贫困人口人均可支配收入增长率	0.1009	0.0246
			贫困人口精神面貌改善	0.0516	0.0126
			贫困人口健康水平提高	0.1273	0.0310
			贫困人口就业技能增加	0.0535	0.0130
			贫困人口文化教育水平提升	0.0423	0.0103
			贫困人口自我发展能力增强	0.0868	0.0212
			传统体育人才培养	0.1143	0.0279
			传统体育保护传承	0.0400	0.0098
			传统体育创新发展	0.0660	0.0161
			民族文化认同的加深	0.0500	0.0122
			民族文化共享的加强	0.0367	0.0090
			民族文化自信的坚定	0.0489	0.0119
			推进民族团结进步	0.0413	0.0100

4.4.2.2　成果巩固阶段指标权重的确定

由表 4.27 可知，成果巩固阶段，评价项目指标层的 CR = 0.0742 < 0.1，通过一致性检验，所得权重值有效。从排序结果来看，"精准识别"所占比重最大，达到 0.3653。脱贫不稳定人口、边缘易致贫人口、突发严重困难户是成果巩固阶段返贫监测的对象，对其进行精准识别，是传统体育助力成果巩固阶段绩效评价的重要内容；"减贫成效"的权重为 0.3037，相较于精准扶贫阶段有所上升，仍然是成果巩固阶段桂滇黔民族地区传统体育助力精准扶贫绩效评价的核心内容；"精准帮扶"和"精准管理"所占权重分别为0.1557、0.1753，帮扶和管理对评价传统体育助力成果巩固绩效水平始终意义重大，是指标体系中不可或缺的组成部分。

表 4.27　　　　　　　　成果巩固阶段绩效评价项目指标权重结果

总目标	精准识别	精准帮扶	精准管理	减贫成效	W_i
精准识别	1.0000	3.0000	3.0000	0.3333	0.3653
精准帮扶	—	1.0000	3.0000	0.3333	0.1557
精准管理	—	—	1.0000	0.2000	0.1753
减贫成效	—	—	—	1.0000	0.3037

一致性比例：0.0742 < 0.1；λ_{max} = 4.1981；对总目标权重为 1.0000

就评价因子层而言，结合评价项目层权重，根据评价模型，制定了成果巩固阶段评价因子指标权重表，包括桂滇黔民族地区传统体育助力精准扶贫绩效评价指标体系中的 4 项一级指标、34 项二级指标，具体如表 4.28 所示。

表 4.28　　　　　　　　成果巩固阶段评价因子指标权重

总目标	评价项目层	项目层权重	评价指标层	指标权重	组合权重
桂滇黔民族地区传统体育助力精准扶贫绩效评价	精准识别	0.3653	脱贫不稳定人口发生率	0.4911	0.1794
			边缘易致贫人口发生率	0.2026	0.0740
			突发严重困难户发生率	0.3063	0.1119

总目标	评价项目层	项目层权重	评价指标层	指标权重	组合权重
桂滇黔民族地区传统体育助力精准扶贫绩效评价	精准帮扶	0.1557	传统体育扶贫政策体系完备性	0.0930	0.0145
			传统体育扶贫资金财政支持力度	0.2504	0.0390
			体彩公益金扶贫投入比例	0.0804	0.0125
			传统体育产业项目投资比重	0.1294	0.0201
			传统体育设施建设覆盖率	0.1064	0.0166
			传统体育传承基地数量增长率	0.0639	0.0099
			开设传统体育课程的学校比重	0.1070	0.0167
			传统体育赛事增长率	0.1057	0.0165
			传统体育传承人补贴经费增长率	0.0638	0.0099
	精准管理	0.1753	落实传统体育扶贫责任	0.2210	0.0387
			健全贫困户信息管理机制	0.0113	0.0020
			规范传统体育扶贫资金管理	0.0211	0.0037
			建立传统体育扶贫激励约束机制	0.2039	0.0357
			构建扶贫效果监测评估机制	0.0033	0.0006
			形成扶贫效果动态反馈机制	0.3245	0.0569
			建立乡村振兴有效衔接工作体系	0.2149	0.0377
	减贫成效	0.3037	传统体育产业增长率	0.0286	0.0087
			传统体育带动就业比率	0.1652	0.0502
			脱贫人口人均可支配收入增长率	0.1570	0.0477
			脱贫人口精神面貌改善	0.0202	0.0060
			脱贫人口健康水平提高	0.0349	0.0106
			脱贫人口稳定就业能力增强	0.1500	0.0456
			脱贫人口文化教育水平提升	0.0115	0.0035
			脱贫人口自我发展能力增强	0.1811	0.0550
			传统体育人才培养	0.0133	0.0040
			传统体育保护传承	0.0094	0.0029
			传统体育创新发展	0.1008	0.0306
			民族文化认同的加深	0.0281	0.0085
			民族文化共享的加强	0.0249	0.0076
			民族文化自信的坚定	0.0364	0.0111
			推进民族团结进步	0.0386	0.0117

4.4.3　评价因子的评分参数

本书根据各级指标的权重排序，以权重值的 100 倍赋予各因素分值，得到桂滇黔民族地区传统体育助力精准扶贫绩效评价参数表（见表 4.29、表 4.30）。该表可为传统体育助力精准扶贫绩效评价过程中每项指标的得分提供标准，为评价目标的综合分值计算奠定基础。

表 4.29　　　　　　　　　精准扶贫阶段绩效评价参数

评价项目层	分值	评价因子层	分值
精准识别	36	建档立卡贫困人口识别精准率	20.0
		建档立卡贫困人口退出精准度	16.0
精准帮扶	27	传统体育扶贫政策宣传力度	1.0
		传统体育扶贫政策落实情况	1.0
		帮扶责任人帮扶工作满意度	4.0
		传统体育扶贫资金财政支持力度	3.0
		体彩公益金扶贫投入比例	3.0
		传统体育产业项目投资比重	3.0
		传统体育设施建设覆盖率	1.0
		传统体育传承基地数量增长率	2.0
		开设传统体育课程的学校比重	3.0
		传统体育赛事增长率	4.0
		传统体育传承人补贴经费增长率	2.0
精准管理	12	落实传统体育扶贫责任	3.0
		健全贫困户信息管理机制	1.0
		规范传统体育扶贫资金管理	2.0
		建立传统体育扶贫激励约束机制	1.0
		构建扶贫效果监测评估机制	2.0
		形成扶贫效果动态反馈机制	3.0
减贫成效	25	传统体育产业增长率	2.0
		传统体育带动就业比率	2.0
		贫困人口人均可支配收入增长率	3.0

续表

评价项目层	分值	评价因子层	分值
减贫成效	25	贫困人口精神面貌改善	1.0
		贫困人口健康水平提高	3.0
		贫困人口就业技能增加	1.0
		贫困人口文化教育水平提升	1.0
		贫困人口自我发展能力增强	2.0
		传统体育人才培养	3.0
		传统体育保护传承	1.0
		传统体育创新发展	2.0
		民族文化认同的加深	1.0
		民族文化共享的加强	1.0
		民族文化自信的坚定	1.0
		推进民族团结进步	1.0

表 4.30　　　　　　成果巩固阶段绩效评价参数

评价项目层	分值	评价因子层	分值
精准识别	36	脱贫不稳定人口发生率	18.0
		边缘易致贫人口发生率	7.0
		突发严重困难户发生率	11.0
精准帮扶	16	传统体育扶贫政策体系完备性	1.0
		传统体育扶贫资金财政支持力度	4.0
		体彩公益金扶贫投入比例	1.0
		传统体育产业项目投资比重	2.0
		传统体育设施建设覆盖率	2.0
		传统体育传承基地数量增长率	1.0
		开设传统体育课程的学校比重	2.0
		传统体育赛事增长率	2.0
		传统体育传承人补贴经费增长率	1.0
精准管理	18	落实传统体育扶贫责任	3.8
		健全贫困户信息管理机制	0.2
		规范传统体育扶贫资金管理	0.4
		建立传统体育扶贫激励约束机制	3.5

续表

评价项目层	分值	评价因子层	分值
精准管理	18	构建扶贫效果监测评估机制	0.1
		形成扶贫效果动态反馈机制	6.0
		形成乡村振兴有效衔接工作体系	4.0
减贫成效	30	传统体育产业增长率	0.9
		传统体育带动就业比率	5.0
		脱贫人口人均可支配收入增长率	4.0
		脱贫人口精神面貌改善	0.6
		脱贫人口健康水平提高	1.0
		脱贫人口稳定就业能力增强	5.0
		脱贫人口文化教育水平提升	0.3
		脱贫人口自我发展能力增强	6.0
		传统体育人才培养	0.4
		传统体育保护传承	0.3
		传统体育创新发展	3.0
		民族文化认同的加深	0.8
		民族文化共享的加强	0.7
		民族文化自信的坚定	1.0
		推进民族团结进步	1.0

注：由于部分指标的权重较小，即使扩大 100 倍得到的评分参数也小于 1，为方便实证研究中被评价样本各项指标均值与其评价参数之间的比较研究，笔者对其进行了效用值处理，消除因不同量纲所造成的影响。

4.4.4　综合评价分值的测算

本书采用加权综合指标法计算桂滇黔民族地区传统体育助力精准扶贫绩效的综合评价分值。假设对于总目标 E，各影响因子 P_i（i = 1，…，n）的重要性分值为权重 Q_i（Q > 0，Q = 10 或 1），即可运用公式 4.6 计算 E 的评价分值。

$$E = \sum_{i=1}^{n} Q_i P_i \qquad (4.6)$$

式中，E 为传统体育助力精准扶贫绩效评价值；

Q_i 为第 i 个评价指标的权重；

P_i 为第 i 个评价指标的平均值；

n 为评价指标数目。

4.4.5 评价模型的应用

桂滇黔民族地区传统体育助力精准扶贫绩效评价模型的应用，主要遵循以下五个步骤：第一，确定要评价的传统体育扶贫项目；第二，搜集被评价项目的相关资料，根据传统体育助力精准扶贫绩效评价模型内容对评价项目进行评价；第三，邀请相关领域专家（传承人、高校学者）对传统体育助力精准扶贫绩效评价模型中的各项指标进行打分，计算每项得分的平均值；第四，运用公式（4.6）计算被评价传统体育助力精准扶贫绩效的综合评价分值；第五，根据被评价传统体育助力精准扶贫绩效综合评价得分，从拓展脱贫攻坚成果同乡村振兴有效衔接角度，对其进一步的持续发展提供有针对性、指导性的意见和建议。具体技术流程如图 4.5 所示。

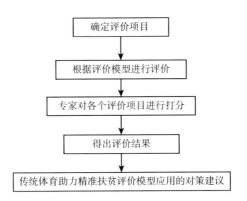

图 4.5　桂滇黔民族地区传统体育助力精准扶贫绩效评价流程

桂滇黔民族地区传统体育助力精准扶贫绩效评价的实证研究

传统体育作为中华民族的宝贵财富，是各民族集体智慧的结晶和历史发展的沉淀，不仅承载着深厚的历史记忆、价值观念、思维方式，而且展现着丰润的传统文化、体育精神、行为准则；充分挖掘传统体育内在的文化价值，发挥传统体育在扶贫、扶智、扶志方面的独特优势，对于培育社会风气、打赢脱贫攻坚战并有效衔接乡村振兴具有重要意义。2018 年 1 月，国家体育总局、国家民委印发了《关于进一步加强少数民族体育工作的指导意见》，其中提出"把少数民族传统体育作为推动民族地区经济社会发展的重要力量……推进少数民族传统体育与旅游、文化等融合发展，助力打赢边疆民族地区和少数民族群众脱贫攻坚战"。本书以广西靖西抛绣球、云南广南武术以及贵州榕江县斗牛小镇为实证研究对象，以此考察评价传统体育文化、传统体育公共服务以及传统体育产业助力精准扶贫的绩效。本章结合实地走访、调查，梳理实证对象的发展历史和现状，探讨其助力精准扶贫的理论基础和内在机理，在此基础上结合前文第四章构建的评价指标体系对传统体育助力精准扶贫的绩效水平进行测算，并通过测评结果对其发展困境作出分析和总结，为后文传统体育助力精准扶贫、巩固脱贫成果以及乡村振兴实现路径的提出提供科学依据。

5.1 广西靖西抛绣球助力精准扶贫绩效评价研究

抛绣球是壮族最为流行的传统体育项目之一，其历史可以上溯至原始社会，具有娱乐健身、文化传承、人际交往等诸多功能，而且内蕴多元的民族价值取向、民俗审美观念，呈现丰厚的精神信仰、道德准则、生活方式等（邱海洪，2007）。绣球是广西三大文化符号之一，是壮族人的定情物和吉祥物，也是中国传统婚庆文化和美圆满的象征，因具有美好的寓意和精美的外形，如今也被人们当作馈赠亲友之礼品，成为广西极具特色的旅游工艺品之一。绣球作为壮族的文化符号，其抛绣球体育活动、绣球制作技艺、绣球文化的保护传承得到了大力推进，通过发展绣球产业、建设抛绣球基地、建设靖西绣球城等多种途径，使绣球在现代社会中得以不断创造性转化和创新性发展，产生了客观的综合价值效益，赋能当地民众。

靖西市（县级市）因盛行抛绣球、盛产绣球而闻名于海内外，被誉为"中国绣球之乡"。近年来，靖西市以绣球文化挖掘为重点，发挥其在脱贫工作中"扶志""扶智"的作用；大力发展绣球产业，通过举办抛绣球比赛、组织抛绣球展演以及绣球制作、加工、销售等，将文化资源优势转化为经济优势，带动贫困人口就业增收。绣球成为当地居民收入的主要来源之一，绣球文化在助力脱贫攻坚与乡村振兴方面发挥着重要作用。2021年靖西市绣球制作技艺入选中华优秀文化传承发展工程广西"十佳案例"，在技艺、传承、创新、传播方面具有示范性与代表性。

5.1.1 广西靖西抛绣球的历史与现状

抛绣球是靖西壮族人民喜闻乐见的一项传统体育项目，是壮乡民族文化与精神信仰的代表。经过漫长的历史发展，抛绣球由军事行动演变为青年男女传情达意的重要方式，随后发展成为群众喜爱的体育运动，其文化内涵与价值属性逐渐趋向多元化。根据已有文献记载，结合实地调研资料，靖西抛绣球的历史演进可以划分为以下四个阶段。

5.1.1.1　萌芽与雏形阶段

抛绣球是壮族最为流行的传统体育项目之一，其历史悠久。在百越地区河姆渡遗址中，已发现陶球、弹丸等壮族先民狩猎用的工具，这些物品正是绣球的前身（张明远，2006）。据体育史研究专家分析，两千多年前的春秋战国时期，广西宁明花山壁画上就绘制有类似绣球的图案，当时的"绣球"是在作战或狩猎时用于投甩的兵器，称为"飞砣"（韦晓康，2004），这种"耍飞砣"即是抛绣球活动的雏形（韦晓康，2003）。由此可见，狩猎、采集是绣球文化的发展基石，体现着壮族先民的勤劳和智慧（熊晓庆，2012）。随着社会的进步和生产力的提高，人们生活方式发生了改变，由原始狩猎转变为农业生产，"飞砣"的功能也因此发生了变化。

5.1.1.2　快速成长阶段

到了唐朝，"飞砣"的功能价值不再局限于战争狩猎的用途，而是逐渐转化为一种休闲娱乐的载体（李锦鸿，2022），抛绣球演变成一种劝酒游戏。《唐音癸签》云："《抛球乐》，酒筵中抛球为陵，其所唱之词也"。[①] 到了宋代，抛绣球由劝酒游戏发展成为日常娱乐活动。周去非的《岭外代答》记载："上巳日（三月三），男女聚会，各为行列，以五色结为球，歌而抛之，谓之飞䮥。男女目成，则女受䮥而男婚已定。"[②] 大致是说，每逢"三月三"歌节时，壮族青年男女都会到野外举行抛绣球活动，以绣球为媒介，不少青年男女结为夫妻。可见，宋朝时期的抛绣球逐渐演变成为异性间传情、求偶的一种方式，反映出他们向往自由、追求平等的婚姻观念。朱辅的《溪蛮丛笑》："土俗岁节数日，野外男女分两朋，各以五色彩囊豆粟，往来抛接，名

---

① 　四库全书·1982 册·唐音癸签·乐通二［M］. 上海：上海古籍出版社，1987.
② 　四库全书·589 册·岭外代答·卷十［M］. 上海：上海古籍出版社，1987.

'飞砣'"。① 此时所用的绣球是用布囊包裹着农作物种子，通过抛接赠送，祈求五谷丰登、欣欣向荣，为"人丁兴旺""多子多福"之意。

进入清代，壮族人民每逢重大节日都会通过抛绣球运动来欢度佳节。清代吉庆所著《广西通志》中记载，"上映山僻，水少土瘠，民贫，农力虽勤，岁无余积。年节老者聚饮，少者抛球为乐，妇女衣短裙服饰尚青蓝"（李荣娟、李俊果，2010）。可见，在生产力低下、自给自足的农耕时代，抛绣球成为壮族青年娱乐的重要方式，促进了人们情感的交流与沟通，进一步增进了族群的内聚力。清道光年间何福祥编纂《归顺直隶州志》述广西靖西一带壮族"迎春牛前一日，城外两甲老少男女预先缝制新衣看春，于黎明后各携幼男幼女，裹带糇粮络绎来城，集于东郊五、六千人；其纸龙、狮子均是，喧鼓鸣锣……春官与春牛先行，看春男女互掷棉子，谓之'打春'"（李富强，1997）。新编《靖西县志》中记载，"早在清代，龙邦、安宁、南坡、吞盘、荣老、禄峒、地州等地就有抛绣球活动，是农村男女青年喜爱的娱乐活动"。可见，这一时期，抛绣球已然在靖西农村广为流传，成为壮族传统节庆中一项重要的体育活动。

5.1.1.3 短暂停滞阶段

进入近代，中国人民饱受战争摧残，生产与生活水平不断下降，娱乐活动减少。辛亥革命之后，国民政府实施了一系列的措施以维护政权的合法性。民国初年的禁"恶习陋俗"全国性运动、20 世纪 30 年代蒋介石发起的"新生活运动"等都对农村传统习俗产生了极大的消解作用（吕屏，2009）。靖西抛绣球作为壮族民俗的典型代表，亦不可避免地遭到严重破坏。1949 年新中国成立后，我国体育事业不断发展，少数民族传统体育亦受到党和国家的高度重视。靖西抛绣球项目也逐渐被挖掘、整理，绣球表演、抛绣球竞技比赛等逐步恢复，绣球文化迎来短暂的生机。

1966 年开始的"文化大革命"期间，全国多数的传统民俗项目被看作

---

① 四库全书·594 册·溪蛮丛笑［M］. 上海：上海古籍出版社，1987.

是封建迷信活动，被认为是毒害百姓的旧思想、旧文化而被批评和取缔。广西壮族自治区也不例外，抛绣球被认为是封建民俗活动而被列入破除的行列。靖西市文化馆丁副馆长也提到，"'文革'时期，靖西县传统文化备受打击，节庆活动一律取消，与之相关的抛绣球、唱山歌等活动自然也开展不了"（访谈对象：DHY，靖西市文化馆副馆长。为保护被访谈人的个人隐私，本书中所出现访谈人姓名均由首字母大写所替代）。靖西抛绣球传承的断裂，以致很多珍贵的、有价值的资料被破坏，不少民间艺人也因此受到不同程度的打击和迫害。不再有年轻人愿意学习绣球制作，也不敢去了解关于抛绣球的故事，该时期靖西抛绣球处于销声匿迹的隐藏阶段；即便如此，当地居民并未完全消除绣球信仰，而是将绣球制作、抛绣球的情感埋于心底，这也为改革开放后的恢复奠定了基础。

5.1.1.4　全新发展阶段

改革开放以来，民族文化的保护与传承逐渐得到重视。1980 年靖西体育部门把抛绣球作为一项主要民族体育项目，有计划地组织训练。1982 年从农村青年挑选组成的绣球队参加广西壮族自治区第一届少数民族体育运动会后，曾代表自治区到新疆参加全国第一届少数民族体育表演，抛绣球节目受到与会各少数民族代表队及广大观众好评。1984 年靖西绣球代表队代表百色地区参加自治区在融水县举行的第四届少数民族体育运动会，在抛绣球比赛项目中荣获男女团体及男女个人冠军。

与此同时，靖西壮族三月三、民间传统节庆活动恢复举办，抛绣球运动亦日渐兴盛。1984 年广西壮族自治区在南宁举办首届三月三歌节，朱祖线被选拔为靖西抛绣球代表队成员参赛，其所用道具"绣球"被一名美国人以30 美元高价买下。此后，他意识到绣球的商品价值，开始专门从事绣球制作、销售。自 20 世纪 90 年代，每年有超过 1 万只绣球随游客销往海内外。与此同时，靖西民委在旧州开办绣球制作培训班，由资深艺人讲授刺绣技艺、设计图案，民委统一绣球颜色、面料、规格、球瓣数，在传统式样的基础上进行创新，成为现在旧州流行的绣球样式（吕屏，2008）。从 1997 年开始，旧州街及周边村落 80% 的家庭都从事绣球制作，成为家庭增收的主要副业。据有关部门统计，1995～2003 年，旧州街每年平均生产绣球约 15 万个，年产值达到 180 万元；2006 年平均生产绣球 25 万个，年产值近 300 万元（吴桂清，2009）。此后，当地政府意识到绣球文化所蕴含的经济价值，大力发展绣球产业。

靖西市地处中越边境，总面积 3322 平方千米，石漠化面积 116.5 万亩，全市辖 19 个乡镇 282 个行政村 9 个社区，总人口 67 万人，壮族人口占 99.4%。靖西市属于典型的老少边穷地区，自然条件恶劣，因长期受边境战事影响，经济建设起步较晚，贫困是制约当地发展的最大难题。如图 5.1 所示，"十三五"期间共有贫困村 153 个，其中深度贫困村 110 个，极度贫困村 4 个；建档立卡贫困人口 137032 人，贫困发生率为 22.6%。贫困村数、贫困人口数分别排在全区第一位和第二位，是国家扶贫开发工作重点县、深度贫困县、边境贫困县和石漠化集中连片特困地区，脱贫任务异常艰巨。2016 年以来，靖西以脱贫攻坚统领经济社会发展全局，狠下功夫，贫困人口大幅减少，贫困面貌发生历史性变化：到 2020 年贫困人口已经降至 0 人，贫困村 0 个，贫困发生率降至 0（见图 5.1 和图 5.2）。2016～2020 年，靖西市人均可支配收入由 12795 元增至 17965 元，农村居民人均可支配收入由 8461 元增至 12334 元（见图 5.3）。

图 5.1　2016～2020 年靖西市农村贫困人口及贫困村变化情况统计

资料来源：通过对 2017～2021 年靖西市人民政府工作报告整理而得。

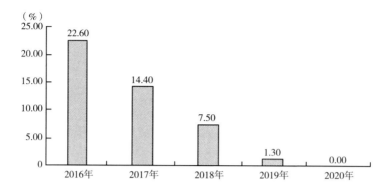

图 5.2　2016～2020 年靖西市贫困发生率变化情况统计

资料来源：通过对 2017～2021 年靖西市人民政府工作报告整理而得。

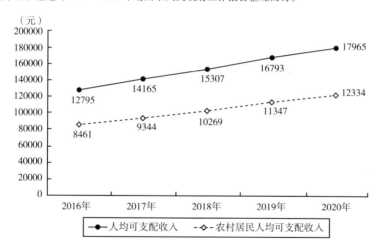

图 5.3　2016～2020 年靖西市居民收入与农村居民收入变化情况统计

资料来源：2016～2020 年《靖西市国民经济与社会发展统计公报》。

　　由于喀斯特地貌的影响，靖西不适宜耕种稻谷、玉米，以及种植果蔬或桑树等经济作物，也无法开展畜牧业。绣球制作能让当地人，尤其是留守乡村的妇女、老人在农忙之余增补些收入。实地调研发现，当地人均每月产绣球 20～30 个，增收 300～600 余元。据初步统计，靖西市从事绣球生产专业户达到 700 多家，绣球从业人员达到 5 万多人次；年产绣球 1000 万个，销售收入 6820 万元。在脱贫攻坚重要时期，当地政府加大对返乡、创业和在家留守妇女的帮扶，采用以农业综合开发为主，手工刺绣为辅的扶贫脱贫模式，传承发扬手工刺绣的传统文化，留住更多的妇女在家就业（陆霓、张继焦，2020）。地方政府大力发展与绣球相关的旅游产业，先后投入 8000 多万元专项拨款，全面改造旧州景区，致力形成新的文体旅融合经济发展结构，让村民有新的致富路径。

5.1.2　广西靖西抛绣球助力精准扶贫的内在机理

民族传统体育具有稀缺性和不可再生性，使其在一定程度上可以以财富的形式表现出来（陈炜、蔡银潇，2021），其蕴含的深厚文化内涵，是价值突出的文化资本（陈丽珠、毕仲春，2013）。广西靖西抛绣球是我国民族传统体育的重要组成部分，其历史悠久、内涵丰富，是极富吸引力的文化资源，是脱贫攻坚的重要文化资本。根据贫困文化理论可知，脱贫攻坚不仅需要帮助贫困群众摆脱物质贫困，还要帮助他们摆脱思想贫困。近年来，靖西市大力推广抛绣球运动，在增强居民身体素质的同时，培养了他们果断、坚毅、自信等积极向上的高尚品质及情操（邱海洪，2007），最终激发群众的内生动力，助力精准扶贫与乡村振兴。在贫困文化理论框架下探讨靖西绣球文化扶贫的内在机理，有助于挖掘抛绣球在改善精神面貌、坚定文化自信等层面的多维效益，为提升文化扶贫效益，巩固扩展脱贫攻坚成果提供科学依据。同时，根据文化资本理论可知，靖西绣球文化资本包括三个层次：一是文化能力，通过家庭活动、学校教育、企业培训，传递绣球有关知识与技能，进而增强个体和群体的发展能力；二是文化产品，包括绣球实物与绣球符号；三是文化制度，包括正式制度和非正式制度，前者主要是政府部门开展的抛绣球运动以及绣球制作有关认定，后者则涉及抛绣球运动的有关的思想、意识、规范等。又依产业链理论可知，靖西抛绣球助力精准扶贫的绩效评价也应该囊括与抛绣球运动相关的上游、中游和下游各环节，其中上游涉及抛绣球运动所需的场地、设施以及绣球制作与设计等，中游包括抛绣球传承、比赛、表演以及绣球的运营、展示等；下游则涉及抛绣球有关的宣传销售、绣球文创等产品等。在整个过程中，当地群众通过直接就业、间接就业的方式共享产业链的增值收益，实现长期稳定脱贫。因此，广西靖西抛绣球助力精准扶贫的过程符合贫困文化理论、文化资本理论和产业链理论的客观规律，在这三种理论的框架下，靖西抛绣球助力精准扶贫的过程从文化赋能—扶智、文化造血—扶贫、文化增信—扶志三个维度体现，它们按照内生逻辑形成靖西抛绣球助力精准扶贫的内在机理。

如图 5.4 所示，在文化资本理论的指导下，靖西抛绣球助力精准扶贫可以从文化能力、文化产品、文化制度三个层面进行解读。在文化能力方面，通过家庭活动、学校教育和企业培训，向个体和群体输送知识、技能、思路，进而激发个体和群体的内生发展能力，实现文化赋能，即"扶贫必扶智"。就文化产品而言，一方面，通过绣球实物的生产、运营与销售，为当地提供更多的就业机会，带动群众摆脱物质贫困；另一方面，通过绣球符号的设计、展示与传播，提高文化软实力，满足人们文化消费需求，帮助其摆脱精神扶贫。在文化制度方面，不仅涉及个人所获得的相关学历、证书等正式制度的认可，进而增强个体的文化自信；而且包括绣球文化蕴含的观念、意识、规范等，其中蕴含着当地居民的文化认同感，进而最大限度地消除心里排斥与隔阂，形成中华民族共同体意识，鼓舞贫困群众的脱贫"志气"，

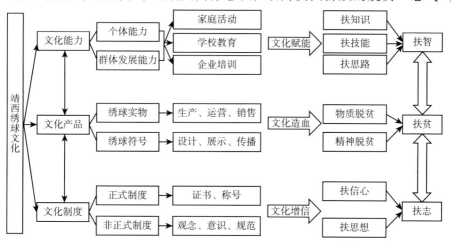

图 5.4　广西靖西抛绣球助力精准扶贫的内在机理

资料来源：笔者根据文化资本理论结合广西靖西抛绣球助力精准扶贫产生的效果绘制而得。

以实现脱贫致富奔小康的奋斗目标。由此可见，靖西抛绣球扶贫在促进文化资源向文化产品转化的基础上，增强贫困户和群众的发展能力，增强贫困群众的文化自信，实现"扶贫必扶智、扶贫先扶志"，从而保障稳定脱贫和乡村振兴。

5.1.2.1 文化赋能：增强内生发展能力

"扶贫必扶智，治贫先治愚。贫困并不可怕，怕的是智力不足、头脑空空，怕的是知识匮乏、精神委顿。"脱贫致富不仅仅要注意"富口袋"，更要注意"富脑袋"。由此可见，脱贫攻坚不仅仅只是完成"两不愁三保障"的问题，更重要的是扶贫与扶智结合起来，精准发力、协同推进，增强贫困群众的内生发展能力。在传统体育文化扶贫过程中，文化能力建设的关键是人力资本投资，即为贫困个体提供适宜的成长计划，包括家庭活动、学校教育、企业培训等，传递体育知识与技术，以培育贫困个体的就业、创业等谋生能力、文化能力、社会适应能力，进而增强整个群体的发展能力，更好助力精准扶贫与乡村振兴。

家庭作为文化的起点，是文化传递最基本的场域，个体对文化的认知和活动都是从家庭开始的，父母将自身对文化的认识、价值取向、行为方式等传递给下一代，从而实现文化的传承。靖西抛绣球在历史长河中不断延续，得益于众多壮族家庭的广泛参与，这样不仅能够发挥其强身健体的功能，而且作为壮族青年男女传递感情的重要方式传递给下一代。在家庭传承过程中，老一辈人通过言传身教的方式将绣球知识、刺绣技法传递给后代，使他们在这种环境氛围中受到感染，逐渐培养出对绣球文化的兴趣，并在实践中不断进步，最终增强自身文化能力。在实地调研过程中，一位壮族姑娘表示，"爸爸和妈妈就是赶歌圩认识的，当时妈妈看上爸爸，然后就把自己做的绣球抛给他，当成定情信物。两人结婚以后，妈妈经常在家做绣球，我小的时候就跟着看，大点以后妈妈就让我先拿一些不用的布来绣，先帮我画好图，然后手把手地教着绣，绣着绣着就会了"（访谈对象：WCY，34 岁，壮族，农民）。由此可见，抛绣球是壮族青年男女传递感情的重要方式，并通过父母与子女的血缘关系实现绣球文化知识、技术的在个体间的传递，最终让青年人广泛参与抛绣球运动、掌握绣球制作技艺，实现整个群体文化能力的提升，有效建立内生式脱贫机制，保障贫困地区全面脱贫具备内在动力。

学校教育是人类传递文明和知识、培养青少年、创造美好生活的重要途径。人类社会需要通过学校教育不断培养社会需要的人才，让广大青少年掌握知识、传递技术、传承技能，进而增强文化能力和创业能力，实现文化传承与创业致富双赢。当前，靖西已经在全市中小学开展抛绣球运动，将其作为体育中考当中的一个自选项目。在抛绣球运动中，学生需要进行多种不同的动作，除了基本的跑、跳、伸等动作之外，还包含了抛、蹲、蹬、接等动作，通过全身性肌肉的运动，实现速度、力量、耐力以及协调性的综合练习，这样不仅可以提高学生的身体素质，而且帮助其掌握抛绣球的方法、规则等。与此同时，抛绣球运动的完成需要多个学生的合作，只有相互配合、共同努力才能完成这项运动，在这个过程中可以增强学生的集体主义、竞争意识和拼搏精神，提高自身人际交往能力、组织协调能力等，最终提升自身综合素质。靖西市职业技术学校还开设抛绣球、绣球制作等相关的课程，培养专门的技术型人才，通过与靖西刺绣行业协会、靖西壮锦厂等深度合作，在学校建立基地，传承民族工艺的同时，提高学生的就业、创业能力，为助力持续稳定脱贫提供有力支撑。

企业培训是增强个人能力和团体竞争力的重要途径。由前文靖西抛绣球发展演变可知，抛绣球曾经出现短暂停滞阶段，群众甚少参加抛绣球活动，也并不掌握绣球制作技术。近年来，靖西市将绣球制作技术培训作为精准扶贫工作的有力抓手，本着"实际、实用、实效"的原则，邀请靖西壮锦厂、靖西绣蕴坊绣球文化有限公司等企业深入贫困乡村开展技能培训，掌握能致富的技术，促进农民增收，助力精准扶贫。据初步统计，迄今为止，绣蕴坊共举办绣球技能、技艺培训 300 多场，受益群众达 20000 多人，带动 400 多名农村妇女居家就业，其中贫困户 36 户 65 人，已全部实现脱贫（马红玉、黄爱金，2020）。在实地访谈中，有居民表示，"以前我在广东打工，后来村里有不少人制作绣球，我也就回来了；堆绣那个线很难编，不知道怎么弄，王总（王秀芬）每次过来培训，就跟她学，现在基本掌握了绣球制作的技术，能够制作出三十瓣的绣球了"（访谈对象：DAD，29 岁，女，新靖镇金龙村上古龙屯 2018 年脱贫户）。由此可见，企业培训改变了贫困群众的就业思路，同时增强了贫困群众的就业能力，保证了贫困群众稳定脱贫。

5.1.2.2 文化造血：激活绣球致富潜能

贫困地区尽管自然条件差、基础设施落后、发展水平较低，但也有各自的有利条件和优势。广西靖西因盛行抛绣球、盛产绣球而闻名于海内外，被誉为"中国绣球之乡"，因此，绣球文化是靖西不可替代的资源优势。深入挖掘绣球文化，塑造绣球文化品牌，发展特色绣球文化产业，推动绣球文化资源向绣球文化产品的转化是助推靖西乡村地区脱贫致富的重要抓手。

一方面，靖西积极发展绣球产业，在绣球制作、运营与销售过程中，吸纳贫困人口就业，特别是优先吸纳建档立卡贫困人口就业，扩宽贫困群众的就业渠道，提高个人收入水平，最终帮助贫困群众摆脱物质贫困。在绣球制作方面，靖西全市共有 19 个乡村、291 个行政村从事绣球生产，绣球生产专业户达到 500 多家，其中贫困家庭 100 余家；绣球从业人员达到 5 万多人，其中贫困群众 5000 余人；年产绣球 300 余万个，年均产值达到 4000 余万元，带动贫困群众年均增收 8000 余元。由此可见，绣球制作直接帮助当地贫困群众就地就近就业，带动贫困群众稳定增收致富。在实地访谈中，一名脱贫群众表示，"干完农活和家务以后，每年在家里制作绣球，这个月刚做了 100个，按照每个 9 块钱，一个月收入有 900 元"（访谈对象，HAL，37 岁，新靖真金龙村上古龙屯，2018 年脱贫户）。在绣球运营方面，靖西市采用"企业＋协会＋农户"的方式开展绣球规模化运营。企业是销售绣球的主体，近年来靖西培育了大型的绣球龙头企业，有靖西壮锦厂、靖西绣蕴坊绣球文化有限公司等 5 家规模可观的绣球企业。协会是公司与农户的纽带，主要协调两者之间的关系，同时也是农户的技术指导。靖西市旧州街刺绣协会会长表示，"协会自 1998 年成立以来，由绣球能手带领深入各贫困村开展绣球技艺培训，每年基本培训 2000 多场，现在协会会员已经达到 875 人"（访谈对象：ZB，45 岁，靖西市旧州街刺绣协会会长）。在绣球销售方面，靖西在传统的销售方式基础上，积极探索营销联盟、连锁店、电子商务等新型模式，扩大绣球市场。当前，靖西绣球已远销至东盟、欧美等国家和地区，例如文莱、越南、韩国、日本、美国、加拿大、挪威等，销售收入达到 6280 万元，为精准扶贫工作的开展奠定了坚实的经济基础。靖西市文化体育广电和旅游局黄局长在访谈中提到，"现在绣球产业已经成为当地脱贫致富与乡村振兴的重要支柱产业，这几年靖西以绣球为主导产品，在淘宝开展'市长带货直播''电商大集'等活动，加大绣球产品的宣传推广，带动脱贫攻坚和乡村振兴"（访谈对象，HL，靖西市文化体育广电和旅游局局长）。

另一方面，靖西将绣球符号化，通过文化符号的设计、展示、宣传，唤起壮乡儿女对传统文化的记忆和普遍认同感，激发群众的文化自豪感和自信心，最终帮助贫困群众摆脱精神贫困。在绣球文化符号设计中，当地政府积极申报"靖西绣球"地理标志证明标志，制定"靖西绣球"标志使用管理制度。同时，积极申报"绣球之乡"的命名。2012 年，靖西市获得广西授予的"广西绣球之乡"命名；2016 年获广西壮族自治区文联授予的"广西特色文艺之乡"；2018 年，获得中国工艺美术协会授予的"中国绣球之乡"称号。荣誉的获得增强了贫困群众的文化自信心，进而引导其投身绣球制作，并以此帮助家庭改变贫困的现状。在实地调研中，一位壮族大姐表示，"早些年在家里种地基本没什么收入，就去外地打工，在工地上干过、打过零工，收入不稳定，一年到头也剩不下几个钱。后来家乡建设绣球之乡、发展绣球产业，就回来干了，不光做绣球，还可以卖，每个月有 2000 多块的收入，最重要的是还能照顾家里"（DBS，51 岁，新靖镇金龙村上古龙屯村民，2020 年脱贫）。就绣球文化符号展示而言，靖西市政府建造了绣球广场、绣球大道，并在靖西市古龙路、规划路设置绣球雕塑；启动建设了占地 1500 亩的靖西绣球城，规划建设绣球广场、绣球博物院、绣球剧院、绣球酒店、绣球街区；开发绣球旅游商品，在旧州古镇景区入口处和街道两旁悬挂众多绣球等。这些都营造出浓厚的绣球氛围，增强了当地居民的文化自豪感和自信心，吸引了为数众多的旅游者。据统计，2022 年旧州街实现旅游收入超过 1000 万元，景区带动旅游直接从业人员 75 人，间接带动景区周边从业人员达 1310 人，全街共有农家乐 8 家，民宿 26 家，此行业村民年增收超过 2 万元/户。[①] 靖西主要通过七夕绣球节、"非遗"展示馆、节庆巡游展示、舞台表演、邮票发行、制作专题电视节目《靖西——五彩绣球》、创作音乐电影《阿妹的绣球》等，扩大了靖西绣球的宣传范围，提高了知名度和影响力，增强了当地居民的文化自豪感和自信心，更是坚定了当地居民建设家乡、脱贫致富的决心。在深入访谈过程中，不少群众表示，"新中国成立 70 周年，'壮美广西'彩车上就有绣球，当彩车经过天安门接受党和国家领导人检阅，我们感觉无比自豪和骄傲，今后将以更加饱满的热情投入到绣球传承中，靠自己的双手勤劳致富"（访谈对象：MDD，女，29 岁，壬庄乡巴泽村古桐屯村民；DHM，女，47 岁，新靖镇金龙村峒匠村村民）。

5.1.2.3 文化增信：铸造强大精神力量

扶贫先扶志，扶志的关键在于引导贫困群众转变思想观念，以顽强的意志投身精准扶贫工作，依靠勤劳的双手致富，彻底摆脱懒散浮躁的思想，获得不断前进的强大精神动力。抛绣球不但具有社交娱乐的作用，而且可以锻炼人的体力、意志，提高人们的灵敏性和身体素质，还能培养果敢、坚毅、自信和积极向上的高尚品质和情操。同时，抛绣球一般需要多人合作完成，在这个过程中可以培养人们的集体合作精神和竞争意识。在精准扶贫过程中，靖西市政府通过建立旧州抛绣球传承基地、遴选绣球制作工艺保护示范户等正式制度以及举办抛绣球比赛、组织抛绣球展演等非正式制度，充分发挥抛绣球蕴含着的体育精神，帮助贫困群众摒弃"等、靠、要"的消极思想，树立起摆脱贫困的斗志和勇气，以更加饱满的热情投身到脱贫攻坚战斗中。

---

① 胡星宇. 靖西：传承壮族文化 赋能乡村振兴［EB/OL］. 新华网，http：//www. gx. xinhuanet. com/20230819/acd2de3887a24ea8892aa07172432374/c. htm，2023－08－19.

正式制度是经过官方认可，以某种明确的形式被确定下来的规定，对个人的思想和行为起到规范、引导的作用。一方面，靖西市政府依托绣球文化积极申报非物质文化遗产名录，引起了当地居民对绣球文化的重视。例如，2008 年 10 月，抛绣球被列入县级非物质文化遗产名录；2012 年 10 月，壮族抛绣球习俗被列入广西第四批自治区级非物质文化遗产代表性项目名录。随后，当地政府通过建立抛绣球传承基地、定期举办培训班、经费自主举办抛绣球活动比赛等，大力支持抛绣球运动，吸引当地群众广泛参与。另一方面，靖西市还遴选出对绣球文化传承做出突出贡献的个人，并授予其证书、称号，增强其参与绣球文化扶贫的信心和热情。例如，靖西市现有自治区级绣球制作技艺传承人两人——黄肖琴和赵金玉，其中黄肖琴还享有"中华巧女"的称号。认定为传承人以后，她们均积极投身到绣球制作技艺的传承过程中，通过接收徒弟、组织培训等方式将这项技艺教授给贫困群众，帮助他们脱贫致富。作为靖西绣球代言人的王秀芬先后获得"百色市巾帼科技特派员"、2020 年度广西三八红旗手、2021 年全国美术行业技术能手等荣誉称号，还被表彰为 2021 年"广西工匠"。在实地调查过程中，王女士表示，"获得这些称号是对我工作的一个肯定，也让我更有信心带领广大贫困妇女依托绣球制作技艺实现脱贫奔小康"（访谈对象：WXF，女，36 岁，靖西绣蕴坊绣球文化有限公司副总经理、高级技师）。由此可见，正式制度可以增强个人参与绣球文化扶贫的热情与积极性。

非正式制度在群体中具有较强的传染性和持久影响力，其约束力比正式制度更为明显。靖西抛绣球中的非正式制度包含意识形态、风俗习惯、传统观念、道德规范等内容，丰厚的绣球文化具有凝聚传承群体认同、增强群体脱贫信心的作用。在靖西市，家家户户都会制作绣球，绣球店铺比比皆是，各星级饭店、大小型商场、旅游景区景点都有绣球销售。当地居民刘某也表示，"最近这几年，靖西绣球的名气越来越大，绣球制作的人也越来越多，参与抛绣球的年轻人也变多了，大家互帮互助，都相信依靠自己的双手一定能摆脱贫困的命运，走上致富的道路"。可见，当地居民对绣球有着较深的文化认同，以此为依托追求共同的理想信念和精神追求，凝聚和赓续民族文化共同体的精神力量和思想基础，激发贫困地区群众脱贫的"志气"，以共同脱贫致富。

5.1.3 广西靖西抛绣球助力精准扶贫绩效评价

前文已对广西靖西抛绣球的历史演变进行剖析，进一步了解抛绣球在靖西经济、社会、文化中的作用与意义，且利用贫困文化理论、文化资本理论和产业链理论，定性阐述了抛绣球在助力精准扶贫中的扶智、扶贫、扶志作用，深刻剖析了抛绣球在助力精准扶贫中的作用与功能。为从定量角度分析抛绣球在助力精准扶贫中的作用及效果，笔者运用模糊综合评价法对靖西抛绣球扶贫的绩效进行定量评价。本章运用第4章"桂滇黔民族地区传统体育助力精准扶贫绩效评价指标体系与模型构建"研究的相关成果开展实证分析，具体的评价指标体系参考第4章"表4.24桂滇黔民族地区传统体育助力精准扶贫绩效第二轮评价指标体系"。

5.1.3.1 研究设计与调研

（1）问卷设计与发放。

广西靖西抛绣球助力精准扶贫的数据主要来源于实地调研，笔者于2020年6～7月、2022年7～8月前往靖西市开展调研，通过问卷调查及深度访谈的形式获取相关资料及数据。其中，调查问卷分为精准扶贫阶段和成果巩固阶段两个阶段，调查内容包含调研地点的基本情况调查，政府部门、企业、传承人及居民（脱贫户）四个主体的个人信息、传统体育助力精准扶贫的绩效评价调查。两阶段共发放问卷420份，其中精准扶贫阶段共发放问卷200份，回收有效问卷183份，问卷有效率为91.5%，成果巩固阶段共发放问卷220份，回收有效问卷197份，问卷有效率89.55%。同时，还对部分政府部门、企业、传承人及居民（脱贫户）进行了"一对一"式深入访谈，获取了调研的一手资料。

（2）问卷信度分析。

信度分析是检测调查工具（量表）可靠性与稳定性的有效手段，为确保广西靖西抛绣球助力精准扶贫绩效评价调查的有效性，笔者先对问卷进行信度检验。随后运用 SPSS 软件分别对精准扶贫阶段和成果巩固阶段广西靖西抛绣球助力精准扶贫绩效评价结果进行内部一致性检验，得到其 α 系数分别为 0.933 和 0.931，表明两份问卷的信度较高，具有很高的内在一致性，可以进行进一步分析（见表 5.1）。

表 5.1　　　　　　　　精准扶贫阶段与成果巩固阶段广西靖西抛绣球

实地调研问卷数据信度分析结果

阶段	Cronbach's Alpha	基于标准化项的 Cronbach's Alpha	项数
精准扶贫阶段	0.933	0.933	34
成果巩固阶段	0.931	0.931	34

5.1.3.2　精准扶贫阶段广西靖西抛绣球助力精准扶贫绩效模糊综合评价

模糊综合评价法（FCEM）是指针对各类不确定性事物，运用模糊数学理论对其进行定量分析并做出比较符合实际的评价，从而深入解决其他与之相关问题的模型构建方法（李晓霞，2016；姚鸟儿，2020；李婷、杨炼，2022），广西靖西抛绣球助力精准扶贫受到多种因素的影响，其复杂性明显、不确定性突出，为此，运用模糊评价模型进行分析较合理（见表 5.2）。

表 5.2　　　　　　　　　　评价指标的标准分值

等级	定性指标	定量指标	影响程度
V_1	I	9	很好
V_2	II	7	较好
V_3	III	5	一般
V_4	IV	3	较差
V_5	V	1	很差

（1）确定评价因素集。

评价因素集是评价对象属性或性能的集合，由影响评价对象的各个因素或指标组成。从精准识别、精准帮扶、精准管理、减贫成效 4 个方面对广西靖西抛绣球助力精准扶贫绩效进行评价，评价因素集为 F = ｛精准识别，精准帮扶，精准管理，减贫成效｝。

（2）建立评语集。

评语集是由评价者对评价对象所作出的各种评价结果组成的集合。对广西靖西抛绣球助力精准扶贫绩效进行评价，评语集设定为 V = ｛V_1、V_2、V_3、V_4、V_5｝= ｛很好、较好、一般、较差、很差｝。

本节所构建的评价指标体系依照第 4 章精准扶贫阶段评价因子指标体系，包括 4 项一级指标和 34 项二级指标，一级指标通过二级指标测度。对于二级指标中的定量指标和定性指标，采取统计数据查找和实地调查的方式，依据广西靖西抛绣球助力精准扶贫的现实情况和成效，设计量化标准，对收集的数据进行整理，最终得到二级指标评语集（见表 5.3）。

表 5.3　　精准扶贫阶段广西靖西抛绣球助力精准扶贫绩效评价二级指标评语集

一级指标	二级指标	V_1	V_2	V_3	V_4	V_5
精准识别	建档立卡贫困人口识别精准率	1.00	0.00	0.00	0.00	0.00
	建档立卡贫困人口退出精准度	1.00	0.00	0.00	0.00	0.00
精准帮扶	传统体育扶贫政策宣传力度	0.12	0.51	0.36	0.01	0.00
	传统体育扶贫政策落实情况	0.11	0.62	0.27	0.00	0.00
	帮扶责任人帮扶工作满意度	0.18	0.53	0.29	0.00	0.00
	传统体育扶贫资金财政支持力度	0.00	0.00	1.00	0.00	0.00
	体彩公益金扶贫投入比例	0.00	0.00	0.00	0.00	1.00
	传统体育产业项目投资比重	0.00	0.00	0.00	1.00	0.00
	传统体育设施建设覆盖率	0.00	0.00	0.00	0.00	1.00
	传统体育传承基地数量增长率	0.00	0.00	0.00	1.00	0.00
	开设传统体育课程的学校比重	0.00	0.00	0.00	0.00	1.00
	传统体育赛事增长率	0.00	0.00	0.00	0.00	1.00
	传统体育传承人补贴经费增长率	0.00	0.00	1.00	0.00	0.00

续表

一级指标	二级指标	V_1	V_2	V_3	V_4	V_5
精准管理	落实传统体育扶贫责任	0.11	0.55	0.33	0.01	0.00
	健全贫困户信息管理机制	0.17	0.52	0.30	0.01	0.00
	规范传统体育扶贫资金管理	0.17	0.46	0.36	0.01	0.00
	建立传统体育扶贫激励约束机制	0.1	0.45	0.43	0.02	0.00
	构建扶贫效果监测评估机制	0.06	0.53	0.40	0.01	0.00
	形成扶贫效果动态反馈机制	0.07	0.50	0.41	0.02	0.00
减贫成效	传统体育产业增长率	0.00	1.00	0.00	0.00	0.00
	传统体育带动就业比率	0.00	1.00	0.00	0.00	0.00
	贫困人口人均可支配收入增长率	1.00	0.00	0.00	0.00	0.00
	贫困人口精神面貌改善	0.27	0.57	0.16	0.00	0.00
	贫困人口健康水平提高	0.30	0.42	0.29	0.00	0.00
	贫困人口就业技能增加	0.27	0.48	0.26	0.00	0.00
	贫困人口文化教育水平提升	0.15	0.41	0.45	0.00	0.00
	贫困人口自我发展能力增强	0.21	0.47	0.32	0.00	0.00
	传统体育人才培养	0.19	0.40	0.41	0.00	0.00
	传统体育保护传承	0.16	0.63	0.19	0.01	0.00
	传统体育创新发展	0.16	0.53	0.31	0.00	0.00
	民族文化认同的加深	0.30	0.60	0.11	0.00	0.00
	民族文化共享的加强	0.23	0.65	0.11	0.00	0.00
	民族文化自信的坚定	0.30	0.61	0.09	0.00	0.00
	推进民族团结进步	0.40	0.54	0.06	0.00	0.00

（3）确定评价因素权重。

权重反映各个因素在综合评价中的重要程度。将由第4章精准扶贫阶段中验证性因子分析计算得出的指标权重作为广西靖西抛绣球助力精准扶贫绩效模糊综合评价模型中各指标的权重，即：

$$W_1 = (0.548, 0.452)$$

$$W_2 = (0.042, 0.049, 0.138, 0.093, 0.117, 0.114, 0.037, 0.072,$$
$$0.112, 0.157, 0.069)$$

$$W_3 = (0.238, 0.118, 0.140, 0.118, 0.137, 0.248)$$

$$W_4 = (0.071, 0.070, 0.101, 0.052, 0.127, 0.054, 0.042, 0.087,$$
$$0.114, 0.040, 0.066, 0.040, 0.037, 0.049, 0.041)$$

W_1、W_2、W_3、W_4分别表示"精准识别""精准帮扶""精准管理""减贫成效"的二级指标权重。

（4）构建模糊判断矩阵。

模糊判断矩阵是由评价因素在评语集上的隶属度组成。结合广西靖西抛绣球精准扶贫阶段评价二级指标，构建广西靖西抛绣球助力精准扶贫绩效模糊判断矩阵 $R_1 \sim R_4$。R_1、R_2、R_3、R_4分别表示精准扶贫阶段评价因素"精准识别""精准帮扶""精准管理""减贫成效"的模糊判断矩阵。

$$R_1 = \begin{bmatrix} 1.00 & 0.00 & 0.00 & 0.00 & 0.00 \\ 1.00 & 0.00 & 0.00 & 0.00 & 0.00 \end{bmatrix}$$

$$R_2 = \begin{bmatrix} 0.12 & 0.51 & 0.36 & 0.01 & 0.00 \\ 0.11 & 0.62 & 0.27 & 0.00 & 0.00 \\ 0.18 & 0.53 & 0.29 & 0.00 & 0.00 \\ 0.00 & 0.00 & 1.00 & 0.00 & 0.00 \\ 0.00 & 0.00 & 0.00 & 0.00 & 1.00 \\ 0.00 & 0.00 & 0.00 & 1.00 & 0.00 \\ 0.00 & 0.00 & 0.00 & 0.00 & 1.00 \\ 0.00 & 0.00 & 0.00 & 1.00 & 0.00 \\ 0.00 & 0.00 & 0.00 & 0.00 & 1.00 \\ 0.00 & 0.00 & 0.00 & 0.00 & 1.00 \\ 0.00 & 0.00 & 1.00 & 0.00 & 0.00 \end{bmatrix}$$

$$R_3 = \begin{bmatrix} 0.11 & 0.55 & 0.33 & 0.01 & 0.00 \\ 0.17 & 0.52 & 0.30 & 0.01 & 0.00 \\ 0.17 & 0.46 & 0.36 & 0.01 & 0.00 \\ 0.10 & 0.45 & 0.43 & 0.02 & 0.00 \\ 0.06 & 0.53 & 0.40 & 0.01 & 0.00 \\ 0.07 & 0.50 & 0.41 & 0.02 & 0.00 \end{bmatrix}$$

$$R_4 = \begin{bmatrix} 0.00 & 1.00 & 0.00 & 0.00 & 0.00 \\ 0.00 & 1.00 & 0.00 & 0.00 & 0.00 \\ 1.00 & 0.00 & 0.00 & 0.00 & 0.00 \\ 0.27 & 0.57 & 0.16 & 0.00 & 0.00 \\ 0.30 & 0.42 & 0.29 & 0.00 & 0.00 \\ 0.27 & 0.48 & 0.26 & 0.00 & 0.00 \\ 0.15 & 0.41 & 0.45 & 0.00 & 0.00 \\ 0.21 & 0.47 & 0.32 & 0.00 & 0.00 \\ 0.19 & 0.40 & 0.41 & 0.00 & 0.00 \\ 0.16 & 0.63 & 0.19 & 0.00 & 0.00 \\ 0.16 & 0.53 & 0.31 & 0.00 & 0.00 \\ 0.30 & 0.60 & 0.11 & 0.00 & 0.00 \\ 0.23 & 0.65 & 0.11 & 0.00 & 0.00 \\ 0.30 & 0.61 & 0.09 & 0.00 & 0.00 \\ 0.40 & 0.54 & 0.06 & 0.00 & 0.00 \end{bmatrix}$$

（5）具体评价。

①一级模糊综合评价。根据前面计算的评价因素权重和整理得出的模糊判断矩阵进行一级模糊综合评价：

$$B_1 = W_1 \times R_1 = (0.364, 0.000, 0.000, 0.000, 0.000)$$

$$B_2 = W_2 \times R_2 = (0.010, 0.034, 0.082, 0.104, 0.042)$$

$$B_3 = W_3 \times R_3 = (0.013, 0.062, 0.045, 0.002, 0.000)$$

$$B_4 = W_4 \times R_4 = (0.069, 0.125, 0.048, 0.000, 0.000)$$

B_1、B_2、B_3、B_4 分别表示评价因素"精准识别""精准帮扶""精准管理""减贫成效"的模糊综合评价。基于此，一级综合评价隶属度数值结果如表 5.4 所示。

表 5.4 精准扶贫阶段广西靖西抛绣球助力精准扶贫一级模糊综合评价隶属度

一级综合评价指标	V_1	V_2	V_3	V_4	V_5
B_1	0.364	0.000	0.000	0.000	0.000
B_2	0.010	0.034	0.082	0.104	0.042
B_3	0.013	0.062	0.045	0.002	0.000
B_4	0.069	0.125	0.048	0.000	0.000

注：V_1 为很好、V_2 为较好、V_3 为一般、V_4 为较差、V_5 为很差。

②二级模糊综合评价。对上述一级模糊综合评价值进行整理，得到评价目标"广西靖西抛绣球助力精准扶贫绩效"的模糊判断矩阵 R 为：

$$R = \begin{bmatrix} B_1 \\ B_2 \\ B_3 \\ B_4 \end{bmatrix} = \begin{bmatrix} 0.363 & 0.000 & 0.000 & 0.000 & 0.000 \\ 0.010 & 0.034 & 0.082 & 0.104 & 0.042 \\ 0.013 & 0.062 & 0.045 & 0.002 & 0.000 \\ 0.069 & 0.125 & 0.048 & 0.000 & 0.000 \end{bmatrix}$$

因为 W = （0.364，0.271，0.122，0.244），W 表示评价目标"广西靖西抛绣球助力精准扶贫绩效"一级指标的权重，那么二级模糊综合评价为：

$$B = W \times R = (0.364, 0.271, 0.122, 0.244) \times \begin{bmatrix} 0.363 & 0.000 & 0.000 & 0.000 & 0.000 \\ 0.010 & 0.034 & 0.082 & 0.104 & 0.042 \\ 0.013 & 0.062 & 0.045 & 0.002 & 0.000 \\ 0.069 & 0.125 & 0.048 & 0.000 & 0.000 \end{bmatrix}$$

$$= (0.455, 0.221, 0.175, 0.106, 0.042)$$

③模糊综合评价最终结果。模糊综合评价法能够对受多种因素影响的指标进行综合定量评价，在各个研究领域得到广泛应用，关于模糊评价等级分值的划分标准也多种多样，具体可分为两大类：一类是依据专业研究领域已

有的评价分数标准进行确定；另一类是根据实际评价需要，对具体评价分数等级进行赋分。在精准扶贫绩效评价研究时，模糊综合评价等级赋分也主要围绕以上两种：如段洪波、冯茜（2022）进行财政贴息金融扶贫资金绩效评价时，参照财政专项扶贫资金绩效评价办法的规定进行等级划分，评语集为 V = {优秀，良好，及格，不及格} = {95，85，70，60}；冯朝睿、张叶菁（2020）对西南地区大扶贫绩效评价研究时，综合大扶贫多元主体的特性与专家的建议，将评语集 V 划分为五个等级，记为 V = {V₁，V₂，V₃，V₄，V₅} = {很好、较好、一般、较差、很差}，并设置相应的评分集，为 X = {10，8，6，4，2}；朱佳玮、孙文章等（2021）将评语集的 5 个等级对应的取值范围分别设置为：$80 < V_1 \leq 100$，$60 < V_2 \leq 80$，$40 < V_3 \leq 60$，$20 < V_4 \leq 40$，$0 < V_5 \leq 20$。综合借鉴学者们对模糊综合评价分值划分的研究思路，结合广西靖西抛绣球助力精准扶贫绩效评价的实际情况，将评语集的 5 个等级对应的取值范围分别设置为：$80 < V_1 \leq 100$，$60 < V_2 \leq 80$，$40 < V_3 \leq 60$，$20 < V_4 \leq 40$，$0 < V_5 \leq 20$。同时，为避免在两端取极大值或极小值对评价结果精确度造成影响，故取中位数进行评价，即：

$$V = \begin{bmatrix} 90 \\ 70 \\ 50 \\ 30 \\ 10 \end{bmatrix}$$

综合考虑模糊综合评价的一级分数结果与二级分数结果，计算得到一级指标层和广西靖西抛绣球助力精准扶贫绩效模糊综合评价分数结果：

（a）精准识别因素（一级指标层）：

$$F_1 = B_1 \times V = (0.364, 0.000, 0.000, 0.000, 0.000) \times \begin{bmatrix} 90 \\ 70 \\ 50 \\ 30 \\ 10 \end{bmatrix} = 90.000$$

（b）精准帮扶因素（一级指标层）：

$$F_2 = B_2 \times V = (0.010, 0.034, 0.082, 0.104, 0.042) \times \begin{bmatrix} 90 \\ 70 \\ 50 \\ 30 \\ 10 \end{bmatrix} = 40.070$$

（c）精准管理因素（一级指标层）：

$$F_3 = B_3 \times V = (0.013, 0.062, 0.045, 0.002, 0.000) \times \begin{bmatrix} 90 \\ 70 \\ 50 \\ 30 \\ 10 \end{bmatrix} = 64.165$$

（d）减贫成效因素（一级指标层）：

$$F_4 = B_4 \times V = (0.069, 0.125, 0.048, 0.000, 0.000) \times \begin{bmatrix} 90 \\ 70 \\ 50 \\ 30 \\ 10 \end{bmatrix} = 71.139$$

（e）广西靖西抛绣球助力精准扶贫绩效模糊综合评价最终分数：

$$F = B \times V = (0.455, 0.221, 0.175, 0.106, 0.042) \times \begin{bmatrix} 90 \\ 70 \\ 50 \\ 30 \\ 10 \end{bmatrix} = 68.724$$

如表 5.5 所示，在精准扶贫阶段，广西靖西抛绣球助力精准扶贫绩效模糊综合评价结果的排序依次是精准识别 90.000 分，减贫成效 71.139 分，精准管理 64.165 分，精准帮扶 40.070 分。可初步判断，在精准扶贫阶段，精准识别因素在扶贫绩效中所占的比重最大，属于"很好"级别；其次是精准管理和减贫成效，均属于"较好"级别；精准帮扶因素由于帮扶过程受到众多因素影响，且涉及较多定量指标，其绩效分值较低，属于"一般"级别。另外，精准扶贫阶段广西靖西抛绣球助力精准扶贫绩效模糊综合评价最终得分68.724 分，说明精准扶贫阶段广西靖西抛绣球助力精准扶贫成效总体较好。

表 5.5　　精准扶贫阶段广西靖西抛绣球助力精准扶贫绩效模糊综合评价结果

一级指标	评价值	排序	评价等级
精准识别	90.000	1	很好
精准帮扶	40.070	4	一般
精准管理	64.165	3	较好
减贫成效	71.139	2	较好
总评	68.724	—	较好

（6）精准扶贫阶段广西靖西抛绣球助力精准扶贫绩效模糊综合评价结果分析。

①精准识别分析。"精准识别"一级指标包括"建档立卡贫困人口识别精准率"和"建档立卡贫困人口退出精准度"两项二级指标。在广西靖西抛绣球助力精准扶贫绩效模糊综合评价结果中，精准识别一级指标的评价值为 90.000 分，属于"很好"级别。在实地调研中发现，靖西市政府严格按照"两不愁三保障"扶贫标准，以"五看十步"步骤识别建档立卡贫困人口，识别率为 100%。有村民表示，"政府一直在帮扶我们，在识别贫困户这方面，有专门的工作人员上门一户一户地调查，不仅调查人口数量、耕地面积、就业人口数量、家庭收入等，还会特别关注有老人、小孩的家庭，尤其重视我们的医疗和小孩的教育情况，也要跟村里其他的家庭对比，最终才确定贫困户。我们认为政府的扶贫识别工作做得很到位，也能够得到我们老百姓的普遍认可"。在建档立卡贫困人口退出方面，靖西市针对已经稳定实现"两不愁三保障"的建档立卡贫困人口按程序正常退出，测算的退出精准率为 100%。在实地调研中，村民 H 女士表示，"政府在不断地帮扶我们脱贫

之后，又继续去帮助其他需要进一步帮扶的乡亲，每周甚至隔天都有人下来到村里进行帮扶，帮扶一个脱贫达到要求了，又开始帮下一个"。可见，靖西当地政府的精准识别工作做得比较细致且深入，该指标可直观呈现绣球文化是否实现精准扶贫到户，为科学开展扶贫工作以及扶贫成果巩固奠定坚实的基础。

②精准帮扶分析。"精准帮扶"一级指标在广西靖西抛绣球助力精准扶贫绩效模糊综合评价结果中得分为 40.070 分，属于"一般"水平。在调研中了解到四类调查主体对"精准帮扶"中的定性指标评价分值较高。例如，有超过 50% 的人认为"传统体育扶贫政策宣传力度"做得"较好"，甚至有12% 的人认为做得"很好"。实地调研发现，靖西市文化体育广电和旅游局在旧州抛绣球传习基地开展传习活动，借助旅游业发展带动居民制作绣球就业，此外还在城市道路建设整体规划中采用绣球形状的路灯，增强民众对绣球文化的认同感。同时通过官方网站、抖音、快手等互联网平台进行广泛传播，有效调动全民参与政策宣传工作的积极性，提高民众对传统体育文化扶贫政策的知晓率，宣传力度较强，整体宣传效果良好。在"传统体育扶贫政策落实情况"以及"帮扶责任人帮扶工作满意度"方面，分别有超过 70%和 60% 的居民认为这两项工作做得较好。在抛绣球助力精准扶贫过程中，靖西市政府通过进入贫困户家中进行政策宣讲、入户排查等形式认真落实各类帮扶措施，得到帮扶对象的认可，引导困难群众积极参与抛绣球传习、绣球制作、绣球销售等相关工作，从而让贫困群众树立脱贫致富观念。

在调研中也发现，"精准帮扶"中的定量指标评价普遍在"一般"这一标准，甚至偏"较差"档次；尤其是"传统体育设施建筑覆盖率""传统体育赛事增长率""开设传统体育课程的学校比重"这 3 项指标的评价得分较低。在传统体育设施建设覆盖率评价方面，目前靖西已建成的抛绣球基地仅有两处，即旧州抛绣球传习基地和龙邦街抛绣球传习基地，无其他在建或列入计划的抛绣球基地；贫困群众和传承人均表示只能在村口空地开展抛绣球运动，体育设施不足成为制约抛绣球运动开展的重要因素。由此可见，靖西抛绣球运动设施覆盖率较低。就传统体育赛事增长率评价而言，调查发现当地民众大多外出务工，能够集中大部分民众参与抛绣球赛事的时间只有"春节"和"三月三"，通常官方也是在"三月三"期间借助节庆文化的氛围开展抛绣球活动，而且举办绣球传统体育赛事的经费支持力度也有待提升，因而绣球传统体育赛事增长率整体的评价较低；"开设传统体育课程的学校比重"评价较低，调查发现，靖西仅有民族中学、靖西第四小学等少数几所学校开展抛绣球传统体育活动，且尚未专门开设绣球相关的课程，因而该项指标的评价亦较低。

③精准管理分析。"精准管理"在广西靖西抛绣球助力精准扶贫绩效模糊综合评价结果中得分为 64.165 分，属于"较好"等级。根据政府、企业、传承人及居民（脱贫户）的调查发现，他们对二级指标的评价整体呈现"较好"，超过一半以上的人认为政府在抛绣球助力精准扶贫工作中承担着引导者、管理者、监督者等多重角色，基本能够做到贫困户信息的精准动态识别和管理，积极引导贫困人口参加抛绣球运动以及绣球制作，规范使用绣球传统体育等文化活动专账专款，进而提高资金使用效率。同时，政府在抛绣球产业扶贫、绣球发展相关的小额信贷、绣球扶贫车间等方面建立了相对完善的约束机制。另外，靖西市政府和乡村振兴局牵头、文化体育广电和旅游局等部门积极配合参与围绕监测对象、监测范围、监测程序和帮扶措施，不断完善机制，改进工作。据靖西市乡村振兴局的统计数据中可知，绣蕴坊企业在抛绣球助力精准扶贫中成效突出，靖西乡村振兴局在持续跟进并及时指导，该企业为贫困户提供就业岗位 400 多个，带动近 500 个贫困人口脱贫致富。可见靖西政府部门在精准管理方面，通过制定实施办法和落实管理政策，及时发现和解决在抛绣球传统体育文化扶贫工作中遇到的问题，提高工作成效，所以"精准管理"这一指标总体获得的评价较好。

④减贫成效分析。"精准帮扶"一级指标在广西靖西抛绣球助力精准扶贫绩效模糊综合评价结果中得分为 71.139 分。在调查二级指标效果评价中发现，"传统体育产业增长率""传统体育带动就业比率""贫困人口人均可支配收入增长率"分别取得"较好""较好"和"很好"的评价；较为典型的是，靖西绣蕴坊绣球文化有限公司的就业帮扶车间与建档立卡

脱贫家庭劳动力签订劳务协议或承揽合同，在 1 年内累计工作不少于 6 个月，并给付建档立卡脱贫家庭劳动力不低于 6000 元劳动报酬；政府还按照每人每年 2000 元的标准给予帮扶车间一次性带动就业奖补。可见，抛绣球助力精准扶贫能够带动产业发展，为民众提供更多就业机会，从而得到民众的认可。

此外，"贫困人口就业技能增加""贫困人口自我发展能力增强"提升这两项二级指标的评价较好，根据调查实际，贫困人口通过参与绣球制作获得收入，且绣球制作的时间比较灵活，民众不需要一直待在企业务工，而是可以把绣球制作工作带回家，这样贫困户既能顾及农忙事务，又能够额外增加收入。长此以往，靖西贫困人口自我发展能力逐渐增强，不少贫困户自己接受订单，参与绣球制作、销售等环节中，从而实现脱贫致富。与此同时，贫困户在参与绣球制作过程中逐渐加深了对绣球文化的理解和认同，对民族文化的热爱程度逐渐加深，提升了民众的文化自信。为此，"传统体育保护传承""民族文化认同的加深""民族文化自信的坚定""推进民族团结进步"这些指标的评价也较好。

但在调研中发现，抛绣球传统体育的主要参与群体为中老年人，年轻人不太愿意参与抛绣球助力精准扶贫相关的工作，一方面是因为迫于生活压力，绣球制作的工艺较为繁杂，平均每人每月制作 20～30 个，收入为 300～600 元，较低的收入难以维持家庭生活所需，为此，只能外出务工以谋求更高的经济收入；另一方面是因为年轻人尚未形成对抛绣球的深入解读，缺乏一定的文化自觉性，也正因此，绣球制作缺乏具有较高知识水平的人才，导致绣球制作创新性不足。

⑤精准扶贫阶段评价总结。精准扶贫阶段，广西靖西抛绣球助力精准扶贫绩效模糊综合评价最终分数为 68.724 分，属于"较好"状态。从整体上看，靖西绣球传统体育助力精准扶贫取得的成效较为一般，主要是由于抛绣球助力精准扶贫的专项资金较为有限，迫于生存压力，参与抛绣球助力精准扶贫的年轻人较少，传承人的自我发展能力以及创新创业能力有待提升，群众的文化自觉意识有待加强。而绣球制作相关的企业相对较少以及为贫困人

口提供的增收机会有限等，都是影响靖西抛绣球助力精准扶贫绩效取得更好成绩的因素。

5.1.3.3 成果巩固阶段广西靖西抛绣球助力精准扶贫绩效模糊综合评价

（1）确定评价因素集。

评价因素集是评价对象属性或性能的集合，由影响评价对象的各个因素或指标组成。从精准识别、精准帮扶、精准管理、减贫成效 4 个方面对广西靖西抛绣球助力精准扶贫绩效进行评价，评价因素集为 F = ｛精准识别，精准帮扶，精准管理，减贫成效｝。

（2）建立评语集。

评语集是由评价者对评价对象所作出的各种评价结果组成的集合。如表 5.6 所示，本书中对桂滇黔民族地区传统体育助力精准扶贫绩效进行评价，评语集设定为 V = ｛V_1、V_2、V_3、V_4、V_5｝= ｛很好、较好、一般、较差、很差｝。

表 5.6　　　　　　　　　　评价指标的标准分值

等级	定性指标	定量指标	影响程度
V_1	I	9	很好
V_2	II	7	较好
V_3	III	5	一般
V_4	IV	3	较差
V_5	V	1	很差

本节所构建的评价指标体系依照第 4 章成果巩固阶段评价因子指标体系，包括一级指标和二级指标，一级指标通过二级指标测度。对于二级指标中的定量指标和定性指标，采取统计数据查找和实地调查的方式，依据桂滇黔传统体育助力精准扶贫成果巩固阶段的情况和成效，设计量化标准，对收集的数据进行整理，最终得到二级指标评语集（见表 5.7）。

表 5.7　成果巩固阶段广西靖西抛绣球助力精准扶贫绩效评价二级指标评语集

一级指标	二级指标	V_1	V_2	V_3	V_4	V_5
精准识别	脱贫不稳定人口发生率	1.00	0.00	0.00	0.00	0.00
	边缘易致贫人口发生率	1.00	0.00	0.00	0.00	0.00
	突发严重困难户发生率	1.00	0.00	0.00	0.00	0.00
精准帮扶	传统体育扶贫政策体系完备性	0.18	0.52	0.29	0.01	0.00
	传统体育扶贫资金财政支持力度	0.00	0.00	1.00	0.00	0.00
	体彩公益金扶贫投入比例	0.00	0.00	0.00	0.00	1.00
	传统体育产业项目投资比重	0.00	0.00	0.00	1.00	0.00
	传统体育设施建设覆盖率	0.00	0.00	0.00	1.00	0.00
	传统体育传承基地数量增长率	0.00	0.00	0.00	0.00	1.00
	开设传统体育课程的学校比重	0.00	0.00	0.00	0.00	1.00
	传统体育赛事增长率	0.00	0.00	0.00	0.00	1.00
	传统体育传承人补贴经费增长率	0.00	1.00	0.00	0.00	0.00
精准管理	落实传统体育扶贫责任	0.22	0.56	0.21	0.00	0.00
	健全贫困户信息管理机制	0.26	0.59	0.15	0.00	0.00
	规范传统体育扶贫资金管理	0.20	0.56	0.23	0.00	0.00
	建立传统体育扶贫激励约束机制	0.16	0.54	0.29	0.01	0.00
	构建扶贫效果监测评估机制	0.10	0.65	0.24	0.00	0.00
	形成扶贫效果动态反馈机制	0.13	0.65	0.20	0.01	0.00
	形成乡村振兴有效衔接工作体系	0.15	0.64	0.18	0.02	0.00
减贫成效	传统体育产业增长率	1.00	0.00	0.00	0.00	0.00
	传统体育带动就业比率	0.00	1.00	0.00	0.00	0.00
	脱贫人口人均可支配收入增长率	1.00	0.00	0.00	0.00	0.00
	脱贫人口精神面貌改善	0.32	0.56	0.12	0.00	0.00
	脱贫人口健康水平提高	0.34	0.49	0.17	0.00	0.00
	脱贫人口稳定就业能力增强	0.29	0.47	0.24	0.00	0.00
	脱贫人口文化教育水平提升	0.21	0.63	0.16	0.00	0.00
	脱贫人口自我发展能力增强	0.28	0.56	0.16	0.00	0.00
	传统体育人才培养	0.27	0.50	0.23	0.00	0.00
	传统体育保护传承	0.31	0.59	0.10	0.00	0.00
	传统体育创新发展	0.27	0.54	0.19	0.00	0.00
	民族文化认同的加深	0.41	0.54	0.05	0.00	0.00
	民族文化共享的加强	0.39	0.55	0.06	0.00	0.00
	民族文化自信的坚定	0.42	0.52	0.06	0.00	0.00
	推进民族团结进步	0.55	0.41	0.04	0.00	0.00

（3）确定评价因素权重。

权重反映各个因素在综合评价中的重要程度。将由第 4 章成果巩固阶段中验证性因子分析计算得出的指标权重作为广西靖西抛绣球助力精准扶贫绩效模糊综合评价模型中各指标的权重，即：

$$W_1 = (0.491, 0.203, 0.306)$$

$$W_2 = (0.093, 0.250, 0.080, 0.129, 0.106, 0.064, 0.107, 0.106, 0.064)$$

$$W_3 = (0.221, 0.011, 0.021, 0.204, 0.003, 0.325, 0.215)$$

$$W_4 = (0.029, 0.165, 0.157, 0.020, 0.035, 0.150, 0.012, 0.181,$$
$$0.013, 0.009, 0.101, 0.028, 0.025, 0.036, 0.039)$$

W_1、W_2、W_3、W_4 分别表示"精准识别""精准帮扶""精准管理""减贫成效"的二级指标权重。

（4）构建模糊判断矩阵。

模糊判断矩阵是由评价因素在评语集上的隶属度组成。结合广西靖西抛绣球成果巩固阶段评价二级指标，构建广西靖西抛绣球助力精准扶贫绩效模糊判断矩阵 $R_1 \sim R_4$。R_1、R_2、R_3、R_4 分别表示评价因素"精准识别""精准帮扶""精准管理""减贫成效"的模糊判断矩阵。

$$R_1 = \begin{bmatrix} 1.00 & 0.00 & 0.00 & 0.00 & 0.00 \\ 1.00 & 0.00 & 0.00 & 0.00 & 0.00 \\ 1.00 & 0.00 & 0.00 & 0.00 & 0.00 \end{bmatrix}$$

$$R_2 = \begin{bmatrix} 0.18 & 0.52 & 0.29 & 0.01 & 0.00 \\ 0.00 & 0.00 & 1.00 & 0.00 & 0.00 \\ 0.00 & 0.00 & 0.00 & 0.00 & 1.00 \\ 0.00 & 0.00 & 0.00 & 1.00 & 0.00 \\ 0.00 & 0.00 & 0.00 & 1.00 & 0.00 \\ 0.00 & 0.00 & 0.00 & 0.00 & 1.00 \\ 0.00 & 0.00 & 0.00 & 0.00 & 1.00 \\ 0.00 & 0.00 & 0.00 & 0.00 & 1.00 \\ 0.00 & 1.00 & 0.00 & 0.00 & 0.00 \end{bmatrix}$$

$$R_3 = \begin{bmatrix} 0.22 & 0.56 & 0.21 & 0.00 & 0.00 \\ 0.26 & 0.59 & 0.15 & 0.00 & 0.00 \\ 0.20 & 0.56 & 0.23 & 0.00 & 0.00 \\ 0.16 & 0.54 & 0.29 & 0.01 & 0.00 \\ 0.10 & 0.65 & 0.24 & 0.00 & 0.00 \\ 0.13 & 0.65 & 0.20 & 0.01 & 0.00 \\ 0.15 & 0.64 & 0.18 & 0.02 & 0.00 \end{bmatrix}$$

$$R_4 = \begin{bmatrix} 0.00 & 1.00 & 0.00 & 0.00 & 0.00 \\ 0.00 & 1.00 & 0.00 & 0.00 & 0.00 \\ 1.00 & 0.00 & 0.00 & 0.00 & 0.00 \\ 0.32 & 0.56 & 0.12 & 0.00 & 0.00 \\ 0.34 & 0.49 & 0.17 & 0.00 & 0.00 \\ 0.29 & 0.47 & 0.24 & 0.00 & 0.00 \\ 0.21 & 0.63 & 0.16 & 0.00 & 0.00 \\ 0.28 & 0.56 & 0.16 & 0.00 & 0.00 \\ 0.27 & 0.50 & 0.23 & 0.00 & 0.00 \\ 0.31 & 0.59 & 0.10 & 0.00 & 0.00 \\ 0.27 & 0.54 & 0.19 & 0.00 & 0.00 \\ 0.41 & 0.54 & 0.05 & 0.00 & 0.00 \\ 0.39 & 0.55 & 0.06 & 0.00 & 0.00 \\ 0.42 & 0.52 & 0.06 & 0.00 & 0.00 \\ 0.55 & 0.41 & 0.04 & 0.00 & 0.00 \end{bmatrix}$$

（5）具体评价。

①一级模糊综合评价。根据前面计算的评价因素权重和整理得出的模糊判断矩阵进行一级模糊综合评价：

$$B_1 = W_1 \times R_1 = (0.365, 0.000, 0.000, 0.000, 0.000)$$

$$B_2 = W_2 \times R_2 = (0.003, 0.017, 0.043, 0.037, 0.056)$$

$$B_3 = W_3 \times R_3 = (0.029, 0.106, 0.038, 0.002, 0.000)$$
$$B_4 = W_4 \times R_4 = (0.119, 0.153, 0.032, 0.000, 0.000)$$

B_1、B_2、B_3、B_4 分别表示评价因素 "精准识别" "精准帮扶" "精准管理" "减贫成效" 的模糊综合评价。基于此，一级模糊综合评价隶属度数值结果如表 5.8 所示。

表 5.8　成果巩固阶段广西靖西抛绣球助力精准扶贫一级模糊综合评价隶属度

一级综合评价指标	V_1	V_2	V_3	V_4	V_5
B_1	0.365	0.000	0.000	0.000	0.000
B_2	0.003	0.017	0.043	0.037	0.056
B_3	0.029	0.106	0.038	0.002	0.000
B_4	0.119	0.153	0.032	0.000	0.000

注：V_1 为很好、V_2 为较好、V_3 为一般、V_4 为较差、V_5 为很差。

②二级模糊综合评价。对上述一级模糊综合评价值进行整理，得到评价目标 "广西靖西抛绣球助力精准扶贫绩效" 的模糊判断矩阵 R 为：

$$R = \begin{bmatrix} B_1 \\ B_2 \\ B_3 \\ B_4 \end{bmatrix} = \begin{bmatrix} 0.365 & 0.000 & 0.000 & 0.000 & 0.000 \\ 0.003 & 0.017 & 0.043 & 0.037 & 0.056 \\ 0.029 & 0.106 & 0.038 & 0.002 & 0.000 \\ 0.119 & 0.153 & 0.032 & 0.000 & 0.000 \end{bmatrix}$$

因为 W ＝ (0.365，0.156，0.175，0.304)，W 表示评价目标 "广西靖西抛绣球助力精准扶贫绩效" 一级指标的权重，那么二级模糊综合评价为：

$$B = W \times R = (0.365, 0.156, 0.175, 0.304) \times \begin{bmatrix} 0.365 & 0.000 & 0.000 & 0.000 & 0.000 \\ 0.003 & 0.017 & 0.043 & 0.037 & 0.056 \\ 0.029 & 0.106 & 0.038 & 0.002 & 0.000 \\ 0.119 & 0.153 & 0.032 & 0.000 & 0.000 \end{bmatrix}$$

$$= (0.516, 0.276, 0.113, 0.037, 0.056)$$

③模糊综合评价最终结果。与精准扶贫阶段一致，将成果巩固阶段评语集的 5 个等级对应的取值范围分别设置为：$80 < V_1 \leqslant 100$，$60 < V_2 \leqslant 80$，$40 < V_3 \leqslant 60$，$20 < V_4 \leqslant 40$，$0 < V_5 \leqslant 20$。同时，为避免在两端取极大值或极小值对评价结果精确度造成影响，故取中位数进行评价，即

$$V = \begin{bmatrix} 90 \\ 70 \\ 50 \\ 30 \\ 10 \end{bmatrix}$$

综合考虑模糊综合评价的一级分数结果与二级分数结果，计算得到一级指标层和成果巩固阶段广西靖西抛绣球助力精准扶贫绩效模糊综合评价分数结果：

（a）精准识别因素（一级指标层）：

$$F_1 = B_1 \times V = (0.365, 0.000, 0.000, 0.000, 0.000) \times \begin{bmatrix} 90 \\ 70 \\ 50 \\ 30 \\ 10 \end{bmatrix} = 90.000$$

（b）精准帮扶因素（一级指标层）：

$$F_2 = B_2 \times V = (0.003, 0.017, 0.043, 0.037, 0.056) \times \begin{bmatrix} 90 \\ 70 \\ 50 \\ 30 \\ 10 \end{bmatrix} = 33.898$$

（c）精准管理因素（一级指标层）：

$$F_3 = B_3 \times V = (0.029, 0.106, 0.038, 0.002, 0.000) \times \begin{bmatrix} 90 \\ 70 \\ 50 \\ 30 \\ 10 \end{bmatrix} = 68.001$$

（d）减贫成效因素（一级指标层）：

$$F_4 = B_4 \times V = (0.119, 0.153, 0.032, 0.000, 0.000) \times \begin{bmatrix} 90 \\ 70 \\ 50 \\ 30 \\ 10 \end{bmatrix} = 75.742$$

（e）广西靖西抛绣球助力精准扶贫绩效模糊综合评价最终分数：

$$F = B \times V = (0.516, 0.276, 0.113, 0.037, 0.056) \times \begin{bmatrix} 90 \\ 70 \\ 50 \\ 30 \\ 10 \end{bmatrix} = 73.079$$

如表 5.9 所示，在成果巩固阶段广西靖西抛绣球助力精准扶贫绩效模糊综合评价结果的排序依次是精准识别 90.000 分，减贫成效 75.742 分，精准管理 68.001 分，精准帮扶 43.898 分。可初步判断，在成果巩固阶段，精准识别因素在扶贫绩效中所占的比重最大，属于"很好"级别；其次是减贫成效，属于"较好"级别；"精准管理"得分属于"较好"级别；"精准帮扶"因素由于帮扶过程受到众多因素影响，尤其是疫情因素的影响，所以其绩效分值较低，处于"一般"级别。但成果巩固阶段的总评分为 73.079 分，说明在成果巩固阶段广西靖西抛绣球助力精准扶贫绩效整体较好。

表5.9　　　成果巩固阶段广西靖西抛绣球助力精准扶贫绩效模糊综合评价结果

一级指标	评价值	排序	评价等级
精准识别	90.000	1	很好
精准帮扶	43.898	4	一般
精准管理	68.001	3	较好
减贫成效	75.742	2	较好
总评	73.079	—	较好

（6）成果巩固阶段广西靖西抛绣球助力精准扶贫绩效模糊综合评价结果分析。

①精准识别分析。在成果巩固阶段，"精准识别"包括"脱贫不稳定人口发生率""边缘易致贫人口发生率"和"突发严重困难户发生率"。在广西靖西抛绣球助力精准扶贫绩效模糊综合评价结果中，精准识别一级指标的评价值为90.000分，属于"很好"级别。说明靖西市政府在巩固脱贫成果的基础性工作方面成效显著，基础扎实，对于脱贫不稳定人口、边缘易致贫人口以及突发严重困难户的识别和管理工作做得非常到位，能够有效从根本巩固脱贫成果。调研中，有居民表示，"政府在就业方面，为我们创造很多的机会，尤其是针对我们这种没有稳定工作、耕地又少的收入不稳定贫困人口，政府通过派人来村里面教我们制作绣球，然后引导企业给我们派任务订单；使我们在农忙之余也能参与绣球的制作，增加收入，避免返贫。同时，还特别注重小孩教育问题，鼓励家里小孩努力读书。此外，逢年过节的时候，对于参加抛绣球活动的热情更加高涨了，因为绣球也是我们的经济来源，也是我们需要传承的民族文化，我们每个贫困户都能够通过自己的手工劳动创造收入，因此逐渐摆脱了贫困"。可见，政府在成果巩固阶段更注重脱贫不稳定人口的持续收入，从"扶志"角度出发，希望能够引导脱贫人口主动向致富道路迈进，实现真正意义上的造血式扶贫。

②精准帮扶分析。在成果巩固阶段"精准帮扶"指标得分43.898分。从调研数据来看，靖西在成果巩固阶段对于传统体育扶贫政策体系重视力度逐渐加强，通过多种渠道促进抛绣球运动的发展，并引导传统体育文化致力于扶贫成果巩固，如通过给予绣球企业相关的技术支持，以及完善人才引进

等方面的政策，帮扶绣球生产企业扩大市场销路；同时扩大靖西抛绣球的宣传，吸引更多绣球生产订单，助力绣球企业的发展，从而为脱贫群众提供长期稳定的就业机会，稳固脱贫人口的收入。为此，被访人员中有 70% 认为"靖西传统体育扶贫政策体系完备性"做得"较好"。

但是，除了"传统体育传承人补贴经费增长率"这一指标外，靖西抛绣球助力精准扶贫的其他定量指标评价得分较低，大部分的指标评价得分较低，这也是导致"精准帮扶"指标最终得分较低的主要原因。在成果巩固阶段，即 2020 年以后，靖西抛绣球项目的发展资金较为有限，还因受到疫情的影响，绣球传统体育基地建设、绣球传统体育设施建设、绣球传统体育产业项目投资、绣球传统体育赛事等均受到不同程度的影响。尤其是 2020 ~ 2022 年，靖西市几乎没有举办抛绣球赛事，政府引导民众全力抗疫，难有余力助推抛绣球体育活动的发展，故而这些指标评价得分较低。

③精准管理分析。成果巩固阶段"精准管理"得分为 68.001 分，处于"较好"状态。在调查中发现，"落实传统体育扶贫责任""健全贫困户信息管理机制""规范传统体育扶贫资金管理"这三项指标的评价整体相对较好，均有超过 20% 的被调查者给出的评价是"很好"；有接近 60% 的被调查者给出的评价是"较好"。靖西市政府在抛绣球助力精准扶贫的巩固阶段，能够持续推进扶贫责任到人，落实好每一个村每一户的扶贫责任对象，同时能够运用现代信息管理技术对脱贫户的信息进行精准跟踪排查和管理，加上靖西市政府能够规范传统体育扶贫资金管理，设立定期检查监督小组对每一笔资金的使用进行跟踪调查，让有限的资金发挥最大效用。

此外，"建立传统体育扶贫激励约束机制""形成乡村振兴有效衔接工作体系"这两项指标的评价整体较好，但仍然有部分脱贫群众给出的评价是"较差"，实际调查发现，绣球制作技艺在扶贫方面能够有效带动一些脱贫户就业；但在乡村文化振兴的衔接方面还有待提升，即民众对抛绣球的保护与传承意识还有待加强。目前民众更多关注的是抛绣球能否给自身带来效益，而保护与传承抛绣球文化方面民众还尚缺乏一定的文化自觉，不利于民族传统体育文化的持续发展。

④减贫成效分析。"减贫成效"得分75.742分，处于"较好"状态，其中"传统体育产业增长率"和"脱贫人口人均可支配收入增长率"的评价均为"很好"，主要是由于精准扶贫阶段靖西抛绣球已经持续吸纳贫困人口参与绣球制作。例如靖西市龙邦镇龙邦街、化峒镇化峒街、新靖镇旧州街等各乡镇举办航诞活动的村街，其绣球作坊数量总共约有20个，参与绣球制作人数总共约有2万人，这一系列的精准扶贫措施已经为成果巩固阶段奠定扎实的基础，因此这两项指标的评价为"很好"。但成果巩固阶段"传统体育带动就业比率"所获得的评价为"一般"，主要是由于2020年以来疫情影响，许多企业长期停产停工，加上后疫情时代企业的订单相对减少，工作量较小，所以"传统体育带动就业比率"取得的评价为"较好"。

"脱贫人口稳定就业能力增强"这一项指标评价为"很好""较好""一般"的人数比例分别为29%、47%和24%。在调研中发现，脱贫人口已经能够依托企业的扶贫车间持续在岗并获得增收的机会，例如靖西市绣蕴坊文化有限公司2022年共招收230名员工，其中2022年脱贫监测户75人，且这些脱贫监测户在岗时间超过6个月，这就意味着脱贫户能够坚持在企业参与绣球制作，收入来源较稳定，因此，"脱贫人口稳定就业能力增强"这一指标评价较高。此外，"脱贫人口精神面貌改善""脱贫人口健康水平提高""脱贫人口文化教育水平提升""脱贫人口自我发展能力增强""传统体育人才培养"等指标均有超过70%的人认为是"较好"及以上，尤其是"传统体育保护传承""传统体育创新发展""民族文化认同的加深""民族文化共享的加强""民族文化自信的坚定""推进民族团结进步"等指标的评价为"很好"的居多。可见，在成果巩固阶段民众对于抛绣球文化的认同日益增强，有助于传统体育文化的保护与传承。

⑤成果巩固阶段评价总结。成果巩固阶段，广西靖西抛绣球助力精准扶贫绩效模糊综合评价最终分数为73.079分，相较于精准扶贫阶段高一些，处于"较好"的状态。主要是由于精准扶贫阶段靖西抛绣球助力精准扶贫在精准识别、精准帮扶、精准管理和减贫成效各方面为成果巩固阶段奠定了较为坚实的基础，让传统体育抛绣球在成果巩固阶段能够有较好的开端，加上成果巩固阶段政府尤为重视精准管理和精准识别。因此，成果巩固阶段的总

体得分较精准扶贫阶段稍高一些。

5.1.3.4　精准扶贫和成果巩固两阶段模糊综合评价总体分析

从调研实际情况来看，广西靖西抛绣球助力精准扶贫仍然有较大的提升空间，依据调研实际进行存在问题的总结，为后续乡村振兴实现路径的提出提供参考依据。具体存在问题如下：

第一，靖西抛绣球传统体育与精准扶贫直接关联度较低。靖西抛绣球传统体育活动开展大多数是在三月三、插秧节、春节等节庆时间，与精准扶贫产生直接关联的较少。而绣球作为抛绣球活动的主要器材用品，紧密关联着抛绣球活动的开展，因此绣球的生产流通过程与抛绣球助力精准扶贫间接关联度较高，其带动就业、助力脱贫成效相对较为明显，尤其是以靖西市绣蕴坊文化有限公司为主的企业每年解决妇女就业 400 多人（含乡村零散户员工），年销绣球 20 多万件，产值约 400 万元。

第二，靖西绣球制作产量较低，产生的经济效益有待提升。绣球为纯手工制作，在生产过程中，不能全面采用机械化大规模生产，因此产量、产值较低。另外，农户制作的绣球，在市场上的收购价格较低，例如直径是 8 厘米的绣球收购价格通常是每个 7 ~ 8 元，而每位妇女一般平均每天只能制作 2 ~ 4 个绣球，每月共制作 60 ~ 120 个，收入为 450 ~ 900 元。为此，依靠制作绣球增加收入的时间成本较高，而产生的经济效益却相对较低，这成为制约其助力精准扶贫和乡村振兴成效提升的一个重要影响因素。

第三，靖西绣球制作解决贫困就业群体的覆盖面较窄。目前靖西绣球的生产主体是龙邦镇龙邦街、化峒镇化峒街、新靖镇旧州街等各乡镇当地的农村妇女（35 ~ 80 岁），通常以家庭作坊式、个体副业式生产为主，年轻群体和男性群体参与绣球制作较少，生产时间是利用农闲或工余时间，遇上订单多才会提高效率，平时生产完全是自发的、随意性较大。因此，生产效率比较低，经营方式也比较被动，依靠企业收购拿到市场销售，这样松散的生产经营方式难以形成大规模的产业。

第四，支持抛绣球和制作绣球的专项资金较少。一是抛绣球活动开展资金较少，靖西市政府相关部门对于抛绣球活动的开展以及绣球制作投入的资金较为有限，在节庆时间举办的抛绣球活动，大多是群众自发筹集资金开展，而通过专项资金支持开展的抛绣球活动较少。由于靖西市传统体育项目较多，因此投入抛绣球项目的资金较为有限，仅依靠上级补助投入，项目建设效果欠佳，规模小，难于形成精品。类似一些抛绣球比赛或者绣球制作项目，偶尔有少数的资金投入，但是资金到位慢，造成项目不能及时开展。二是对于绣球产业化生产项目的扶持资金几乎没有，相应的融资渠道也较少，当地在带动贫困人口就业、助力脱贫增收方面较为突出的企业仅有一家，对于助力脱贫成果巩固的面不够宽。三是对于绣球制作传承人的资金扶持力度较小，仅有国家每年给自治区级传承人的 5000 元专项补贴，传承人培养、传承人作坊建设方面的扶持力度有待加强。

第五，靖西绣球生产、经营、销售方式亟待改进与创新。靖西绣球的生产、经营、销售主要是通过两大途径进行流通，一个是"企业发布订单并提供原材料—农户（含脱贫户）接收制作订单—企业以一定价格收购绣球—企业销售绣球"；另一个是"农户自主采购原材料制作绣球（传承人建立个人作坊）—在景区销售或者通过企业收购方式销售"。大部分农户是兼职做绣球，其制作效率较低，经营方式也比较被动、松散，难以形成大规模的产业。

第六，政府关于抛绣球和绣球文化的宣传力度有待进一步提升。政府在当地抛绣球和绣球制作方面宣传力度还不够，群众对民族传统体育保护传承意识不强，参与热情不够高。另外，部分贫困民众是以绣球能否给自己带来经济效益衡量绣球文化的好坏，对于民族文化的保护与传承关注不足。

5.2　云南广南传统武术助力精准扶贫绩效评价研究

传统武术是以拳种为存在形态，以套路、功法、散手为主要活动内容，以单势、拆招、喂手、功法、格斗对抗等为有机训练方式，以提高技击水平为宗旨，以技进乎道为最高价值追求的武技、武道修炼体系（张长思、张长念等，2015）。中国传统武术寓理精深，源远流长，是我国劳动人民在长期的农耕劳动、军事战争中，探索出来的智慧文化；不仅注重技击能力提升，还特别注重训练时的修身养性，具有鲜明的历史、地域、传承、封闭等特点和强身健体、医疗和观赏等多重价值。传统武术的内容丰富、形式多样，不同门派、各类拳种形成了浓郁特色的武术文化，是我国宝贵的民族文化遗产。

广南县位于云南省文山壮族苗族自治州东南部，全县居住着汉族、壮族、苗族、瑶族、彝族、蒙古族等 11 种世居民族。由于地理、历史条件关系，广南县域所在地自古战事频繁，居民须掌握攻防格斗之技方能自救图存，历来存有"崇文尚武"的观念，民间武风益盛。数百年来，广南传统武术在家传拳法的基础上，吸收众家流派之长，融合壮民族自创拳术得以继承和发展，成为民族传统体育的重要组成部分。2015 年 9 月 11 日，在全国武术之乡工作会议上，广南县被授予"全国武术之乡"称号，成为全国百家武术之乡的一分子，传统武术发展迈上新台阶。2018 年 7 月，国家体育总局、国务院扶贫办联合颁布的《关于体育扶贫工程的实施意见》中，将体育扶贫纳入了精准扶贫战略总体部署和工作体系，明确指出优化公共体育服务供给结构是实现体育精准扶贫的根本环节。广南县传统武术作为一种群众性体育活动，其广泛发展有效推进了体育公共服务体系建设以及精准扶贫成效。笔者选取广南县进行桂滇黔民族地区传统体育公共服务助力精准扶贫绩效评价实证研究，具有典型性和代表性，符合精准扶贫指标评价体系应用要求，能够有效评价出广南县传统体育公共服务助力精准扶贫绩效水平，通过探明其精准扶贫过程中的存在问题，为后续乡村振兴实现路径的提出提供参考和借鉴，对提高民族地区公共体育服务质量和效益，深入推进传统体育助力精准扶贫和乡村振兴研究具有重要的现实意义。

5.2.1　云南广南传统武术的历史与现状

5.2.1.1　云南广南传统武术的历史演进

历史发展长河中，云南广南传统武术始终根源于当地民众的生产、生活实践，是民族精神的窗口和民族文化的重要组成部分。随着时空格局的变化，云南广南传统武术及其蕴含的文化内涵，均在不断演化与发展。根据已有文献记载，结合实地调研材料，云南广南传统武术历史演进可划分为以下四个阶段。

（1）原始社会时期：起源萌芽阶段。

广南县植被茂密，水资源丰富，野生动植物种类繁多，有利于生物繁衍生息。据史料记载，原始社会早期，广南县境内已有人类在此生存，这些原始土著居民主要以打猎、采集等方式为生。人与兽斗、人与人之间的搏斗是早期广南传统武术的萌芽。为在战争中立于不败之地，先民通过武术学习锻炼培养后代吃苦、坚毅、不畏强敌等品质，抵御外敌保卫家园，从而实现民族延续与发展。据《广南县志》记载："往古之时，猛兽食颛民，鸷鸟攫老弱"。广南先民在与禽兽以及外族斗争中，逐渐形成拳打、脚踢、抱摔、顶肘、跳跃等技能，武术技巧与武术意识开始萌芽（王萍、胡少娟等，2008）。至原始社会末期，父系氏族社会发展，氏族之间开始出现战争，各部落为了获得足够的生存物资与奴隶，形成了部落间有组织的战斗，由此加速了广南原始武术的形成。

（2）封建社会时期：快速成长阶段。

春秋战国时期，随着广南县境内社会生产力水平的提高，广南先民开始制造简单的生产工具，加上广南地区的植被茂密，先民们利用木头、竹具等做一些简单的防身工具，这一时期武术动作较少，但武术的技术性、实用性较强。直至两汉时期，广南先民利用铜制造出斧、剑、矛等用于生活和作战的武器，武术的动作和技巧都随着器械的增加而增多。隋唐时期，推行武举制，广南县武术的发展及民间习武热潮达到顶峰，一些武术杂耍也在民间盛行，但受军事训练影响，传统武术的风格凶悍、刚烈，武术动作有所增多，仍以实战为主。

"句町国"的形成是广南传统武术发展的一次重要转变。汉武帝执政时期设句町县（今广南县境内），铁制、铜制等武器的出现进一步推动传统武术的发展成熟，尤其随着战事增多与规模增大，武术和武器都开始大规模用于军队训练。广南先民战时为兵共同抵御外敌，闲时为农进行武术操练和娱乐表演。同时，在这一阶段，武术也成为祭祀先祖的重要方式，集文化、竞技与娱乐于一体，在广南先民节庆和生产生活中充分展现了精神风貌和文化意蕴。作为"武术之乡"，广南县在这一时期走出多位武科进士和武举人，县内成立大量"武术馆"和"国术馆"，广南人进京赶考者大多榜上有名，先后有明、清进士 21 人（其中 2 名武进士），举人 77 人，贡生 106 人。传统武术处于快速成长阶段（张濒化，2014）。

（3）近代社会时期：发展成熟阶段。

进入近代，中国人民开始了与封建主义和帝国主义的长期抗争。传统武术这项带有攻防技击内容的传统体育活动仍然在军队中继续发挥着积极作用，这一时期，广南武术更是名人辈出，为抗击外来侵略者、捍卫主权领土起到重要作用，传统武术进入发展成熟阶段。

据《广南县志》中关于军事篇记载：1856 年受太平军起义影响，加之清政府的腐朽制度严重伤害了广南地区人民的利益，在少数民族头领王永兴的带领下，广南县出现了一支"平南军"，以打官济民为宗旨。后来又集结 30 余名壮族首领，在 29 个村寨进行反清行动，此次行动历经 5 年之久。抗日战争时期，广南县三千余青壮年于 1941 年底赴江西抗日前线；1944 年，广南县 51 人为响应国民党号召，奔赴滇西、缅甸参加抗日战争。1949 年 4 月，肖玉琨带领 300 余广南人参加革命起义。在近代社会时期，内有封建阶级压迫，外有侵略者入侵的严峻局势下，有着武术功底的广南儿女积极响应号召，积极投身于革命事业。[①] 此时的广南武术对于保家卫国、反抗压迫起到了重要作用，处于发展成熟阶段，为新时期广南武术的发展奠定了坚实基础。

（4）新中国成立后：全新发展阶段。

新中国成立以来，在党和政府领导下，广南县传统武术迎来了全新的发展机遇，传统武术的健身锻炼和娱乐表演等功能日益突出，开始出现竞技比

---

① 广南县志编纂委员会. 广南县志［M］. 昆明：云南人民出版社，1991.

赛和强身健体运动，并相继开发出旅游演艺、武术赛事、课程开发等多种形式。传统武术在这一时期发挥着经济、健康、教育多重效益，有效助力了广南经济社会发展。

1952 年土地改革以后，广南县城举办第一次弄娅歪活动，邀请者兔乡弄娅歪队、壮族武术队在县城进行表演，武术动作刚劲有力，获得人们的一致好评。广南传统武术也渐渐进入大众视野之中，功能由先前的实战性逐步向娱乐性、表演性、健身性转变。这一时期的广南武术既有民间自发组织的传统武术表演，也有政府部门主持开展的赛事活动。部分武术人员在全国的武术比赛、少数民族传统体育运动会武术比赛中取得了骄人的成绩。在这一发展阶段，传统武术传承人有了指导员、培训师等新的时代角色，"文山州苗族武术体验型博物馆"武校、拳馆等更符合时代特点和社会发展规律的健身设施得到蓬勃发展。由此可见，产品与内涵的结合，武术与企业项目的结合，传承人与科研工作者的结合，推动着广南县传统武术全面发展，并通过提升人口素质、促进就业增收、弘扬民族文化等形式不断助力脱贫攻坚与乡村振兴，继而迎来了科技化传承与现代化保护的新趋势（李开文、张琼等，2019）。

5.2.1.2 云南广南传统武术的发展现状

近年来，广南县体育部门在各级领导、相关单位的大力支持下，围绕武术之乡管理办法和要求，积极推动全县武术文化的发展，不断促进广大群众深入了解武术运动，着力打造地方传统特色武术文化品牌，继承和发扬广南县底蕴深厚的民族民间传统武术，巩固扩大农村体育扶贫成果。2021 年 7 月，云南省体育局、云南省民宗委制订《云南省少数民族传统体育基地建设管理办法（试行）》，该办法中建设的项目包括民族武术、抢花炮、蹴球、高脚竞速等。2021 年 12 月，云南省体育局印发的《云南省"十四五"体育发展规划》中指出：搭建各类体育交流平台，坚持"请进来""走出去"，与周边国家开展形式多样的民族民间体育交流活动，推动武术、围棋、龙舟等中华体育项目国际化发展。为贯彻落实全民健身战略，2021 年 12 月，云南省人民政府发布《关于印发云南省全民健身实施计划（2021—2025 年）

的通知》，强调推动开展健身气功、武术、棋类、龙舟等中华传统体育项目民间交流交往活动。多项针对传统武术开发利用的相关政策为广南传统武术传承及其扶贫发展提供方向指引和坚实支撑。

为加快传统武术相关工作的纵深推进，广南县对这一特定区域内传统文化的生存空间也给予了极大关注。2018 年以来，广南县体育部门持续配备武术训练器械、更新维护训练场地及训练地毯、购置安装相应的武术训练设备，保障各项基础设施的建设，不断提升公共文体服务能力，为广南县推进武术之乡工作的开展进一步夯实基础。截至 2021 年，广南县新增 7 个武术业余训练点，由各学校训练点教练组织开展训练工作，并定期选派优秀的专业武术教练员和社会体育指导员亲自到点进行指导训练。广南县政府每年组织一次以上传统武术文化资源的调查、搜集、整理和研究等活动，切实保护当地优秀传统武术文化，以主要武术门类的历史渊源、主要特征、创始人物、代表人物、传承和发展脉搏为主。挖掘、改编、创编广南县地域性的独特武术拳种、武术操和拳谱等，加大力度保护好传统武术项目和传承人，让传统武术得到延续和传承。

此外，体育赛事的广泛开展，也为促进传统武术发展，助力脱贫攻坚发挥了重要作用。近年来，广南县多次开展地域特色鲜明、组织运作规范、社会反响良好的武术比赛和培训活动。通过各大小赛事活动的开展，建立相对稳定的教练员、运动员、裁判员团队，增强社团组织业余武术队积极性、参与性，不断增加社团组织武术队人员，为广大的武术爱好者提供良好的展现平台，以促进武术普及和培养武术新人为导向，打造传统武术品牌赛事，充分发挥竞赛的杠杆作用，提升全民习武热情，壮大广南县武术队伍，创建具有地域性特点的武术竞赛体系并形成制度。自 2016 年起，成功举办三届"句町杯"武术套路品牌赛事，每届有 50 家以上单位 8000 余人参与。2018年开始，城区机关单位、全县中小学校积极组织参与各大小型武术活动并成立武术队。2020 年 8 月至 2021 年 11 月，广南县教体局组织开展全县"爱国卫生运动"职工工间操培训活动及比赛，全县共 116 家单位达万余人参加，主要推广武术太极拳、养身健身气功、健身操等项目，有效拉动地区经济增长，提升居民身体素质。如图 5.5 和图 5.6 所示，广南县 2017 年的贫困人口数量为 210547 人，2020 年减少至 0 人；2017 年贫困发生率高达 14.38%，2020 年该项指标降至 0。

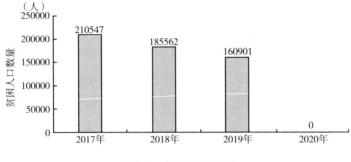

图 5.5　贫困人口数量

资料来源：通过对 2018～2021 年文山壮族苗族自治州广南县政府工作报告整理而得。

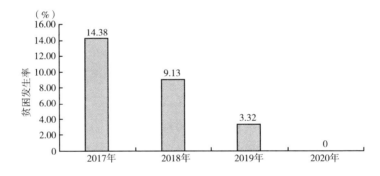

图 5.6　贫困发生率

资料来源：通过对 2018～2021 年文山壮族苗族自治州广南县政府工作报告整理而得。

总体而言，广南传统武术在促进经济发展，提高居民收入、改善民众生活质量等方面为脱贫攻坚发挥了重要作用。据 2020～2022 年文山壮族苗族自治州广南县政府工作报告得知，2019 年广南县投入资金 72.4 万元完成出列贫困村文艺设备 148 套和体育设施配置，促进公共文化服务均等化，基层文化阵地进一步完善，从而实现文体产业总收入 2891.73 万元，其中体育赛事收入达到 1154 万元；农村居民人均可支配收入从 2016 年的 7295 元增加到 2021 年的 11435 元，年均增长 9.4%，多项指标皆呈现明显增长趋势。2020 年 12 月，广南县 162195 人实现脱贫，149 个贫困村全部出列。广南传统武术以传承尚武精神为己任，通过体育赛事、体育设施、体育课程等扶贫路径，为脱贫攻坚贡献了充沛力量。

5.2.2　云南广南传统武术助力精准扶贫的内在机理

由云南广南传统武术的历史演变与发展现状可知，该项传统体育项目是当地民众在长久的生产、生活实践中不断发展形成的，具有娱乐、健身、教育、文化传承、族际交往等多种功能，是人们喜闻乐见的活动形式。传统武术作为一种群众性体育活动，长期以来为促进其发展，广南县不断加大传统武术公共服务建设投入，一方面通过配备武术训练器械、购置设备、更新维护场地等形式加强体育公共服务建设；另一方面通过建设武术训练馆、培育武术指导员、打造传统武术课程等形式，重视培育贫困户和贫困社区的可持续发展能力，推动精准扶贫进程。与此同时，深入城区机关、学校、社区等单位部门和群团组织开展武术宣传活动，不断提升文体服务能力，参与传统武术体育锻炼的人数显著上升，有效降低了居民的健康脆弱性和经济脆弱性，加快了广南县脱贫攻坚的进程。

2022 年 1 月，国家发改委印发《“十四五”公共服务规划》，强调加快公共教育、社会保险、公共文化体育服务等重点领域的国家标准、行业标准制修订。体育公共服务建设是整合政府、社会、市场和居民等多方力量，形成多个发力面的过程，不仅能够带动社区发展，提高贫困人口的自我发展能力，还能改善就业增收能力，取得长期扶贫效果。广南县传统武术发展建设作为体育公共服务的重要环节，在推动经济发展以及脱贫攻坚中发挥了不可或缺的重要作用。为厘清传统武术助力精准扶贫的内在机理，在公共服务理论、多维贫困理论以及可持续发展理论的框架内进一步剖析传统武术助力精准扶贫过程中的社会关系与公民参与行为，厘清传统武术在经济增长、产业生产率、人口发展能力等层面的多维效益，为提升传统武术相关服务产品供给效率、巩固拓展脱贫攻坚成果、推进乡村全面振兴提供科学依据，具体如图 5.7 所示。

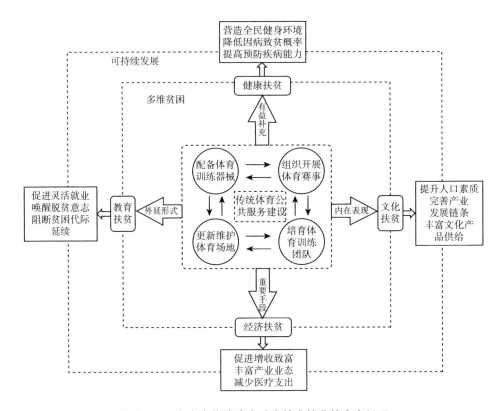

图 5.7　云南广南传统武术助力精准扶贫的内在机理

资料来源：笔者根据公共服务理论、多维贫困理论以及可持续发展理论，结合云南广南传统武术助力精准扶贫产生的作用绘制而得。

为进一步确保研究结果的真实性和有效性，笔者于 2020 年 6～7 月、2022 年 7～8 月前往广南县，对 55 名当地脱贫户、12 名政府工作人员、13 名传统武术传承人、13 名行业协会成员进行问卷调研和深度访谈，筛选部分访谈记录，总结、归纳访谈对象观点态度，为研究观点提供可靠支撑。

5.2.2.1　传统武术发展是健康扶贫的有益补充

阿马蒂亚·森（Sen，1981）认为健康既是一种人类的可行能力，又是非常基本的自由活动。理论界发现体育对健康贫困具有积累效应和溢出效应，这种多维效应对贫困居民尤为重要，能有效缓解"因病致贫、因病返贫"问题。2017 年 2 月，国务院出台的《关于印发中国防治慢性病中长期规划（2017—2025 年）的通知》中指出：鼓励机关、企事业单位开展健身和职工运动会、健康知识竞赛等活动，推动全民健康生活方式行动。

广南县政府在贫困群体的自由支配时间内，以传统武术资源为抓手，通过供给优质的传统武术场地资源、丰富多样的传统武术社会组织、专业的武术健身指导等来开展全民健身活动。2015 年，全县 174 个行政村仅建有 36 个文化体育活动小广场，广大基层群众缺乏开展文化体育活动的平台。在"全国武术之乡"工作推动下，2021 年广南县体育场地共 2872 个，比 2020 年度增加 1809 个，体育场地面积达 156.6897 万平方米，在统计全县常住人口为 77.1948 万人的数据上，人均体育场地面积为 2.03 平方米/人，为群众促进健康水平提升提供了良好的设施基础。如表 5.10 可知，当被问及"您认为传统武术扶贫为您带来哪些方面效益"时，绝大多数居民表示健康效益最为显著。政府通过建设体育场馆、铺设健身步道、指派培训指导员、举办体育赛事等方式，提升居民习武热情，从而改善身体素质，减少家庭医疗支出，有力推动了健康扶贫。可见，广南县传统武术通过提升贫困群体的健康能力，改善贫困群体健康意识，从而有效降低其健康脆弱性和经济脆弱性，成为健康扶贫的有益补充。

表 5.10　　　　当地居民深度访谈记录（部分内容）

访谈问题	访谈对象	访谈记录
您认为传统武术扶贫为您带来哪些方面效益？	居民 1	身体素质和精神面貌都有所改善。我去年还参加了广南县莲城镇老体协元旦健身培训活动，在大场馆里面练习广南的传统武术，经常锻炼感觉生病次数也少了
	居民 2	通过锻炼身体，增强了体质，免疫力也提高了
	居民 3	最明显的就是锻炼身体了。精准扶贫这几年，我们这里的贫困户都脱贫了，春节期间都积极参加镇上和村里组织的运动会，既锻炼了身体，也愉悦了身心
	居民 4	我是社区晨练队的一员，最近在学习 24 式太极拳，有专业的教练来指导我们，每天早睡早起锻炼，觉得身体越来越好了
	居民 5	身体更加健康了。我觉得广南传统武术应该多多推广出去，像健身气功、长拳、腿法步法等简单易学，练完之后神清气爽，应该普及给更多群众

访谈问题	访谈对象	访谈记录
您认为传统武术扶贫为您带来哪些方面效益？	居民6	健康、自信、愉悦。我很喜欢我们村举行的趣味运动会和民族运动会，都是我们广南人自己的传统文化，这些活动的举办让我对传统武术有了更深入的了解和认识，也让我通过练习武术提高了身体素质，人也自信了很多
	居民7	各方面的影响都有。比如经常举行的那些传统武术类比赛，不仅锻炼身体，还能增进友谊
	居民8	健康、自信。晨练武术队经常过来宣传，我也加入了晨练队伍中，觉得自己的精神生活更加丰富了
	居民9	身体健康。我比较喜欢练习太极掌和八卦掌，每天练完以后都觉得全身轻松，精力充沛

5.2.2.2 传统武术发展是文化扶贫的内在表现

在多维贫困理论体系中，文化素质低也是能力贫困的重要表现，文化扶贫强调赋予贫困者以文化要素，扶贫同扶智、扶志并举。传统体育既是居民的生活方式，更是一种文化精神，其所展现出的健康、积极、自信等文化特质，能引导贫困地区群众形成讲文明、树新风、爱劳动等良好价值观。传统体育建设聚焦文化贫困、精神贫困、能力贫困，促进当地居民进行体育锻炼，从而逐渐理解中华体育精神和民族精神，进一步提高当地群众的道德素质、促进社会文明进步、调适群众文化心理，是文化扶贫的内在表现。

广南县传统武术建设过程中，文化始终与扶贫协同并进。一方面，传统武术通过以文化人，提升贫困群体的人力资源禀赋。如表5.11所示，多名政府工作人员表示传统武术可以激发群众的民族精神和内生动力，扶精神、扶智力、扶文化，广南县居民的文化需求与文化接受能力逐渐提升。另一方面，传统武术可使文化为经济建设服务。据实地调研了解，截至2021年12月，广南县用于扶贫的体彩公益金为125万元，在广南的壮乡苗岭、彝村瑶寨共建有60多个武术活动站（点）。其中，2018年1月~12月，共组织辅导了城区5家机关事业单位、30所中小学校、20多个社区健身队伍共计5000余人；广泛开展多项武术赛事，赋予传统武术以产品形态和商品价值，推动了文化产业消费，并拉动地区经济增长。因此，广南县传统武术从措施、方式、方法等方面促进了文化供给与需求的均衡，有序推动了地区可持续发展，是当地文化扶贫的内在表现。

表 5.11　　　　　　　　　　　政府深度访谈记录（部分内容）

访谈问题	访谈对象	访谈记录
您认为当地传统武术公共服务建设工作落实情况如何？	政府 1	服务设施不够完善。已经建好的设施使用率很高，可以提升技能学习，营造全民习武健身的氛围。后期还需要加大资金投入，完善体育公共服务设施
	政府 2	居民会自发集中在一起进行健身活动，多集中于早上 6 点到 7 点，提前在各个健身点开展武术锻炼，会有技术指导，居民的健身团体之间会自发性地交流学习，健身氛围很浓厚
	政府 3	我认为还需要进一步完善。大家都很需要这些设施，每天都有很多人在健身点锻炼身体，广场也有很多人。尤其是大多人都喜欢练武术，大家在一起经常交流切磋，增强了我们的团结和凝聚力
	政府 4	落实情况尚可。我们的体育服务设施还是比较充足的，以前村里很多人喜欢打牌，经常要去调解一些矛盾纠纷。修建这些体育设施以后，锻炼的人多了，打牌的人少了，村民的精神面貌都好很多，社会风气也改善了
	政府 5	还要继续加强。修建的体育服务设施越多，来参加体育锻炼的人就越多。尤其是我们的传统武术，强身健体，练完以后大家都觉得人变得更加积极自信了
	政府 6	落实得比较好。上级政府针对我们的"全国武术之乡"建设是有专项资金的，这笔资金不是以输血的方式直接给予补贴，而是建设了体育设施；定期开展武术文化宣传，弘扬武术精神，效果很好
	政府 7	比较好。自从广南县搭建众多武术活动点和武术场馆以后，开展比赛的场地就有了，最近几年开展了许多比赛，周边的居民除了参与武术表演活动，还可以卖点东西增加收入

5.2.2.3　传统武术发展是教育扶贫的外延形式

农村居民教育程度低所表征的教育贫困是多维贫困的重要外在表现，体育的供给可激发农村居民对健康生活的追求与涵养其脱贫致富的精神动力，已成为教育反贫困的一种制度保障和能力支持（李李、钟翔，2020）。教育扶贫强调激发贫困人群的自觉性和自主性，提高思想道德意识，掌握先进的科学知识，使其自立、自强，从而推动脱贫攻坚工作纵深发展。传统体育通过改善贫困地区体育扶贫环境，为贫困人口提供良好发展平台，从而提升贫困人口发展机会，是教育扶贫的外延形式。

广南县在传统武术建设实践中，始终坚持建立以需求为导向的公共服务供给体系，注重公共服务建设内容与地区经济社会发展相匹配，促进农村剩余劳动力转移培训与灵活就业，有效阻断贫困以及导致贫困的相关因素在代际延续，智志双扶拔穷根。广南县相关年份国民经济与社会发展统计公报数据显示，全县人均受教育年限从 2016 年的 7.5 年提升到 2021 年的 8.4 年，群众受教育程度大幅提升。目前，广南县已建成 177 个基层综合性文化服务中心，武术协会在全县范围内组织、开展、倡导、推广武术运动，共发放武术宣传小册子 8 万余份，开展宣传教育活动 1000 余场次，树立 166 个先进示范，受惠教育群众 4.5 万人。与此同时，同步开展武术创业就业技能培训，参与人数达 3.3 万人次，通过举办武术竞赛和对外交流等活动，推动广南县传统武术公共服务建设，成为当地体育扶贫的中坚力量。根据表 5.12 可知，在对广南县武术协会成员进行深度访谈时，多名成员表示，传统武术发展为当地贫困群众提供了更多发展平台，唤醒了脱贫志气，显著提高了人口素质。如广南县近年来建设了一批武术训练馆，组建专业团队创编民族民间特色武术操，不仅在社区进行推广传播，在各乡镇中小学也进行传承普及，磨炼群众意志，多维扶贫成效显著。

表 5.12　　　　　广南武术协会深度访谈记录（部分内容）

访谈问题	访谈对象	访谈记录
您认为体育公共服务对扶贫产生了什么影响作用？	协会成员 1	大力开展公共场所建设，为传统武术培训提供活动场地，协会今年组织培训了多批武术学员，这些学员进入我县中小学开展武术教学工作，为武术推广打下了基础
	协会成员 2	推动了劳动力就业。我们协助县政府建设体育公共服务设施，每年都吸收了一批农村劳动力来参与建设，拉动了就业
	协会成员 3	充实了武术教练员队伍，提高了他们的训练教学水平
	协会成员 4	协会和企业有合作，共同建设体育公共服务设施。目前来看效果非常好，有效拉动了当地群众灵活就业
	协会成员 5	建设了一批训练场馆和民族文化场，学习武术有了更多平台。学武术的群众更多了，尤其是我们评为全国武术之乡后，感觉越来越多人喜欢本土的传统武术，广南人的脱贫志气也越来越足

续表

访谈问题	访谈对象	访谈记录
您认为体育公共服务对扶贫产生了什么影响作用?	协会成员 6	今年陆续培训了永安社区文艺队、北坛社区文艺队、果者中年文艺队、坝东老年文艺队、激情小亭文艺队等,体育公共服务设施的使用率较高,培训效果也越来越好
	协会成员 7	体育设施建设多了,更多人意识到传统武术的重要性,很多人现在靠武术找到工作,发展能力越来越强
	协会成员 8	体育公共服务设施建设,为武术运动的传播推广提供了便利。尤其是一些没有一技之长的贫困户,通过练习武术磨炼意志,掌握本领,未来希望这一类群体会越来越多

5.2.2.4　传统武术发展是经济扶贫的重要手段

经济收入是衡量多维贫困的关键维度,收入匮乏是反映个体和家庭被剥夺程度的重要体现。经济扶贫强调通过分发生产资料、发展产业、建造设施等形式促进贫困地区就业增收,改变贫困面貌。公共服务理论指出,公共服务建设为农村地区脱贫攻坚提供了重要契机与条件,弥补了"小生产"与"大市场"之间不对称的矛盾,有利于提高农民的经济收入(尹栾玉,2016)。一方面,传统体育公共服务建设既能为贫困地区打造旅游、生态、康养等产业提供设施保障,直接拉动就业增收;另一方面,还能助力贫困群体抵抗疾病,减少医疗支出,有效提升人口发展能力,推动片区可持续发展,成为反贫困的一种关键路径和能力支持,是经济扶贫的重要手段。

广南县传统武术作为特色资源,其公共服务建设是引导体育与旅游、康养、生态等融合过程中产业集聚发展的基础性要素,对于丰富广南县产业业态、形成经济增长点、实现居民持续增收具有突出价值。"十三五"期间,广南县一二三产业比重由"十二五"末的 31.3∶24.1∶44.6 调整优化为29.4∶28.1∶42.5,农村居民人均可支配收入从 7295 元增加到 11435 元,年均增长 9.4%。2019 年 9 月举行的广南"句町拳王"国际金腰带争霸赛——决战 2019 脱贫攻坚公益专场,实现义卖收入 45 万元,门票收入 120.6 万元,比赛收入共计 397.6 万元。传统武术成为当地产业转型升级、经济扶贫的重要手段。如表 5.13 所示,当被问及"建设体育设施是否有助于扶贫?"时,多名传承人表示，体育公共服务建设对广南县扶贫起到了重要作用，突出表现在推动产业发展、拉动居民就业、减少医疗支出等方面。尤其在产业发展层面，广南县依托传统武术资源，成功打造"赛事＋文旅模式"。如"句町拳王"国际金腰带争霸赛，吸引大量广南本地企业加入，打造本地带货平台，有效带动产业发展提质增效，推动地区可持续发展。

表5.13　　　　　　　传统武术传承人深度访谈记录（部分内容）

访谈问题	访谈对象	访谈记录
您认为体育公共服务是否有助于扶贫？	传承人1	作用很大。我们这几年举办的"句町杯"武术会，吸引了很多游客，带动了当地的消费和经济发展
	传承人2	作用还是挺大的。武术通过申报项目的方式，就有政府的资金支持，用来建设公共服务设施，还会请我们这些传承人去指导项目建设，培训学员，都给酬劳，我们的收入也增加了不少
	传承人3	建设公共服务设施是要多方合作的，我们本土的企业，和政府合作打造了一些平台，为推广武术提供了设施保障，有些学员因为喜欢武术，学习武术，通过武术表演赚钱
	传承人4	肯定是有助于扶贫的。服务设施建得好，相关体育赛事就能办更大规模，游客就来得越多，当地的世外桃源、侬人谷景区也有武术表演和武术配套设施，吸引了众多游客，生意也越来越好
	传承人5	作用挺大的。广南现在很多社区和村寨都有了训练馆和武术馆，有时候政府还会和企业合作开直播推广本土武术，届时也会一并推销我们的本地农特产，效果非常好
	传承人6	体育设施建设得好，"体育（武术）＋旅游"就做得更好。景区现在都有武术表演，也有体育体验项目，不仅吸引了游客，还带动了周边贫困户土特产销售、开农家乐赚了不少钱

5.2.3　云南广南传统武术助力精准扶贫绩效评价

前文已从定性研究的角度对云南广南传统武术助力精准扶贫的现状及内在机理进行分析，为从定量角度进一步阐述传统武术在助力精准扶贫中的作用及效果，笔者运用模糊综合评价法对云南广南传统武术在助力精准扶贫的绩效进行了定量评价。本章是结合第4章"桂滇黔民族地区传统体育助力精准扶贫绩效评价指标体系与模型构建"研究的相关成果开展实证分析，具体的评价指标体系参考第 4 章"桂滇黔民族地区传统体育助力精准扶贫绩效第二轮评价指标体系"。

5.2.3.1　研究设计与调研

（1）问卷设计与发放。

广南传统武术助力精准扶贫的数据主要来源于实地调研，笔者于 2020 年 6～7 月、2022 年 7～8 月前往广南县开展实地调研并发放问卷。调查问卷分为精准扶贫和成果巩固两个阶段，调查内容包含调研地点的基本情况，政府部门、行业协会、传承人及居民（脱贫户）四个主体的个人信息，传统武术助力精准扶贫的绩效评价调查。两阶段共发放问卷 500 份，其中精准扶贫阶段发放问卷 240 份，回收问卷 213 份，问卷回收率 88.75%；成果巩固阶段发放问卷 260 份，回收问卷 227 份，问卷回收率 87.31%。同时，还对部分政府部门、行业协会、传承人及居民（脱贫户）进行了"一对一"深入访谈，获取一手资料。

（2）问卷信度分析。

为确保广南传统武术助力精准扶贫绩效评价调查的有效性，在对收集的数据进行分析时，应对问卷进行信度检验。本书采用的是 Alpha 信度系数法，检验问卷量表的内部一致性信度。笔者应用 SPSS 软件分别对精准扶贫阶段和成果巩固阶段广南传统武术助力精准扶贫绩效评价的统计变量进行了内部一致性检验，经运算得到其 α 系数分别为 0.959 和 0.962，表明两份问卷的信度高，具有很高的内在一致性，可以作进一步分析（见表 5.14）。

表 5.14　　　　　精准扶贫阶段与成果巩固阶段云南广南传统武术

实地调研问卷数据信度分析结果

阶段	Cronbach's Alpha	基于标准化项的 Cronbach's Alpha	项数
精准扶贫阶段	0.959	0.959	34
成果巩固阶段	0.962	0.962	34

5.2.3.2 精准扶贫阶段云南广南传统武术助力精准扶贫绩效模糊综合评价

云南广南传统武术助力精准扶贫受到多因素的影响，其评价体系是复杂的、多种因素的评价系统，而模糊综合评价法（FCEM）既有严格的定量刻画，又有对难以定量分析的模糊现象进行主观上的定性描述，能够将定性描述和定量分析紧密结合起来，且具有结果清晰、系统性强、可以将模糊的复杂数学量化等优点。鉴于此，笔者选用模糊综合评价模型对其进行绩效综合评价，根据第四章所确定的桂滇黔民族地区传统体育助力精准扶贫绩效评价体系，针对精准扶贫和成果巩固两个阶段，依据模糊理论的原理，构建两个阶段的模糊综合评价模型，进一步分析问卷数据。

（1）确定评价因素集。

评价因素集是评价对象属性或性能的集合，由影响评价对象的各个因素或指标组成。设云南广南传统武术助力精准扶贫绩效评价因素集为 F，主要包含精准识别、精准帮扶、精准管理、减贫成效 4 个方面，因此，评价因素集为 F = {精准识别，精准帮扶，精准管理，减贫成效}。

（2）建立评语集。

笔者通过将定量指标区段化，定性指标等级化，并设定统一的标准分值（具体如表 5.15 所示）对桂滇黔传统体育助力精准扶贫绩效进行评价，评语集设定为 V = {V1、V2、V3、V4、V5} = {很好、较好、一般、较差、很差}。

表 5.15　精准扶贫阶段云南广南传统武术助力精准扶贫绩效评价二级指标评语集

一级指标	二级指标	V_1	V_2	V_3	V_4	V_5
精准识别	建档立卡贫困人口识别精准率	1.00	0.00	0.00	0.00	0.00
	建档立卡贫困人口退出精准度	1.00	0.00	0.00	0.00	0.00
精准帮扶	传统体育扶贫政策宣传力度	0.29	0.39	0.31	0.01	0.00
	传统体育扶贫政策落实情况	0.36	0.30	0.32	0.02	0.00
	帮扶责任人帮扶工作满意度	0.35	0.30	0.33	0.02	0.00

续表

一级指标	二级指标	V_1	V_2	V_3	V_4	V_5
精准帮扶	传统体育扶贫资金财政支持力度	0.00	0.00	0.00	0.00	1.00
	体彩公益金扶贫投入比例	0.00	0.00	0.00	0.00	1.00
	传统体育产业项目投资比重	0.00	0.00	0.00	1.00	0.00
	传统体育设施建设覆盖率	0.00	0.00	1.00	0.00	0.00
	传统体育传承基地数量增长率	0.00	1.00	0.00	0.00	0.00
	开设传统体育课程的学校比重	1.00	0.00	0.00	0.00	0.00
	传统体育赛事增长率	0.00	1.00	0.00	0.00	0.00
	传统体育传承人补贴经费增长率	0.00	0.00	1.00	0.00	0.00
精准管理	落实传统体育扶贫责任	0.31	0.33	0.33	0.03	
	健全贫困户信息管理机制	0.31	0.36	0.32	0.01	
	规范传统体育扶贫资金管理	0.29	0.29	0.40	0.02	
	建立传统体育扶贫激励约束机制	0.24	0.32	0.42	0.02	
	构建扶贫效果监测评估机制	0.24	0.35	0.40	0.01	
	形成扶贫效果动态反馈机制	0.24	0.35	0.40	0.01	
减贫成效	传统体育产业增长率	0.00	0.00	1.00	0.00	
	传统体育带动就业比率	0.00	0.00	1.00	0.00	
	贫困人口人均可支配收入增长率	1.00	0.00	0.00	0.00	
	贫困人口精神面貌改善	0.38	0.42	0.20	0.00	
	贫困人口健康水平提高	0.35	0.40	0.25	0.00	
	贫困人口就业技能增加	0.33	0.30	0.37	0.00	
	贫困人口文化教育水平提升	0.33	0.36	0.30	0.01	
	贫困人口自我发展能力增强	0.34	0.37	0.29	0.00	
	传统体育人才培养	0.37	0.33	0.30	0.00	
	传统体育保护传承	0.32	0.41	0.27	0.00	
	传统体育创新发展	0.27	0.37	0.36	0.00	
	民族文化认同的加深	0.30	0.42	0.28	0.00	
	民族文化共享的加强	0.30	0.46	0.24	0.00	
	民族文化自信的坚定	0.32	0.48	0.20	0.00	
	推进民族团结进步	0.37	0.45	0.18	0.00	

（3）确定评价因素权重。

权重反映各个因素在综合评价中的重要程度。将由第 4 章中层次分析法计算得出的指标权重作为云南广南传统武术助力精准扶贫绩效模糊综合评价模型中精准扶贫阶段各指标的权重，即：

$$W_1 = (0.548, 0.452)$$

$$W_2 = (0.042, 0.049, 0.138, 0.093, 0.117, 0.114, 0.037, 0.072,$$
$$0.112, 0.157, 0.069)$$

$$W_3 = (0.238, 0.118, 0.140, 0.118, 0.137, 0.248)$$

$$W_4 = (0.071, 0.070, 0.101, 0.052, 0.127, 0.054, 0.042, 0.087,$$
$$0.114, 0.040, 0.066, 0.040, 0.037, 0.049, 0.041)$$

W_1、W_2、W_3、W_4分别表示精准扶贫阶段"精准识别""精准帮扶""精准管理""减贫成效"的二级指标权重。

（4）构建模糊判断矩阵。

模糊判断矩阵由评价因素在评语集上的隶属度组成。采用模糊统计法构建隶属函数，通过对收集数据统计处理得到精准扶贫阶段的云南广南传统武术助力精准扶贫绩效模糊判断矩阵 $R_1 \sim R_4$。R_1、R_2、R_3、R_4分别表示精准扶贫阶段评价因素"精准识别""精准帮扶""精准管理""减贫成效"的模糊判断矩阵。

$$R_1 = \begin{bmatrix} 1.00 & 0.00 & 0.00 & 0.00 & 0.00 \\ 1.00 & 0.00 & 0.00 & 0.00 & 0.00 \end{bmatrix}$$

$$R_2 = \begin{bmatrix} 0.29 & 0.39 & 0.31 & 0.01 & 0.00 \\ 0.36 & 0.30 & 0.32 & 0.02 & 0.00 \\ 0.35 & 0.30 & 0.33 & 0.02 & 0.00 \\ 0.00 & 0.00 & 0.00 & 0.00 & 1.00 \\ 0.00 & 0.00 & 0.00 & 0.00 & 1.00 \\ 0.00 & 0.00 & 0.00 & 1.00 & 0.00 \\ 0.00 & 0.00 & 1.00 & 0.00 & 0.00 \\ 0.00 & 1.00 & 0.00 & 0.00 & 0.00 \\ 1.00 & 0.00 & 0.00 & 0.00 & 0.00 \\ 0.00 & 1.00 & 0.00 & 0.00 & 0.00 \\ 0.00 & 0.00 & 1.00 & 0.00 & 0.00 \end{bmatrix}$$

$$R_3 = \begin{bmatrix} 0.31 & 0.33 & 0.33 & 0.03 & 0.00 \\ 0.31 & 0.36 & 0.32 & 0.00 & 0.01 \\ 0.29 & 0.29 & 0.40 & 0.02 & 0.00 \\ 0.24 & 0.32 & 0.42 & 0.02 & 0.00 \\ 0.24 & 0.35 & 0.40 & 0.01 & 0.00 \\ 0.24 & 0.35 & 0.40 & 0.01 & 0.00 \end{bmatrix}$$

$$R_4 = \begin{bmatrix} 0.00 & 0.00 & 1.00 & 0.00 & 0.00 \\ 0.00 & 0.00 & 1.00 & 0.00 & 0.00 \\ 1.00 & 0.00 & 0.00 & 0.00 & 0.00 \\ 0.38 & 0.42 & 0.20 & 0.00 & 0.00 \\ 0.35 & 0.40 & 0.25 & 0.00 & 0.00 \\ 0.33 & 0.30 & 0.37 & 0.00 & 0.00 \\ 0.33 & 0.30 & 0.36 & 0.01 & 0.00 \\ 0.34 & 0.37 & 0.29 & 0.00 & 0.00 \\ 0.37 & 0.33 & 0.30 & 0.00 & 0.00 \\ 0.32 & 0.41 & 0.27 & 0.00 & 0.00 \\ 0.27 & 0.37 & 0.36 & 0.00 & 0.00 \\ 0.30 & 0.42 & 0.28 & 0.00 & 0.00 \\ 0.30 & 0.46 & 0.24 & 0.00 & 0.00 \\ 0.32 & 0.48 & 0.20 & 0.00 & 0.00 \\ 0.37 & 0.45 & 0.18 & 0.00 & 0.00 \end{bmatrix}$$

（5）具体评价。

①一级模糊综合评价。根据前文计算的评价因素权重和整理得出的模糊判断矩阵进行精准扶贫阶段一级模糊综合评价：

$$B_1 = W_1 \times R_1 = (1.000 \quad 0.000 \quad 0.000 \quad 0.000 \quad 0.000)$$

$$B_2 = W_2 \times R_2 = (0.190 \quad 0.302 \quad 0.181 \quad 0.118 \quad 0.210)$$

$$B_3 = W_3 \times R_3 = (0.272 \quad 0.334 \quad 0.376 \quad 0.016 \quad 0.001)$$

$$B_4 = W_4 \times R_4 = (0.357 \quad 0.293 \quad 0.350 \quad 0.000 \quad 0.000)$$

B_1、B_2、B_3、B_4 分别表示评价因素"精准识别""精准帮扶""精准管理""减贫成效"的模糊综合评价。基于此，精准扶贫阶段一级模糊综合评价隶属度数值结果如表 5.16 所示。

表 5.16　　精准扶贫阶段云南广南传统武术助力精准扶贫一级模糊综合评价隶属度

一级综合评价指标	V_1	V_2	V_3	V_4	V_5
B_1	1.000	0.000	0.000	0.000	0.000
B_2	0.190	0.302	0.181	0.118	0.210
B_3	0.272	0.334	0.376	0.016	0.001
B_4	0.357	0.293	0.350	0.000	0.000

注：V_1 为很好、V_2 为较好、V_3 为一般、V_4 为较差、V_5 为很差。

②二级模糊综合评价。通过对上述一级模糊综合评价值进行整理，得到精准扶贫阶段评价目标"云南广南传统武术助力精准扶贫绩效"的模糊判断矩阵 R 为：

$$R = \begin{bmatrix} B_1 \\ B_2 \\ B_3 \\ B_4 \end{bmatrix} \times \begin{bmatrix} 1.000 & 0.000 & 0.000 & 0.000 & 0.000 \\ 0.190 & 0.302 & 0.181 & 0.118 & 0.210 \\ 0.272 & 0.334 & 0.376 & 0.016 & 0.001 \\ 0.357 & 0.293 & 0.350 & 0.000 & 0.000 \end{bmatrix}$$

因为 W = (0.364，0.271，0.122，0.244)，W_1 表示精准扶贫阶段评价目标"云南广南传统武术助力精准扶贫绩效"一级指标的权重，那么二级模糊综合评价为：

$$B = W \times R = (0.535 \quad 0.194 \quad 0.180 \quad 0.034 \quad 0.057)$$

③模糊综合评价最终结果。综合借鉴学者们对模糊综合评价分值划分的研究思路，结合云南广南传统武术助力精准扶贫的实际情况，将评语集的 5 个等级对应的取值范围分别设置为：$80 < V_1 \leqslant 100$，$60 < V_2 \leqslant 80$，$40 < V_3 \leqslant 60$，$20 < V_4 \leqslant 40$，$0 < V_5 \leqslant 20$。同时，为避免在两端取极大值或极小值对评

价结果精确度造成影响，故取中位数进行评价，即：

$$V = \begin{bmatrix} 90 \\ 70 \\ 50 \\ 30 \\ 10 \end{bmatrix}$$

综合考虑模糊综合评价的一级分数结果与二级分数结果，计算出一级指标层和云南广南传统武术助力精准扶贫绩效模糊综合评价分数结果：

（a）精准识别因素（一级指标层）：

$$F_1 = B_1 \times V = (1.000 \quad 0.000 \quad 0.000 \quad 0.000 \quad 0.000) \times \begin{bmatrix} 90 \\ 70 \\ 50 \\ 30 \\ 10 \end{bmatrix} = 90.000$$

（b）精准帮扶因素（一级指标层）：

$$F_2 = B_2 \times V = (0.190 \quad 0.302 \quad 0.181 \quad 0.118 \quad 0.210) \times \begin{bmatrix} 90 \\ 70 \\ 50 \\ 30 \\ 10 \end{bmatrix} = 52.930$$

（c）精准管理因素（一级指标层）：

$$F_3 = B_3 \times V = (0.272 \quad 0.334 \quad 0.376 \quad 0.016 \quad 0.001) \times \begin{bmatrix} 90 \\ 70 \\ 50 \\ 30 \\ 10 \end{bmatrix} = 67.150$$

（d）减贫成效因素（一级指标层）：

$$F_4 = B_4 \times V = (0.357 \quad 0.293 \quad 0.350 \quad 0.000 \quad 0.000) \times \begin{bmatrix} 90 \\ 70 \\ 50 \\ 30 \\ 10 \end{bmatrix} = 70.140$$

（e）精准扶贫阶段云南广南传统武术助力精准扶贫绩效模糊综合评价最终分数：

$$F = B \times V = (0.535 \quad 0.194 \quad 0.180 \quad 0.034 \quad 0.057) \times \begin{bmatrix} 90 \\ 70 \\ 50 \\ 30 \\ 10 \end{bmatrix} = 72.320$$

基于上述分析，得到精准扶贫阶段云南广南传统武术助力精准扶贫绩效模糊综合评价的最终结果，如表 5.17 所示。

表 5.17　　精准扶贫阶段云南广南传统武术助力精准扶贫绩效模糊综合评价结果

一级指标	评价值	排序	评价等级
精准识别	90.000	1	很好
精准帮扶	52.930	4	一般
精准管理	67.150	3	较好
减贫成效	70.140	2	较好
总评	72.320	—	较好

（6）精准扶贫阶段云南广南传统武术助力精准扶贫绩效模糊综合评价结果分析。

在精准扶贫阶段，云南广南传统武术助力精准扶贫绩效模糊综合评价结果的排序依次是精准识别 90.000 分，减贫成效 70.140 分，精准管理 67.150 分，精准帮扶 52.930 分。可初步判断，在精准扶贫阶段，精准识别因素在扶贫绩效中所占的比重最大，属于"很好"级别；其次是精准管理和减贫成效，均属于"较好"级别；精准帮扶因素由于帮扶过程受到众多因素影响，且涉及较多定量指标，其绩效分值较低，属于"一般"级别。另外，精准扶贫阶段云南广南传统武术助力精准扶贫绩效模糊综合评价最终得分 72.320分，说明精准扶贫阶段云南广南传统武术助力精准扶贫成效总体较好。

①精准识别。该项指标的评价分数为 90 分，分数最高。精准识别作为精准扶贫的基础和前提，是决定后续扶贫成效的关键性工作，该一级指标下共涵盖建档立卡贫困人口识别精准率和建档立卡贫困人口退出精准度两项二级指标，广南县建档立卡贫困人口识别精准率为 100%，建档立卡贫困人口退出精准度为 100%，精准识别成效显著。

为实现打赢脱贫攻坚战的总目标，2014 年以来，广南县先后制定出台《关于举全县之力打赢扶贫开发攻坚战的实施意见》《广南县脱贫攻坚总攻方案》等多个指导性文件，提出"真拼实干、马上就办"的广南作风。从贫困对象识别精准来看，广南县紧扣"三率归零"目标，严格按照"三评四定"工作程序，坚持"应纳尽纳""应退尽退"要求，把好进入、返贫关口，科学规划"一库两图"，突出低保户、重病户、残疾户等特殊人群，真正做到"乡不漏村、村不漏户、户不漏人"。经过最后一轮动态管理后，全县有贫困户 35447 户 162195 人。从贫困对象退出精准来看，广南县通过对标贫困户退出 5 项和贫困村出列 7 项刚性指标要求，按照"缺什么补什么"的原则，制定一户一策措施，一村一村、一户一户销号，做到贫困对象家底、致贫原因、帮扶措施、投入产出、帮扶责任、脱贫时序"六清"，确保贫困户退出和贫困村出列高质量达标。2020 年 11 月 13 日，广南县经云南省人民政府批准退出贫困县，全县 162195 人实现脱贫，149 个贫困村全部出列，强有力的政策保障和实施力度是该项指标评分高的重要原因。

②精准帮扶。该项指标的评价分数为 52.93 分，处于"一般"的水平，分数在 4 项一级指标中最低。精准帮扶一级指标下共涵盖 8 项二级指标，其中，"传统武术扶贫资金财政支持力度""体彩公益金扶贫投入比例""传统武术产业项目投资比重"3 项指标评分较低，拉低了"精准帮扶"的整体绩

效水平。这 3 项二级指标的评价结果反映出广南县传统武术发展资金不足的问题，实际调查中的访谈记录也从侧面印证了这一事实。"广南县作为传统武术之乡，武术发展资金不足的问题还是挺明显的。武术之乡虽然每年有 50 万的（武术之乡）专项发展资金，但是这资金主要用在了队员的参赛方面，衣食住行都需要花钱，剩下的就用来组织组织活动，如果没钱了就去政府那里申请，去找企业赞助。政府审批下来了或者有了赞助资金，活动比赛什么的就能接着办，没有的话也就只能放弃"（访谈对象：NJS，31 岁，广南县体育服务中心工作人员）。

在广南县体育服务中心还了解到，传统武术扶贫资金财政支持力度较弱，传统武术扶贫资金总额占扶贫资金总额的比例较小，年平均金额为 24.8 万元。在体彩公益金方面，2018 年和 2019 年度累计收到上级划拨彩票公益金 1552 万元，资金主要应用于珠琳、杨柳井、旧莫、者太 4 个乡镇中心敬老院、广南县社会福利院和广南县中心敬老院消防项目的建设和消防改造，解决莲城、珠琳、杨柳井、旧莫、者太等 5 个乡镇 610 人的建档立卡户、孤寡老人、特困人员集中供养问题，并没有拿出部分资金用于广南县传统武术公共服务的发展。此外，据实际调查得知，广南县现有传统武术产业主要包括武馆、武校、武术培训站等习武培训场所，武馆等经营者为个人独资，政府并未给予优惠扶持政策。政府财政支持不足一直影响着广南县传统武术公共服务的进一步发展，导致该项指标评分较低。

③精准管理。该项指标的评价分数为 67.15 分，处于"较好"水平。"传统武术扶贫责任的落实情况""贫困户信息管理机制的健全""扶贫效果监测评估机制构建" 3 项指标评分较高，"较好"及以上评分占比达 60% 以上，这得益于广南县在精准管理方面采取的一系列具体有效举措。

实地调研了解到，广南县政府为保证精准管理的有效性，一方面，在选派驻村工作队员中，坚持"尽锐出战"和"抽硬人、硬抽人"的原则，成立了县驻村工作领导小组，18 个乡（镇）驻村工作协调小组，167 个行政村组建工作站，全面推行"月计划、周安排、日落实"精细化管理机制，利用工作群、微信群、QQ 群构建三级工作"落实链"，对标驻村主要任务。印发

《贫困对象动态管理工作参考模板》《致广南农民朋友的一封信》，让帮扶责任人和帮扶主体明晰责任和要求，为各工作组进村开展工作提供方便。另一方面，畅通举报渠道，在全县 18 个乡（镇）174 个村委会（社区）3175 个村小组以及县纪委监察局机关门口设置脱贫攻坚信访举报箱，公布乡（镇）纪委和纪检干部手机号码，专项受理扶贫脱贫领域涉嫌违纪违规问题举报，对涉及扶贫领域的信访案件先查先办，切实保障人民群众利益不受侵害。制定出台《广南县脱贫攻坚工作责任追究办法（试行）》，每月从全省精准扶贫大数据管理平台中随机抽取贫困户检查，重点检查脱贫攻坚政策落实情况、贫困户建档资料、扶贫队员进村入户，切实保障脱贫攻坚工作有序推进。

④减贫成效。该项指标的评价分数为 70.14 分，处于"较好"水平。精准管理下贫困人口可支配增长率指标评分最高，精准扶贫阶段，广南县贫困人口可支配收入增长率为 10%，超过全国平均水平，处在"很好"状态。"贫困人口精神面貌改善""贫困人口健康水平提高""贫困人口自我发展能力增强"等 9 项指标，在"较好"及以上的评价超过 70%，减贫成效显著。

广南县政府自 2018 年起连续举办三届中国·广南"句町拳王"国际金腰带争霸赛决战脱贫攻坚公益专场，广南县本土的综合格斗职业拳手领衔出战，还有各民族民间武术的表演活动，门票收入、现场拍卖活动收入，全部用于广南县的脱贫工作。赛事的开展有效提高了广南县传统武术的知名度，带动了传统武术的产业化发展，多家武馆、武校在广南县遍地开花，武术指导员、教练、社会指导员等衍生岗位有效带动着贫困人口就业。广南县政府也利用赛事所引发的群众习武热情，积极推广武术进校园、机关、社区、军营、乡镇、企业的武术"六进"活动，扶持太极拳、健身气功、弄娅歪（民间）等传统武术项目；在全县 55 所中小学普及武术健身操，并先后投资100 多万元，购置 200 余套健身路径器材，方便群众锻炼。同时针对主要武术门类的历史渊源、主要特表、创始人物、代表人物、传承和发展脉搏，挖掘、改编、创编地域性的独特武术拳种、武术操和拳谱等，加大力度保护好非遗武术项目和传承人，让传统武术得到更好的延续和传承。目前，在广南的壮乡苗岭、彝村瑶寨有 60 多个武术活动站（点），发展武术晨晚练队伍

15 支，参与武术工作的业余文艺队伍 50 余支，全县练武群众已达 12 万余人，极大丰富了贫困人口的业余生活，有效提高群众的身体健康水平和精神状态。各村寨之间经常性举办武术、气功等友谊赛，村寨和谐文明程度得到有效提升，民族文化自信和民族团结程度均得到增强。

⑤精准扶贫阶段评价总结。精准扶贫阶段，云南广南传统武术助力精准扶贫绩效模糊综合评价最终分数为 72.32 分，属于"较好"级别，说明云南广南传统武术助力精准扶贫成效显著。这得益于广南县政府制定的针对性政策和有力的实施手段：在传统武术公共服务层面，无论是对传统武术资源的搜集与整理、传统武术公共服务设施的投资与建设；还是丰富多样的传统武术社会组织和专业武术健身指导的安排，都在一定程度上加快了传统体育公共服务的覆盖面积，为助力精准扶贫夯实了物质基础。在扶贫效果层面，通过优质体育服务的供给，使贫困人口获得了身体和意志的帮扶；此外，相关体育赛事活动的开展、传统武术产业的发展为贫困人口提供了理想的就业机会，增加了经济来源。因此，精准扶贫阶段，云南广南传统武术助力精准扶贫绩效取得了较好的成绩。但同时，由于广南县本身贫困人口较多、发展基础薄弱，也对后续帮扶资金的持续供给和扶贫成果的巩固提出了挑战。

5.2.3.3 成果巩固阶段云南广南传统武术助力精准扶贫绩效模糊综合评价

（1）确定评价因素集。

评价因素集是评价对象属性或性能的集合，由影响评价对象的各个因素或指标组成。设云南广南传统武术助力精准扶贫绩效评价因素集为 F，主要包含精准识别、精准帮扶、精准管理、减贫成效 4 个方面，因此，评价因素集为 F = {精准识别，精准帮扶，精准管理，减贫成效}。

（2）建立评语集。

如表 5.18 所示，笔者通过将定量指标区段化，定性指标等级化，并设定统一的标准分值对桂滇黔传统体育助力精准扶贫绩效进行评价，评语集设定为 V = {V_1、V_2、V_3、V_4、V_5} = {很好、较好、一般、较差、很差}。

表5.18 成果巩固阶段云南广南传统武术助力精准扶贫绩效评价二级指标评语集

一级指标	二级指标	V_1	V_2	V_3	V_4	V_5
精准识别	脱贫不稳定人口发生率	0.00	0.00	1.00	0.00	0.00
	边缘易致贫人口发生率	0.00	0.00	1.00	0.00	0.00
	突发严重困难户发生率	0.00	0.00	1.00	0.00	0.00
精准帮扶	传统体育扶贫政策体系完备性	0.29	0.29	0.38	0.04	0.00
	传统体育扶贫资金财政支持力度	0.00	0.00	0.00	0.00	1.00
	体彩公益金扶贫投入比例	0.00	0.00	0.00	0.00	1.00
	传统体育产业项目投资比重	0.00	0.00	0.00	0.00	1.00
	传统体育设施建设覆盖率	0.00	1.00	0.00	0.00	0.00
	传统体育传承基地数量增长率	0.00	1.00	0.00	0.00	0.00
	开设传统体育课程的学校比重	1.00	0.00	0.00	0.00	0.00
	传统体育赛事增长率	0.00	0.00	0.00	1.00	0.00
	传统体育传承人补贴经费增长率	0.00	0.00	0.00	0.00	1.00
精准管理	落实传统体育扶贫责任	0.30	0.29	0.37	0.04	0.01
	健全贫困户信息管理机制	0.28	0.30	0.40	0.01	0.01
	规范传统体育扶贫资金管理	0.27	0.33	0.38	0.01	0.01
	建立传统体育扶贫激励约束机制	0.26	0.29	0.43	0.01	0.01
	构建扶贫效果监测评估机制	0.26	0.28	0.44	0.01	0.01
	形成扶贫效果动态反馈机制	0.26	0.29	0.44	0.01	0.01
	形成乡村振兴有效衔接工作体系	0.32	0.35	0.32	0.00	0.01
减贫成效	传统体育产业增长率	0.00	0.00	0.00	0.00	1.00
	传统体育带动就业比率	0.00	0.00	0.00	0.00	1.00
	脱贫人口人均可支配收入增长率	1.00	0.00	0.00	0.00	0.00
	脱贫人口精神面貌改善	0.40	0.33	0.25	0.01	0.01
	脱贫人口健康水平提高	0.40	0.35	0.23	0.01	0.01
	脱贫人口稳定就业能力增强	0.35	0.39	0.24	0.01	0.01
	脱贫人口文化教育水平提升	0.33	0.41	0.25	0.01	0.01
	脱贫人口自我发展能力增强	0.35	0.38	0.26	0.01	0.01
	传统体育人才培养	0.35	0.38	0.25	0.01	0.01
	传统体育保护传承	0.36	0.39	0.24	0.00	0.01
	传统体育创新发展	0.33	0.35	0.31	0.00	0.01
	民族文化认同的加深	0.37	0.41	0.21	0.00	0.01
	民族文化共享的加强	0.34	0.48	0.17	0.00	0.01
	民族文化自信的坚定	0.41	0.43	0.15	0.00	0.01
	推进民族团结进步	0.42	0.42	0.15	0.00	0.01

（3）确定评价因素权重。

将由第 4 章中层次分析法计算得出的指标权重作为云南广南传统武术助力精准扶贫绩效模糊综合评价模型中成果巩固阶段各指标的权重，即：

$$W_1 = (0.491, 0.203, 0.306)$$

$$W_2 = (0.093, 0.250, 0.080, 0.129, 0.106, 0.064, 0.107, 0.106, 0.064)$$

$$W_3 = (0.221, 0.011, 0.021, 0.204, 0.003, 0.325, 0.215)$$

$$W_4 = (0.029, 0.165, 0.157, 0.020, 0.035, 0.150, 0.012, 0.181,$$
$$0.013, 0.009, 0.101, 0.028, 0.025, 0.036, 0.039)$$

W_1、W_2、W_3、W_4 分别表示成果巩固阶段"精准识别""精准帮扶""精准管理""减贫成效"的二级指标权重。

（4）构建模糊判断矩阵。

模糊判断矩阵由评价因素在评语集上的隶属度组成。采用模糊统计法构建隶属函数，通过对收集数据的统计处理得到成果巩固阶段的云南广南传统武术助力精准扶贫绩效模糊判断矩阵 $R_1 \sim R_4$。R_1、R_2、R_3、R_4 分别表示成果巩固阶段评价因素"精准识别""精准帮扶""精准管理""减贫成效"的模糊判断矩阵。

$$R_1 = \begin{bmatrix} 0.00 & 0.00 & 1.00 & 0.00 & 0.00 \\ 0.00 & 0.00 & 1.00 & 0.00 & 0.00 \\ 0.00 & 0.00 & 1.00 & 0.00 & 0.00 \end{bmatrix}$$

$$R_2 = \begin{bmatrix} 0.29 & 0.29 & 0.38 & 0.04 & 0.00 \\ 0.00 & 0.00 & 0.00 & 0.00 & 1.00 \\ 0.00 & 0.00 & 0.00 & 0.00 & 1.00 \\ 0.00 & 0.00 & 0.00 & 0.00 & 1.00 \\ 0.00 & 1.00 & 0.00 & 0.00 & 0.00 \\ 0.00 & 1.00 & 0.00 & 0.00 & 0.00 \\ 1.00 & 0.00 & 0.00 & 0.00 & 0.00 \\ 0.00 & 0.00 & 0.00 & 1.00 & 0.00 \\ 0.00 & 0.00 & 0.00 & 0.00 & 1.00 \end{bmatrix}$$

$$R_3 = \begin{bmatrix} 0.30 & 0.29 & 0.37 & 0.04 & 0.00 \\ 0.28 & 0.30 & 0.40 & 0.01 & 0.01 \\ 0.27 & 0.33 & 0.38 & 0.01 & 0.01 \\ 0.26 & 0.29 & 0.43 & 0.01 & 0.01 \\ 0.26 & 0.28 & 0.44 & 0.01 & 0.01 \\ 0.26 & 0.29 & 0.44 & 0.00 & 0.01 \\ 0.32 & 0.35 & 0.32 & 0.00 & 0.01 \end{bmatrix}$$

$$R_4 = \begin{bmatrix} 0.00 & 0.00 & 0.00 & 0.00 & 1.00 \\ 0.00 & 0.00 & 0.00 & 0.00 & 1.00 \\ 1.00 & 0.00 & 0.00 & 0.00 & 0.00 \\ 0.40 & 0.33 & 0.25 & 0.01 & 0.01 \\ 0.40 & 0.35 & 0.23 & 0.01 & 0.01 \\ 0.35 & 0.39 & 0.24 & 0.01 & 0.01 \\ 0.33 & 0.41 & 0.25 & 0.00 & 0.01 \\ 0.35 & 0.38 & 0.26 & 0.00 & 0.01 \\ 0.35 & 0.38 & 0.25 & 0.01 & 0.01 \\ 0.36 & 0.39 & 0.24 & 0.00 & 0.01 \\ 0.33 & 0.35 & 0.31 & 0.00 & 0.01 \\ 0.37 & 0.41 & 0.21 & 0.00 & 0.01 \\ 0.34 & 0.48 & 0.17 & 0.00 & 0.01 \\ 0.41 & 0.43 & 0.15 & 0.00 & 0.01 \\ 0.42 & 0.42 & 0.15 & 0.00 & 0.01 \end{bmatrix}$$

（5）具体评价。

①一级模糊综合评价。根据前文计算的评价因素权重和整理得出的模糊判断矩阵进行成果巩固阶段一级模糊综合评价：

$$B_1 = W_1 \times R_1 = (0.000 \quad 0.000 \quad 1.000 \quad 0.000 \quad 0.000)$$

$$B_2 = W_2 \times R_2 = (0.134 \quad 0.197 \quad 0.035 \quad 0.109 \quad 0.524)$$

$$B_3 = W_3 \times R_3 = (0.282 \quad 0.304 \quad 0.395 \quad 0.011 \quad 0.008)$$

$$B_4 = W_4 \times R_4 = (0.390 \quad 0.250 \quad 0.157 \quad 0.002 \quad 0.200)$$

B_1、B_2、B_3、B_4 表示评价因素"精准识别""精准帮扶""精准管理""减贫成效"的模糊综合评价。基于此，成果巩固阶段一级模糊综合评价隶属度数值结果如表 5.19 所示。

表 5.19　　成果巩固阶段云南广南传统武术助力精准扶贫一级模糊综合评价隶属度

一级综合评价指标	V_1	V_2	V_3	V_4	V_5
B_1	0.000	0.000	1.000	0.000	0.000
B_2	0.134	0.197	0.035	0.109	0.524
B_3	0.282	0.304	0.395	0.011	0.008
B_4	0.390	0.250	0.157	0.002	0.200

注：V_1为很好、V_2为较好、V_3为一般、V_4为较差、V_5为很差。

②二级模糊综合评价。通过对上述一级模糊综合评价值进行整理，得到成果巩固阶段评价目标"云南广南传统武术助力精准扶贫绩效"的模糊判断矩阵 R 为：

$$R = \begin{bmatrix} B_1 \\ B_2 \\ B_3 \\ B_4 \end{bmatrix} = \begin{bmatrix} 0.000 & 0.000 & 1.000 & 0.000 & 0.000 \\ 0.134 & 0.197 & 1.035 & 0.109 & 0.524 \\ 0.282 & 0.304 & 0.395 & 0.011 & 0.008 \\ 0.390 & 0.250 & 0.157 & 0.002 & 0.200 \end{bmatrix}$$

因为 W =（0.365，0.156，0.175，0.304），W 表示成果巩固阶段评价目标"云南广南传统武术助力精准扶贫绩效"一级指标的权重，那么二级模糊综合评价为：

$$B = W \times R = (0.189 \quad 0.160 \quad 0.488 \quad 0.020 \quad 0.144)$$

③模糊综合评价最终结果。与精准扶贫阶段一致，将成果巩固阶段评语集的 5 个等级对应的取值范围分别设置为：$80 < V_1 \leqslant 100$，$60 < V_2 \leqslant 80$，$40 < V_3 \leqslant 60$，$20 < V_4 \leqslant 40$，$0 < V_5 \leqslant 20$。同时，为避免在两端取极大值或极小值对评价结果精确度造成影响，故取中位数进行评价，即

$$V = \begin{bmatrix} 90 \\ 70 \\ 50 \\ 30 \\ 10 \end{bmatrix}$$

综合考虑模糊综合评价的一级分数结果与二级分数结果，计算出一级指标层和云南广南传统武术助力精准扶贫绩效模糊综合评价分数结果：

（a）精准识别因素（一级指标层）：

$$F_1 = B_1 \times V = (0.000 \quad 0.000 \quad 1.000 \quad 0.000 \quad 0.000) \times \begin{bmatrix} 90 \\ 70 \\ 50 \\ 30 \\ 10 \end{bmatrix} = 50.000$$

（b）精准帮扶因素（一级指标层）：

$$F_2 = B_2 \times V = (0.134 \quad 0.197 \quad 0.035 \quad 0.109 \quad 0.524) \times \begin{bmatrix} 90 \\ 70 \\ 50 \\ 30 \\ 10 \end{bmatrix} = 36.110$$

（c）精准管理因素（一级指标层）：

$$F_3 = B_3 \times V = (0.282 \quad 0.304 \quad 0.395 \quad 0.011 \quad 0.008) \times \begin{bmatrix} 90 \\ 70 \\ 50 \\ 30 \\ 10 \end{bmatrix} = 66.820$$

（d）减贫成效因素（一级指标层）：

$$F_4 = B_4 \times V = (0.390 \quad 0.250 \quad 0.157 \quad 0.002 \quad 0.200) \times \begin{bmatrix} 90 \\ 70 \\ 50 \\ 30 \\ 10 \end{bmatrix} = 62.510$$

（e）成果巩固阶段云南广南传统武术助力精准扶贫绩效模糊综合评价最终分数：

$$F = B \times V = (0.189 \quad 0.160 \quad 0.488 \quad 0.020 \quad 0.144) \times \begin{bmatrix} 90 \\ 70 \\ 50 \\ 30 \\ 10 \end{bmatrix} = 54.650$$

基于上述分析，得到成果巩固阶段云南广南传统武术助力精准扶贫绩效模糊综合评价的最终结果，如表 5.20 所示。

表 5.20　　成果巩固阶段云南广南传统武术助力精准扶贫绩效模糊综合评价结果

一级指标	评价值	排序	评价等级
精准识别	50.000	3	一般
精准帮扶	36.110	4	较差
精准管理	66.820	1	较好
减贫成效	62.510	2	较好
总评	54.650	—	一般

（6）成果巩固阶段云南广南传统武术助力精准扶贫绩效模糊综合评价结果分析。

在成果巩固阶段，云南广南传统武术助力精准扶贫绩效模糊综合评价结果的排序依次是精准管理 66.820 分，减贫成效 62.510 分，精准识别 50.000 分，精准帮扶 36.110 分。可初步判断，在精准扶贫阶段，精准管理和减贫成效在扶贫绩效中所占的比重最大，均属于"较好"级别；其次是精准识别，属于"一般"级别；精准帮扶因素由于帮扶过程受到众多因素影响，且涉及较多定量指标，其绩效分值较低，属于"较差"级别。另外，成果巩固阶段云南广南传统武术助力精准扶贫绩效模糊综合评价最终得分 54.650 分，说明精准扶贫阶段云南广南传统武术助力精准扶贫成效总体一般。

①精准识别。该项指标的评价分数为 50 分，处于"一般"的水平。广南县作为云南省原深度贫困县，是脱贫中的"硬骨头"，巩固拓展脱贫攻坚成果、全面推进乡村振兴任务十分艰巨。政府调查数据显示，广南县脱贫不稳定人口、边缘易致贫人口、突发严重困难户占到建档立卡贫困人口数的 5%，高于国家平均水平，严重影响了该项指标的评分值。

除受到自身发展水平的限制，精准识别相关政策执行不到位也是影响指标评分低的重要原因。根据广南县巩固拓展脱贫攻坚成果同乡村振兴有效衔接相关政策和资金审计结果公告，在防止返贫致贫监测方面，其精准识别工作存在防止返贫致贫监测的信息失真问题，责成相关部门和乡（镇）人民政府按要求更正不准确的信息，并对监测对象信息进行全面核实并进行动态管理，确保监测帮扶精准对接。针对这一问题广南县政府进行认真整改，并于 2022 年 3 月 24 日将 84 户家庭、89 人的监测信息不准确全部核实并在系统更正。

②精准帮扶。该项指标的评价分数为 36.11 分，处于"较差"的水平，分数在 4 项一级指标中最低。精准帮扶一级指标下共涵盖 8 项二级指标，其中，"传统武术扶贫资金财政支持力度""体彩公益金扶贫投入比例""传统武术产业项目投资比重""传统体育赛事增长率"这 4 项指标评分较低，均处在"较差"及以下的评价状态，拉低了"精准帮扶"的整体绩效水平，这 4 项指标评分值除受到政府财政资金不足的影响，还与新冠疫情有关。

为避免聚集性疫情传染的发生，大规模集聚的活动不再开展，传统武术发展停滞，广南县武术协会会长表示："自从新冠疫情暴发之后，传统武术的很多活动都停止了，比赛也都暂停了，现在很多比赛活动我们都是线上举行，比如今年举办的太极拳套路比赛，大家就录一段视频上传到网上，由专家看视频打分。这样一来比赛虽然能进行，但是参与的人变少了。活动开展减少了，资金自然也不需要那么多了，每年50万元的武术之乡经费几乎都没怎么用。"除以上4项指标，传承人经费增长率的评价结果也受到影响，处在"一般"的评价状态。传承人作为传统武术的载体，是传统武术的继承者、持有者。在传承人帮扶方面，传承人经费是精准帮扶的重要体现，实际调研过程中，对传统武术传承人经费的考察，不仅包括政府发放的专项经费，还包括传承人本身的其他经济来源。笔者在联系广南县弄娅歪省级传承人李春光时了解到，受疫情影响近三年弄娅歪活动几乎没有开展，其迫于生计已外出打工。

③精准管理。该项指标的评价分数为66.82分，处于"较好"水平，分数在4项一级指标中最高。其中，"衔接乡村振兴的工作体系""传统武术扶贫资金管理规范""扶贫效果监测评估机制构建"3项指标在"较好"及以上评价占比超过60%，评分最高。

据了解，广南县纪委、县监委"三措"亮剑下沉一线监督，为脱贫攻坚与乡村振兴战略稳步有效推进提供坚强纪律保障。通过研究制定出台《广南县纪检监察片区协作联动机制暂行办法》，按照"力量整合、一体作战"的原则，强化与相关部门沟通协调，督促各级各部门围绕巩固拓展脱贫攻坚成果同乡村振兴有效衔接总体部署和工作进度；并围绕"产业兴旺、生态宜居、乡风文明、治理有效、生活富裕"和"四个不摘"要求，印发《关于对巩固拓展脱贫攻坚成果同乡村振兴有效衔接工作开展专项监督的通知》，把坚决守住不发生规模性返贫底线作为监督重点；同时结合"我为群众办实事"实践活动，将监督内容覆盖到基层易发生腐败的方方面面，把群众的难点、堵点问题找出来，对巩固拓展脱贫攻坚成果同乡村振兴有效衔接方面腐败和作风问题进行严查快办，让脱贫群众获得感成色更足、幸福感更可持续、安全感更有保障。

④减贫成效。该项指标的评价分数为62.51分，处于"较好"水平。减贫成效包括15项二级指标，其中"脱贫人口可支配收入增长率指标"评分

最高，2021 年广南县脱贫人口可支配收入增长率 36%，远超全国平均水平，处在"很好"的评价状态。"脱贫人口精神面貌""脱贫人口健康水平提高""民族文化自信的坚定""推进民族团结进步"等 10 项指标评分仅次于"脱贫人口可支配收入增长率"，"较好"及以上评价占 75% 以上，减贫成效得到有效巩固。

传统武术助力精准扶贫工作开展以来，以广南武术为载体的体育公共服务设施不断完善，社会效益显著。广南县教育体育局统计数据显示，广南全县居民健身意识提高，参加体育锻炼人口比例达 55% 以上。其中，学生体育锻炼人数就占全县锻炼人口总量的 40%，其余群众体育锻炼人口包含各单位干部职工、晨晚锻炼运动队及老年人体育锻炼人口共占 15%。从问卷及访谈结果来看，脱贫群众能够自发学习并参与传统武术相关活动，并能明显感受到身体素质的提高，精神愉悦，充满自信。"传统武术的创新发展""传统体育产业增长率""传统体育带动就业比率""脱贫人口稳定就业能力增强"4 项指标较好及以上评价占到 65%，略低于其他指标。传统武术套路有着严格的标准和要求，自身创新空间不足，加之受到疫情的影响，武校武馆暂停招生，业务发展停滞，因此指标评分受到影响。针对这一情况，广南县政府正在开展帮扶措施，加大援企稳岗力度，完善就业困难人员托底机制。通过了解企业困难，实行租金免收、减半等办法，针对就业困难人口开设各种免费技能培训班等办法应对疫情对传统武术发展造成的冲击。

⑤成果巩固阶段评价总结。成果巩固阶段，云南广南传统武术助力精准扶贫绩效模糊综合评价最终分数为 54.65 分，属于"一般"级别，说明这一阶段云南广南传统武术助力精准扶贫成效有待提高。综合来看，精准扶贫阶段取得的较好成效虽夯实了传统武术助力精准扶贫的基础，但受到新冠疫情的影响，成果巩固阶段的绩效水平总体有所下降。疫情期间，广南县传统武术相关产业呈停滞状态，不少武馆武校关闭，武术指导员、传承人等迫于生计只能外出打工。虽然政府及时发布了相关政策给予帮扶，但就业机会仍大量减少，单一的经济来源极大限制了贫困人口参与传统武术助力精准扶贫的动力，参与主体的大量流失严重影响到整体扶贫绩效的水平。

5.2.3.4 精准扶贫和成果巩固两阶段模糊综合评价总体分析

梳理精准扶贫和成果巩固两个阶段评价结果并结合调研实际情况可知，云南广南传统武术助力精准扶贫过程中仍存在一些问题，扶贫效果仍有较大提升空间。笔者将相关问题进行总结，为后期提出针对性保障措施奠定基础。

第一，广南传统武术资金投入不足，持续发展的保障力较弱。与资金发展有关的二级指标如传统武术扶贫资金财政支持力度、体彩公益金扶贫投入比例、传统体育产业增长率、传统武术产业项目投资等在调查的各主体中评分偏低，最终导致精准帮扶在4项一级指标中分数排名最低。经济基础决定上层建筑，资金是广南县传统武术公共服务发展的基本支撑，是公共服务完善发展的基本保障，资金投入的多少很大程度上决定了公共服务建设助力精准扶贫持续发展的可能性。广南县传统武术公共服务的资金来源渠道较少，其发展主要由政府负责，市场化不足，投入传统武术产业发展的资金相对有限，对社会企业扶持优惠政策较少。资金短缺已成为制约广南县公共服务助力精准扶贫持续发展的主要瓶颈。

第二，广南传统武术公共服务配套设施不完善，精准扶贫的有效开展受限大。受资金问题的影响，大型体育场馆的建设无法落实，广南县现有且唯一可用于举办大型赛事的体育场地为民族体育场，占地面积17280平方米，属于半露天型体育场，但由于体育场提供的座位有限，大型赛事开展时观众通常自带板凳进行观看，天气状况经常影响到赛事的开展。群众性传统武术活动开展对场地的要求相对简单，凡空闲体育场地均可使用，但开展太极棍、太极剑、太极刀、太极扇、太极球、健身气功等器械套路时，还需要单杆、双杠等配套器械辅助拉伸、压腿。目前广南县体育馆、莲湖公园、森林公园、铜鼓广场等健身场所都尚未配备对应设施，处于各村寨内部的小型体育广场更是匮乏，设施设备配备问题限制了广南传统武术公共服务建设助力精准扶贫效果的进一步发挥。

第三，广南传统武术产业化发展不足，帮扶效果后劲带动力较弱。虽然相较于精准扶贫阶段，成果巩固阶段的广南县在传统武术发展资金方面的投入有所提高，但受到新冠疫情的影响，传统武术公共服务发展的资金缺口较大，现有资金投入难以满足传统武术快速发展的需要。产业化发展是巩固脱贫成果的主要途径和长久之策，广南县传统武术产业化发展正处于起步阶段，需要政府借助法律手段、行政手段和经济手段去推动其产业化进程。近年来，受疫情影响加之政府资金投入不足，体彩公益金扶贫投入比例、传统武术产业项目投资比重、传统体育赛事增长率、资金财政支持力度、传统体育带动就业比率等指标评价明显偏低，制约了传统武术产业化的进一步发展，影响了脱贫成效。

第四，广南传统武术的专业性人才欠缺，内生发展驱动力较弱。随着广南县武术之乡建设的深入推进，学校、社区及乡镇等均存在培训指导人员、武术教练等配置不足、水平参差不齐等问题，严重影响了传统武术的推广及公共服务效能的提升。首先，后辈武术人才从事传统武术培训工作的较少。广南县经济发展较为落后，难以吸引外来人才到该地区就业，而本地的青壮年大多外出务工，即使回到当地就业也是选择到政府部门、企事业单位工作，较少参与传统武术相关工作。其次，受 2020 年 1 月至 2022 年 12 月疫情防控影响，广南县多家武校武馆暂停业务，政府虽及时推出了帮扶和减免税收的政策，但疫情持续发生，市场信心不足，绝大多数武馆武校选择停业，大规模的教练培训无法开展，新的指导员无法及时补充，现有教练指导员、传统武术传承人迫于生计外出打工，专业教练指导员数量大幅减少。此外，在指导人才短缺的情况下，为不影响日常的武术活动开展，广南县各训练队只能采用老人教新人的办法开展日常武术套路学习，但由于自身水平限制，导致新学员培训效果并不理想，群众满意度有待提升。

5.3　贵州榕江乐里斗牛助力精准扶贫绩效评价研究

"斗戏"，系一种古代游艺竞技民俗。表现形式为古代人们将禽、兽、虫、鱼等动物放在一起进行博斗取乐（张洪安，2011）。民间经常用作"斗戏"的动物有牛、马、犬、蟋蟀、蝉、鸡、鹅、雁、鹌鹑，甚至还有老鼠、金鱼等。按照"斗"的主体不同，斗戏可分为斗虫游戏、斗禽游戏、斗兽游戏等，斗牛则属于斗兽游戏。贵州榕江乐里当地侗族同胞崇尚牛文化，信奉"牛斗人和"这一理念，乐里七十二寨以一个寨子共同饲养一头勇猛好斗的牛为荣。相传在古代，境内相邻的两个寨子之间经常因为耕地纠纷而引发斗殴，几个寨子的寨老便商量出了用牛代表寨子与另一个寨子决斗来解决纠纷。如此，形成了斗牛的传统。每逢农历二月、三月、九月的亥日，两牛相斗前，有特色的"牛王出征"和"牛王踩场"仪式，由七十二寨的大寨老来举行"牛斗人和"与"风调雨顺"的祭祀活动，蕴含着不畏艰险、勇往直前的族群精神；同时也丰富了地方民俗活动，使得斗牛文化源远流长，受到广大民众的喜爱。

2020 年，我国完成脱贫攻坚的历史任务，其间体育产业展示出在经济扶贫、文化扶贫、健康扶贫以及教育扶贫上重要的助推功能与社会价值。贵州省榕江县乐里镇认真贯彻中央、省、州、县有关扶贫工作安排部署，挖掘本地悠久斗牛文化，高度重视斗牛旅游文化产业发展，助推脱贫攻坚工作，积极引进实力雄厚企业，投资 2.8 亿万元建造全亚洲最大斗牛城，直接或间接带动 870 户贫困户 3480 人，户均增收 3.5 万元，是传统体育产业助力精准扶贫的典型案例。鉴于此，选取榕江县乐里镇作为案例地，结合可持续生计资本理论及产业融合理论，运用 SPSS 软件及模糊综合评价法进行数据资料的检验与分析，深入探讨传统体育产业助力精准扶贫绩效，总结脱贫攻坚经验，以期为民族地区巩固脱贫成果，衔接乡村振兴战略提供参考借鉴。

5.3.1　贵州榕江乐里斗牛的历史与现状

贵州榕江乐里斗牛的习俗由来已久，提倡"牛斗人和"，寓意着"斗是为了和"以及弘扬勇往直前的奋斗精神。随着社会经济的发展，斗牛的形式和内容也不断发生变化，根据已有文献记载，结合实地调研资料，按照组织形式可以把贵州榕江乐里斗牛的历史发展分为三个阶段，即村民自发组织阶段、政府组织协调阶段及市场主导阶段。

5.3.1.1　村民自发组织阶段

据有关文献和地方资料记载，斗牛文化源于三国时期，在黔东南从江县增冲、信地的（宰武碑）《斗牛古词》中载："孔明相天，号召娱乐；侗苗祖宗，凑钱买牛。"黔东南锦屏县黄门、彦洞的碑文记载："盖文先祖肇自以来，顺武侯之风，步孟获之吉，男清女泰，老安少怀，……"。从江县高增等地的《斗牛的由来与四十八牛场》说："东汉末年，三国鼎立，八方混战，农民起义风起云涌……。孔明知蛮民生性好斗，恐其平而复反，为求久安之计，想出斗牛一事，决定放牛打架，果然赢得老少皆欢"（龙耀宏，2009）。

据民间流传，当时孔明用计七擒七纵孟获之后，所过之处均提倡少数民族兴起斗牛活动，在农闲时放牛相斗，劳逸结合以资欢乐。一时盛起了"吹笙斗牛，乐而忘返"的社会风尚。可见，斗牛文化在蜀汉三国时期就已经十分盛行。

《岭表纪蛮》（刘锡蕃著）中对苗族斗牛也有记载："蛮人购买此种牛只，只求肥硕壮健，价值高昂，在所不计，……，俟至相当时期，乃与他寨约期决斗。斗日，远近男女，无不盛妆艳饰，集合观战。是时，两寨民众，吹铜号、鸣芦笙、放铁炮、张伞盖、列旗帜、严队伍，拥牛入决斗场，……，两牛骤见，怒不可遏，由是交角决斗威猛奋发。观众鼓掌呐喊，声震陵谷。移而胜负分，有败逃者，有战死者，亦有两皆阵亡者。胜者兴高采烈，取红毡披牛身，取银角套牛角，以红鬃为彩，红绫结球，系于牛之项尾两部，炮声震天，以前仪送牛归寨。欢歌会饮，庆贺大捷，……，败者气色沮丧，不战死，亦必杀以泄忿（李国章，2006）"。描述了斗牛激烈的比赛情景和规模盛大的文化娱乐活动。三国时期至 20 世纪 80 年代当地的斗牛活动属于村民自发组织阶段，这一阶段的主要特征是斗牛活动都是由村民自发组织的，目的多为祭祀祖先、庆祝节日、自娱自乐。

5.3.1.2　政府组织协调阶段

20 世纪 80 年代后，国家开始重新落实党的民族政策，大力支持保护少数民族文化、节庆、习俗，深受当地居民喜爱的苗族斗牛活动得以恢复开展。1981 年，党中央对国家民委、文化部等部门提出了"每五年举办一次少数民族的文艺会演"和"做好少数民族文艺方向的评优评奖工作"两项政策指示，并得到了有效贯彻，极大地推动了少数民族文化艺术的发展。1982 年第五届全国人大第五次会议通过的《中华人民共和国宪法》，即"八二宪法"，在国家根本法层面恢复了"保障各民族保持自身风俗习惯自由权利"的重要原则。同年，专门用以指导宗教工作且具有纲领性质的《中共中央关于我国社会主义时期宗教问题的基本观点和基本政策》，针对宗教文化场所设施问题提出了"合理安排，推动文化活动正常化"的政策规定。这一时期，党和国家作出"允许信教群众在宗教场所和家中开展一切正常合理的宗教文化活动"的政策指示，为少数民族信教群众自由开展正常的宗教文化活动提供了保障。

这一时期贵州榕江乐里镇斗牛比赛的影响力在扩大，时常举办跨市县、跨地区的斗牛比赛，斗牛文化得到一定传播推广，为后续乐里斗牛文化的产业化发展奠定了政策环境及市场基础。

5.3.1.3 市场主导阶段

21 世纪初至今，黔东南州因其浓郁的民族文化、原生态的自然山水风光，逐渐成为旅游热点。而苗族斗牛因其神秘性和稀缺性备受游客热捧，市场需求刺激了苗族斗牛的商业化发展。

2013 年，贵州乐里镇企业家唐思明回乡投资，开始修建七十二寨斗牛场，共流转土地约 50 亩，斗牛公司与当地合作社签订协议，由合作社持股 40%，该项目所得收入将与村民共同分红。斗牛场占地面积达 41000 多平方米合约 30 余亩，分为四级看台，用安全护栏分为 48 个安全区，并设有 12 个梯步和 12 个安全出口，观众坐台总长 25080 米，最大限度可以容纳 50000 名观众，斗牛场底部则为斗牛区，与观众席有 1.5 米落差，以保障观众安全。乐里斗牛产业发展以该斗牛场为基础，通过举办斗牛比赛，吸引游客前来消费。2015 年斗牛场完工后，榕江七十二寨斗牛特色小镇体育旅游综合体应运而生，总投资 2 亿元，逐步完善周边配套、酒店、接待中心、停车场等主体设施；其中乐里七十二寨旅游区是国家 3A 级旅游景区、贵州省乙级旅游村寨、贵州省 100 个旅游景区培育工程、浙江·桐庐职工（劳模）疗休养基地。2016 年开始探索乐里斗牛产业链条的延伸，成立贵州奈拱努生态农业发展有限公司，大力发展种草养牛，采取"党支部＋公司＋合作社＋贫困户"模式发展，以牧草种植和牛养殖为主要抓手，构建种草、喂牛、斗牛、售牛、牛肉加工及旅游观光为一体产业链。

2019 年，乐里镇现已形成总面积 8 平方千米，由斗牛场、牛王桥餐饮体验区、浣纱湖实景垂钓区、归现斗牛交易场和斗牛养殖场等组成的传统体育产业综合体。斗牛城目前投资资金共计 28000 万元，解决 200 余人的就业岗位，采取"公司＋景区＋社区＋贫困户"模式发展，38 户贫困户通过土地流转入股实现分红，共流转 133 亩收入 150 万元。全镇共 19 个村，7 个非贫困村，12 个贫困村（10 个深度贫困村和 2 个一般贫困村）。如图 5.8、图 5.9 所示，2017 年贫困人口余量为 4854 人，2020 年降至 0 人；2017 年贫困发生率为 22.63%，2020 年降至 0。同时，斗牛城通过举办大型斗牛民族文化活动和每周举办民族文化竞演活动带动餐饮、住宿、批发零售业发展，实现旅游年均收入 1200 万元。另外，斗牛产业开拓有机肥业务，利用养牛、斗牛产生的牛粪制作肥料，年产值近 6 万吨，产生良好的经济效益。

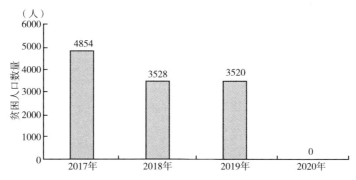

图 5.8　乐里镇贫困人口数量

资料来源：通过对 2018～2021 年贵州省榕江县政府工作报告整理而得。

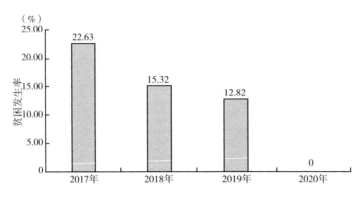

图 5.9　乐里镇贫困发生率

资料来源：笔者根据可持续生计理论、产业融合理论，以及结合贵州榕江乐里斗牛助力精准扶贫产生的作用手绘而成。

5.3.2　贵州榕江乐里斗牛助力精准扶贫的内在机理

"可持续生计"概念最早见于20世纪80年代末世界环境和发展委员会的报告。可持续生计理论主要是用于扶贫、减贫等项目的分析，例如世界银行、英国国际发展署等机构着重利用可持续生计理论来研究发展中国家的贫困和发展问题。国内研究运用该框架对农民贫困问题进行了广泛分析。王振振、王立剑（2019）将可持续生计能力解析为发展能力、经济能力和社交能力3个部分，构建了用于综合反映不同贫困户可持续生计能力的综合指数，对精准扶贫的实施效果进行了评价。张晶、孙鹏举等（2020）基于可持续生计分析框架，分析了黄土丘陵地区贫困人口生计资本状况及其对生计方式的影响。和月月、周常春（2020）将生计资本作为农户家庭适应性的评价指标，对贫困地区农户的生计脆弱性进行评价。李聪、刘若鸿等（2019）对陕南地区易地搬迁农户生计状况进行分析发现，易地扶贫搬迁增加了搬迁户收入，但也加剧了收入不平等现象。王志章、刘天元（2016）认为经济资本、人力资本、社会资本、心理资本共同构成贫困地区长期贫困的内生原因。经济资本是指贫困家庭的经济状况，主要涉及经济来源、消费支出、职业等方面；人力资本指家庭各成员受教育程度、社会经验累积及技能学习等方面的总和，主要涉及职业状况、健康程度、技能培训等维度；社会资本是指在既定的社会整体发展水平下，家族可获取的社会网络资源的总和，主要包括家庭或村镇的历史人文风俗、行为规范、社会价值观等；心理资本侧重于关注贫困人口的心理状态，以及贫困内外部环境对贫困个体的影响。

1963 年，美国学者罗森博格（Rosenberg）将技术融合作为产业融合的雏形，认为通用技术在不同产业中的应用能够引致产业的专业化发展，拉开了产业融合研究的序幕。体育扶贫是国家减贫行动的重要组成部分，在产业融合理论指导下，"体育产业 +" 各领域资源要素的扶贫模式对阻断贫困地区由于经济、人力、社会、心理等方面原因形成的长期贫困具有重要作用。如图 5.10 所示，本书从个体、家庭、社会 3 个维度详细阐述了贵州榕江乐里斗牛在推动乐里镇脱贫攻坚工作中的积极意义和作用机理。

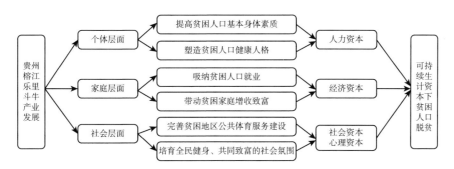

图 5.10　贵州榕江乐里斗牛助力精准扶贫的内在机理

5.3.2.1　个人层面：提高身体素质，塑造健康人格

贵州榕江乐里斗牛的产业化发展给乐里镇村民个人的身心发展提供有益帮扶。首先是提高贫困人口基本身体素质。贫困人口身体健康是人力资本延续的保障，对于消除贫困起着促进作用。通过"体育 + 医疗、健康"等方式，提高贫困人口基本身体素质，能够在极大程度上缓解贫困人口因病致贫、因病返贫现象。其次是塑造贫困人口健康人格。扶贫先扶智，提高贫困人口脱贫积极性是保障贫困地区人力资本存量的重要途径。体育本身蕴含强

大精神力量，包括合作拼搏、奋斗自主、社会适应、乐观坚强等。"体育＋文化""体育＋公益"强调从根源上帮助贫困地区群众摘掉精神上的"穷帽子"，扭转贫困地区消极文化，强化贫困人口脱贫主观能动意识。

在实践中，贵州榕江乐里当地政府联合斗牛公司，通过"体育＋社区"为乐里镇的各村寨修建斗牛场，鼓励引导当地村民养众牛或私牛参与斗牛比赛。斗牛所用的水牛从挑选到喂养、训练都需要喂养者付出极大的心血。同时也对喂养者身体素质有一定的要求，尤其是在水牛的训练环节，力量与经验是每一位养牛者的必备素养。当地鼓励村民们广泛参与斗牛比赛，在一定程度上潜移默化地增强了乐里镇村民的身体素质。除此之外，牛的竞技是牛在比赛中所展现出来的自我奋斗精神，也正是乐里镇村民生存与发展中积极奋斗、公平竞争的社会意识。同时，乐里镇政府在国家体育总局和地方体育局、扶贫办公室指导下，配合组织多次奥运冠军和世界冠军走进乐里，开展志愿服务活动，宣传"中华体育精神"和"奥运精神"；积极组织定点扶贫工作，实施干部挂职扶贫，提升群众参与体育健身的热情，弘扬健康向上的生活方式与顽强拼搏的体育文化。以积极正面、奋斗不息的体育工作者形象激励贫困人口强化脱贫思想，树立拼搏改变命运的意识，发挥自身强烈想脱贫、要脱贫、能脱贫的主观意识，有利于降低贫困地区长期贫困概率。

5.3.2.2 家庭层面：吸纳人口就业，带动家庭增收

贵州榕江乐里斗牛的发展在家庭层面对贫困人口的帮扶主要体现在吸纳贫困人口就业和带动贫困家庭脱贫增收。首先是吸纳贫困人口就业，通过"体育＋产业""体育＋社会力量""体育＋教育"等方式方法，吸纳贫困人口从事保安、环卫、建筑、导游、销售、酒店餐饮服务等工作，提升职业技能，保障个人收入，对于推动贫困人口脱贫有着积极作用。其次是带动贫困家庭脱贫增收。"体育＋产业"是拉动地区经济增长的新动力，是带动贫困家庭增收致富、实现贫困人口脱贫的助推器，对阻断贫困地区长期贫困有着重要价值。

在贵州榕江乐里斗牛助力贫困人口就业及家庭增收的实践中，主要体现

在三个方面：第一，斗牛设施建设提供就业岗位。近年来，乐里镇逐步加快七十二寨斗牛场、七十二寨酒店、牛博物馆以及牛交易市场等斗牛设施建设，不仅营造出浓厚的斗牛氛围，而且为贫困户提供了就业岗位。截至2020年，乐里镇已建成全亚洲最大斗牛场，可容纳5万人观看斗牛活动，并配有餐饮、住宿、演出及停车服务。[①] 30户贫困户通过土地流转一次性收入120万元，户均增收4万元；500名贫困户通过参与斗牛场基础设施建设务工收入1500万元，人均增收3万元。第二，斗牛文化产业的开发为当地居民提供大量工作岗位。该项目采取"公司＋社区＋合作社＋贫困户"模式带动贫困户发展，所得利润按股分红，村级合作社占股40%、公司占股60%，村级合作社每年分红5万元；30名贫困户家庭成员长期务工，月工资3000元以上不等；活动期间直接带动斗牛城50户从事三产服务业贫困户收入15万元，户均增收3000元；斗牛城间接带动乐里镇周边从事三产服务业300户群众增收，其中50户贫困户户均年增收2万元。第三，种草养牛产业链条的延长需要更多的工作人员。采取"党支部＋公司＋合作社＋贫困户"模式，打造集种草养牛、斗牛、售牛、牛肉加工为一体的产业链。83户贫困户通过流转土地20亩种植金银草收入8.2万元；24户贫困户通过种草养牛收入户均年增收1.4万元；3名贫困户通过养牛、驯牛，年均增收3.6万元。乐里镇的贫困发生率由2017年的22.63%降至2019年的12.86%，精准扶贫工作效果显著。[②]

5.3.2.3　社会层面：完善体育设施，培育全民健身氛围

贵州榕江乐里斗牛的发展在社会层面对精准扶贫的助力主要体现在完善贫困地区公共体育服务建设和培育全民健身、共同致富的社会氛围两方面。首先是完善贫困地区公共体育服务建设。通过"体育＋公共服务、设施"等手段完善贫困地区公共体育基础设施建设，推动全民健身工作开展，增强人

---

① 贵州省体育局. 贵州7个项目入选2023中国体育旅游精品项目［EB/OL］. 国家体育总局网，https：//www. sport. gov. cn/n20001280/n20067608/n20067635/c26912664/content. html，2023 – 11 – 01.

② 乐里镇：斗牛旅游文化产业助推脱贫攻坚成效显著［EB/OL］. 国家体育总局网，https：//www. sohu. com/a/283135382_99960400，2018 – 12 – 19.

民体质，对精准扶贫有着积极作用。其次是培育全民健身、共同致富的社会氛围，使贫困地区远离消极的依附性文化，树立"健康第一"理念，发挥主观能动性积极进行劳动生产，改变自身及家庭命运，减轻社会排斥，加大社会流动，阻断由心理及社会资本造成的贫困代际传递。通过"体育＋健康、教育"等手段，全面贯彻落实全民健身国家战略，地区脱贫攻坚秉持"守底线、走新路、奔小康"的思路，消除贫困，实现共同富裕。

在贵州榕江乐里斗牛的体育扶贫实践中，乐里镇政府在上级政府引导及帮助下积极构建全民健身公共服务体系，已在各村寨取得初步成效。乐里镇政府动员资助各村寨建设斗牛场，力求每个村寨都拥有斗牛场。与旅游公司建设的斗牛场相似，其作用功能不仅仅是用于斗牛比赛，在无赛事时斗牛场也可以是篮球场、舞台等，为村民进行体育及娱乐活动提供场所。在实际调研过程中，笔者亲身感受了七十二侗寨展演，演出在大斗牛场举行，除去游客外，都是来自各个村寨的村民，每个村寨都会表演至少一个节目，而举办活动的村寨则负责表演人员的餐饮住宿，现场气氛高涨，村民们载歌载舞。问及对斗牛场的看法时，黄女士表示，"我肯定非常支持，而且非常满意，自从 2013 年办了这个斗牛场，丈夫就在建设工地做工，我在公司打扫卫生，家里收入多了，生活也变好了。现在几乎每天晚上都会举行活动，累一天了还能看看表演，吹吹风，大家一起聊聊天，日子真的越来越有盼头了！"（访谈对象：HQH，女，47 岁，乐里镇贫困群众）。可见，乐里镇通过完善体育公共服务设施，不仅给斗牛比赛提供了场所，也兼顾了村民的健身、娱乐需求，极大地提升了村民的幸福感，满足了村民精神需求，实现精神扶贫。乐里镇通过全民健身，实现全民健康；通过全民健康，实现全面小康，以项目带动就业，使得贫困发生率逐步降低，一定程度上加快了当地脱贫攻坚步伐。

综上所述，贵州榕江乐里斗牛的产业化发展能够在个体层面上提高贫困人口基本身体素质，塑造贫困人口健康人格，从而实现贫困家庭的人力资本积累；在家庭层面上吸纳贫困人口就业，带动贫困家庭增收致富，提高家庭的经济资本存量；在社会层面上完善贫困地区公共体育服务建设，培育全民健身、共同富裕的社会氛围，提高家庭社会、心理资本存量，整体增强了贫困家庭脱贫内生动力及就业能力，在推动贫困家庭脱贫的同时，提高家庭抗风险能力，减少返贫风险。

5.3.3　贵州榕江乐里斗牛助力精准扶贫绩效评价

前文在对贵州榕江乐里斗牛的历史发展与现状剖析的基础上，利用可持续生计资本理论及产业融合发展理论，定性地阐述了斗牛产业发展对贫困人口的人力资本、经济资本、社会资本及心理资本存量的提高具有显著作用，深刻剖析了乐里斗牛产业在助力精准扶贫中的意义和作用。为进一步从定量的角度，探讨如何通过传统体育产业发展巩固脱贫攻坚成果，有效衔接乡村振兴，在此运用模糊综合评价法对乐里斗牛助力精准扶贫的绩效进行定量评价。本章是结合第 4 章 "桂滇黔民族地区传统体育助力精准扶贫绩效评价指标体系与模型构建" 研究的相关成果开展实证分析，具体的评价指标体系参考第 4 章 "桂滇黔民族地区传统体育助力精准扶贫绩效第二轮评价指标体系"。

5.3.3.1　研究设计与调研

（1）调查问卷的发放与回收。

笔者在 2020 年 6 ~ 7 月、2022 年 7 ~ 8 月深入贵州省榕江县乐里镇开展实地调研，通过问卷及访谈的形式获取相关资料及数据，两阶段共发放 400 份问卷，其中精准扶贫阶段共发放问卷 200 份，收回有效问卷 187 份，问卷有效率为 93.5%；成果巩固阶段共发放问卷 200 份，收回有效问卷 183 份，问卷有效率为 91.5%。同时，还对部分政府部门、企业及居民（脱贫户）以及乐里斗牛产业工作人员进行了 "一对一" 式深入访谈，获取了一手调研资料。

（2）调查问卷信度检验。

利用 SPSS19.0 软件对问卷的内容进行了内部一致性检验，经计算得知（见表 5.21），精准扶贫阶段问卷的系数为 0.950，成果巩固阶段问卷的系数为 0.920，说明本书所设计的两份问卷信度都高，具有很高的内在一致性，可以作进一步的分析。

表 5.21　　　　　　**精准扶贫阶段与成果巩固阶段贵州榕江乐里**

斗牛实地调研问卷数据信度分析结果

阶段	Cronbach's Alpha	基于标准化项的 Cronbach's Alpha	项数
精准扶贫阶段	0.950	0.950	34
成果巩固阶段	0.920	0.920	34

5.3.3.2　精准扶贫阶段贵州榕江乐里斗牛助力精准扶贫绩效模糊综合评价

桂滇黔民族地区传统体育产业助力精准扶贫的绩效受到多种因素的影响，其复杂性、不确定性突出，运用模糊评价模型进行分析，能够对其进行定量分析并作出符合实际的评价，从而深入解决其他与之相关问题。此外，鉴于 2020 年底我国脱贫攻坚取得全面胜利，本次实证——贵州榕江乐里斗牛助力精准扶贫绩效评价，将分为精准扶贫与成果巩固两个阶段，以确保绩效评价的准确性和时效性。

（1）确定评价因素集。

评价因素集是评价对象属性或性能的集合，由影响评价对象的各个因素或指标组成。从精准识别、精准帮扶、精准管理、减贫成效 4 个方面对贵州榕江乐里斗牛助力精准扶贫绩效进行评价，评价因素集为 F = ｛精准识别，精准帮扶，精准管理，减贫成效｝。

（2）建立评语集。

评语集是由评价者对评价对象所作出的各种评价结果组成的集合（见表 5.22）。在此对桂滇黔民族地区传统体育产业助力精准扶贫绩效进行评价，评语集设定为 V = ｛V_1、V_2、V_3、V_4、V_5｝=｛很好、较好、一般、较差、很差｝。

表 5.22　精准扶贫阶段贵州榕江乐里斗牛助力精准扶贫绩效评价二级指标评语集

一级指标	二级指标	V_1	V_2	V_3	V_4	V_5
精准识别	建档立卡贫困人口识别精准率	1.00	0.00	0.00	0.00	0.00
	建档立卡贫困人口退出精准度	1.00	0.00	0.00	0.00	0.00

续表

一级指标	二级指标	V_1	V_2	V_3	V_4	V_5
精准帮扶	传统体育扶贫政策宣传力度	0.72	0.28	0.00	0.00	0.00
	传统体育扶贫政策落实情况	0.87	0.13	0.00	0.00	0.00
	帮扶责任人帮扶工作满意度	0.79	0.21	0.00	0.00	0.00
	传统体育扶贫资金财政支持力度	0.00	0.00	1.00	0.00	0.00
	体彩公益金扶贫投入比例	0.00	0.00	1.00	0.00	0.00
	传统体育产业项目投资比重	0.00	1.00	0.00	0.00	0.00
	传统体育设施建设覆盖率	0.00	1.00	0.00	0.00	0.00
	传统体育传承基地数量增长率	0.00	1.00	0.00	0.00	0.00
	开设传统体育课程的学校比重	0.00	0.00	0.00	1.00	0.00
	传统体育赛事增长率	0.00	1.00	0.00	0.00	0.00
	传统体育传承人补贴经费增长率	0.00	0.00	0.00	1.00	0.00
精准管理	落实传统体育扶贫责任	0.31	0.49	0.18	0.01	
	健全贫困户信息管理机制	0.48	0.35	0.17	0.01	
	规范传统体育扶贫资金管理	0.32	0.41	0.25	0.01	
	建立传统体育扶贫激励约束机制	0.25	0.41	0.31	0.01	0.01
	构建扶贫效果监测评估机制	0.34	0.38	0.27	0.01	
	形成扶贫效果动态反馈机制	0.27	0.48	0.25		
减贫成效	传统体育产业增长率	0.00	1.00	0.00	0.00	0.00
	传统体育带动就业比率	0.00	1.00	0.00	0.00	0.00
	贫困人口人均可支配收入增长率	0.00	1.00	0.00	0.00	0.00
	贫困人口精神面貌改善	0.46	0.48	0.04	0.01	
	贫困人口健康水平提高	0.45	0.49	0.04	0.01	
	贫困人口就业技能增加	0.42	0.48	0.07	0.03	
	贫困人口文化教育水平提升	0.32	0.38	0.17	0.13	
	贫困人口自我发展能力增强	0.32	0.48	0.18	0.01	
	传统体育人才培养	0.37	0.45	0.17	0.01	
	传统体育保护传承	0.41	0.49	0.08	0.01	
	传统体育创新发展	0.38	0.45	0.15	0.01	
	民族文化认同的加深	0.65	0.31	0.03	0.01	
	民族文化共享的加强	0.61	0.32	0.06	0.01	
	民族文化自信的坚定	0.66	0.27	0.06	0.01	
	推进民族团结进步	0.72	0.23	0.04	0.01	0.00

（3）确定评价因素权重。

将由第 4 章中验证性因子分析计算得出的指标权重作为贵州榕江乐里斗

牛助力精准扶贫绩效模糊综合评价模型中各指标的权重，即：

$$W_1 = (0.548, 0.452)$$

$$W_2 = (0.042, 0.049, 0.138, 0.093, 0.117, 0.114, 0.037,$$
$$0.072, 0.112, 0.157, 0.069)$$

$$W_3 = (0.238, 0.118, 0.140, 0.118, 0.137, 0.248)$$

$$W_4 = (0.071, 0.070, 0.101, 0.052, 0.127, 0.054, 0.042, 0.087,$$
$$0.114, 0.040, 0.066, 0.040, 0.037, 0.049, 0.041)$$

W_1、W_2、W_3、W_4 分别表示精准扶贫阶段"精准识别""精准帮扶""精准管理""减贫成效"的二级指标权重。

（4）构建模糊判断矩阵。

模糊判断矩阵由评价因素在评语集上的隶属度组成。结合贵州榕江乐里斗牛精准扶贫阶段评价二级指标，构建贵州榕江乐里斗牛助力精准扶贫绩效模糊判断矩阵 $R_1 \sim R_4$。R_1、R_2、R_3、R_4 分别表示精准扶贫阶段评价因素"精准识别""精准帮扶""精准管理""减贫成效"的模糊判断矩阵。

$$R_1 = \begin{bmatrix} 1.00 & 0.00 & 0.00 & 0.00 & 0.00 \\ 1.00 & 0.00 & 0.00 & 0.00 & 0.00 \end{bmatrix}$$

$$R_2 = \begin{bmatrix} 0.72 & 0.28 & 0.00 & 0.00 & 0.00 \\ 0.87 & 0.13 & 0.00 & 0.00 & 0.00 \\ 0.79 & 0.21 & 0.00 & 0.00 & 0.00 \\ 0.00 & 0.00 & 1.00 & 0.00 & 0.00 \\ 0.00 & 0.00 & 1.00 & 0.00 & 0.00 \\ 0.00 & 1.00 & 0.00 & 0.00 & 0.00 \\ 0.00 & 1.00 & 0.00 & 0.00 & 0.00 \\ 0.00 & 1.00 & 0.00 & 0.00 & 0.00 \\ 0.00 & 0.00 & 0.00 & 1.00 & 0.00 \\ 0.00 & 1.00 & 0.00 & 0.00 & 0.00 \\ 0.00 & 0.00 & 0.00 & 1.00 & 0.00 \end{bmatrix}$$

$$R_3 = \begin{bmatrix} 0.31 & 0.49 & 0.18 & 0.01 & 0.00 \\ 0.48 & 0.35 & 0.17 & 0.00 & 0.00 \\ 0.32 & 0.41 & 0.25 & 0.00 & 0.01 \\ 0.25 & 0.41 & 0.31 & 0.01 & 0.01 \\ 0.34 & 0.38 & 0.27 & 0.01 & 0.00 \\ 0.27 & 0.48 & 0.25 & 0.00 & 0.00 \end{bmatrix}$$

$$R_4 = \begin{bmatrix} 0.00 & 1.00 & 0.00 & 0.00 & 0.00 \\ 0.00 & 1.00 & 0.00 & 0.00 & 0.00 \\ 0.01 & 1.00 & 0.00 & 0.00 & 0.00 \\ 0.46 & 0.48 & 0.04 & 0.01 & 0.00 \\ 0.45 & 0.49 & 0.04 & 0.01 & 0.00 \\ 0.42 & 0.48 & 0.07 & 0.03 & 0.00 \\ 0.32 & 0.38 & 0.17 & 0.13 & 0.00 \\ 0.32 & 0.48 & 0.18 & 0.01 & 0.00 \\ 0.37 & 0.45 & 0.17 & 0.01 & 0.00 \\ 0.41 & 0.49 & 0.08 & 0.01 & 0.00 \\ 0.38 & 0.45 & 0.15 & 0.01 & 0.00 \\ 0.65 & 0.31 & 0.03 & 0.01 & 0.00 \\ 0.61 & 0.32 & 0.06 & 0.01 & 0.00 \\ 0.66 & 0.27 & 0.06 & 0.01 & 0.00 \\ 0.72 & 0.23 & 0.04 & 0.01 & 0.00 \end{bmatrix}$$

（5）具体评价。

①一级模糊综合评价。根据前文计算的评价因素权重和整理得出的模糊判断矩阵进行一级模糊综合评价：

$$B_1 = W_1 \times R_1 = (1.000, 0.000, 0.000, 0.000, 0.000)$$

$$B_2 = W_2 \times R_2 = (0.182, 0.428, 0.260, 0.181, 0.000)$$

$$B_3 = W_3 \times R_3 = (0.319, 0.435, 0.234, 0.005, 0.003)$$

$$B_4 = W_4 \times R_4 = (0.339, 0.560, 0.074, 0.014, 0.000)$$

B_1、B_2、B_3、B_4分别表示评价因素"精准识别""精准帮扶""精准管理""减贫成效"的模糊综合评价。基于此，一级模糊综合评价隶属度数值结果如表5.23所示。

表5.23 精准扶贫阶段贵州榕江乐里斗牛助力精准扶贫一级模糊综合评价隶属度

一级综合评价指标	V_1	V_2	V_3	V_4	V_5
B_1	1.000	0.000	0.000	0.000	0.000
B_2	0.182	0.428	0.210	0.181	0.000
B_3	0.319	0.435	0.234	0.005	0.003
B_4	0.339	0.560	0.074	0.014	0.000

注：V_1为很好、V_2为较好、V_3为一般、V_4为较差、V_5为很差。

②二级模糊综合评价。对上述一级模糊综合评价值进行整理，得到评价目标"贵州榕江乐里斗牛助力精准扶贫绩效"的模糊判断矩阵 R 为：

$$R = \begin{bmatrix} B_1 \\ B_2 \\ B_3 \\ B_4 \end{bmatrix} = \begin{bmatrix} 1.000 & 0.000 & 0.000 & 0.000 & 0.000 \\ 0.182 & 0.428 & 0.210 & 0.181 & 0.000 \\ 0.319 & 0.435 & 0.234 & 0.005 & 0.003 \\ 0.339 & 0.560 & 0.074 & 0.014 & 0.000 \end{bmatrix}$$

因为 W =（0.364，0.271，0.122，0.244），W 表示评价目标"贵州榕江乐里斗牛助力精准扶贫绩效"一级指标的权重，那么二级模糊综合评价为：

$$B = W \times R = (0.364, 0.271, 0.122, 0.244) \times \begin{bmatrix} 1.000 & 0.000 & 0.000 & 0.000 & 0.000 \\ 0.182 & 0.428 & 0.210 & 0.181 & 0.000 \\ 0.319 & 0.435 & 0.234 & 0.005 & 0.003 \\ 0.339 & 0.560 & 0.074 & 0.014 & 0.000 \end{bmatrix}$$

$$= (0.534, 0.305, 0.103, 0.053, 0.000)$$

③模糊综合评价最终结果。综合借鉴学者们对模糊综合评价分值划分的研究思路，结合贵州榕江乐里斗牛助力精准扶贫绩效评价的实际情况，将评语集的 5 个等级对应的取值范围分别设置为：$80 < V_1 \leqslant 100$，$60 < V_2 \leqslant 80$，$40 < V_3 \leqslant 60$，$20 < V_4 \leqslant 40$，$0 < V_5 \leqslant 20$。同时，为避免在两端取极大值或极小值对评价结果精确度造成影响，故取中位数进行评价，即：

$$V = \begin{bmatrix} 90 \\ 70 \\ 50 \\ 30 \\ 10 \end{bmatrix}$$

综合考虑模糊综合评价的一级分数结果与二级分数结果，计算得到一级指标层和贵州榕江乐里斗牛助力精准扶贫绩效模糊综合评价分数结果：

（a）精准识别因素（一级指标层）：

$$F_1 = B_1 \times V = (1.000 \quad 0.000 \quad 0.000 \quad 0.000 \quad 0.000) \times \begin{bmatrix} 90 \\ 70 \\ 50 \\ 30 \\ 10 \end{bmatrix} = 90.000$$

（b）精准帮扶因素（一级指标层）：

$$F_2 = B_2 \times V = (0.182 \quad 0.428 \quad 0.210 \quad 0.181 \quad 0.000) \times \begin{bmatrix} 90 \\ 70 \\ 50 \\ 30 \\ 10 \end{bmatrix} = 62.227$$

（c）精准管理因素（一级指标层）：

$$F_3 = B_3 \times V = (0.319 \quad 0.435 \quad 0.234 \quad 0.005 \quad 0.003) \times \begin{bmatrix} 90 \\ 70 \\ 50 \\ 30 \\ 10 \end{bmatrix} = 70.997$$

（d）减贫成效因素（一级指标层）：

$$F_4 = B_4 \times V = (0.339 \quad 0.560 \quad 0.074 \quad 0.014 \quad 0.000) \times \begin{bmatrix} 90 \\ 70 \\ 50 \\ 30 \\ 10 \end{bmatrix} = 73.789$$

（e）贵州榕江乐里斗牛助力精准扶贫绩效模糊综合评价最终分数：

$$F = B \times V = (0.534 \quad 0.305 \quad 0.103 \quad 0.053 \quad 0.000) \times \begin{bmatrix} 90 \\ 70 \\ 50 \\ 30 \\ 10 \end{bmatrix} = 76.206$$

如表5.24所示，乐里斗牛助力精准扶贫在精准扶贫阶段中模糊综合评价值为76.206分，说明乐里斗牛产业整体扶贫成效位于"较好"级别。一级指标层模糊综合评价值由高到低依次为：精准识别＞减贫成效＞精准管理＞精准帮扶，评价分值依次为90分、73.789分、70.997分和62.227分。从评价等级看，精准识别处于"很好"级别，减贫成效、精准管理和精准帮扶均处于"较好"级别。

表5.24　精准扶贫阶段贵州榕江乐里斗牛助力精准扶贫绩效模糊综合评价结果

一级指标	评价值	排序	评价等级
精准识别	90.000	1	很好
精准帮扶	62.227	4	较好

续表

一级指标	评价值	排序	评价等级
精准管理	70.997	3	较好
减贫成效	73.789	2	较好
总评	76.206	—	较好

（6）精准扶贫阶段贵州榕江乐里斗牛助力精准扶贫绩效模糊综合评价结果分析。

①精准识别分析。在乐里斗牛助力精准扶贫绩效模糊综合评价结果中，精准识别一级指标的评价值为 90.000 分，属于"很好"级别。精准识别环节的建档立卡贫困人口识别精准率及退出精准率皆为 100%，属于二级指标中最高得分。可见精准扶贫阶段，乐里镇政府严格按照"两不愁三保障"扶贫标准，以"五看十步"步骤识别建档立卡贫困人口，保障扶贫路上不落一人，各村均于 2020 年底退出贫困村行列，扶贫成效显著。

②精准帮扶分析。在乐里斗牛助力精准扶贫绩效模糊综合评价结果中，精准识别一级指标的评价值为 62.227 分，属于"较好"级别。分析各二级指标可知，主要是政府支持力度、斗牛课程进校园程度及斗牛传承人经费评价分值较低。结合实地访谈了解，乐里镇政府对斗牛产业的支持多体现在政策及宣传环节，在资金方面扶持力度较弱。而乐里镇发展斗牛产业至今不足十年，除去斗牛场建造及受疫情影响时间，产业发展整体较为快速，但仍存在诸多不足。如精准帮扶环节的传统体育课程进校园，乐里镇目前还没有学校开展斗牛课程，当然这也受制于斗牛这项传统体育项目本身具有一定的危险性。另外，由于乐里镇斗牛目前没有明确认定的传承人，所以在传承人经费这一指标得分较低，这些现实问题也与指标得分及排序相匹配。

③精准管理分析。"精准管理"一级指标主要包括"落实传统体育扶贫责任""健全贫困户信息管理机制""规范传统体育扶贫资金管理""建立传统体育扶贫激励约束机制""构建扶贫效果监测评估机制""形成扶贫效果动态反馈机制"等 6 项二级指标。在乐里斗牛助力精准扶贫绩效模糊综合评价结果中，精准识别一级指标的评价值为 70.997 分，属于"较好"级别。在实地调研中发现，乐里镇政府贫困户信息管理、扶贫资金管理、扶贫效果

监测评估及扶贫效果反馈机制较为完善，得到当地贫困户及普通村民的一致好评。同样地，为推动斗牛产业助力脱贫攻坚，乐里镇政府及斗牛企业贯彻落实传统体育扶贫责任，建立传统体育扶贫激励约束机制，通过养牛补贴、种草补贴等方式激励村民参与斗牛产业发展，实现造血式扶贫。

④减贫成效分析。在乐里斗牛助力精准扶贫绩效模糊综合评价结果中，精准识别一级指标的评价值为 73.789 分，位列第二，属于"较好"级别。结合相应二级指标得分及排序，不难发现乐里斗牛在助力精准扶贫方面具有显著成效，在带动就业、增加居民收入的同时；还增强了居民身体素质、丰富精神生活，提高村民的文化自信，营造出全民健身的良好社会环境。

⑤精准扶贫阶段评价总结。依据实际调研可知，精准扶贫阶段乐里斗牛产业在当地发展较好，现已串联种草、养牛到斗牛等产业链条，形成乐里斗牛产业网。产业发展是带动就业、提高收入最直接有效的途径之一，乐里斗牛产业融合发展不仅能增强当地村民身体素质，而且对乐里镇脱贫攻坚具有明显推动作用。但是在实地调研及数据分析过程中，发现乐里斗牛产业发展仍存在一些不足，如斗牛文化内涵挖掘不够、与教育结合不紧密及群众积极性不足等。因此，对贫困人口精神面貌改善、民族文化自信提升、民族团结推进及文化教育水平提高等作用有待进一步增强，这也将是乐里斗牛助力精准扶贫提质增效的侧重点。

5.3.3.3 成果巩固阶段贵州榕江乐里斗牛助力精准扶贫绩效模糊综合评价

（1）确定评价因素集。

评价因素集是评价对象属性或性能的集合，由影响评价对象的各个因素或指标组成。从精准识别、精准帮扶、精准管理、减贫成效 4 个方面对贵州榕江乐里斗牛助力精准扶贫绩效进行评价，评价因素集为 F = {精准识别，精准帮扶，精准管理，减贫成效}。

（2）建立评语集。

对桂滇黔民族地区传统体育产业助力精准扶贫绩效进行评价，评语集设定为 V = {V_1、V_2、V_3、V_4、V_5} = {很好、较好、一般、较差、很差}（见表5.25）。

表 5. 25　成果巩固阶段贵州榕江乐里斗牛助力精准扶贫评价二级指标评语集

一级指标	二级指标	V_1	V_2	V_3	V_4	V_5
精准识别	脱贫不稳定人口发生率	0.00	1.00	0.00	0.00	0.00
	边缘易致贫人口发生率	1.00	0.00	0.00	0.00	0.00
	突发严重困难户发生率	1.00	0.00	0.00	0.00	0.00
精准帮扶	传统体育扶贫政策体系完备性	0.90	0.10	0.00	0.00	0.00
	传统体育扶贫资金财政支持力度	0.00	0.00	1.00	0.00	0.00
	体彩公益金扶贫投入比例	0.00	0.00	1.00	0.00	0.00
	传统体育产业项目投资比重	1.00	0.00	0.00	0.00	0.00
	传统体育设施建设覆盖率	1.00	0.00	0.00	0.00	0.00
	传统体育传承基地数量增长率	1.00	0.00	0.00	0.00	0.00
	开设传统体育课程的学校比重	0.00	0.00	1.00	0.00	0.00
	传统体育赛事增长率	0.00	0.00	1.00	0.00	0.00
	传统体育传承人补贴经费增长率	0.00	0.00	1.00	0.00	0.00
精准管理	落实传统体育扶贫责任	0.46	0.46	0.08	0.00	0.00
	健全脱贫户信息管理机制	0.62	0.35	0.03	0.00	0.00
	规范传统体育扶贫资金管理	0.41	0.52	0.07	0.00	0.00
	建立传统体育扶贫激励约束机制	0.34	0.54	0.12	0.00	0.00
	构建扶贫效果监测评估机制	0.34	0.53	0.13	0.00	0.00
	形成扶贫效果动态反馈机制	0.37	0.51	0.12	0.00	0.00
	形成乡村振兴有效衔接工作体系	0.31	0.62	0.07	0.00	0.00
减贫成效	传统体育产业增长率	1.00	0.00	0.00	0.00	0.00
	传统体育带动就业比率	1.00	0.00	0.00	0.00	0.00
	脱贫人口人均可支配收入增长率	1.00	0.00	0.00	0.00	0.00
	脱贫人口精神面貌改善	0.62	0.38	0.00	0.00	0.00
	脱贫人口健康水平提高	0.64	0.35	0.01	0.00	0.00
	脱贫人口稳定就业能力增强	0.41	0.54	0.04	0.01	0.00
	脱贫人口文化教育水平提升	0.42	0.48	0.07	0.03	0.00
	脱贫人口自我发展能力增强	0.55	0.37	0.07	0.01	0.00
	传统体育人才培养	0.53	0.39	0.08	0.00	0.00
	传统体育保护传承	0.68	0.31	0.01	0.00	0.00
	传统体育创新发展	0.51	0.46	0.03	0.00	0.00
	民族文化认同的加深	0.77	0.23	0.00	0.00	0.00
	民族文化共享的加强	0.72	0.27	0.01	0.00	0.00
	民族文化自信的坚定	0.79	0.18	0.03	0.00	0.00
	推进民族团结进步	0.85	0.15	0.00	0.00	0.00

（3）确定评价因素权重。

权重反映各个因素在综合评价中的重要程度。将由第4章中验证性因子分析计算得出的指标权重作为贵州榕江乐里斗牛助力精准扶贫绩效模糊综合评价模型中各指标的权重，即：

$$W_1 = (0.491, 0.203, 0.306)$$

$$W_2 = (0.093, 0.250, 0.080, 0.129, 0.106, 0.064, 0.107, 0.106, 0.064)$$

$$W_3 = (0.221, 0.011, 0.021, 0.204, 0.003, 0.325, 0.215)$$

$$W_4 = (0.029, 0.165, 0.157, 0.020, 0.035, 0.150, 0.012, 0.181,$$
$$0.013, 0.009, 0.101, 0.028, 0.025, 0.036, 0.039)$$

W_1、W_2、W_3、W_4分别表示"精准识别""精准帮扶""精准管理""减贫成效"的二级指标权重。

（4）构建模糊判断矩阵。

模糊判断矩阵由评价因素在评语集上的隶属度组成。结合贵州榕江乐里斗牛成果巩固阶段评价二级指标，构建贵州榕江乐里斗牛助力精准扶贫绩效模糊判断矩阵 $R_1 \sim R_4$。R_1、R_2、R_3、R_4分别表示精准扶贫阶段评价因素"精准识别""精准帮扶""精准管理""减贫成效"的模糊判断矩阵。

$$R_1 = \begin{bmatrix} 0.00 & 1.00 & 0.00 & 0.00 & 0.00 \\ 1.00 & 0.00 & 0.00 & 0.00 & 0.00 \\ 1.00 & 0.00 & 0.00 & 0.00 & 0.00 \end{bmatrix}$$

$$R_2 = \begin{bmatrix} 0.90 & 0.10 & 0.00 & 0.00 & 0.00 \\ 0.00 & 0.00 & 1.00 & 0.00 & 0.00 \\ 0.00 & 0.00 & 1.00 & 0.00 & 0.00 \\ 1.00 & 0.00 & 0.00 & 0.00 & 0.00 \\ 1.00 & 0.00 & 0.00 & 0.00 & 0.00 \\ 1.00 & 0.00 & 0.00 & 0.00 & 0.00 \\ 0.00 & 0.00 & 1.00 & 0.00 & 0.00 \\ 0.00 & 0.00 & 1.00 & 0.00 & 0.00 \\ 0.00 & 0.00 & 1.00 & 0.00 & 0.00 \end{bmatrix}$$

$$R_3 = \begin{bmatrix} 0.46 & 0.46 & 0.08 & 0.00 & 0.00 \\ 0.62 & 0.35 & 0.03 & 0.00 & 0.00 \\ 0.41 & 0.52 & 0.07 & 0.00 & 0.00 \\ 0.34 & 0.54 & 0.12 & 0.00 & 0.00 \\ 0.34 & 0.53 & 0.13 & 0.00 & 0.00 \\ 0.37 & 0.51 & 0.12 & 0.00 & 0.00 \\ 0.31 & 0.62 & 0.07 & 0.00 & 0.00 \end{bmatrix}$$

$$R_4 = \begin{bmatrix} 1.00 & 0.00 & 0.00 & 0.00 & 0.00 \\ 1.00 & 0.00 & 0.00 & 0.00 & 0.00 \\ 1.00 & 0.00 & 0.00 & 0.00 & 0.00 \\ 0.62 & 0.38 & 0.00 & 0.00 & 0.00 \\ 0.64 & 0.35 & 0.01 & 0.00 & 0.00 \\ 0.41 & 0.54 & 0.04 & 0.01 & 0.00 \\ 0.42 & 0.48 & 0.07 & 0.03 & 0.00 \\ 0.55 & 0.37 & 0.07 & 0.01 & 0.00 \\ 0.53 & 0.39 & 0.08 & 0.00 & 0.00 \\ 0.68 & 0.31 & 0.01 & 0.00 & 0.00 \\ 0.51 & 0.46 & 0.03 & 0.00 & 0.00 \\ 0.77 & 0.23 & 0.00 & 0.00 & 0.00 \\ 0.72 & 0.27 & 0.01 & 0.00 & 0.00 \\ 0.79 & 0.18 & 0.03 & 0.00 & 0.00 \\ 0.85 & 0.15 & 0.00 & 0.00 & 0.00 \end{bmatrix}$$

（5）具体评价。

①一级模糊综合评价。根据前面计算的评价因素权重和整理得出的模糊判断矩阵进行一级模糊综合评价：

$$B_1 = W_1 \times R_1 = (0.509, 0.491, 0.000, 0.000, 0.000)$$

$$B_2 = W_2 \times R_2 = (0.383, 0.009, 0.607, 0.000, 0.000)$$

$$B_3 = W_3 \times R_3 = (0.374, 0.527, 0.098, 0.000, 0.000)$$

$$B_4 = W_4 \times R_4 = (0.718, 0.253, 0.025, 0.004, 0.000)$$

B_1、B_2、B_3、B_4分别表示评价因素"精准识别""精准帮扶""精准管理""减贫成效"的模糊综合评价。基于此,一级模糊综合评价隶属度数值结果如表 5.26 所示。

表 5.26   成果巩固阶段贵州榕江乐里斗牛助力精准扶贫一级模糊综合评价隶属度

一级综合评价指标	V_1	V_2	V_3	V_4	V_5
B_1	0.509	0.491	0.000	0.000	0.000
B_2	0.383	0.009	0.607	0.000	0.000
B_3	0.374	0.527	0.098	0.000	0.000
B_4	0.718	0.253	0.025	0.004	0.000

注:V_1 为很好、V_2 为较好、V_3 为一般、V_4 为较差、V_5 为很差。

②二级模糊综合评价。对上述一级模糊综合评价值进行整理,得到评价目标"贵州榕江乐里斗牛助力精准扶贫绩效"的模糊判断矩阵 R 为:

$$R = \begin{bmatrix} B_1 \\ B_2 \\ B_3 \\ B_4 \end{bmatrix} = \begin{bmatrix} 0.509 & 0.491 & 0.000 & 0.000 & 0.000 \\ 0.383 & 0.009 & 0.607 & 0.000 & 0.000 \\ 0.374 & 0.527 & 0.098 & 0.000 & 0.000 \\ 0.718 & 0.253 & 0.025 & 0.004 & 0.000 \end{bmatrix}$$

因为 $W = (0.365, 0.156, 0.175, 0.304)$,W 表示评价目标"贵州榕江乐里斗牛助力精准扶贫绩效"一级指标的权重,那么二级模糊综合评价为:

$$B = W \times R = (0.365, 0.156, 0.175, 0.304) \times \begin{bmatrix} 0.509 & 0.491 & 0.000 & 0.000 & 0.000 \\ 0.383 & 0.009 & 0.607 & 0.000 & 0.000 \\ 0.374 & 0.527 & 0.098 & 0.000 & 0.000 \\ 0.718 & 0.253 & 0.025 & 0.004 & 0.000 \end{bmatrix}$$

$$= (0.529, 0.350, 0.120, 0.001, 0.000)$$

③模糊综合评价最终结果。参照精准扶贫阶段模糊评价等级分值的划分标准，将评语集的 5 个等级对应的取值范围分别设置为：$80 < V_1 \leqslant 100$，$60 < V_2 \leqslant 80$，$40 < V_3 \leqslant 60$，$20 < V_4 \leqslant 40$，$0 < V_5 \leqslant 20$。同时，为避免在两端取极大值或极小值对评价结果精确度造成影响，故取中位数进行评价，即

$$V = \begin{bmatrix} 90 \\ 70 \\ 50 \\ 30 \\ 10 \end{bmatrix}$$

综合考虑模糊综合评价的一级分数结果与二级分数结果，计算得到一级指标层和成果巩固阶段贵州榕江乐里斗牛助力精准扶贫绩效模糊综合评价分数结果：

（a）精准识别因素（一级指标层）：

$$F_1 = B_1 \times V = (0.509 \quad 0.491 \quad 0.000 \quad 0.000 \quad 0.000) \times \begin{bmatrix} 90 \\ 70 \\ 50 \\ 30 \\ 10 \end{bmatrix} = 80.178$$

（b）精准帮扶因素（一级指标层）：

$$F_2 = B_2 \times V = (0.383 \quad 0.009 \quad 0.607 \quad 0.000 \quad 0.000) \times \begin{bmatrix} 90 \\ 70 \\ 50 \\ 30 \\ 10 \end{bmatrix} = 65.522$$

（c）精准管理因素（一级指标层）：

$$F_3 = B_3 \times V = (0.374 \quad 0.527 \quad 0.098 \quad 0.000 \quad 0.000) \times \begin{bmatrix} 90 \\ 70 \\ 50 \\ 30 \\ 10 \end{bmatrix} = 75.522$$

（d）减贫成效因素（一级指标层）：

$$F_4 = B_4 \times V = (0.718 \quad 0.253 \quad 0.025 \quad 0.004 \quad 0.000) \times \begin{bmatrix} 90 \\ 70 \\ 50 \\ 30 \\ 10 \end{bmatrix} = 83.698$$

（e）贵州榕江乐里斗牛助力精准扶贫绩效模糊综合评价最终分数：

$$F = B \times V = (0.529 \quad 0.350 \quad 0.120 \quad 0.001 \quad 0.000) \times \begin{bmatrix} 90 \\ 70 \\ 50 \\ 30 \\ 10 \end{bmatrix} = 78.150$$

如表5.27所示，贵州榕江乐里斗牛助力精准扶贫在成果巩固阶段中模糊综合评价值为78.150分，说明乐里斗牛整体扶贫成效位于"较好"状态，较精准扶贫阶段有所提升。一级指标层模糊综合评价值由高到低依次为：减贫成效＞精准识别＞精准管理＞精准帮扶，评价分值依次是83.698分、80.178分、75.522分和65.522分。从评价等级看，减贫成效和精准识别处于"很好"级别，精准管理和精准帮扶处于"较好"级别。

表 5.27　成果巩固阶段贵州榕江乐里斗牛助力精准扶贫绩效模糊综合评价结果

一级指标	评价值	排序	评价等级
精准识别	80.178	2	很好
精准帮扶	65.522	4	较好
精准管理	75.522	3	较好
减贫成效	83.698	1	很好
总体	78.150	—	较好

（6）成果巩固阶段贵州榕江乐里斗牛助力精准扶贫绩效模糊综合评价结果分析。

①精准识别分析。在成果巩固阶段，"精准识别"包括"脱贫不稳定人口发生率""边缘易致贫人口发生率"和"突发严重困难户发生率"，在乐里斗牛助力精准扶贫绩效模糊综合评价结果中，精准识别一级指标的评价值为 80.178 分，位列第二，属于"很好"级别。结合调研实际，可知乐里镇政府在脱贫攻坚成果巩固阶段能够较好地对脱贫人口进行监测反馈，与脱贫户长期近距离接触，了解脱贫户、边缘易致贫人口及突发困难户生活现状。评估返贫风险，做好返贫预警工作，是精准帮扶、精准管理工作的前提，也是提高减贫成效的保障。

②精准帮扶分析。在成果巩固阶段，乐里斗牛助力精准扶贫绩效模糊综合评价结果中，精准帮扶一级指标的评价值为 65.522 分，属于"较好"级别。"精准帮扶"一级指标包括"传统体育扶贫政策体系完备性"一项定性指标以及"传统体育扶贫资金财政支持力度""体彩公益金扶贫投入比例""传统体育产业项目投资比重""传统体育设施建设覆盖率""传统体育传承基地数量增长率""开设传统体育课程的学校比重""传统体育赛事增长率""传统体育传承人补贴经费增长率"多项定量指标。由于成果巩固阶段疫情暴发，近三年旅游行业受到强烈冲击，乐里镇游客量锐减，经济效益大打折扣，旅游行业持续低迷，政府及企业投入较少，精准帮扶绩效相应减少，整体仍处于"较好"状态。

③精准管理分析。成果巩固阶段"精准管理"得分为 75.522 分，处于"较好"状态。"精准管理"这一指标包括"落实传统体育扶贫责任""健全

贫困户信息管理机制""规范传统体育扶贫资金管理""建立传统体育扶贫激励约束机制""构建扶贫效果监测评估机制""形成扶贫效果动态反馈机制""形成乡村振兴有效衔接工作体系"多项定性指标。乐里镇政府在精准扶贫阶段建立较为完善的贫困户监测管理体系，其在精准扶贫阶段取得成果的基础上，着力推动乡村振兴与成果巩固相互促进。由精准管理维度下二级指标得分可知，乐里斗牛产业发展推动乡村振兴能力较强。乡村要振兴，产业兴旺是关键，只有乡村经济发展了，才能让民众富裕，进而推动乡村振兴与民众共同富裕实现协同发展。

④减贫成效分析。由前文可知，成果巩固阶段的减贫成效维度评价值为83.698分，随着乐里斗牛产业链不断完善，其扶贫带动能力不断增强，减贫成效逐渐提高。分析减贫成效维度下的二级指标可知，乐里斗牛产业发展带动精准扶贫的减贫成效主要体现在带动就业、增加可支配收入、增强脱贫户稳定就业能力及提高脱贫人口自我发展能力等，与乐里斗牛助力精准扶贫实际路径及成果相一致。减贫成效较弱主要体现在"脱贫人口文化教育水平提升""传统体育保护传承""传统体育人才培养"三个方面。这与实际调研情况相吻合，乐里斗牛产业链条较为完善，但与教育行业融合有待加强，尚未有"进校园"活动及相关教育培训活动，斗牛文化传承及人才培养有较大的提升空间。目前乐里斗牛产业多集中在斗牛赛事开发上，相关的衍生产品较少，可见当地斗牛文化内涵挖掘深度不足，导致其减贫效果不够明显。

⑤成果巩固阶段评价总结。相较于精准扶贫阶段，成果巩固阶段整体效果呈现较为稳定的状态，经济、健康、文化及教育四个方面的各项指标得分接近，较能体现该阶段乐里斗牛产业融合发展对于巩固脱贫成果的作用。在经济方面，前后两个阶段效果都非常显著，这与实证调研情况也相符合，乐里斗牛产业链条的不断完善及发展带来的经济效益对于乐里镇脱贫有至关重要的作用。在文化方面，该阶段乐里斗牛产业融合发展的文化效益相较第一阶段有明显提升，主要取决于成果巩固阶段，乐里斗牛产业已发展至一定规模，加上近年来政府政策引导、宣传、培训以及旅游公司对于斗牛文化的不断挖掘，脱贫户能够逐渐重视当地的斗牛文化，不再仅仅关注斗牛活动带来

的经济收入，对于斗牛文化的传承及发展重视度也有所提高。在实地调研中发现，当地村民对于斗牛文化大多可以娓娓道来，并且愿意主动宣传斗牛文化。在健康及教育方面，乐里斗牛产业融合发展的促进作用较为薄弱。因斗牛活动本身存在一定的安全隐患，与其他健康、教育类业态的融合度弱；且群众创新意识较为薄弱，过于看重眼前利益，对斗牛文化创新发展仅限于思想上支持，缺乏实际行动的落实。因此，乐里斗牛产业融合发展对于健康及教育水平提高的推动作用相应减弱。

5.3.3.4　精准扶贫和成果巩固两阶段模糊综合评价总体分析

2020 年是脱贫攻坚的收官之年，自此减贫工作由精准扶贫阶段转向脱贫成果巩固阶段。由两个阶段数据统计可知，成果巩固阶段较精准扶贫阶段而言，乐里斗牛产业发展对于减贫工作推动作用持续深化，虽受疫情影响较为严重，但整体处于上升趋势。

首先，前后两个阶段变化最大的是"减贫成效"这一维度。可见，乐里斗牛产业链的完善增强了贫困户就业能力，在提高居民人均收入的同时，丰富了居民精神生活，进一步提高了斗牛产业助力精准扶贫的成效，减贫成效明显增强。其次，精准管理分数在前后两阶段也有些许提升。乐里镇在全面脱贫后，政府及企业等相关部门仍格外重视对于脱贫户的管理工作，对脱贫户进行动态监测，做好返贫风险预警，并且在乡村振兴战略的持续贯彻下，乐里镇在成果巩固阶段更为注重与乡村振兴的有效衔接，使两者相互促进。"精准帮扶"维度得分较前一阶段有一定增加，主要由于受到新冠疫情的影响，乐里镇游客大幅减少，企业发展及当地居民就业收入均受到较大影响，因此精准帮扶成效相应下降。但是进一步分析前后两个阶段的二级指标得分及排序变化不难看出，政府在成果巩固阶段加大了对乐里斗牛产业的资金扶持力度，同时乐里斗牛产业一直在不断延伸产业链，积极缓解疫情影响，所以精准帮扶总体得分较精准扶贫阶段仍是增长趋势。最后是"精准识别"环节，该维度分数虽有下降，但不代表该阶段精准识别工作不到位。2021 年，乐里镇脱贫不稳定人口发生率为 1.8%，边缘易致贫人口发生率为 1.4%，突发严重困难户发生率为 1.2%，3 项指标皆明显低于我国整体水平，处于"较好"级别。可见该阶段，精准识别工作仍能够落实到位，能较好进行返贫风险监测及预警。

但是，从调研实际情况来看，乐里斗牛助力精准扶贫仍然有较大的提升空间，依据调研实际对存在的问题进行总结，为后期保障措施的提出提供参考依据。具体存在以下五个问题。

第一，乐里镇斗牛产业发展的财政资金不足。在实地调研与企业家唐思明的访谈中得知，财政资金不足是目前乐里斗牛产业发展的最大阻碍因素，企业当前并没有财政专项资金的支持，获得的少数民族发展资金对于产业发展来说是杯水车薪。乐里斗牛小镇目前正在积极创建 4A 级景区，是贵州唯一一家由民营企业运营的申请单位，项目前期投入较大，加之受疫情影响，资金回笼受阻，后续产业发展建设受到较大影响。因而，拓宽资金渠道是其当务之急。一方面，应当继续加强与政府财政部门的联系，争取国家专项贷款，力求财政专项基金支持，例如乡村振兴专项基金等；另一方面，可以通过企业内部员工自筹资金，扩大资金来源渠道，从而进行项目建设资金评估，这样一来，可以减少利息与股息，又能增加企业现金流。

第二，乐里镇斗牛文化资源挖掘不够，相关文创产品较少。自古以来乐里镇的侗族同胞们就崇尚牛文化，信奉"牛斗人和"这一理念，斗牛文化在当地历史悠久，深受民众喜爱。随着乐里斗牛产业的不断发展，斗牛文化挖掘及提炼的重要性日益凸显，唯有突出斗牛文化的亮点，才能吸引越来越多游客前来游玩、消费。但是乐里镇关于斗牛文化、斗牛精神的挖掘仅体现在斗牛赛事及民宿装修上，斗牛相关的文创产品较少。为此，乐里镇有必要在深挖斗牛文化资源的基础上，尊重市场需求，不断创新斗牛产品，从而激活消费市场。以乐里镇的主体建筑斗牛场、酒店、民俗、游客中心、养殖场、草场等为基础，从文化景观、演艺活动、会展赛事、周边礼品、影视艺术创作五个方面出发，打造特色斗牛文化，拉动当地斗牛相关产业发展。

第三，乐里镇斗牛企业缺乏相关专业人才。在实地调研中发现乐里斗牛运营团队的前身主要经营爆破行业，在团队努力下，目前乐里斗牛产业稳步发展，但从长期发展来看，公司仍需补充大量相关专业的人才，夯实企业人才队伍。一是招聘有筹备举办大型表演赛事经验的人才，筹备策划更加科学合理的赛事赛程。二是招聘专业营销团队，打造线上加线下的营销矩阵。三是招聘旅游、酒店、体育等相关专业的人才，提高员工综合素质，建设标准化人才队伍。

第四，脱贫户着眼于眼前利益，参与积极性有待提升。在实地调研中，政府及斗牛企业都表示，脱贫户及多数村民思想较为保守，接受新事物的能力较弱，创新能力不足。如随着斗牛产业链条的不断完善，对于牛牧草的需求不断提高，从外地购买，不仅其新鲜程度有所降低且成本较高。基于此，政府及企业联手，为鼓励村民积极种植牧草，政府提供资金补贴，企业引进优良草种及先进技术，解决村民各项阻力，但当地村农民虽考虑到经济效益，但仍不愿自己种草，只乐于从事边缘的割草工作。且又因其他斗牛产业相关的技能培训较欠缺，村民所掌握的行业技能不足，导致村民无法从事收入更高的工作，大大削减了村民的参与能力，从而极大地降低了村民参与乐里斗牛产业发展意愿和能力。

第五，乐里镇交通闭塞，难以形成产业集群。当前斗牛城仅一家企业，其业务范围虽涉及整个斗牛产业链条，但随着产业的不断发展，一枝独秀的企业难免资金、人力、技术各方受限，企业内在发展力、竞争力的增强才能更好地带动当地村民脱贫。同时，还需引进强劲的外部力量，通过招商引资，引进契合度更高的综合业态企业，为当地居民提供更多的就业岗位与机会，增加经济收入。然而，在深入乐里镇调研中，途经多次落石区域，且山路崎岖，可进入性较差，无形中增加了企业入驻难度。因此，完善乐里镇的交通是亟须解决的问题，基础设施的不断健全不仅仅会吸引企业，也会为乐里斗牛小镇带来更多的游客，从而推动斗牛产业发展，进一步巩固乐里镇脱贫成果。

第 6 章

桂滇黔民族地区传统体育助力
乡村振兴的实现路径

2020 年 12 月，中共中央、国务院在出台的《关于实现巩固拓展脱贫攻坚成果同乡村振兴有效衔接的意见》中指出，"打赢脱贫攻坚战、全面建成小康社会后，设立 5 年过渡期，聚力做好脱贫地区巩固拓展脱贫攻坚成果同乡村振兴有效衔接重点工作"。这为精准扶贫的后续工作以及乡村振兴战略实现作出了明确指示，要求理论与实践工作应聚焦新阶段的新任务、新问题和新路径。2023 年 5 月 22 日，国家体育总局、中央文明办、发展改革委等 12 个部门联合出台了《关于推进体育助力乡村振兴工作的指导意见》，为传统体育助力乡村振兴实现提供了专门的指导。作为乡村振兴战略实施的重要抓手，桂滇黔民族地区传统体育在助力巩固脱贫攻坚成果与乡村振兴战略实现过程中发挥了重要作用，同时也存在诸多新问题。如何解决这些新问题，让传统体育在助力脱贫攻坚后，顺利助推乡村全面振兴成为现阶段亟待解决的重要问题。

尽管学术界已有关于传统体育助力乡村振兴的价值意蕴（李蓉、沈克印等，2022；郭修金、代向伟等，2021）、理论逻辑（刘如、方倩倩，2022；钟学进、阎海梅等，2023）和路径选择（朱鹏、陈林华，2021；陶光华、谭晨菊等，2022）进行了研究，但这些研究成果多基于乡村振兴"产业兴旺、生态宜居、乡风文明、治理有效、生活富裕"的总体要求，与精准扶贫经验总结、脱贫攻坚成果巩固衔接不够密切，以致传统体育助力乡村振兴的基础不明、承接不强。2021 年，习近平总书记在中央农村工作会议上提出"乡村振兴的前提是巩固脱贫攻坚成果，要持续抓紧抓好，让脱贫群众生活更上一层楼"。① 可见，巩固脱贫攻坚成果与乡村振兴相辅相成、彼此促进，巩固脱贫攻坚成果是实现乡村振兴的前提条件与重要路径，推进乡村振兴是实现巩固拓展脱贫攻坚成果的根本性举措（李宁慧、龙花楼，2022）。为此，本书认为桂滇黔民族地区传统体育助力乡村振兴的实现路径，要在做好传统体育助力精准扶贫的问题总结与经验推广的基础上，结合脱贫攻坚成果巩固与乡村振兴有效衔接的时代背景，进一步将传统体育资源生境的优化作为重点工作，夯实乡村振兴的基础；突破脱贫群众内生发展动力不足这一难点问题，从乡村振兴的推进方式上寻找突破点，这个过程需要多方协同，提供支撑保障并进行动态管理，实现脱贫成果巩固与乡村振兴的有效衔接，具体路径如图 6.1 所示。

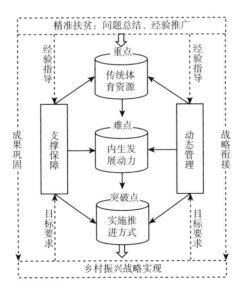

图 6.1　传统体育助力乡村振兴实现路径的逻辑框架

① 中央农村工作领导小组办公室 中共国家乡村振兴局党组. 抓紧抓好巩固拓展脱贫攻坚成果促进脱贫群众生活更上一层楼［EB/OL］. http://jl. people. cn/n2/2022/0315/c349771 - 35174367. html，2022 - 03 - 15.

6.1 优化资源环境，为乡村振兴奠定基础

传统体育在精准扶贫阶段已经被证实能够发挥巨大作用。它们是乡村振兴的动力和智慧之源以及强大支撑力（吕宾，2019），是乡村振兴的"根"与"魂"（宋小霞、王婷婷，2019）。如何进一步优化各项文化资源的生态环境是乡村振兴战略实现的基础。在实证调查中发现，很多地方虽然意识到文化资源对乡村振兴的作用，但在资源保护上仍然存在厚此薄彼、主观选择、片面开发、粗糙利用、忽略整体等问题。因此在当前基础上，应针对传统体育文化资源生存发展的现实情况，从资源调查与发掘整理、传承方式创新、数字化保护、创造性转化与创新性发展等方面着手，解决乡村振兴过程中依托资源层面的问题与瓶颈。

6.1.1 做好传统体育资源的调查与挖掘整理工作

由前文研究可知，桂滇黔三省（区）各民族传统体育项目达上千余项，但其中大部分项目并未受到规范的保护。目前，体育类中华传统优秀文化的保护方式较少，主要通过非物质文化遗产体系进行挖掘、保护、传承与利用，但非物质文化遗产的认定数量有限，往往只选择具有代表性和影响力的项目进行保护，仍有大量传统体育项目湮没于日常生活中未被发掘，甚至有很多项目濒临消失。因此，为了促进民族地区传统体育在巩固精准扶贫成果和实现乡村振兴中源源不断地输出能量，第一步就是要做好资源的调查与挖掘整理工作。

首先，落实资源调查工作。需将桂滇黔民族地区传统体育资源调查相关的学术研究转变为现实生活中的保护实践。通过文献搜集、调查探访、群众反馈等方式，建立传统体育文化项目名录，对每项传统体育的文化内涵、传承群体、开展方式、举办时间、运动场地、设施器材、规模影响、功能价

值、相关依存文化、生存现状、传承难点等问题进行逐项梳理，摸清传统体育项目的生态环境。其中，要重点研究各体育项目的运动方式、规则制度、文化内涵、物质表现等，从体育学和文化学等视角出发，对传统体育项目进行剖析和整理。然后对其传承载体（传承人）、依存环境、保护机构等进行系统登记，以"一个都不能少"和"生态记录完整性"为基本原则，形成健全的、能知易用的便捷资源信息体系，为后期深入开发和利用做好铺垫。

其次，做好价值挖掘工作。价值挖掘是资源保护联结开发利用的必由之路，要清楚认识到每一项传统体育资源都有其存在的价值和功能，可能是显性功能，但也可能是隐藏暂未发掘的功能；同时要意识到乡村振兴过程中传统体育的利用价值，既有原生性价值，也有创新性价值。因此，要树立整体性、历时性的保护观念，不能因为某些传统体育项目短时间内无法实现其功能价值就人为筛选摒弃，要以全面系统地对每一个项目进行功能研究和价值挖掘。特别是一些能够体现中国文化基因的体育项目，应对其进行重点保护和阐释。深刻分析该项传统体育项目盛行的时代背景和功能价值，探讨将这种功能价值重现到当今社会的可行性和必要性。可行则进一步探索与现代产业、文化、审美的融合方式问题；不可行则以保护为主，并尝试将其进行创造性转化和创新性发展利用，对体育项目进行提炼、融合、改造、创新等，使其融入现代社会并发挥新的功能价值。以此形成每一项传统体育资源的价值体系，为其后续的开发利用工作提供方向指引。

最后，形成资源利用的层次体系。不同传统文化资源的产业化适宜性不同，可分为可经营性和非经营性两类（李昕，2009）。对于市场生存能力较差或者涉及神圣精神文化内核的体育项目不宜进行过度利用；而娱乐性、观赏性为主的项目则应进行生产性保护，可进行市场化运作（刘金祥，2012）。桂滇黔民族地区在精准扶贫阶段对民族传统体育资源的利用局限性较大，往往只偏重少数国家级、省级非遗项目，如斗牛、赛马、传统武术等项目内在经济效益的挖掘，而忽视其综合带动作用的开发。在多元贫困背景下，当前的脱贫成果巩固阶段早已不再是以单一经济收入作为贫困标准，而是涉及公共服务、基础设施、精神文化、教育等方面。因此，对于不适宜进行市场化开发利用的体育项目，可通过发挥其功能价值，将其融入当地居民的日常生产生活中，作为丰富人民精神生活、提高设施水平、增加教育维度的依托项目。而对于市场化开发适宜性较强的体育项目则应想方设法做大做强，增强文化影响力的同时，重点发挥其经济价值。对各项传统体育项目进行分类、分级、分条件的开发利用，使其最大限度上发挥综合价值，以阻断多元贫困的发生。

6.1.2　优化传统体育资源的传承方式

6.1.2.1　扩大传承群体认定界限

一方面，由于民族传统体育类型多样，很多为团体或者群体项目，其传承群体一直以来无法明确界定，这让保护工作多停留在外部行政层面，难以直接迅速动员团体成员开展相关活动，以至于直接影响了体育文化资源活力和自组织活性。另一方面，目前桂滇黔民族地区并没有规范文件谈及对传统体育传承群体的认定和保护，而是沿用非物质文化遗产保护中传承人的认定方式。这存在两方面的弊端：一是非物质文化遗产的保护规则认定范围小，难以涉及更多群众；二是非遗传承人的认定往往只针对个人或小团体成员，对参与人数多的大团体或文化群体则没有明确的保护规则。鉴于此，可尝试制定专门的民族传统体育传承群体保护办法，将民族传统体育传承人分为自然人、团体、群体三类（樊月刚、季文，2019）。自然人项目无论其是否能够申报为各级非物质文化遗产，都对其进行登记，依照重要性、影响力、传承保护贡献给予不同程度的物质或精神奖励。针对团体类项目，应积极探索非遗代表性传承群体（团体）认定制度（黄永林，2022），对整个传承团体进行在册登记，除了给予相应的身份认同、奖励激励外，还应该在各类活动节庆时为各团体创造机会，增加其谋生造血机会，以此促进其发展。对于群体类传统体育项目，应该对主要自然人或小团体进行保护，同时设置进入与退出机制，重点考察其组织参与情况和传承绩效，增强关键人员的流动机制和小团体的新陈代谢能力，确保群体性民族传统体育项目能够永久被优秀的人和团体领导。综合上述方法，可有效扩大传承群体的认定界限，解决众多体育项目认定难、动员难的问题，巩固脱贫攻坚成果，在实现乡村振兴过程中增强人民群众的参与活力以及传统体育资源的价值影响。

6.1.2.2　巩固校园传承经验成果

民族传统体育助力乡村振兴的初衷是与传统体育相关的产业、事业能够可持续地发展壮大，在这个过程中实现文化复兴，从而源源不断地为地方产业、事业提供人力、智力和文化氛围支持。这须在本土文化教育上下功夫，以壮大后备力量。目前，桂滇黔民族地区在传统体育与地方教育的融合上已有一定的尝试，如广西体育局推广"一校一品""一校多品"传统体育进校园活动，将三人板鞋、铜鼓、打陀螺、投绣球、高脚马融入中小学和大学教育中；云南省将传统武术、射箭等融入中小学教育；贵州省将押加、蹴球、舞龙、武术等融入校园等。这些校园传承活动都取得了一定的社会反响，但对有效助力乡村振兴的现实还有差距，需进一步优化。一是让校园传承的经验成果扩展至更多民族传统体育项目。当前进校园的体育项目多为竞技类，而表演类、节会类、智力类的体育项目有待增加。针对此类项目，可根据精准扶贫与脱贫攻坚两阶段的实践效果，结合乡村振兴的战略要求，将急需或可以利用的项目优先融入校园传承中。二是将校园传承经验进行系统总结并进行理论推广。实践证明，优秀传统文化的校园传承应重点从图书馆数据库、教育教学体系、校园传承基地、校园环境、校园孵化器五个方面进行重点建设，想方设法将各类传统体育项目融入其中（高翔，2020）。三是结合受众群体对校园传承内容方式进行阶段划分。可依据乡村振兴对地方不同层次校园的要求，对初等、中等、高等教育校园分别采取"教会、勤练、常赛"的循序渐进的教学模式（侯仰飞，2021）。初等教育阶段，学生实践能力较差，应以文化了解和尝试性的"教会"为目标；中等教育阶段，学生智力体力快速发展，应将体育项目融入课程或课后教育中，以"勤练"掌握为主要目的；高等教育阶段，学生时间较充裕，实践能力较强，因此要以成果导向的"常赛"为主要目的。

6.1.2.3　探索社群传承新型模式

一般来说，优秀传统文化的传承是以传承人个体、家庭、社区为常见载体或空间的。但随着新媒体的发展，网络社群作为人群聚集地、准公共领域和传承的实践场，在一定程度上实现了非遗传承场域的变迁，部分补充了传统社区传承能力的不足。在网络场域中，网络社群处于中心联络场位置；在网络社群内部，多元的场域行动者共同组成了"传承共同体"；其中，民族知识精英在网络社群中起到意见领袖的作用（范小青，2022）。桂滇黔民族地区传统体育大多扎根于乡村社区，随着部分村落"空心化"的加剧，其传统传承方式的改变已迫在眉睫。在传统体育助力脱贫攻坚的过程中，众多资源被开发出来并通过新媒体对外传播，已基本形成人群聚集、跨空间传承实践、多主体广泛参与的格局，新型的社群"传承共同体"正在形成，传统体育成为民族文化共享共荣的桥梁。例如广西的抛绣球、抢花炮；云南的独竹漂、射弩、龙舟；贵州的斗牛、赛马等，以及桂滇黔各省区少数民族均有的秋千、陀螺、板鞋竞速等。它们都具有产业和品牌影响力，已经形成了各方参与、新媒体积极传播的新型传承实践方式。民族传统体育的传承要在这种新形势中培育优秀参与者、挖掘新型传承者，以传统传承人或传承群体为核心，多主体、多场域中的民族知识精英和意见领袖为引领，新型的文化价值和利益分配为驱动，共同构建多点开花、求同存异的网络传承新格局。当然，在这种新型传承模式过程中，仍然要以文化的原真性传习为传承基石，在此基础上汲取多主体的创新意识，推动民族传统体育跨越传统社区、走向网络社群、从而面向更广泛文化受众的新型传承模式的实现，以此形成民族传统体育助力乡村振兴的强大感召力。

6.1.3　重视传统体育资源的数字化保护

2022 年 5 月，中共中央、国务院在印发的《关于推进实施国家文化数字化战略的意见》中指出，到“十四五”时期末，基本建成文化数字化基础设施和服务平台，形成线上线下融合互动、立体覆盖的文化服务供给体系。各地要把推进实施国家文化数字化战略列入重要议事日程，因地制宜地制订具体实施方案。这标志着包括民族传统体育在内的各类优秀传统文化的数字化保护工作步入快车道。

目前“数字化保护”相关研究主要被讨论于非物质文化遗产领域，不同学者从各自角度提出了相应的保护模式与路径，其基本思路主要可概括为文化遗产数字化的基础形态、运用手段、主导主体、行为过程、运用场景五个方面，如图 6.2 所示。

外部数字化技术背景				
基础形态：	运用手段：	主导主体：	行为过程：	运用场景：
文本	数据库、网站	政府部门	采集与存储	博物馆、展厅
图片	虚拟现实（VR）	中间组织	复原与再现	旅游场域
音频	增强现实（AR）	盈利机构	展示与传播	文化活动
视频	数字动画人机交互	传承人	……	互联网
三维模型	……	……		文化创意
……				……

图 6.2　“文化遗产数字化保护模式”的基本思路

桂滇黔民族地区传统体育的活态性突出，需通过数字化技术进行保护。首先，从数字化保护的基础形态上来说，要在充分调研挖掘的基础上，将传统体育的文化内涵、物质载体、制度规则、运动形态、生存环境、传承群体口述等转化成文本、图片、音频、视频、三维模型等数字化信息（马晓娜、图拉等，2019），形成传统体育数字化的数据库、信息管理系统，以共享资源数据，为后续保护利用做好铺垫。在此基础上，从数字化的运用手段上来说，可采用数据库、虚拟现实（VR）、增强现实（AR）、数字动画、人机交互等技术手段（姚远、褚力，2018），为传统体育的创新利用指明方向。另外，数字化保护过程要正确认识到其保护应由中间组织与政府、营利部门等协同合作，根据具体情况选择由谁主导（赵东，2014）。同时，要重视数字化保护行为的完整性，按先后顺序应包含采集与存储、复原与再现、展示与传播三方面内容（孙昊，2021），避免片面的数字化保护行为。此外，还要追求民族传统体育数字化保护运用场景的丰富性，在博物馆、展厅、旅游场域、文化活动策划、互联网传播、文化创意等领域或场景中进行创新性的数字化运用与呈现，为桂滇黔民族地区传统体育的保护传承与创新利用插上数字化的翅膀。

6.1.4 推动传统体育资源的创造性转化与创新性发展

中华优秀传统文化的创造性转化与创新性发展其实就是继承与创新的关系，在继承的基础上，以创新为工作重点。其中，"创造性转化"就是按照时代特点和要求，加以利用、扩充、改造、创新那些至今仍有借鉴价值、内涵的表现形式，激活其生命力，赋予其新的时代内涵。"创新性发展"，即按照时代的新进步新进展，对中华优秀传统文化的内涵加以补充、拓展、完善，发展其现代表达形式，增强其影响力和感召力（陈来，2017）。桂滇黔民族地区传统体育面临传统文化保护利用与现代体育挤压困境的局面，在乡村振兴中面临新的机遇与挑战。因此，其创造性转化与创新性发展显得尤为迫切。这个过程应该把握不忘根本、吸收外来文化精华、面向未来三项基本原则（崔乐泉、刘兰，2022）。一方面，要把握并提炼桂滇黔民族地区传统体育的文化精髓，重点研究其中蕴含的艰苦奋斗、自强不息、团结进取的精神力量以及有益身心的基础功能，明确传统体育的时代价值，并去粗取精，稳住创造性转化与创新性发展的文化根本。另一方面，要辩证地认识到当前传统体育与现代体育相比的优劣势，相较现代体育的资本化运作、制度规则完善、公共服务健全等优势，民族传统体育在保护实践中还存在宣传力度不够、具体措施不得力、资金投入不到位、组织竞赛流于形式等问题（苏晶、2009）。因此，民族传统体育创造性转化与创新性发展的实现，须学习西方现代体育的竞技性、规范性、科学性，但同时也要发扬民族传统体育所具有的和谐、内敛、娱乐、舒缓等特色文化内涵和精神价值，从而建立并维持与西方现代体育之间的共生关系（单凤霞、郭修金，2017）。最后，桂滇黔民族地区传统体育的创造性转化与创新性发展要面向时代发展趋势，以生产性保护为主基调，通过旅游开发（体育主题村寨、体育节庆旅游、体育旅游演艺、体育工艺品基地），康体休闲（民族运动康养庄园、国际健康运动服务社区、民族体育国家公园等），文化产业融合（体育创意产业园区、体育文化展会、体育示范基地、民族体育赛事）等方式，无论是精神追求上，还是呈现方式上，抑或是传播形式上，融入现代产业以及人们对美好生活的追求之中。通过改造、规范与创新，在国内民族地区、周边国家乃至世界上形成体育内容规范化、呈现形式多样化、群众参与便捷化、展演与赛事常态化、文化传播日常化、体育影响全球化的全新发展格局，为乡村振兴铺展道路并营造良好的社会文化氛围。

6.2　激活内生动力，为乡村振兴增蓄能量

笔者在实证调研中发现，当前桂滇黔民族地区传统体育助力乡村振兴过程中仍然存在明显的内生动力不足问题。例如，贵州榕江斗牛产业发展中，相当部分的脱贫户着眼于眼前利益，安于现状，参与和创新积极性不足；靖西绣球产业发展中，政府宣传不够，脱贫户对民族传统文化的保护、传承和认识不深，参与热情不高；云南广南县传统武术活动中，相关激励不够，贫困户自发参与意识较为淡薄。本书在此暂不考虑产业和组织的作用问题，仅从乡村居民能力强化视角，以外部施策刺激内生活力为原则，重点从识别内生动力要素、坚定文化自信、开展教育培训、优化利益分配、增强身份认同等方面提出相应的内生动力激活的对策，并认为内生动力的激活，能够为脱贫成果巩固、乡村振兴持续地增蓄能力，有利于从根本上解决问题。

6.2.1　做好基层调查，识别内生动力要素

激活内生动力是乡村振兴的有效路径，乡村空间治理与内生动力的激发

可通过空间保障、权利保障、组织保障等形式得以体现（戈大专、陆玉麒等，2022）。另一方面，在乡村文化治理中，农村居民对文化及其治理还存在认同、意识、能力等方面的问题（黄尧尧，2021）。认为创新、参与、合作、认同是巩固非遗脱贫成果的基本要素，是推动民族地区实现内生发展的关键变量（杨姗姗，2022）。内生动力要素包括需求、意愿、能力、利益四个方面（张鸽娟，2020）。在乡村软治理中，群众心理内驱力是乡村软治理的要素之一。为此，在乡村振兴实现阶段，人民群众的治理内驱力应由生理内驱力向心理内驱力转变（万坤利，2021）。由此可见，传统体育在助力脱贫成果巩固中存在着激活乡村内生动力的必然要求。结合脱贫成果巩固阶段的成功经验，以及乡村振兴对民族传统体育及其相关群体的现实要求，本书认为，激活内生动力的第一步就是要识别内生动力要素，主要包括文化主体的认同、意识、能力、权利、利益、组织、创新等方面，其具体内容如表 6.1 所示。

表 6.1　　　　民族传统体育助力乡村振兴实现的内生动力要素

内生动力要素	内涵解释
认同	对自身有文化上的自信、身份上的认同、行为上的认可
意识	理解相关政策和宏观决策的意义，有文化和乡村振兴的需求和责任感，有自我进步、参与集体活动的意识
能力	能够参与传统体育活动、乡村振兴工作；具备一定的学习能力、理解能力、身体行动能力等
权利	乡村振兴过程中，在文化活动、政府协调、企业合作等方面具有一定的话语权、参与权、决策权等
利益	能够从行为活动中获益，且利益分配机制相对合理
组织	组织具有一定的完整性和活力，能够自发开展相关文化活动或组织动员群众参与相关工作
创新	在文化保护传承、多主体工作协同中有一定的创新意识和能力，并将其付诸实践

不仅如此，在桂滇黔民族地区传统体育助力乡村振兴的新时期，还应深入基层，通过深入访谈和问卷调查，了解民众、政府、企业等利益相关者的

现实问题，特别是要从基层群众的视角深入剖析其内生动力，找出他们的核心关切点、克服难点，尽可能通过满足群众的基础需求来激活内生发展动力。

6.2.2　加强宣传教化，坚定传统文化自信

由前文的实证调研可知，在精准扶贫和脱贫成果巩固阶段的绩效评价中，"民族文化认同的加深"和"民族文化自信的坚定"两项指标得分均不高，个别调研点的测评结果排名较靠后。这说明以往的扶贫工作虽然在经济效益上取得明显效果，但仍未能从社区居民或传承人的视角获得相应的文化效益。深入访谈得知，这主要由两个方面的原因造成，一是社区居民或传承人对相关体育文化活动的参与度不够，以被动为主，积极性不足，深入理解文化意义与价值的机会也较少；二是政府、企业等主导部门多关注经济效益和相关脱贫硬指标，以利用民族传统体育的资源属性为主，而对其文化属性重视不够，因此缺少相应的文化宣传与教化工作。

在脱贫成果巩固和乡村振兴阶段，要加强宣传教育，确保各主体特别是传承群体坚定传统文化自信。从桂滇黔民族地区传统体育的资源属性上来说，要重点宣传其经济和文化价值，通过走街串户或开动员会的方式做好参与人群的思想工作，让他们意识到该项文化内容能够带来的切实好处。一方面可以通过利益分配实现脱贫致富；另一方面能够提供就近工作岗位，解决农村就业问题，获得劳动报酬。从长远来看，对乡村基础设施、生态环境改善以及相关产业发展都有益处；而且社区居民在参与相关活动过程中，能够提高社会学习和适应能力，有益于自身及家庭成长发展。从桂滇黔民族地区传统体育的文化属性上来说，要通过文化宣传教育、能者典型的树立与激励，让人们意识到自身文化是被外界认可和欣赏的，而且该项文化能够在社会的教育、健康、团结稳定、民族特色彰显中发挥重要作用，从根源上认同自身文化；同时通过文化的传播和反馈机制的建立，不间断地让参与群体认识到该项文化内容在社会上的积极效益，从而树立参与群体的文化自信，让

人们接受并乐于参与其中。

6.2.3 深化志智双扶，开展群众教育培训

党的十八大以来，习近平总书记坚持"以人民为中心"的发展思想，立足中国农村贫困现实，多次强调思想脱贫的先导地位，抓住贫困人口思想上的贫根，作出了"扶贫必扶志，治贫先治愚"的重要论述。前期脱贫实践表明，精准扶贫政策不仅起到了增加收入的减贫效应，而且产生了明显的"志智双扶"效应；但同时也增加了部分依靠政府兜底保障的闲散劳动力的"福利依赖"，一定程度上强化了这部分贫困人口的贫困适应性（周强、赵清云等，2021）。由此可见，在脱贫成果巩固对接乡村振兴的关键时期，"志智双扶"工作任重而道远，仍需进一步深化。前文实证研究也表明，桂滇黔民族地区传统体育在助力精准扶贫过程中对"传统体育人才培养""贫困人口自我发展能力增强"有比较明显的促进作用，但"贫困人口就业技能增加"得分仍不高，这也说明了在桂滇黔民族地区传统体育助力乡村振兴阶段仍然存在主观意识有待加强，相关人员能力有待提高的问题。有鉴于此，可从技能培训和职业教育两方面着手深化"志智双扶"行动。

6.2.3.1 常态化开展技能培训

根据前文对核心利益相关者的界定，结合在脱贫成果巩固和乡村振兴实践中的现实需要，认为需要对传承人和乡村文化精英、当地居民和脱贫人口、基层管理人员及行业协会人员、乡村的投资者企业家以及创业者这四类人群进行常态化的技能培训。培训的原则是根据发展和民众现实需求，使各群体及时获得相应的技能，从而能够内源造血式地创富。对传承人和乡村文化精英而言，他们是民族传统体育的核心实践者，脱贫成果巩固、乡村振兴的带头人，理应成为脱贫致富的引领者。因此，对他们的培训除了传统体育技能的规范提高外，还应涉及团队管理、创新创业、新媒体运用等能力方面，以便传承人和乡村文化精英更好发挥引领作用。对其他普通居民和脱贫

人口而言，则应以培育传统体育后备力量和相关服务保障为主，主要通过体育运动专家、传承人群体的指导培训，提高其传统体育技能；并根据旅游业、文化产业、生产制造业的需要，通过专题讲座和实践指导等方式重点提高其基础服务技能和创新创业能力。此外，基层管理人员和行业协会成员有一定的管理和监督职能，是乡村振兴的掌舵者，应重点培养村民管理、产业发展、文化传承等方面的基层管理能力，并提高自身的社会服务意识与技能，增强开拓创新能力，以更好引领地方发展；除了通过专题讲座传授知识外，还要加强对管理人员的实践考核，保证学习质量。而对于部分乡村投资者、企业家、创业者，要为其投资经营创造良好环境，主要通过邀请企业家、教培机构、高校专家等开展专题讲座和具体的实践指导来提高其企业管理能力、科技应用能力以及产业创新能力。各培训对象的培训内容、培训主体和实施方式如表 6.2 所示。

表 6.2　　　　　　　　助力乡村振兴阶段的培训对象与内容

培训对象	培训内容	培训主体	实施方式
传承人、文化精英	传统体育技能	体育运动专家、传承人群体	外部指导、内部切磋
	团队管理能力	基层组织、行业协会、教培机构	专项授课、专题讲座
	创新创业能力	企业家、高校专家	专题讲座、实践指导
	新媒体运用技能	科技或营销企业、自媒体达人	实训操作演练
当地居民、脱贫人口	传统体育技能	体育运动专家、传承人群体	外部指导、内部教授
	基础服务技能	服务企业、教培机构	专题讲座、实践指导
	创新创业能力	企业家、高校专家、创业成功者	专项授课、专题讲座
基层管理人员、行业协会成员	基层管理能力	上级组织、教培机构、高校专家	专题讲座、实践考核
	社会服务技能		
	开拓创新能力		
乡村投资者、企业家、创业者	企业管理能力	企业家、教培机构、高校专家	专题讲座、实践指导
	科技应用能力		
	产业创新能力		

6.2.3.2　与职业教育相融合

农村职业教育独特的功能定位和价值取向精准对接着乡村振兴各领域、

各要素需求，是乡村振兴战略实施的逻辑必然（张旭刚，2018）。乡村职业教育主要培养新型农民导向的"自然存在"人员、产业发展导向的"实践存在"人员、文化建设导向的"精神存在"人员、生态环境导向的"伦理存在"人员、组织结构导向的"社会存在"人员五类（熊晴、朱德全，2021）。也可将职业教育培养的乡村人才分为创新型、技能型、新型职业农民以及返乡创业人员四类（成群鹏，2022）。结合桂滇黔民族地区传统体育助力乡村振兴的现实需要，认为其与职业教育融合的主要目的是培养文化传承型、产业服务型、创新创业型三类人才。其中，文化传承型人才主要通过初等职业教育培养文化认同者、中等职业教育培养文化掌握者、高等职业教育培养文化传承者三条路径选择不同人群融入职业教育（万兆彬，2017）。产业服务型人才主要通过设置相关特色资格证的方式，培养乡村群众在各文化产业、旅游产业、创意产业、农产品加工产业等领域的适用能力。创新创业型人才主要针对乡村创业群众、乡村投资者、返乡创业者、有志入乡创业的社会人士等，通过产业孵化的方式为其提供平台、智力、技术、信息等方面的指导。

如图 6.3 所示，本书借用当前初、高等教育中流行的 CDIO 工程教育模式和教育发展理念（Gunarson，2017），以构思（conceive）、设计（design）、实现（implement）、运作（operate）为基本逻辑探讨桂滇黔民族地区传统体育助力乡村振兴过程中与职业教育融合的思路方法。其主要逻辑是，以上述的"三类人才"为职业教育培养对象；以宜业（对口就业或自主创业）为"一个愿景"；以培养基础知识 + 专项技能、社会发展能力、社会适应能力为"三种能力"；以生源选拔、系统培养、人才就业为"基本过程"，以及各流程中的不同路径为"实施计划"（钟学进、刘霄，2019）。

6.2.4　遵循普惠共赢，优化各方利益分配

如前文所述，桂滇黔民族地区传统体育助力脱贫成果巩固的核心利益相关者为脱贫人口、政府、传承人、企业四大类。在乡村振兴阶段，政府已不

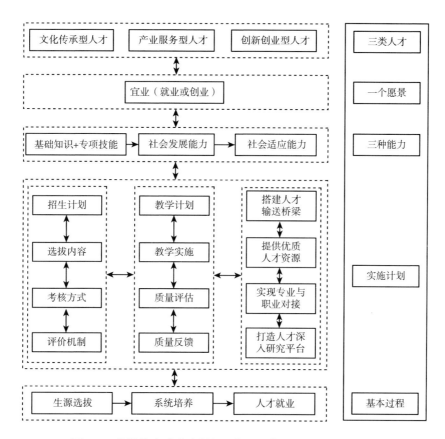

图 6.3　传统体育助力乡村振兴与职业教育融合的逻辑思路

再对脱贫人口直接发放资金补助，而是通过其他渠道的投入促进生产、改善生活，这就要求各利益相关者要充分认识到必须通过内源造血式的自我发展来达到稳定脱贫、促进乡村振兴的目的。引导产业振兴向产业富民转变，关注"振兴谁"，通过公平分配的方式将产业化利益留在乡村、留给村民（胡高强、孙菲，2021），但同时也要遵循普惠共赢原则，保障企业、政府等外部主体的核心利益或诉求，以维持外部嵌入的持续驱动作用。

在桂滇黔民族地区传统体育助力乡村振兴过程中，应首先明确该过程中的利益要素构成。政府部门通过政策供给和积极引导达到地方文化与经济发展、推动乡村振兴的目的；企业则主要通过投入资金、技术、信息、市场、创新等要素，盘活或增加传统体育及地方价值；传承人是民族传统体育助力乡村振兴的核心人物，主要提供艺能、组织、威望等要素；普通脱贫群众则主要在参与、服务、创新等方面提供人力和智力要素，辅助相关活动的顺利开展。其次，厘清收益形式。测算传统体育在助力乡村振兴过程中形成的现金收入、集体资产、品牌价值、相关产业发展等方面的增量，为具体利益分配提供依据。最后，重视该过程中利益的流向与分配比重问题。商定各利益相关者的利益分配形式与比例，优先保证脱贫人口和传承人的核心利益，鼓励其入企、入团、入社、入伙，并提高基层群众文化要素输出的分红比例，引导他们向价值创新、产业融合等更多利润的方向发展，提高其基础收入。同时，也应引导更多人员参与，以基础设施改善、社会福利提高等多种方式返利于边缘群众。此外，还应构筑各方利益保障机制。以还权赋能为主线，成立基层自组织与外部"他组织"融合的多元主体组织，共议发展与利益分配问题，并倾听底层意见，关照每一位参与人员的利益诉求，从而形成广泛参与、民主协商、风险共担、利益共享的利益共同体。

6.2.5 表彰能者典型，增强人员身份认同

在桂滇黔民族地区传统体育助力乡村振兴的过程中，将涌现一批能者典型，他们可能是传统体育传承人、普通基层群众、基层干部、文化传播者、公益人士，也可能是返乡或在乡的创新创业者。他们以学识或技能为标准塑造自我身份认同，可称为"新乡贤"；乡贤文化的塑造、传承和应用已成为许多地方开展基层治理创新实践的突破点（王广振、王伟林，2021）。首先要做好能者典型（乡贤）资源的挖掘工作。在各行业、各工作环节中，建立基于文化艺能评价、工作绩效考核、道德威望推荐等方式的乡贤认定办法，建立动态的乡贤考核认定机制，并颁发相关的荣誉证书，或给予一定的物质激励，构建地方乡贤向上的良好风气。同时，创新渠道讲好乡贤故事、打造乡贤文化IP。每年认定的乡贤要在村、乡镇乃至县进行公开表彰，书写其先进事迹或总结提炼其成功做法，讲好乡贤故事，在一定区域范围内进行宣讲交流；对于乡贤表现突出或者相对集中的村镇，可围绕乡贤文化，打造以乡

贤个人为主体的文化 IP，并在电视、广播、报纸、新媒体等渠道上进行包装和宣传，获取社会认可和流量。此外，应围绕乡贤及其文化氛围开展各种公益或助力乡村振兴的活动，以团结各类乡贤，组成乡村创新创业或基层治理的内部力量，让乡贤参与各项管理或指导工作中，并给予其一定的利益分配倾斜；还可以利用乡贤 IP 的社会流量，组织相关公益活动，如艺能传授、文化宣传、公益带货等。通过对桂滇黔民族地区传统体育助力乡村振兴过程中能者典型（乡贤）的树立、宣扬和利用，在乡贤获得精神和物质激励的同时，也能营造崇贤尚德、见贤思齐的基层氛围，从而增强广大群众的身份认同。

6.3　深化推进方式，为乡村振兴持续发力

2020 年后，精准扶贫工作转入脱贫成果巩固和乡村振兴有效衔接的全新阶段，工作重点应以承前启后、有效过渡为主。因此，既要总结过往问题、成功经验，达到推广示范效果，又要守正创新，在传统体育精准扶贫的基础上进行发展方式的变革，以适应新阶段、解决新问题。其中，要重点关注产业壮大、产业结构转型升级、产业影响力扩大以及增岗拓岗等问题，通过新阶段推进方式的深化，形成乡村振兴的持续动力。

6.3.1　总结成功经验，形成推广示范机制

桂滇黔民族传统体育在助力精准扶贫过程中作用明显，在长期的实践中积累了一定的经验。在成功经验总结上，首先要形成典型经验总结的行政机制，积极响应国家政策，结合地域特色，要求各地分类总结扶贫经验，并以实事求是为原则，对提交的成功经验进行逐一核查批复，谨防该过程中的浮夸、造假行为，形成传统体育助力精准扶贫的经验共享档案库。其次，要对典型经验进行汇总、提炼和汇编，可按照宏观层的政策制度、中观层的普遍

做法、微观层的基层实践为思路开展成功经验总结工作（郑宝华、梅长青，2022）。在宏观上，要对桂滇黔民族地区传统体育助力精准扶贫的各项政策制度、组织方式等进行经验总结，为地方特色的政策供给与组织形成提供参照。在中观上，要对各省区的惯常做法，如体育基础设施建设、体育产业培育、体育公益事业等扶贫方式进行绩效评估和总结，发扬其中的有效做法，优化或避免常见问题。在微观上，要细化到村、到户、到人，把最基层的有效扶贫方式进行提炼、总结和融合，形成具有情境差异的"实施细则经验库"。另外，在推广示范机制上，也要统筹整理成功经验，就其中的典型做法、特色方式、代表性案例等进行一定范围内的评优评先，对其进行奖励并展开宣传。集合"多元共治"中各方利益相关者，进行系统化的组织学习，让更多的先进或特色方法被更多的基层管理者和乡村精英掌握，并鼓励他们继续示范并创新，从而为桂滇黔民族地区传统体育助力乡村振兴提供不竭动力。

6.3.2 提高产业价值，推动产业结构升级

桂滇黔民族地区传统体育在助力乡村振兴方面还普遍存在企业驱力不够、产业价值较低、产业结构单一等问题。实证调研得知，贵州榕江斗牛产业仅停留在简单赛事上；广西靖西绣球产业规模小、经济效益较低；云南广南武术企业经营困难、产业发展较慢等。从企业方的普遍价值而言，其根源在于民族传统体育的市场价值还未得到充分的挖掘和证实，无法为企业带来丰厚回报，影响了整个传统体育产业的市场动力。

针对上述问题，笔者认为，应本着循序渐进原则，通过企业扶助壮大、产业价值提高、产业结构优化的"三步走"战略固本培元，实现优化创新发展。首先，扶助壮大相关企业发展。一方面，要形成政府部门与企业的交流机制。可通过聚合相关企业，成立联合会；建设相关信息管理系统、网络互动平台；举办茶话会、沟通会等方式，在广泛调查、深入了解的基础上，认真倾听各企业意见，重点记录企业的痛点、难点；提炼共性问题，同时关注

差异问题。另一方面，要根据相关问题制定企业扶助壮大的实施方案。共性问题，应追溯其根源，可制定专项的政策方案为企业提供发展便利。而对于差异性问题，则应站在企业角度，为其发展提供指引、服务、资金扶助、特殊政策等。建立有效帮扶机制，吸引外部优秀企业或者相关同业企业对微弱企业进行一对一、多对一、全业务、全周期的帮扶，帮助其走出困境、稳固壮大。其次，想方设法提高产业价值，这是企业产业能够行稳致远的关键。在西方现代体育的冲击下，民族传统体育文化的生存空间备受挤压，只有将其原生价值在现代语境中进行创造性转化和创新性发展，才能融入现代审美和生活需要。因此，企业的转化、产业的创新尤为关键。要引领企业学习现代文化产业发展趋势，可将零散的传统体育文化乃至其他资源聚合起来，以融入现代人对美好生活的追求为原则，对其进行创造转化或现代叙事；增强市场了解，在此基础上，形成资源合力、创新驱力，并最终以文化创意消费品、多功能产业园或传统体育文化产业链等方式呈现出来。例如，靖西抛绣球等具有鲜明工艺特色和依托物质载体的体育项目，应重点突破创新，对绣球的材质、工艺、形式、内容进行现代化的转化；对抛绣球的规则、文化内涵等进行重构。不仅如此，还要重视对产业结构的优化。传统体育文化在助力乡村振兴中的文化属性浓重，但资源属性还稍显薄弱，这是其产业化发展难以延伸拓展的原因。因此，要从产业链思维转向产业网思维，创新融合地方优势的一二三产业，将传统体育产业链与其他产业发生关联，构筑形成产业网，以此摆脱单一依靠体育资源而动能不足的问题。例如，武术、斗牛等观赏性强、影响力大的传统体育项目，要带动其他弱势体育项目的协同发展。不同产业之间相互扶助、相得益彰，同时引领传统体育产业链更多地向生产型、服务型方向发展，或与相关产业进行融合，从而优化产业结构，稳固根基，增强产业竞争力。

6.3.3　坚持守正创新，促进发展方式变革

从前期的扶贫实践来看，桂滇黔民族地区传统体育助力精准扶贫主要依

靠设施扶贫、产业扶贫、赛事扶贫、健身扶贫等方式。其中，完善设施、举办赛事和发展产业是扶贫工作中关注的重点，而且被验证具有显著成效。在乡村振兴时期，应坚持守正创新，在原有基础上持续发力，优化并创新带动方式。具体要从进一步完善基础设施和场地设备、促进"体育＋"与"＋体育"深度融合、开展多样化公益扶助活动、推动传统体育在全民健身的应用这四个方面促进发展方式变革。

6.3.3.1 进一步完善基础设施和场地设备

笔者在调研过程中发现，很多稍有规模或有一定影响力的传统体育活动大多受到了地方可进入性差、体育场地简陋、服务设施欠缺、体育设备简易等问题掣肘。为此，针对赛马、斗牛等参与性强、影响力大的民族传统体育项目，要在稳固其节庆赛制的基础上，进一步完善交通道路、运动场所、信息网络等基础保障性设施。同时，依据城镇化发展的程度，完善相应的配套设施，在保证外来参与者有更好的服务保障之余，以此为契机发展壮大民族传统体育周边产业。对传承发扬于普通社区（特别是以前的贫困村落）的传统体育，应在村落的现代规划中，为传统体育活动开展预留一定的场地，将其与现代体育场所——篮球场等进行融合建设，将传统体育器材规范化标准化，与现代体育器材一道发挥作用。如贵州台江县台盘乡台盘村的乡村篮球赛，因其热烈的氛围而迅速在网络走红，受到社会各界的注目。可在此类乡村体育活动场域中融入竞技性、表演性、参与性强的传统体育项目并架设相关传统体育设施。通过场地的融合与设备的更新，形成桂滇黔民族地区村落独有的"传统体育文化活动中心"，成为文化保护、传承的实践空间。

6.3.3.2 促进"传统体育＋"与"＋传统体育"深度融合

桂滇黔民族地区传统体育数量众多，但在文化影响、发展质量等方面却参差不齐。可通过"传统体育＋"与"＋传统体育"深度融合的方式促进各项传统体育项目的协同发展以及与其他产业的共同进步。"传统体育＋"是指以民族地区传统体育中影响力大、体验性好、参与群众广或产业开发适宜性强的项目为主导，融入其他产业形态或功能，从而构建出具有传统体育特性的新型产业形态。主要可通过以下路径实现。第一，"传统体育＋教育产业"，在规范传统体育项目的同时，开发其教育功能，以传承人为核心主体，以学习、传承、健身、创业等教育需求为契机，使其在学校、传习馆、健身场地、体育创业基地等处发挥价值。第二，"传统体育＋旅游产业"，充分利用传统体育的竞技性、观赏性、体验性等特点，通过开发体育展演项目、策划传统体育体验活动、打造传统体育主题基地、开发传统体育纪念品等方式积极营建传统体育主导的旅游项目内容。第三，"传统体育＋文化产业"，主要是指围绕传统体育文化，树立节庆品牌、开发大型文化演艺项目、建设文化创意园区、打造系列文化 IP 等。第四，"传统体育＋康养产业"，要提炼并集合传统体育中明显有助于身心健康且易于参与学习的项目，打造康养主题传统体育体验或服务产品，并利用民族传统医药文化的辅助作用，实现协同发展。第五，"传统体育＋现代科技"，在传统体育文化的创作、展示、体验和传播过程中，要善于应用现代科技手段和平台，以更加现代化的方式生产和传播传统体育产品和文化内容。"＋传统体育"是指将传统体育融入其他主导产业，特别是不能忽略影响力较弱传统体育的融入问题。在旅游产业、文化产业、数字产业、民生行业、公益事业等综合性领域，要重视传统体育文化的融入，为更多的文化群众提供展示、创新、传播的平台，让每一项传统体育都有融入现代发展并从中获益的机会。通过"传统体育＋"与"＋传统体育"的深入推进，使得各行各业与传统体育的交叉互融成为可能，从而能够有效激发传统体育的当代价值，形成创新的发展氛围。

6.3.3.3　开展多样化公益扶助活动

在以往的实践中，主要通过冠军帮扶、体彩资金支持、传统体育教育等方式凸显公益力量在传统体育助力精准扶贫中的作用。在促进脱贫成果巩固衔接乡村振兴的新阶段，仍然需要公益力量来进一步优化扶助效果或协调市场难以解决的问题。首先，在公益扶助的内容上，要考虑到贫困的多维性，从经济收入提高、基础设施改善、文化教育、全民健身、精神追求、社会福利保障等方面入手考虑传统体育及其公益事业如何融入其中并发挥作用。其次，在公益扶助活动的形式上，要结合当前桂滇黔民族地区传统体育助力乡村振兴阶段的现实问题和要求，以及时代特点来进行丰富。一是可设置"传统体育专项彩票"，汇集资金并将其投入传统体育传承人的帮扶、落后地区传统体育设施设备和场馆的优化改善、传统体育文化教育、产品策划与品牌宣传等方面。二是继续鼓励体育冠军、乡贤及社会精英等通过捐款、捐物、公益表演、公益推广等方式持续贡献公益力量。三是要开展公益教培服务，在"志智双扶"的同时，为文化传承人士、产业服务人士、创新创业人群提供必要的公益指导、培训和支持。四是要抓住新时代营销传播特点，开展公益宣传、公益直播、公益产品开发等活动。最后，在公益扶助活动的参与主体上，要树立"多元主导、社会广泛参与"的理念，策划一系列公益活动方案，鼓励各行各业、社会上下广泛参与到桂滇黔民族地区传统体育助力乡村振兴的公益道路上来。

6.3.3.4 推动传统体育在全民健身中的应用

我国各阶段的《全民健身计划》中均提出了"支持推广民间民俗传统体育、农村趣味体育，促进中国特色体育事业的发展"相关要求。这与传统体育在助力脱贫过程中的实践经验以及我国对乡村振兴中产业兴旺、生态宜居、乡风文明、治理有效、生活富裕等方面的总要求相契合。《全民健身计划（2021—2025 年）》将公共服务体系的完善、民众健身热情与健身人数与比例的提高、公共健身设施的覆盖、社会体育指导员的配备、体育产业规模的扩大等作为总目标。对桂滇黔民族地区来说，传统体育正好可以成为促进上述目标实现的重要力量。要将传统体育的文化教育、相关信息服务融入人们日常的体育健身需求中，并提供技术指导、安全监测和必要的健康呵护，完善公共服务体系，为民众营造便利的参与环境。重视传统体育设施设备与现代体育空间的融合，在村镇规划中，要为传统体育提供空间，并为其发展壮大预设方案。在此基础上，可通过村—镇—县各级传统体育文化个人和团体赛事激发全民参与热情，让群众参与传统体育活动成为健身日常。只有形成广泛的服务指导和物质、空间供给，培养群众参与热情和能力，形成基于传统体育的全民健身氛围，传统体育相关产业才会有庞大的群众基础，才可能发展壮大，从而为桂滇黔民族地区传统体育助力乡村振兴提供更大动能。

6.3.4　落实拓岗增岗，增加就业发展机会

促进农村劳动力转移就业，是发展农村之本、振兴乡村之基（陈贤光，2021）。传统体育是掌握在桂滇黔民族地区居民自己手中的文化，也是力所可及的产业资源，理应在助力脱贫成果巩固、乡村振兴的过程中发挥其稳岗、拓岗、增岗作用。

首先，是保障脱贫人口稳岗。在乡村振兴时期，应把握平稳过渡原则，对精准扶贫时期行之有效的做法予以继承发扬。其中最重要的就是要稳住脱贫人口的工作机会，一方面要通过宣传教育使其树立竞争意识、危机意识，培养其自主学习和创新能力，根据新时期要求通过持续培训确保脱贫人口知识更新和能力提升，以更好适应当前工作。另一方面，要对脱贫人口进行动态监测，重点关注有返贫风险或有新贫困发生可能的家庭和个人，查明其风险原因，并预先从根源上进行防范。对于新贫困发生可能发生的家庭，也应在工作机会和培训指导上给予一定的照顾。对于返贫人员，要进行兜底安置。其次，促进项目建设拓岗。通过项目开发和招商引资，使更多的与民族传统体育相关的产业、企业能够入驻乡村，并从顶层的政策设计上督促企业为本地居民保留一定的工作岗位和相关培训服务，设立明确考核体系，确保企业持续扶助效果。还可通过对传统体育价值的转化创新、对产业价值链的延伸，持续壮大乡村企业，使其转型升级，从而拓展出更多更有效益的工作机会。此外，通过对乡村产业结构的调整优化，拓展出更多的产业空间和工作岗位。促进企业间、乡村间、地域间的联动合作，从更大的空间范围统筹各地区的协调发展，避免产业同质化带来的内耗。同时要对当前各企业产业成效进行总结分析，敏锐洞察市场需求，督促企业从最基础的组织、策划、生产逐渐向更深更多元的创新、创造、服务等方面发展。最后，激励群众创

业增岗。村民创业可一定程度上解决自身就业难题，并且具有乘数效应，能够带动更多的人创业就业。政府、企业、村委会和相关协会组织可开设创业"一站式"服务，通过农村合作社、企业孵化器、政府帮创平台等吸纳具有创业意识和创业能力的群众，根据不同村、家庭或个人的特点，为其寻找差异化的创业出路，同时要进行传承培训和跟踪服务，并从政策上进行照顾，减小群众创业压力和风险。

6.4 强化支撑保障，为乡村振兴保驾护航

根据前文对精准扶贫阶段存在问题的剖析，结合乡村振兴阶段的现实要求，参照在实证调研过程中反映出来的普遍问题，本书认为，新阶段应重点从政策规划的精准供给、多元共治组织体系的构建、人力资本的培育与多元化引入以及多渠道的资金保障四个方面强化支撑条件和保障要素，为助力乡村全面振兴保驾护航。

6.4.1 制定差异精准的政策规划

精准扶贫阶段，各级政府部门已积累了行之有效的政策体系，既有宏观上的发展规划和指导意见，又有不同阶段的战略步骤和实施办法，涉及体育、旅游、文化、教育等各行业，涵盖精准扶贫、脱贫成果巩固、乡村振兴、文化保护、产业创新、全民健身等方面。但随着"一村一品、一镇一业"这种各地差异发展、百花争艳格局的形成，迫切需要针对不同地区乡镇的资源禀赋、历史文化传统、社会经济发展状况，因地制宜、分类指导，从政策上精准分类、精准均衡、精准施策（陆益龙，2021）。

精准分类意识并将其政策化落实。然而，目前全国各地乡村振兴的基础和进展并不均衡，西部地区与东部地区差异明显，地区内部差距也较大，呈现两极分化和多极分化趋势（吕承超、崔悦，2021）。因此，可参考前文绩

效考核指标，对桂滇黔民族地区不同村镇传统体育在脱贫成果巩固阶段的精准识别、精准帮扶、精准管理、减贫成效等进行综合评测，并结合乡村振兴的具体要求，对不同村镇进行等级分类。然后综合分类信息，根据分类结果进行建档立卡，以便对不同类型村镇进行差异化的政策研判。还应制定精准均衡的政策规划。例如，找到传统文化保护与创新利用之间的均衡点，在现有保护措施基础上，进一步制定措施，激励传承人、企业和社会精英的创造性转化和创新性发展探索，为其提供资金、技术和场地支持，让更多力量参与传统体育的保护与利用。此外，还应找到外部支持与内生发展之间的均衡点。外部支持与内生发展之间的主要矛盾点在于利益分配，政府部门应给予企业更多的优惠补偿，但同时也要明文确保期间的居民受益；而且，还应将居民的能力提升作为多主体常态化、制度化的工作要点。三是要找到先富带动后富与共同富裕之间的均衡点。在桂滇黔民族地区传统体育助力乡村振兴的过程中，要营造学习典范、勇于创新的氛围，激励先富人员指导带动脱贫人口，将他们的引领机制作为政策制定的考量内容，以携手共进实现共同富裕。最后，对差异化村镇的精准施策。针对民族地区村镇自身的资源禀赋、传统体育不同的发展模式，在遵循总原则的基础上，践行"一业一政策""一村一规划"；派遣不同管理人员、设置不同考核指标，引导形成差异化的区域联动发展格局。

6.4.2　构建多元共治的组织体系

"多元共治"中的"多元"是指多个主体，即多个主体共同参与治理。这是在长久以来的政府治理"一元化"，与政府、市场治理"二分法"的理论和实践中演化出来的。政府的管理失灵、权力寻租、推卸避责等问题，以及企业自我管理能力不足、社会责任松弛等现象比较普遍；社会公众的积极性难以发挥，且参与机制不完善（黄梦慧，2021）。这就要求必须通过分级别、分层次、分阶段的多元化制度设置来实现政府、市场和社会的协同共治（Ostrom & Schroeder，1993）；多主体、开放、协商、以共同利益最终输出为主要特点（王名、蔡志鸿等，2014）。然而，在基层文化治理中，人们往往忽略了乡村自组织的功能。它是市场与行政层级之外的第三种治理机制（罗家德、李智超，2010）。它无须外部行政指令强制，社区成员通过面对面协商，取得共识、消除分歧、解决冲突、增进信任，合作治理社区公共事务，并使社区逐步进入自我维系的状态（陈伟东，2004）。结合实证调研中乡村自组织松散的问题，本书认为，桂滇黔民族地区传统体育助力乡村振兴的过程事关多个主体，需要通过"多元共治"的组织体系保障才能完成。这里指的"多元"主要是指政府行政组织、市场与社会组织、乡村自组织三类主体。其组织体系和内在机理如图 6.4 所示。

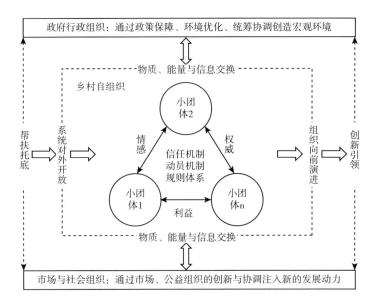

图 6.4　传统体育助力乡村振兴的"多元共治"组织机理

桂滇黔民族地区传统体育助力乡村振兴，是一个在乡村自组织发挥积极作用，政府行政组织以及市场与社会组织的"他组织"共谋的"多元共治"过程。其中，乡村自组织由多个内部小团体或个人构成，它们通过情感、权威、利益等发生关联，构建各小团体之间的信任机制、动员机制、规则体系是其有效运行的关键（罗家德、李智超，2012）。乡村自组织是一个对外开放的系统，且随着时代的发展跟随社会步伐向前演进，在这个过程中，自组织系统需要与外部的政府部门、社会部门等"他组织"发生物质、能量与信息交换，以获得外部负熵来降低系统内部熵，从而达到内部系统从混乱走向有序并持续更新的目的（杨蕾，2012）。政府各级行政组织通过政策保障、环境优化、统筹协调等方式为乡村自组织的发展创造外部宏观环境；市场与社会组织中的市场机制、公益组织等通过协调、创新与监督等为自组织注入新的发展动力，使得自组织能够摆脱当前困境，重新焕发活力。政府部门、自组织与社会部门三者通过有效协商与目标衔接，为桂滇黔民族地区传统体育助力乡村振兴的"多元共治"托底，同时又起到创新引领的作用。

6.4.3　培育多元立体的人力资本

人力资本是与物力资本相对的概念，指凝聚在劳动者身上的知识、技能，以及劳动者所表现出的能力。人力资本主要通过教育训练、医疗保健、劳动力流动、外部引入等投资方式培育形成（吴遵民，2019）。桂滇黔民族地区传统体育在助力乡村振兴过程中，涉及的文化内容丰富、参与主体多元、形态模式各异，当前乡村场域中的人力资本显然很难满足发展需求。因此，必须要通过多种方式，培养、引进或协同各类人力资源，以构筑当前衔接阶段的人力资源体系。按照现阶段对人才需求的轻重缓急以及不同渠道，可将该过程中的人力资本分为基础保障型、发展创新型、应急合作型三类。

基础保障型人力资本主要是指基于前期的脱贫实践积累下来的能够长期为乡村振兴服务且具有相对稳定工作状态的人力资源所具备的能力素养的集合。主要重视维持当前成果巩固的管理、运营、技能、服务等方面的基础能力。该人力资本主要通过技能培训、职业教育、文化传承、指导帮扶、常态招聘等方式积累形成。发展创新型人力资本主要是指在新发展阶段为了迎合新的市场形势、新的发展要求、适应新的组织方式，人力资源必须具备的市场洞察能力、文化创新能力、资源整合能力、动员协调能力等。对人力资源的需求更多变、要求更高，主要通过教育培训、人才引进、公益感召等方式积累形成。应急合作型人力资本主要是指在乡村振兴实现过程中，针对一些突发性、关键性、临时性的重大项目和事件，要求人力资源必须具备的创新创造能力、紧急攻关能力、营销策划能力、生产协调能力等。该类人力资本由于要求层次较高，且需求较为紧急，因此，可通过内部培养提升、项目招标引入、公益感召、外聘等方式进行储备。三类人力资本的主要能力要求、对应人力资源的主要表现、人力资本的积累形成方式如表6.3所示。

表6.3 **传统体育助力乡村振兴的人力资本形成体系**

人力资本类型	主要能力要求	人力资源举例	形成方式
基础保障型	基层管理能力、产业运营能力、社交表达能力、技能与服务能力等	当地村干、政府基层行政人员、企业运营者、传承人、乡村长老、地方精英等	技能培训、职业教育、文化传承、指导帮扶、招聘等
发展创新型	市场洞察能力、文化创新能力、资源整合能力、动员协调能力等	大学生村官、返乡创业者、地方精英、艺术家、企业家、协会组织负责人员、学者等	教育培训、人才引进、公益感召等
应急合作型	创新创造能力、紧急攻关能力、营销策划能力、生产协调能力等	教育培训者、科技人员、策划与生产者、体育企业家、运动员、营销与传播者、学者等	内部培养、项目招标、公益感召、外聘等

在桂滇黔民族地区传统体育助力乡村振兴的人力资本积累形成过程中，除了探索引入渠道外，还要重视对人力资源的培育和管理，关注保障各类人才的核心诉求，并通过学习、晋升机制的完善，留住人才、塑造和提升人才。对于应急合作型人力资源，则应把握常态化合作和内化感召原则，为乡村振兴战略实现注入源源不断、稳定可靠、多元立体的人力资本。

6.4.4 确保多种渠道的资金供应

资金的供应和运转是桂滇黔民族地区传统体育助力乡村振兴的重要保障。在多元共治和产业化发展过程中，应多渠道确保资金的供应问题。综合来说，乡村振兴阶段的资金资本主要有以下渠道和来源。首先，是农村社区或利益共同体自有的资金资本。民族地区各村镇在传统体育价值挖掘、产业化发展中，积累了一定的资金资本，并逐步形成了互利互惠的利益分配机制，及多元主体参与的利益共同体。要盘活这种发展积累的资金资本并进行妥善管理，可集体协商将资金资本用于更有市场潜力和经济效益的文化产业领域，把蛋糕做大。同时可以取出其中一部分用于支持有想法、有干劲的年轻人去创业，将资金用于更多普惠的建设或者精准的扶助上（张佳森、黄琳庆，2018）。其次，通过优化农村信贷扶持体系，为参与乡村振兴的乡贤，以及社会企业制定优惠政策，开通便捷通道，提供政策性信贷担保，降低创业者、企业家的创业和投资风险。再次，加大政府专项资金投入。一方面，在现有基础上进一步加大对传承人及其团体的资金帮扶力度；另一方面，对于涉及农村产业发展、农村文化振兴、全民健身等环节中的基础设施建设、公共服务投入等要拓展门类并加大支持力度。此外，要特别重视对优秀外部企业的引进和内部企业的培育，通过吸引社会资金投入改善民族地区产业状况、经济状况；调动乡村振兴过程中多元主体的社会关系，通过集体动员，吸引更多的社会资本和资金投入。而且，还可通过建立健全公益资金体系，为乡村振兴战略实现充实后备力量。公益彩票、社会爱心人士捐助、企事业单位设置善款等是公益资金的主要来源。在资金的筹集和运用过程中，要做好资金的管理，科学合理调配使用，强化监督审计工作，确保每一笔资金都能用在最需要、最有价值、最紧迫的事务上。

6.5　重视动态管理，为乡村振兴纠偏正向

在桂滇黔民族地区传统体育助力乡村振兴的过程中，难免会出现一些由于内外部因素引起的波动。因此，实现动态管理，及时为阶段性工作纠偏正向以确保最终目标的实现成为关键。本书认为，动态管理最核心的目标就是降低规模返贫风险。为了实现这个目标，可从硬件和软件两方面施行相关措施。在硬件上，要借用现代科技和管理方式，搭建数字信息平台，构筑精准管理体系，让动态管理成为可能。在软件上，主要是通过风险预警机制的

建立、长效监督机制的作用、公共服务供给的保障、社会氛围的营造以及岗位责任的落实等方式，及时解决新阶段出现的问题或满足新阶段的发展需求。

6.5.1 搭建数字信息平台，构筑精准管理体系

桂滇黔民族地区传统体育在助力乡村振兴的过程中，面临着贫困发生风险变化、文化资源发展利用方式变化、群众与管理人员意识改变、企业运营变化等内部因素的挑战；同时也处于外部政策条件变化、社会氛围改变、产业结构调整、经济形势变化、扶助理念变化、乡村振兴客观要求等外部因素的刺激中。因此，巩固脱贫成果、抓住新的发展机遇，更好实现与乡村振兴的有效衔接显得异常重要又充满挑战。这就须基于现代技术和管理规范，搭建数字信息平台，构筑精准管理体系。

数字信息平台的搭建是一个复杂的过程。首先应明确该平台的定位，是以上层的管理决策为主、用户的信息交互功能为辅，为此，应以 B/S 架构（基于广域网的浏览器/服务器架构）为设计思路。其次，明确该平台涉及的核心主体。基于上述的功能定位，本书认为，该平台涉及的核心主体有普通群众（包括脱贫人员、返贫人员、普通乡村居民、社会公众等）、工作人员（主要指各级行政管理人员）、各级单位（涵盖村、镇、县等各层级）、其他扶助组织（如企业单位、公益组织等）。在此基础上，通过透彻的调查访谈，描绘出各核心主体与本平台相关的主要属性，绘制详细的 ER 图（实体—联系图）；同时厘清各核心主体之间的联动关系，构建出该信息平台的流程框架（见图6.5），并进行技术实现和管理应用。

从理论上构建桂滇黔民族地区传统体育助力乡村振兴的管理信息系统并不难，但是要使其实现精准管理目的，则必须做好系统的管理和运营。一方面，要对用户信息、帮扶台账、文化资源信息、政策规划、资金与产业信息、地理数据等进行及时的更新，形成丰富的数据资源；另一方面，还应根据用户需求设计系统逻辑和功能。例如，对管理人员，除了基础信息的更新

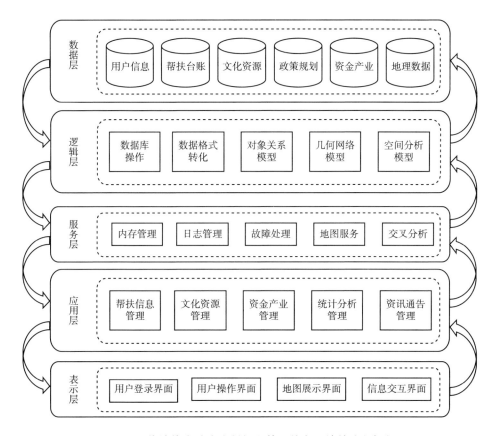

图 6.5 传统体育助力乡村振兴管理信息系统的流程框架

与展示外，还应具备直观的地图服务和复杂的数据处理功能；对普通社会用户，则需要有个人登录、个人信息维护、查看资讯公告、信息公开、交流反馈等基本功能。立体化的数字信息平台构建能够真正为实现精准管理服务。

6.5.2 织密风险预警网络，降低规模返贫风险

脱贫摘帽，重在不返贫；贫困是一个相对概念，一个地区脱贫不返贫，需要建立可持续的脱贫机制（李小云，2018）。因此，如何以脱贫为起点，进一步继续开展贫困风险预警与防范工作是重中之重。返贫预警运行模式主要涉及干预主体、干预客体、大数据库、干预手段、预警标准五个方面（杨

瑚，2019）。本书的干预主体主要是指多方扶助力量。干预客体是指重点加强对脱贫不稳定户、边缘易致贫户、突发严重困难户的监测帮扶（石榴云、刘翔，2022）。另外，关于"大数据库"本书在前文已有探讨，在此主要基于返贫风险预防行为的先后顺序，从更新预警指标体系、构建预警联动机制、建立监督考核机制三个方面探讨风险预警体系的构建，其基本思路如图6.6所示。

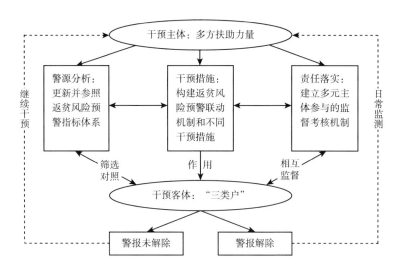

图6.6 传统体育助力乡村振兴过程中的返贫预警机制

如图6.6所示，在桂滇黔民族地区传统体育助力乡村振兴中，干预主体一方面要参照更新的返贫风险预警指标体系对警源进行详细摸排，排查出以"三类户"为代表的干预客体，然后通过一系列的联动机制和干预措施作用于干预客体，并通过多元主体的相互监督监测全过程责任落实情况。当干预客体警报解除，则可降低其风险等级，由干预主体进行日常监测即可；若干预客体的警报在一系列措施后仍未解除，则返回交由干预主体继续干预，直至警报解除为止。

6.5.2.1 更新返贫风险预警指标体系

当前研究中普遍认为，返贫风险主要有灾祸型风险、产业型风险、能力型风险、资源型风险、习惯型风险、陋习型风险、政策型风险七个类型（廖冰、邝晓燕等，2022）。也有学者从生计资本的脆弱性风险（和产业、市场等其他风险两个方面来划分预警风险因素（罗玉杰、李会琴等，2022）。或是将该过程分为政策环境、自然环境、主体自身三种预警类型（范和生，2018）。

就桂滇黔民族地区传统体育助力乡村振兴的现实要求而言，构建返贫风险预警指标体系十分重要。但考虑到该过程依托资源的特殊性，以及乡村振兴的新要求，在目前学者构建的返贫风险预警指标体系的基础上，还要对其进行及时和适当的更新。首先，对当前惯用指标进行调整更新。特别是对产业发展风险、人力资本风险、政策风险等细节指标进行动态更新。实时关注产业发展动态，了解企业发展难处，开展人力资源培训和人才引进工作，同时为相关发展目标制定最新政策；通过动态的审查机制更新和评价返贫风险，以达到实时掌控的目的。其次，在返贫风险预警指标体系中增加"文化资源风险"相应的指标。对桂滇黔民族地区传统体育资源的数量类型、传承人规模、活态传承方式、生产性保护现状、价值转化创新情况、产业化发展现状、综合效益等进行动态评判并强化保护与利用，确保在乡村振兴战略实施过程中，传统体育资源能够可持续地提供能量。最后，用多维相对贫困标准丰富返贫风险预警指标体系。除了考虑经济维度的收入和就业外；还应考虑社会发展维度的教育、健康、社会保障、信息获得等方面，并要把生态环境纳入其中（王小林、冯贺霞，2020）。同时，受传统体育文化属性的影响，还应将文化贫困、精神贫困纳入预警体系，促使传统体育融入人民生活，以增进群众的身体健康和精神富足。

6.5.2.2 构建返贫风险预警联动机制

在确定返贫风险预警指标体系并进行动态更新和评估的基础上，构建联动机制，以保证返贫预防工作能够有效开展。首先，精准测评监测对象的真实情况。除了精准扶贫阶段的"两不愁三保障"这一底线原则外，随着人们生活水平的提高，还应识别相对贫困的家庭并登记在案，作为重点调研、帮扶和监测对象。其次，构建风险预警联动机制，成立市、县、镇、村、组五级行政联动机制。各村组基层管理人员要落实返贫预警工作，对每一户家庭进行全面排查，并及时向乡镇汇报最新贫困风险信息。乡镇则应常态化开展"回头看"工作，对各村返贫风险较大或相对贫困的家庭进行重点暗访，深入了解监测对象的返贫致贫风险、资源条件、发展需求和真实意愿，重点排查信息的真实情况并补缺排查遗漏信息，确保风险人群应纳尽纳。市县则应抓好统筹协调和政策供给工作，鼓励各地结合传统体育的文化资源特性和产业发展现状采取"一户一方案、一人一措施"，并做好绩效考核工作。最后，形成系统的干预措施。对于因灾祸等不可抗力产生的突发型返贫户或返贫风险者，可通过帮助就业、援助资金、提供保障、帮忙办事等方式为其排忧解难，避免其再次陷入贫困。对于因能力、习惯等个人主观原因造成的返贫风险，则主要通过加强培训教育，在增强个人能力的同时，使其摆脱等靠要的思想，重燃奋斗精神。对于因产业和政策等外部风险因素，各级行政部门应成立对话机制，认真听取企业代表的主要困难和核心诉求，总结共性问题，关注个性问题，通过政策改革、指导帮扶等方式助其纾困，更好发挥引领作用。

6.5.2.3　建立责任落实监督考核机制

建立监督考核机制是确保各部门责任落实生效的重要防线。桂滇黔民族地区传统体育助力乡村振兴涉及的主体众多，应本着共同参与、相互监督的原则，构筑严密的监督考核机制。首先，应端正作风、严肃纪律。须提前制定乡村振兴阶段的行为准则。对各级行政人员而言，把工作中腐败和作风问题的惩处措施放在首位，同时明确对可能出现的不担责、不履职、敷衍等整改责任人的处罚措施。其次，压实责任、全面督导。在传统体育助力脱贫成果巩固、乡村振兴的实践过程中，在确立市级着力抓好督促指导、县级着力抓好部门预警、镇（乡）级着力抓好信息办理、村级着力抓好风险排查的工作定位基础上，明确总目标、科学细分目标任务，做到日期到天、责任到人，为不同部门及人员的工作制定差异化的绩效考核办法，并将群众意见作为重要参考依据。此外，对遇到的困难、发生的偏差和产生的需求，应及时汇报上级，协商解决；同时，对不同人员的实际工作给予肯定、鼓励、嘉奖、批评、指导或撤换。再次，落实民主评议，保证信息公开。在返贫风险的排查与确认过程中，通过入户核实，获得基本的风险预警名单，在此基础上，联动村民、企业，经过信息比对、民主评议后方能将相应名单上报并录入系统。此过程应确保流程公正、信息公开，为杜绝违纪操作提供更多的人员监督。最后，搭建有效反馈渠道，保证基层民众的话语权。可开通投诉电话、匿名信箱收集群众举报信息，也可通过茶话会、代表会议等方式发现和沟通问题，让每一位民众都有参与监督的机会和发表意见的渠道。

6.5.3　扩大公共服务供给，提升民生福祉水平

基本公共服务是为了维持经济社会稳定、基本的社会正义和凝聚力，保护个人最基本的生存权和发展权，为实现人的自由全面发展所需要的基本社会条件。其供给方式以政府为主导、社会参与和私人机构补充为主（杨宜勇，2019）。前文的调查分析和实证调研都反映出桂滇黔民族地区传统体育在助力乡村振兴过程中存在公共服务供给不足的问题。本书所涉及的公共服务体系有其特殊性，应涵盖文化保护、全民健身、产业发展、民生改善四个方面。公共服务话语下的贫困内涵实质上是由"机会缺失"和"能力不足"两方面原因造成的（李卓、左停，2022）。因此，本书结合实证调研情况，对公共服务体系的具体内容和现实问题进行了剖析，如表6.4所示。

表6.4　　　　传统体育助力乡村振兴公共服务体系的现实问题

项目	机会缺失	能力不足
文化保护	传统体育保护机会较少、文化资源分配不均、文化基础设施不完善、开发利用潜力低	传统体育文化保护意识薄弱、创新转化能力欠缺、产业投资吸引力较弱、基础设施更新慢或承载力不足
全民健身	传统体育参与机会较少、传统体育场地设施供给不足、传统体育文化传承与信息传播受阻	传统体育健身价值挖掘不充分、传统体育竞技性观赏性有待提高、传统体育自身影响力较弱

项目	机会缺失	能力不足
产业发展	产业发展意识薄弱、产业价值未被发现、产业发展难度较大、产业基础支撑不足	产业竞争力不足、产业盈利能力有待增强、产业创新能力差、市场信息滞后或受阻
民生改善	过于依赖政府投入、社会力量参与不够、人力资本水平较低、居民基本权益保护意识不足	村镇人才吸引力弱、乡村基础设施不健全、乡村教育医疗质量水平较低、村镇投入能力有限

针对上述公共服务体系中各项内容出现的问题，应认识其本质原因，并凝练解决方案的共性要素。第一，提供常态化的教育培训和宣传引导。一方面，改变各主体的意识问题，加强文化保护意识、产业发展意识、居民基本权益保护意识。如对靖西抛绣球参与人员进行技能培训和规范引导，从思想认识和参与能力上提供相应服务。另一方面，提升基础能力，包括对文化的创新转化能力、对传统体育健身价值的挖掘、对人力资本的积累、企业运营能力和产业竞争力的提升等。第二，联合各方主体加大资金投入力度。政府部门、市场主体以及民间个人或机构可就传统体育助力脱贫成果巩固、乡村振兴的可持续发展汇集资金。主要用于更新文化基础设施、挖掘文化资源价值及其产业化价值、优化乡村基础设施、完善传统体育场地设备等。第三，通过政策引导创造发展机会。主要涉及产业规划、资金引入、传统体育融入全民健身等方面。只有通过互惠互利的政策保障，才能形成社会踊跃尝试的氛围。第四，重视不同资源、不同地域的联动发展。对于不同村镇文化资源分布不均和城乡民生水平差距大的问题，需要通过彼此间的带动和帮扶，使更多资源流向弱势区域，从而引导其进入发展快车道。如在广南"句町杯"武术会期间，可尝试融入当地打扁担、竹竿舞、手巾舞等热度较低的民族传统体育项目，丰富文化内容，实现协同发展。第五，做好信息交流与服务。无论是对文化保护模式、对产业发展方式，还是对传统体育的文化传承传播以及创新发展，都需要打通与外部的信息壁垒，构建信息交流平台和机会，以此学习外部成功经验，强化自身产业或文化影响。探寻科学有效的公共服

务供给的普适性举措，能够解决当前内在的共性问题，从而提升民生福祉水平。

6.5.4　加大乡村振兴宣传，营造良好社会氛围

乡村振兴关系百姓切身利益，开展宣传活动，营造人人理解、积极参与的社会氛围至关重要。按照乡村振兴的组织实施过程，具体应做到"七有"。一是"有目的"。乡村振兴宣传的目的，主要是提高居民和其他相关者对乡村振兴的认识水平，特别是传统体育这一民族文化对乡村振兴重要性的认识。让乡村振兴理念走到群众身边、走进百姓心里，营造全民支持和参与乡村振兴的浓厚氛围。二是"有内容"。乡村振兴的宣传内容，主要以近年来"中央一号文件"相关政策思想，"新发展理念""城乡融合"相关政策，《中华人民共和国乡村振兴促进法》中的"五个振兴"以及各地行政部门制定的相关"行动计划"为主要内容。重点挖掘其中与民族地区相关、文化发展相关、体育相关、产业振兴相关的内容，并将其与乡村振兴结合起来进行宣传。三是"有组织"。乡村振兴的宣传工作，应该以政府行政部门为统领，把握基本方向、原则和内容。同时鼓励社会组织、企业、单位、学校、个人发挥各自优势，以乡村为宣传素材、以传统体育和产业发展带来的人民幸福为焦点，鼓励乡村第一书记带领村民共同参与自我宣传，形成多方参与、有统筹、有特色的宣传队伍。四是"有对象"。宣传对象既包括地方村民，又包括基层行政人员、乡村企业人员、社会组织团体代表、公益人士，还涉及外部社会公众等。五是"有方法"。对于行政人员、企业代表、社会公益组织与个人来说，主要通过教育培训使其理解乡村振兴发展理念和目标，更好参与乡村振兴服务。对村民和不同村镇来说，主要可通过树立先进代表、示范村镇的方式，通过微信、抖音等线上宣传，与横幅、会议讨论、走访入户、总结表彰、成果展示等线下方式相结合开展以营造氛围。对于外部社会大众，则可通过旅游宣传、地方乡村形象营造、主题栏目设置、纪录片拍摄等方式进行线上线下同步宣传。六是"有保障"。在乡村振兴宣传中，相关

组织要做好策划和论证，为宣传活动提供全过程的智力支持。同时，还应投入专项资金，用于宣传过程中必要的材料设备、智力劳力支出，尤其是新媒体、新技术等宣传方式，更需积极投入，大胆应用。七是"有效果"。对各利益相关者来说，乡村振兴宣传工作是否及时落地，是否科学有效，应根据不同主体反馈，从不同层面构建相应的评价指标体系；并进行实时调研、客观评价，从中发现问题，以更好完善宣传行为。通过上述"七有"策略的实施，讲好乡村振兴故事，推动乡村振兴战略深入人心、落地生根，以明确桂滇黔民族地区传统体育在促进乡村振兴中的战略地位，更好地发挥其功能作用。

| 第 7 章 |

结论与展望

7.1 研究结论

自党的十八大将脱贫攻坚作为全面建成小康社会的底线任务，将精准扶贫、精准脱贫作为基本方略以来，经过八年的艰苦奋战，至 2020 年底，农村贫困人口已全部脱贫，绝对贫困得以消除，区域性整体贫困得到解决。我国的脱贫攻坚战取得了全面胜利，创造了彪炳史册的人间奇迹。这一成就是各行各业无数人集智聚力的成果。桂滇黔民族地区作为脱贫攻坚的主战场，脱贫成就的取得离不开地方特色资源的整合利用以及各主体的协同参与。桂滇黔民族地区传统体育文化资源丰富，其中不乏影响力大、观赏性强、产业价值高的项目，它们蕴藏于贫困地区，蕴含丰厚的文化传承价值、产业经济价值、健康养生价值、社会交往价值等，是助力脱贫攻坚与乡村振兴的优势资源，与多维贫困治理、乡村振兴、共同富裕、全民健身、民族"三交"等时代关切问题有高度的耦合性，在社会各主体的实践创新中汇聚成一股脱贫致富的特色力量，成为"精准脱贫"中可靠的"精准之策"。

如今，我国正处在脱贫成果巩固和乡村振兴有效衔接的过渡阶段，总结经验、继往开来，能够更好地应对新时期的新任务和新问题。因此，亟须对以往的扶贫实践进行科学合理的绩效评价和开拓创新的路径探索，为民族地区传统体育持续有效输出乡村振兴动力谋划理论支撑、提供实践指导。鉴于此，本书围绕"传统体育助力精准扶贫绩效评价与乡村振兴实现路径研究——以桂滇黔民族地区为例"，调查桂滇黔民族地区传统体育助力精准扶贫的现状，在此基础上，阐明其作用机理；构建传统体育助力精准扶贫绩效评价指标体系与模型，通过实证研究测评代表性传统体育项目的扶贫绩效水平并揭示其存在的问题，从而系统提出乡村振兴的实现路径。通过对桂滇黔民族地区传统体育与精准扶贫、脱贫攻坚、乡村振兴等相关问题的研究，得出以下重要结论。

第一，桂滇黔民族地区传统体育助力精准扶贫有较好的政策背景和资源基础，取得了可喜的成绩，但仍存在一些问题和发展瓶颈。桂滇黔民族地区传统体育助力精准扶贫是基于文化强国建设、全民健身战略、体育强国建设、体育扶贫工程、乡村振兴战略等时代背景的必然举措。桂滇黔民族地区传统体育资源富集，共计1689项传统体育项目，其中，广西11个世居少数民族共有传统体育项目476项；云南25个世居少数民族共有传统体育项目558项；贵州17个世居少数民族共有传统体育项目655项，这为传统体育助力精准扶贫奠定了坚实的资源基础。经过实践探索，桂滇黔民族地区传统体育助力精准扶贫得到社会认同不断增强，其案例模式日渐丰富、综合效益日益提升、政策制度逐步完善；但因受到自然环境、耕地面积、自然灾害、经济环境、基础设施等客观因素以及意识、能力、人才等主观因素的制约，其仍存在政策保障机制需进一步完善，统筹兼顾能力尚需加强，帮扶体制机制有待深化，公共服务体系亟须优化，多元价值功能尚待提升，资金使用效率有待提高等现实问题。

第二，桂滇黔民族地区传统体育助力精准扶贫的阶段特征明显，有着系统完备的动力机制且作用机理显著。桂滇黔民族地区传统体育文化发展至今经历了孕育产生、兼容并包发展、西方体育引入、探索前行、保护与开发并举五个阶段。从演化经济学视角来看，传统体育助力精准扶贫是动态演化的过程，变异机制、选择机制、遗传机制是其逻辑演进的动力机制。在历经起源萌芽阶段、探索变迁阶段、多元共建阶段后，传统体育助力精准扶贫已进入以脱贫成果有效巩固和推进乡村振兴为目的的协同治理阶段。其主要表现是经济效益持续提升、脱贫攻坚成果不断巩固、文化自信日益凸显、乡村振兴有效衔接等。桂滇黔民族地区传统体育助力精准扶贫主要通过产业经济结构升级、健康水平提升、传统体育文化振兴三方面机制达到精准扶贫效果。传统体育能增强贫困地区经济发展动能、形成产业聚能联动、解决就业、增加贫困人口收入，其经济扶贫功能突出；同时能够促进贫困人口身体健康和心理健康，健康扶贫效果显著；此外，还能助力扶器、扶智、扶志，促进文化扶贫。

第三，桂滇黔民族地区传统体育助力精准扶贫的绩效评价应基于不同利益相关者诉求，识别其主要影响因素，构建囊括精准扶贫阶段和成果巩固阶段的评价指标体系。本书通过专家问卷法将桂滇黔民族地区传统体育助力精准扶贫过程的核心利益相关者界定为贫困人口、政府、传承人、企业四类。各利益相关者的核心诉求不同，应协调好利益冲突，促进各主体在共同合理利益诉求的基础上形成协作关系。基于此，本书综合各利益相关者视角下的传统体育助力精准扶贫的绩效影响因素，并进一步通过文献分析法和层次分析法构建了绩效评价指标库，将其按照精准识别、精准管理、精准帮扶、减贫成效归纳为四个维度；通过德尔菲法对指标体系进行修正，最终构建出精准扶贫阶段由 4 项一级指标和 34 项二级指标构成的绩效评价指标体系。此外，考虑到脱贫攻坚战已取得全面胜利，当前工作已由精准扶贫阶段转入脱贫成果巩固阶段，为了增强研究的适用性，还构建了由同样 4 项一级指标和差异性的 34 项二级指标构成的"成果巩固阶段指标体系"，它们共同构成了桂滇黔民族地区传统体育助力精准扶贫绩效评价的指标体系。最后，根据确定的指标体系，通过层次分析法构建了扶贫绩效评价模型，并确立各项指标权重，从而使该绩效评价指标体系兼具理论价值和实践意义。

第四，桂滇黔民族地区传统体育助力精准扶贫的绩效评价指标体系具有较强的可操作性，于实证中能够清晰探明具体案例在精准扶贫和脱贫成果巩固阶段的绩效水平以及存在的问题。本书选择广西靖西抛绣球、云南广南传统武术、贵州榕江乐里斗牛这三个不同发展模式的传统体育项目作为案例对象，分析了其助力地方精准脱贫的内在机理；并运用"桂滇黔民族地区传统体育助力精准扶贫绩效评价指标体系"进行实证研究，分别评测了不同案例地在"精准扶贫阶段"和"成果巩固阶段"的精准识别、精准帮扶、精准管理、减贫成效四个维度上的绩效表现，从中揭示各案例地不同阶段存在的问题。

第五，桂滇黔民族地区传统体育助力乡村振兴要以优化资源生境为重点，以激活内生动力为难点，以深化推进方式为突破点，进一步强化支撑保障、重视动态管理。具体优化路径为：一是优化资源生境是助力乡村振兴的基础。做好传统体育资源的调查与挖掘整理工作、优化传承方式、重视数字化保护并推动其创造性转化与创新性发展。二是激活内生动力能够为乡村振兴增蓄能量。做好基层调查，识别内生动力要素；加强宣传教化，坚定传统文化自信；开展群众教育培训，深化智志双扶；遵循普惠共赢原则，优化各方利益分配；表彰能者典型，增强人员身份认同。三是深化推进方式是乡村振兴持续的力量源泉。总结成功经验，形成推广示范机制；增加附加价值，推动产业结构升级；坚持守正创新，促进多业态深度融合；开展公益扶助活动，促进发展方式变革；落实拓岗增岗，增加就地就业机会。四是强化支撑保障能够为乡村振兴保驾护航。制定差异精准的政策规划；构建多元共治的组织体系；培育多元立体的人力资本；确保多种渠道的资金供应。五是重视动态管理能够为乡村振兴纠偏正向。搭建数字信息平台，构筑精准管理体系；织密风险预警网络，降低规模返贫风险；扩大公共服务供给，提升民生福祉水平；加大乡村振兴宣传，营造良好社会氛围。通过上述优化路径，让乡村振兴战略顺利实施。

7.2　研究不足

由于研究水平有限和研究时间的制约，本书还存在一些不足和需要进一步完善的地方，具体有以下四个方面。

第一，桂滇黔民族地区传统体育助力精准扶贫现状调查是基于整体视角的规范定性分析，得出的成绩、问题、制约因素存在一定的主观性，普适性较弱。课题第二章的"现状调查"是后续研究相关问题与创新的起点。但由于桂滇黔民族地区传统体育类型多样、数量庞大，涉及地域广泛，不同地区、不同传统体育项目、不同地区的同类体育项目均有不同的发展环境和轨迹，受时间、资金等条件的制约，笔者难以全面掌握每个地区传统体育项目助力精准扶贫的绩效情况。因此本书只能从宏观的视角出发，基于整体面对的外部环境；基于局部个案中折射的信息来分析桂滇黔民族地区传统体育助力精准扶贫过程中取得的成绩、存在的问题以及制约因素。这个过程无论是从广泛的质性材料来说，还是从个别项目的现实数据来说，都具有一定的主观性和片面性，很难精准概括出普遍适用的结论。这种折中思维在第六章"乡村振兴实现路径"中也有所体现，仅仅是基于前文的普遍性问题以及个案存在的共性问题而提出的传统体育助力乡村振兴的实现路径，难以保证结论对不同地区、不同体育项目的普适性。

第二，桂滇黔民族地区传统体育助力精准扶贫指标体系中"成果巩固阶段指标体系"的确定是专家建议的结果，相比"精准扶贫阶段指标体系"，其推理过程的完整性和严谨性有待提高。由于本书完成时间跨越了精准扶贫阶段和脱贫成果巩固阶段，因此，为了提高研究成果更持续的实践价值，在制定绩效评价指标体系时，专家问卷法最终的普遍建议是将其按时间分开，在"精准扶贫阶段绩效评价指标体系"的基础上增设"脱贫成果巩固阶段绩效评价指标体系"。但是后者是在前者构建成功的最后阶段依据前者的一级指标并对二级指标进行适当增删、修改后完成的。相比"精准扶贫阶段评价指标体系"经历了利益相关者识别、核心利益诉求分析、影响因素分析、指标库建立、指标体系的构建等过程；"脱贫成果巩固阶段绩效评价指标体系"的产生过程相对简单，缺少对该时期特有的利益相关者、利益诉求、影响因素、指标体系维度等的科学推理过程，导致该部分指标体系的严谨性相对不足。

第三，实证案例的选择虽然在地区和类别上有差异性和代表性，但仍无法顾全"多维贫困治理"所涉及的全面内容。为验证绩效评价指标体系的实践价值并为"乡村振兴实现路径"提供现实依据，考虑到传统体育项目的代表性和疫情期间开展调研工作的可操作性，本书选择了广西靖西抛绣球、云南广南传统武术、贵州榕江乐里斗牛三个不同类型传统体育项目进行绩效测评的实证分析。虽然在评价指标体系的设置过程中已经尽可能融入了除"经济因素"之外的其他"多维贫困"指标，但这些传统体育项目仍然多以产业导向的经济扶贫功能为主；虽然也涉及文化扶贫内容，但从案例选择的直观性质上来看，对传统体育项目的健身功能、娱乐功能、教育功能等其他贫困维度的考量较少。为此，从这些维度上来看，实证案例的代表性还有待提升。

第四，对传统体育助力乡村振兴的研究还不够全面。限于篇幅，本书选取了三个不同类型的体育项目进行传统体育助力精准扶贫与脱贫攻坚的绩效测评，在此基础上，探讨了传统体育助力乡村振兴的实现路径。但与乡村振兴的总体要求——"产业兴旺、生态宜居、乡风文明、治理有效、生活富裕"的关联不够密切，尚缺少传统体育助力乡村振兴的现实基础、作用机理、实际效果等的综合探讨，因此，今后需在这些方面进一步充实和完善。

7.3　研究展望

本书对研究对象和主要议题的探讨进展到了一定的深度，但由此也产生了一些未探明的问题以及需要更加深入研究的领域。

第一，"脱贫成果巩固阶段绩效评价指标体系"科学深入的研究。本书为了增强研究成果的跨阶段适用性，而在"精准扶贫阶段绩效评价指标体系"的基础上，在专家建议下延续前阶段指标体系增设了"脱贫成果巩固阶段绩效评价指标体系"。而且考虑到脱贫成果巩固阶段尚处在动态发展中，仍有未全面兼顾的变动因素。为此，该阶段指标体系有待在今后的研究中，成为专门的议题，找出脱贫成果巩固阶段与精准扶贫阶段在利益相关者、核心诉求、协同方式、管理流程等方面的不同，以进一步深化、完善指标体系。且指标体系的内容应该适当考虑与乡村振兴的衔接问题，特别是将多维贫困思想、乡村振兴要求、共同富裕路径、人民美好生活愿景等发展理念与传统体育的时代价值关联起来，以突出体现在"脱贫成果巩固阶段绩效评价指标体系"。

第二，桂滇黔民族地区传统体育助力精准扶贫相关经验的整理研究。因多方因素的限制，本书在调研中虽获知了诸多民族地区传统体育助力精准扶贫成功的事例，但考虑到章节承接和篇幅问题，并未逐一进行经验总结，只是将部分经验作为简明的论据支撑或具体的实证案例。因此，仍有大量的典型经验值得从中提炼共性的成功做法，以作为学习或改进的参照。在今后的研究中，有必要以"桂滇黔民族地区传统体育助力精准扶贫的经验总结"为主题，对该区域范围内参与精准扶贫的体育项目、类型特点、主要模式、有效机制、典型个案、失败经验、绩效比较、地域差异、发展潜力、推广与宣传方式等问题进行专门的研究，以形成研究报告，为后续其他相关研究或政策的制定提供更加全面可信的材料支撑。

第三，桂滇黔民族地区传统体育助力扶贫中多元主体研究的拓展。本书跨越了精准扶贫阶段和脱贫成果巩固阶段，脱贫攻坚战的胜利是政府主导下多元共治的结果，以政府为代表的政治权威和以企业为代表的市场权威是该过程中的权威话语，文化持有者和地方居民更多扮演参与配合的角色。然而，在托底性任务完成后，在脱贫成果巩固衔接乡村振兴、共同富裕联结人民美好生活的新阶段，则应以新的视角探讨新阶段的主题内容。其中，多元主体研究视角，尤其是立足于人民视角，应是后续相关研究的重点，更多强调构建人民自发参与、主动创新、平等尊重的去权威话语的发展环境；这个过程中政府和企业应该如何转变角色、传统体育与人民美好生活的共荣生态应如何培育、文化主体和地方居民主导下的新型自组织系统应如何联动等问题值得深入研究。

第四，桂滇黔民族地区传统体育助力乡村振兴绩效评价的深入探讨。为充分发挥传统体育在中国式现代化和高质量发展的综合价值与多元功能，推动乡村振兴取得新进展、农业农村现代化迈上新台阶、农村居民获得感幸福感不断提升，2023 年 5 月，国家体育总局、中央文明办等 12 个部门联合出台了《关于推进体育助力乡村振兴工作的指导意见》。根据文件要求，参照乡村振兴战略的总要求，如何全方位、多维度、多视角地构建出传统体育助力乡村振兴的绩效评价指标体系，并选取具有典型性、代表性的民族传统体育项目作为实证案例，科学评估传统体育助力乡村振兴的实际效果，应是后续研究研究的重点。在这个过程中，如何科学选取指标、测度各指标权重等问题值得深入探讨。

参考文献

［1］阿马蒂亚·森. 以自由看待发展［M］. 任赜，于真，译. 北京：中国人民大学出版社，2012.

［2］白雨霏. 乡村振兴战略下预防农村返贫问题研究［D］. 太原：山西财经大学，2021.

［3］保护和促进文化表现形式多样性公约［EB/OL］. 联合国教科文组织网站，http：//unesdoc. unesco. org/images/0014/001429/142919c. pdf，2018－02－18.

［4］贝克尔，梁小民. 人力资本：特别是关于教育的理论与经验分析［M］. 北京：北京大学出版社，1987.

［5］财政部，国务院扶贫办，国家发展改革委. 扶贫项目资金绩效管理办法的通知［R］. 北京：中国政府网，2018.

［6］曹朔. 恩施州精准扶贫绩效评估研究［D］. 恩施：湖北民族学院，2018.

［7］柴王军，刘龙飞. 我国体医融合测度与时空演化研究［J］. 山东体育学院学报，2021，37（5）：20－31.

［8］常滨婕. 我国地方政府行政沟通中的障碍与对策研究［D］. 长沙：湖南师范大学，2019.

［9］陈成文，廖欢. 精准扶贫：一个概念的社会学意义及其政策启示［J］. 开发研究，2016（4）：71－76.

[10] 陈帆. 湘西州精准扶贫效果评价和提升对策研究 [D]. 湘西: 吉首大学, 2019.

[11] 陈国华. 文化强国背景下的中华体育精神弘扬研究 [D]. 南昌: 东华理工大学, 2018.

[12] 陈华伟. 社区体育资源配置理论与实证研究 [D]. 福州: 福建师范大学, 2014.

[13] 陈家明, 蒋彬. 少数民族传统体育融入乡村振兴路径研究——以川西北地区为例 [J]. 云南民族大学学报 (哲学社会科学版), 2020, 37 (4): 62 - 68.

[14] 陈来. 中华优秀文化的传承和发展 [N]. 光明日报, 2017 - 01 - 26 (006).

[15] 陈丽珠, 毕仲春. 西方现代体育主导下的民族传统体育文化资本的保护与发展 [J]. 沈阳体育学院学报, 2013, 32 (4): 125 - 127, 131.

[16] 陈升, 潘虹, 陆静. 精准扶贫绩效及其影响因素: 基于东中西部的案例研究 [J]. 中国行政管理, 2016 (9): 88 - 93.

[17] 陈伟东. 社区自组织的基本要素 [J]. 江汉论坛, 2004 (3): 15 - 21.

[18] 陈炜, 蔡银潇. 基于文化资本理论的青海民族传统体育文化活态传承路径 [J]. 青海民族研究, 2021, 32 (2): 164 - 170.

[19] 陈贤光. 促进农村劳动力转移就业 助力乡村振兴 [J]. 四川劳动保障, 2021 (12): 26 - 27.

[20] 陈宗章. 建设社会主义文化强国的逻辑、原则与现实进路 [J]. 江苏社会科学, 2021 (5): 29 - 39.

[21] 成群鹏. 乡村振兴战略下职业教育服务人才振兴的路径探析 [J]. 广州广播电视大学学报, 2022 (4): 72 - 77.

[22] 成英, 葛小军. 少数民族地区农村公共体育设施供给困境与出路——以楚雄彝族自治州为例 [J]. 楚雄师范学院学报, 2016, 31 (3): 93 - 97.

［23］传统体育与游戏国际宪章［EB/OL］．联合国教科文组织网站，http_jugaje_com_en_source_popups_charte_unesco，2005 – 08 – 11.

［24］崔乐泉，刘兰．新时代中华优秀传统体育文化的创造性转化与创新性发展研究［J］．首都体育学院学报，2022，34（1）：8 – 15.

［25］崔涛．民俗体育助推乡村振兴价值审视与实施路径［J］．体育文化导刊，2021（12）：58 – 65.

［26］崔钰琪，杨红英．全民阅读视域下民族传统体育文化数字阅读推广研究［J］．科技与出版，2022（7）：90 – 94.

［27］崔元培，魏子鲲，王建忠，薛庆林．中国70年扶贫政策历史演进分析［J］．世界农业，2020（4）：4 – 12.

［28］邓开民．云南少数民族传统体育旅游资源开发利用研究［D］．北京：北京体育大学，2012.

［29］丁建军，宁燕．湖南武陵山片区农民收入多样性特征及其对贫困的影响［J］．地理科学，2016，36（7）：1027 – 1035.

［30］丁亚兰．我国体育特色小镇发展研究［M］．长春：吉林人民出版社，2018.

［31］杜兴洋，杨起城，邵泓璐．金融精准扶贫的绩效研究——基于湖南省9个城市农村贫困减缓的实证分析［J］．农业技术经济，2019（4）：84 – 94.

［32］段洪波，冯茜．财政贴息金融扶贫资金绩效评价——以河北省H县为例［J］．河北大学学报（哲学社会科学版），2022，47（4）：85 – 99.

［33］樊爱霞，潘海岚，赵培绪．滇西片区旅游扶贫绩效的实证研究［J］．云南民族大学学报（自然科学版），2022，31（5）：98 – 109.

［34］樊月刚，季文．浅析云南少数民族传统体育传承与保护的现状［J］．当代体育科技，2019，9（17）：219 – 220.

［35］范和生．返贫预警机制构建探究［J］．中国特色社会主义研究，2018（1）：57 – 63.

［36］范小青．从传统社区到网络社群：少数民族非遗传承场域变迁［J］．中央民族大学学报（哲学社会科学版），2022，49（2）：49 – 61.

［37］方汪凡，王家宏．健康关口前移：体育健康扶贫的联动逻辑及推进机制［J］．西安体育学院学报，2020，37（1）：37－43.

［38］方汪凡，王家宏．体育旅游助力乡村振兴战略的价值及实现路径［J］．体育文化导刊，2019（4）：12－17.

［39］冯朝睿，张叶菁．乡村振兴背景下西南地区大扶贫绩效评价研究［J］．云南行政学院学报，2020，22（5）：92－102.

［40］冯伟林，陶聪冲．西南民族地区旅游扶贫绩效评价研究——以重庆武陵山片区为调查对象［J］．中国农业资源与区划，2017，38（6）：157－163.

［41］冯支波，伍广津，黄斐．广西少数民族传统体育融入乡村振兴路径探究［J］．大理大学学报，2021，6（6）：70－76.

［42］高其．丽江市政府精准扶贫绩效评价研究［D］．昆明：云南财经大学，2018.

［43］高翔．非物质文化遗产保护与地方高校内涵发展的融合困境、路径与机制［J］．齐齐哈尔大学学报（哲学社会科学版），2020（6）：184－188.

［44］戈大专，陆玉麒，孙攀．论乡村空间治理与乡村振兴战略［J］．地理学报，2022，77（4）：777－794.

［45］葛志军，邢成举．精准扶贫：内涵、实践困境及其原因阐释——基于宁夏银川两个村庄的调查［J］．贵州社会科学，2015（5）：157－163.

［46］耿迪，何颖，刘勇，李小刚．体育扶贫助力乡村振兴：理路、困境与治理［J］．新疆大学学报（哲学·人文社会科学版），2020，48（5）：25－31.

［47］谷茂恒．精准扶贫背景下湘西休闲体育文化创新发展路径研究［J］．体育科技，2019，40（5）：44－45，47.

［48］顾兵，王日俊．精准扶贫跟踪审计与绩效审计一体化实证研究——基于吉林省大安市的多元 Logistic 回归分析［J］．税务与经济，2020（6）：105－110.

［49］顾海娥．民族地区精准扶贫的实践困境及解决路径——基于利益相关者理论的分析［J］．新视野，2017（2）：41－46.

［50］顾慧，郭倩，廖和平，李涛，何田，刘愿理．基于脱贫农户认可的减贫成效影响因素研究［J］．西南大学学报（自然科学版），2021，43（3）：10-16.

［51］关浩杰．乡村振兴战略的内涵、思路与政策取向［J］．农业经济，2018（10）：3-5.

［52］广南县志编纂委员会．广南县志［M］．昆明：云南人民出版社，1991.

［53］贵州省地方志编纂委员会．贵州省体育志［M］．贵阳：贵州人民出版社，2001.

［54］郭庆．2020年后的体育反贫困战略：话语演进、目标转向与实现路径［J］．武汉体育学院学报，2021，55（9）：12-17，29.

［55］郭庆．体育精准扶贫：逻辑起点、实践探析与推进策略［J］．武汉体育学院学报，2017（12）：19-25.

［56］郭晓娜，陈思其．教育精准扶贫绩效评估框架体系优化——基于利益相关者理论［J］．教育理论与实践，2020，40（35）：16-19.

［57］郭兴华．多维贫困测度扶贫路径及其绩效评估研究——基于A市农村的调查数据［M］．武汉：武汉大学出版社，2022.

［58］郭修金，代向伟，杨向军，等．乡村体育文化振兴的价值追求、现实困境与路径选择［J］．沈阳体育学院学报，2021，40（6）：1-7，33.

［59］郭迎清，王鑫，王腾，宋永志．荆棘树视图下体育旅游精准扶贫评价模型的动态图景［J］．四川体育科学，2021，40（6）：85-92.

［60］国际体育运动宪章［EB/OL］．联合国教科文组织网站，http://unesdoc. unesco. org/images/0023/002354/235409e，2017-05-07.

［61］和月月，周常春．贫困地区农户生计脆弱性评价及影响因素分析［J］．统计与决策，2020，36（19）：70-74.

［62］侯仰飞．体教融合视域下民族传统体育校园传承发展研究［C］．保护·研究·传承——2021年中国体育非物质文化遗产国际会议墙报交流论文集［A］．2021：378.

[63] 胡高强，孙菲．新时代乡村产业富民的理论内涵、现实困境及应对路径［J］．山东社会科学，2021（9）：93 – 99．

[64] 胡象明．利益相关者原理对分析政府经济政策行为的方法论意义［J］．中国行政管理，1999（12）：45 – 48．

[65] 虎晓东，咸云龙，王彩平．村落民族传统体育文化传播的价值与发展取向研究——宁夏三村的田野调查［J］．绵阳师范学院学报，2022，41（5）：122 – 128，139．

[66] 黄君洁．体育精准扶贫成效指标体系的构建［J］．浙江体育科学，2020，42（2）：52 – 62．

[67] 黄君洁，许寒润．改革开放以来中国体育扶贫政策的演进［J］．体育科学研究，2020，24（6）：1 – 15．

[68] 黄可可，李怀攀．渝东南民族地区体育旅游扶贫开发现状与对策研究［J］．当代体育科技，2020，10（30）：186 – 188．

[69] 黄昆．利益相关者理论在旅游地可持续发展中的应用研究［D］．武汉：武汉大学，2004．

[70] 黄磊，胡彬，刘桂发．参与式发展理论：一个文献综述［J］．大众科技，2011（11）：231 – 233．

[71] 黄梦慧．生态环境多元共治主体权责配置研究［D］．广州：广东外语外贸大学，2021．

[72] 黄强，刘滨，刘顺伯．江西省精准扶贫绩效评价体系构建及实证研究——基于 AHP 法［J］．调研世界，2019（4）：45 – 50．

[73] 黄婷．法治保障脱贫攻坚成果巩固的湖南模式及其持续优化路径——基于湖南省脱贫攻坚基础数据的调研分析［J］．黄河科技学院学报，2023，25（4）：58 – 62．

[74] 黄皖毅．后精准扶贫时期的成效考核机制及其优化［J］．中共石家庄市委党校学报，2022，24（2）：35 – 40．

[75] 黄尧尧．乡村振兴战略背景下乡村文化治理机制创新的现状及对策研究［D］．湘潭：湘潭大学，2021．

［76］黄银华，卢兵．民族传统体育文化研究［M］．武汉：武汉出版社，2007.

［77］黄永林．关于建立"非遗"代表性传承团体（群体）认定制度的探索［J］．文化遗产，2022（2）：1－9.

［78］加里·斯坦利·贝克尔．家庭论［M］．北京：商务印书馆，2011.

［79］贾海如，吴志恒，雷涛，苏健蛟．机遇、挑战与使命：新时代我国民族传统体育发展的价值意蕴［J］．南京体育学院学报，2022，21（6）：75－80.

［80］贾生华，陈宏辉．利益相关者的界定方法述评［J］．外国经济与管理，2002，24（5）：13－18.

［81］江书军．可行能力视域下精准扶贫综合绩效评价研究［M］．西安：西安交通大学出版社，2018.

［82］焦克源，吴俞权．农村专项扶贫政策绩效评估体系构建与运行——以公共价值为基础的实证研究［J］．农村经济，2014（9）：16－20.

［83］焦克源，徐彦平．少数民族贫困县扶贫开发绩效评价的实证研究——基于时序主成分分析法的应用［J］．西北人口，2015，36（1）：91－96.

［84］介佩玺，武歆华．非物质文化遗产开发扶贫评价指标体系构建研究［J］．新西部，2019（21）：22－23，27.

［85］金青云，徐嘉璘，池龙浩．基于乡村振兴战略的体育精准扶贫模式与路径研究——以延边边疆少数民族地区为例［J］．北京体育大学学报，2021，44（2）：22－31.

［86］靳永翥，丁照攀．精准扶贫战略背景下项目制减贫绩效的影响因素研究——基于武陵山、乌蒙山、滇桂黔三大集中连片特困地区的调查分析［J］．公共行政评论，2017，10（3）：46－70，214.

［87］康雷，杨兆萍，韩芳．新疆非物质文化遗产的空间分布及其影响因素［J］．中国沙漠，2022，42（1）：158－166.

［88］李宝庆．精准扶贫背景下的金融扶贫及其绩效评价研究［M］．北

京：中国金融出版社，2017.

［89］李长学．论乡村振兴战略的本质内涵、逻辑成因与推行路径［J］．内蒙古社会科学（汉文版），2018，39（5）：13－18.

［90］李聪，刘若鸿，许晏君．易地扶贫搬迁、生计资本与农户收入不平等——来自陕南的证据［J］．农业技术经济，2019（7）：52－67.

［91］李富强，李丽莎莎，涂诗嘉．春天的礼赞壮族三月三歌节［M］．南宁：广西人民出版社，2018.

［92］李富强．抛绣球：反映壮族农耕文化特点的风俗［J］．农业考古，1997（3）：164－166.

［93］李国章．雷公山苗族传统文化［M］．贵阳：贵州民族出版社，2006.

［94］李鹤．云南省红河州精准扶贫绩效评价研究［D］．昆明：云南农业大学，2017.

［95］李锦鸿．靖西市抛绣球社区传承困境与治理路径研究［D］．南宁：广西民族大学，2022.

［96］李开文，张琼，鲁天学．文山苗族传统体育文化内源性发展探索［J］．文山学院学报，2019，32（3）：92－95.

［97］李李，钟翔．精准扶贫背景下我国农村体育公共服务发展研究［J］．核农学报，2020，34（12）：2905.

［98］李宁慧，龙花楼．实现巩固拓展脱贫攻坚成果同乡村振兴有效衔接的内涵、机理与模式［J］．经济地理，2022，42（4）：1－7.

［99］李全利，陈国华．中国特色扶贫制度模式对贫困农户脱贫主体性的形塑逻辑［J］．学习与实践，2020（2）：106－116.

［100］李荣娟，李俊果．从"抛绣球"看少数民族传统体育的文化变迁［J］．广西民族师范学院学报，2010，27（5）：88－90.

［101］李蓉，沈克印，张浩．体育产业助推乡村振兴的价值意蕴、作用机制与推进路径［J］．体育教育学刊，2022，38（4）：66－72.

［102］李社宁，张哲，李喜宁．全过程视域下精准扶贫绩效评价体系构

建［J］．地方财政研究，2019（8）：20－26．

［103］李婷，杨炼，崔上书．基于模糊综合评价法的湖南省空气质量评价［J］．黑龙江科学，2022，13（6）：51－53．

［104］李小云．脱贫摘帽重在不返贫［N］．人民日报，2018－08－26．

［105］李晓霞．基于模糊综合评价模型的教学评价系统的设计与实现［D］．成都：电子科技大学，2016．

［106］李效辉．制约中国传统体育现代化发展的因素及对策研究［J］．山西师大体育学院学报，2008，62（1）：53－55．

［107］李昕．可经营性非物质文化遗产保护产业化运作合理性探讨［J］．广西民族研究，2009（1）：165－171．

［108］李延超，饶远．水与火洗礼中的民族传统体育——傣族体育与彝族体育的比较研究［J］．体育科学，2006，26（11）：41－48．

［109］李莹，杨风雷．论发展民族传统体育提升文化自信的价值和策略［J］．体育文化导刊，2020（2）：1－5．

［110］李玉文，白晋湘．新发展阶段中华民族传统体育的时代机遇与路径选择［J］．体育文化导刊，2022（10）：57－64．

［111］李卓，左停．"后精准扶贫"时代的贫困：性质、成因及其治理路径——基于基本公共服务的视角［J］．西南大学学报（社会科学版），2022，48（5）：1－9．

［112］联合国教科文组织．国际体育运动宪章［EB/OL］．联合国教科文组织网站，http：//unesdoc．unesco．org/images/0023／002354／235409e，2017－05－07．

［113］梁巨志，张铁雄．贫困代际传递阻断路径的选择——基于乡村体育振兴视角［J］．农学学报，2020，10（9）：89－94．

［114］梁日忠．传统节日再造视角下民族体育的现代传承与价值创新——以广西罗城仫佬族自治县仫佬族依饭节为例［J］．河池学院学报，2020，40（5）：24－28．

［115］廖冰，邝晓燕，邹佳敏．后扶贫时代"三类户"返贫风险识别

与测度研究［J］．干旱区资源与环境，2022，36（10）：25－33．

［116］廖彩荣，陈美球．乡村振兴战略的理论逻辑、科学内涵与实现路径［J］．农林经济管理学报，2017，16（6）：795－802．

［117］廖磊，叶燎昆．本主崇拜视域下：云南白族传统体育价值延展与文化传承［J］．大理大学学报，2020，5（12）：68－74．

［118］林伯原．论鸦片战争至辛亥革命前中国传统体育的发展变化［J］．体育科学，1992（4）：11－15，93．

［119］凌彬．我国农村扶贫利益共同体综合绩效评价模式研究［D］．长沙：湖南大学，2013．

［120］刘汉成，夏亚华．大别山旅游扶贫开发研究［M］．北京：中国经济出版社，2014．

［121］刘金祥．刍议非物质文化遗产产业化［J］．华北电力大学学报（社会科学版），2012（4）：89－94．

［122］刘明军，吴明华，陈金鳌．少数民族体育生态伦理的文化渊源与价值拓展［J］．贵州民族研究，2018，39（9）：103－106．

［123］刘如，方倩倩．体育助推乡村振兴的理论逻辑、地方实践与推进思路［J］．浙江体育科学，2022，44（1）：68－76．

［124］刘文燕，王振．黔东南民族体育旅游扶贫模式研究［J］．内江科技，2019，40（12）：62－63．

［125］刘晓彤，张强．我国体育精准扶贫的现实困境及发展策略［J］．体育文化导刊，2019（6）：7－11，23．

［126］龙耀宏．贵州省黔东南苗族侗族斗牛文化的历史变迁［M］，贵阳：贵州民族出版社，2009．

［127］卢兴，郭晴，尹媛洁，荆俊昌．价值期待与情感桥接：中国传统体育文化海外接受的实证研究［J］．上海体育学院学报，2022，46（9）：9－19．

［128］芦风英．乡村振兴绩效评价体系构建及应用研究［D］．兰州：兰州财经大学，2023．

［129］陆德泉，朱健刚．反思参与式发展：发展人类学前沿［M］．北京：社会科学文献出版社，2013．

［130］陆霓，张继焦．新古典"结构—功能论"：非遗传统民族技艺助力民族地区精准扶贫的经验和启发［J］．贵州民族大学学报（哲学社会科学版），2020，11（3）：68 － 99．

［131］陆益龙．精准衔接：乡村振兴的有效实现机制［J］．江苏社会科学，2021（4）：36 － 46．

［132］吕宾．乡村振兴视域下乡村文化重塑的必要性、困境与路径［J］．求实，2019（2）：97 － 108．

［133］吕承超，崔悦．乡村振兴发展：指标评价体系、地区差距与空间极化［J］．农业经济问题，2021（5）：20 － 32．

［134］吕屏．传统民艺的文化再生产［D］．北京：中央民族大学，2009．

［135］吕屏，彭家威．传统工艺与现代商品——文化产业进程中壮族绣球的传承与变迁［J］．广西民族研究，2008（1）：186 － 191．

［136］罗家德，李智超．乡村社区自组织治理的信任机制初探——以一个村民经济合作组织为例［J］．管理世界，2012（10）：83 － 93．

［137］罗家德．自组织——市场与层级之外的第三种治理模式［J］．比较管理，2010（2）：1 － 12．

［138］罗明军．云南特有七个人口较少民族扶贫绩效调查研究［M］．北京：中国社会科学出版社，2015．

［139］罗玉杰，李会琴，侯林春，赵紫瑞．可持续生计视角下乡村旅游地返贫风险识别及预警机制构建——以湖北省恩施州 W 村为例［J］．干旱区资源与环境，2022，36（2）：186 － 193．

［140］马纯英，谭必友．传统体育非遗保护赋能乡村振兴的文化逻辑与实践经验研究——以谭氏苗拳为观察中心［J］．湖南社会科学，2023（4）：140 － 148．

［141］马红玉，黄爱金．传统工艺＋现代设计，绣球为文化扶贫增光

添彩［EB/OL］．靖西市人民政府网，http：//www. jingxi. gov. cn/zjjx/ftrq/t6738232. shtml，2020 - 10 - 21.

［142］马晓娜，图拉，徐迎庆．非物质文化遗产数字化发展现状［J］．中国科学：信息科学，2019，49（2）：121 - 142.

［143］买器，史曙生，木拉提·艾合买提，毛爽．新疆民族传统体育旅游可持续发展精准治理路径研究［J］．四川体育科学，2021，40（4）：101 - 105.

［144］孟志华，李璇．金融精准扶贫的绩效评价体系研究——基于AHP的分析［J］．合肥学院学报（综合版），2020，37（2）：53 - 62.

［145］潘道雍，刘永光．南疆体育旅游扶贫的精准识别研究［J］．内江科技，2020，41（8）：69 - 70.

［146］齐震，周家金，李远华．精准扶贫视角下少数民族传统体育资源开发策略［J］．嘉应学院学报，2020，38（6）：96 - 100.

［147］乔荣彤．晋城市民族传统体育与旅游融合发展［J］．山西大同大学学报（社会科学版），2022，36（4）：95 - 98.

［148］秦卫斌．法律视角下的民族传统体育文化保护研究［J］．榆林学院学报，2019，29（3）：62 - 65.

［149］邱海洪．桂西南壮乡抛绣球的历史传承和现实意义［J］．军事体育进修学院学报，2007（3）：27 - 29.

［150］邱丕相．民族传统体育概论［M］．北京：高等教育出版社，2008.

［151］屈植斌，李延超，顾晓艳．贵州少数民族村落体育旅游扶贫的现实困境与发展策略［J］．体育文化导刊，2020（3）：47 - 53.

［152］屈植斌，李延超．少数民族传统体育产业参与精准扶贫的路径研究——以贵州省为例［J］．体育研究与教育，2018，33（4）：17 - 23.

［153］饶远，王秀华，欧阳宇华．云南农村体育发展研究［J］．体育文化导刊，2008，70（4）：19 - 20，24.

［154］任明．少数民族传统体育的文化内涵与价值功能探析［J］．贵州民族研究，2017，38（2）：136 - 139.

［155］桑国强，贾明学．纳西族传统体育研究［J］．体育文化导刊，2009，82（4）：143－146．

［156］商汝松．广西农民体育健身工程实施现状与发展对策研究［J］．安徽体育科技，2013，34（1）：55－57．

［157］尚昭光．精准扶贫背景下体育扶贫参与的价值及路径［J］．体育科技文献通报，2020，28（10）：122－124．

［158］邵凯，董传升．从"脱贫攻坚"到"返贫阻断"：我国体育产业助力精准扶贫的机制创新［J］．沈阳体育学院学报，2021，40（1）：109－115．

［159］沈绮云，欧阳河，欧阳育良．产教融合目标达成度评价指标体系构建——基于德尔菲法和层次分析法的研究［J］．高教探索，2021（12）：104－109．

［160］省体育局党委关于巡视整改进展情况的通报［EB/OL］．贵州省纪委监委网站，http//www. gzdis. gov. cn/xsxc/bjxsxc/xsgz/202104/t20210419_67865111. html，2021－04－19．

［161］石榴云，刘翔．新疆：织密防止返贫网，脱贫质量成色足［J］．乡村振兴，2022（1）：44－49．

［162］石晓峰．体育旅游视域中农村扶贫模式创新研究［M］．北京：人民体育出版社，2017．

［163］市纪委通报三起违规使用扶贫资金典型案例［EB/OL］．南宁市纪委监委网站，http//jw. nanning. gov. cn/zljc/fplyfbhzfwtpgzq/t1717131. html，2019－04－01．

［164］四库全书·589册·岭外代答·卷十［M］．上海：上海古籍出出版社，1987．

［165］四库全书·1982册·唐音癸签·乐通二［M］．上海：上海古籍出版社，1987．

［166］四库全书·594册·溪蛮丛笑［M］．上海：上海古籍出版社，1987．

［167］宋小霞，王婷婷．文化振兴是乡村振兴的"根"与"魂"——

乡村文化振兴的重要性分析及现状和对策研究［J］. 山东社会科学, 2019 (4)：176 - 181.

［168］苏晶. 民族传统体育要向现代竞技体育靠近［J］. 中国民族, 2009 (3)：37 - 38.

［169］孙楚, 谢慧松, 厉素霞, 何瑞权. 体育强国建设背景下体育文化自信的生成逻辑与实践路径［J］. 体育文化导刊, 2021 (5)：28 - 34.

［170］孙昊. 冰灯冰雕艺术数字化保护与传播研究［D］. 哈尔滨：黑龙江大学, 2021.

［171］孙昊. 后扶贫时代山东日照市农村相对贫困特征与治理研究［D］. 淄博：山东理工大学, 2024.

［172］孙涛, 刘世荣, 何丽娟. 基于大数据的农村精准扶贫机制研究［J］. 农村实用技术, 2021 (6)：82 - 83.

［173］单凤霞, 郭修金. 民族传统体育与西方现代体育的共生发展［J］. 南京体育学院学报, 2017, 31 (3)：20 - 24.

［174］覃蓝天. 革命老区脱贫攻坚的实际困境与破解对策——以对广西兴安县的调研为例［J］. 广西青年干部学院学报, 2020, 30 (3)：83 - 86.

［175］谭小春. 精准扶贫背景下黔东南少数民族体育旅游扶贫开发研究［J］. 内江科技, 2020, 41 (7)：115 - 117.

［176］唐海平, 郑蓓蓓. 体育助力乡村振兴效果评价指标体系构建研究［J］. 合肥师范学院学报, 2021, 39 (6)：53 - 56, 60.

［177］陶光华, 谭晨菊, 郭慧芳. 藏族传统体育融入西藏乡村振兴的路径研究［J］. 西藏发展论坛, 2022 (4)：70 - 74.

［178］田晋, 熊哲欣, 向华. 民族地区村级精准扶贫绩效评价指标体系构建研究［J］. 经济研究导刊, 2017 (1)：38 - 40.

［179］田静, 辛榕榕. 我国体育精准扶贫的现状、问题及路径［J］. 哈尔滨体育学院学报, 2020, 38 (4)：10 - 15.

［180］田文. 精准扶贫政策绩效第三方评估研究［M］. 北京：中国社会科学出版社, 2019.

［181］田烨．试论法律法规中对民族地区相关概念的误用［J］．河北学刊，2010，30（6）：134－137．

［182］万炳军，史岩，曾肖肖．"健康中国"视域下体育的价值定位、历史使命及其实现路径——基于习近平治国理政的思想与战略［J］．北京体育大学学报，2017，40（11）：1－9．

［183］万坤利．乡村软治理生成的动力机制研究［J］．贵州社会科学，2021（7）：162－168．

［184］万兆彬．非物质文化遗产传承人培养与职业教育融合发展路径——以民族地区为例［J］．广西民族师范学院学报，2017，34（1）：25－28．

［185］汪跃金，汪轶群．体育扶贫领域不平衡现象分析及对策研究［J］．宿州学院学报，2020，35（4）：60－63．

［186］王广振，王伟林．乡村振兴视域下乡贤文化传承与应用研究——基于文化振兴和产业振兴视角［J］．理论学刊，2021（2）：161－168．

［187］王贵福．信息化建设滞后对扶贫工作的影响及建议［J］．金融科技时代，2017（12）：89－91．

［188］王国勇，邢溦．我国精准扶贫工作机制问题探析［J］．农村经济，2015（9）：46－50．

［189］王辉．参与式发展理论视角下的民族地区精准扶贫研究［D］．北京：北京化工大学，2019．

［190］王嘉鑫，陈今，刘志宇．精准扶贫、政策惠企与企业价值［J］．现代财经（天津财经大学学报），2022，42（7）：74－93．

［191］王金宝，彭士媛．民族传统体育及健身方法［M］．北京：华夏出版社，1996．

［192］王科飞，王宏江．我国体育扶贫历史溯源与当代治理研究［J］．北京体育大学学报，2021，44（1）：92－103．

［193］王兰，韩衍金．精准扶贫视阈下少数民族传统体育价值及发展愿景［J］．北京体育大学学报，2019，42（5）：120－129．

［194］王林雪，殷雪．精准扶贫视角下教育扶贫绩效评价体系构建

［J］．统计与决策，2019，35（3）：65－68．

［195］王名，蔡志鸿，王春婷．社会共治：多元主体共同治理的实践探索与制度创新［J］．中国行政管理，2014（12）：16－19．

［196］王萍，胡少娟，彭正文．文山州少数民族传统体育发展概况［J］．文山师范高等专科学校学报，2008（2）：33－35．

［197］王思贝，郑家鲲，陈丛刊．新时代全民健身与乡村振兴融合发展的价值审视、实践困境与路径选择［J］．中国体育科技，2023，59（1）：3－12．

［198］王小林，冯贺霞．2020年后中国多维相对贫困标准：国际经验与政策取向［J］．中国农村经济，2020（3）：12－21．

［199］王晓晨，乔媛媛，潘兰芳，等．桂西北少数民族传统体育的心态文化及其新时代延伸［J］．体育科技文献通报，2022，30（1）：234－236．

［200］王晓东，张书军．精准扶贫背景下体育扶贫参与的价值及路径——以安徽省无为县石涧镇为例［J］．安庆师范大学学报（社会科学版），2018，37（2）：82－86．

［201］王莺桦，孙兆霞．我国扶贫开发法制建设探析——基于《贵州省扶贫开发条例》文本的反思［J］．岭南学刊，2019（2）：101－108．

［202］王玉娜．基于因子分析和数据包络法的河北省精准扶贫绩效评估研究［D］．保定：河北大学，2019．

［203］王振振，王立剑．精准扶贫可以提升农村贫困户可持续生计吗？——基于陕西省70个县（区）的调查［J］．农业经济问题，2019（4）：71－87．

［204］王志章，刘天元．连片特困地区农村贫困代际传递的内生原因与破解路径［J］．农村经济，2016，43（5）：74－79．

［205］韦倩，宋传弘．平台经济演化与反垄断监管创新［J］．贵州社会科学，2022，34（10）：134－143．

［206］韦晓康，李霞．论壮族绣球运动的文化渊源［J］．体育文化导刊，2003（8）：76－78．

［207］韦晓康．壮族传统体育文化研究［M］．北京：中央民族大学出版社，2004．

［208］温丽，乔飞宇．扶贫对象精准识别的实践困境及其对策［J］．长白学刊，2017（3）：120－125．

［209］文冬妮，陈炜．乡村振兴视域下桂滇黔民族地区传统体育的价值评估［J］．广西民族研究，2021（6）：155－163．

［210］吴飞．基于历史制度主义分析新中国70年体育扶贫政策的变迁逻辑［J］．湖北体育科技，2022，41（3）：197－202．

［211］吴桂清．绣球：从"传情物"到"吉祥物"［D］．南宁：广西民族大学，2009．

［212］吴国琴．贫困山区旅游产业扶贫及脱贫绩效评价——以郝堂村为例［J］．河南师范大学学报（哲学社会科学版），2017，44（4）：63－68．

［213］吴学锋．学校民族传统体育价值定位与未来走向——基于体育强国建设背景［J］．开封文化艺术职业学院学报，2021，41（11）：120－122．

［214］吴遵民．终身教育研究手册［M］．上海：上海教育出版社，2019．

［215］西奥多·舒尔茨．人力资本投资：教育和研究的作用［M］．北京：商务印书馆，1990．

［216］习近平．决胜全面建成小康社会夺取新时代中国特色社会主义伟大胜利［M］北京：人民出版社，2017．

［217］习近平谈精准扶贫：找准症结把准脉，开对药方拔"穷根"［EB/OL］．人民网，http：//cpc. people. com. cn/xuexi/n1/2018/0918/c385476－30299933. html，2018－09－18．

［218］习近平在会见基层民族团结优秀代表时强调：中华民族一家亲，同心共筑中国梦［EB/OL］．新华网，http：//www. xinhuanet. com//politics/2015－09/30/c_1116727894. htm，2015－09－30．

［219］向云平．乡村振兴背景下传统体育文化现实困境及发展路径［J］．体育文化导刊，2023（2）：62－67．

［220］肖坤鹏，王庆然．相对贫困治理：体育的功能及其实现［C］//中国体育科学学会．第十二届全国体育科学大会论文摘要汇编——专题报告（体育社会科学分会），2022．

［221］肖坤鹏，张铁民．改革开放40年体育助力"贫困治理"的政策历程：成就、问题与前瞻［J］．沈阳体育学院学报，2020，39（2）：1-7，15．

［222］肖坤鹏，张铁民．相对贫困治理中体育的功能及实现路径［J］．体育文化导刊，2021（9）：23-28．

［223］谢菲，魏梅，田旭，王晓，张福建．精准扶贫视域下贵州农村体育发展路径研究［C］．第十一届全国体育科学大会论文摘要汇编，2019：4238-4239．

［224］谢劲，金晓芳．乡村振兴背景下村落体育时代价值和实现路径［J］．体育文化导刊，2020（8）：62-67．

［225］谢晓维．宁德市精准扶贫绩效评价及提升策略研究［D］．福州：福建农林大学，2018．

［226］熊晴，朱德全．民族地区职业教育服务乡村振兴的教育逻辑：耦合机理与价值路向［J］．教育经济，2021，37（3）：3-9．

［227］熊晓庆．民族文化的再生与认同［D］．南宁：广西民族大学，2012．

［228］徐虹，王彩彩．乡村振兴战略下对精准扶贫的再思考［J］．农村经济，2018（3）：11-17．

［229］徐玉良．中国少数民族传统体育史［M］．北京：民族出版社，2005．

［230］许多．武陵山片区土家族体育非物质文化遗产研究：本源考辨、时代价值、传承路径［J］．湖北师范大学学报（哲学社会科学版），2022，42（5）：39-46．

［231］许婷，张雪，张国栋．健康中国建设中民族传统体育价值与发展路径［J］．武术研究，2019，4（9）：99-102．

［232］薛明陆，李新红，姜大勇．体育与扶贫的融通性：现实诉求、阻

滞因素与应然路径［J］. 体育文化导刊，2018（9）：22 – 27.

［233］闫瑞峰. 科技创新新型举国体制：理论、经验与实践［J］. 经济学家，2022（6）：68 – 77.

［234］杨彬. 少数民族传统体育赛事开发及运营问题研究［J］. 贵州民族研究，2017，38（2）：140 – 143.

［235］杨海燕. 体育精准扶贫研究［M］. 北京：九州出版社，2020.

［236］杨瑚. 返贫预警机制研究［D］. 兰州：兰州大学，2019.

［237］杨建美，赵惠，许永乾. 楚雄彝族传统体育产业参与精准扶贫的路径研究［J］. 武术研究，2022，7（8）：109 – 112.

［238］杨蕾. 自组织理论视角下的城市社区公共事务优化治理实证研究［D］. 武汉：华中师范大学，2012.

［239］杨倩倩. 驻村第一书记参与乡村治理的实践研究［D］. 贵阳：贵州财经大学，2022.

［240］杨姗姗. 民族地区巩固非遗脱贫成果内生发展能力培育［J］. 社会科学家，2022（4）：60 – 67.

［241］杨姗姗. 民族地区精准扶贫绩效评价指标体系与模型构建——以传统体育助力乡村振兴为视角［J］. 社会科学家，2021（10）：57 – 62，68.

［242］杨修发，许刚. 利益相关者理论及其治理机制［J］. 湖南商学院学报，2004（5）：38 – 40.

［243］杨宜勇. 无障碍与社会公共服务［M］. 沈阳：辽宁人民出版社，2019.

［244］杨越，骆秉全，金媛媛. "体育 + " 在阻断贫困地区贫困代际传递中的作用［J］. 沈阳体育学院学报，2020，39（2）：16 – 21.

［245］杨占明. 对陕甘宁革命老区社会体育扶贫路径的思考［J］. 体育研究与教育，2021，36（2）：1 – 9.

［246］姚鸟儿. 初创科技型企业融资能力评价指标体系构建研究——基于模糊综合评价模型的分析［J］. 价格理论与实践，2020（12）：135 – 138.

［247］姚远，褚力. 非物质文化遗产数字化保护中的问题及对策——以

寿州窑为例［J］．安徽理工大学学报（社会科学版），2018，20（6）：7－14.

［248］殷杰兰．基于模糊综合评价的县级精准扶贫绩效评价［M］．北京：中国财政经济出版社，2020.

［249］尹栾玉．基本公共服务：理论、现状与对策分析［J］．政治学研究，2016（5）：83－96.

［250］于波．发挥农民在乡村振兴中的主体作用［EB/OL］．光明网，https：//m. gmw. cn/baijia/2021－08/05/35055294. html，2021－08－05.

［251］于善，张文婕，张佳茹，郭甜，郭伟，许治平．学科交叉融合视角下我国民族传统体育学知识结构特征研究［J］．体育学研究，2022，36（6）：69－77.

［252］余守文．体育助力区域扶贫：美国的经典案例和我国的启示［J］．体育与科学，2021，42（3）：7－15.

［253］云南省地方志编纂委员会．云南省体育志［M］．昆明：云南人民出版社，1994.

［254］张濒化．文山苗族武术运动发展初探［J］．运动，2014（16）：140－141.

［255］张长思，张长念，王占坤．冲突与规避：竞技武术与传统武术关系之研究［J］．北京体育大学学报，2015，38（7）：32－37，58.

［256］张鸽娟．系统动力学视角下陕西传统村落营建的多方参与机制及效应分析［J］．城市发展研究，2020，27（10）：32－36.

［257］张海霞，庄天慧．非政府组织参与式扶贫的绩效评价研究——以四川农村发展组织为例［J］．开发研究，2010（3）：55－60.

［258］张浩，肖琴．武陵山片区体育旅游资源开发与扶贫路径相结合研究——精准扶贫视角下［J］．体育世界（学术版），2018（10）：50，55.

［259］张洪安．我国古代斗戏研究［J］．体育文化导刊，2011，15（3）：122－124.

［260］张佳森，黄琳庆．精准脱贫中农村资金资本开发的问题与对策研究［J］．南京林业大学学报（人文社会科学版），2018（4）：80－85.

［261］张建业，戴羽．政策工具视角下我国民族传统体育政策文本特征研究［J］．体育科技文献通报，2022，30（2）：88－91.

［262］张晶，孙鹏举，刘学录，王乔乔，鲁学孟．生计资本对黄土丘陵区贫困人口生计活动的影响及评价——以甘肃省榆中县为例［J］．中国农业资源与区划，2020，41（11）：243－251.

［263］张立新．基于资源配置理论的城市土地合理利用研究［D］．北京：中国农业大学，2018.

［264］张明远."抛绣球"与元杂剧［J］．绥化学院学报，2006（5）：186－188.

［265］张琦．巩固拓展脱贫攻坚成果同乡村振兴有效衔接：基于贫困治理绩效评估的视角［J］．贵州社会科学，2021（1）：144－151.

［266］张秦．区域可持续发展能力研究：发展能力向可持续发展力的跃迁［M］．北京：中国经济出版社，2014.

［267］张铁雄，梁巨志．精准扶贫视域下体育功能治理贫困研究［J］．当代教育理论与实践，2020，12（6）：67－71.

［268］张汪洋，赵子建，慎承允，等．体育精准扶贫模式研究［J］．体育文化导刊，2018（11）：40－44.

［269］张新颖．乡村振兴视域下的农村家风建设研究［D］．成都：西南交通大学，2020.

［270］张旭刚．农村职业教育服务乡村振兴：实践困境与治理路径［J］．职业技术教育，2018，39（10）：59－64.

［271］张一鸣．城市化进程中的反贫困：制度创新与法律保障［J］．理论与改革，2020（3）：107－117.

［272］张玉国．我国高校竞技体育赛事资源优化配置研究［D］．长春：东北师范大学，2014.

［273］张元通．体育扶贫助力乡村振兴困境与对策研究［J］．喀什大学学报，2020，41（6）：89－92.

［274］张志娟．河南省乡村旅游精准扶贫绩效评价——以固始县为例

［J］．中国农业资源与区划，2018，39（10）：184－190．

［275］赵东．数字化生存下的历史文化资源保护与开发研究——以陕西为中心［D］．济南：山东大学，2014．

［276］赵嘉磊．我国农村体育精准扶贫改革路径分析［J］．广州体育学院学报，2020，40（6）：16－19．

［277］赵思．湖北省大悟县精准扶贫工作考核体系优化研究［D］．武汉：华中师范大学，2021．

［278］赵延安，陈凤仪．乡村振兴战略的思想资源、科学内涵和实现路径［J］．西北农林科技大学学报（社会科学版），2023，23（6）：1－9．

［279］赵元源．体育助力扶贫的实践路径研究［J］．文体用品与科技，2019（1）：48－49．

［280］郑宝华，梅长青．中国精准扶贫积累的宝贵经验［J］．云南社会科学，2022（2）：111－120．

［281］中共中央办公厅，国务院办公厅．省级党委和政府扶贫开发工作成效考核办法［R］．北京：国务院扶贫办，2016．

［282］中共中央党史和文献研究院．习近平扶贫论述摘编［M］．北京：中央文献出版社，2018．

［283］中共中央 国务院关于实现巩固拓展脱贫攻坚成果同乡村振兴有效衔接的意见［N］．人民日报，2021－03－23（001）．

［284］中共中央，国务院．"健康中国2030"规划纲要［EB/OL］．https：//baike．so．com/doc/24468687－25312554．html，2016－10－25．

［285］中国体育博物馆，国家体委文史工作委员会．中华民族传统体育志［M］．南宁：广西民族出版社，1990．

［286］钟秉枢，张建会，刘兰．用体育的力量，推进乡风文明、治理有效——来自广西乡村振兴的体育实践［J］．北京体育大学学报，2019，42（3）：21－31．

［287］钟礼超，仇倩湄，范琪欣，邱定康，艾安丽．粤北民族地区农村体育精准扶贫研究［J］．体育科技文献通报，2019，27（11）：50－51．

［288］钟学进，刘宵．广西非遗传承人才培养与职业教育融合发展模式及对策研究［J］．桂林师范高等专科学校学报，2019，33（2）：89－94．

［289］钟学进，阎海梅．桂滇黔民族地区传统体育助推乡村振兴的逻辑演进、作用机理及高质量发展［J］．南宁职业技术学院学报，2023，31（1）：93－101．

［290］周兵，胡振兴．深度贫困地区产业扶贫模式与效果评价——基于生态位理论视角的案例分析［J］．中南民族大学学报（人文社会科学版），2019，39（4）：138－142．

［291］周春芳，禄晓龙，伍红艳，杨星．健康城市建设的经济环境可持续发展评价研究［J］．中国健康教育，2021，37（12）：1070－1074，1081．

［292］周道平．武陵山片区体育精准扶贫策略研究［J］．当代体育科技，2019，9（18）：229－231．

［293］周刚志，王星星．"文化强国"目标下的文化产业政策导向与选择［J］．湖南大学学报（社会科学版），2022，36（1）：123－131．

［294］周铭扬，谢正阳，缪律，严鑫．体育助力精准扶贫：农村体育治理现代化推进研究［J］．沈阳体育学院学报，2021，40（1）：64－71．

［295］周强，赵清云，王爱君．"志智双扶"：精准扶贫政策对农村居民努力程度的影响［J］．财贸研究，2021，32（12）：37－49．

［296］周三多，陈传明．管理学（第四版）［M］．北京：高等教育出版社，2014．

［297］周碎平．从《"健康中国2030"规划纲要》透析全民健身运动的走向［J］．南京体育学院学报（社会科学版），2017，31（1）：59－63，69．

［298］周晓艾．云南少数民族传统节日与民族体育［M］．昆明：云南科学技术出版社，2007．

［299］周子英，黄毅．基于可拓云模型的精准扶贫绩效评价［J］．统计与决策，2022，38（20）：67－71．

［300］朱佳玮，孙文章，岳秀峰．基于滨海环境资源特点的大连旅游承载状态评价［J］．地理科学，2021，41（4）：664－673．

［301］朱军. 精准扶贫视域下的体育扶贫问题研究［J］. 湖北经济学院学报（人文社会科学版），2021，18（6）：27-30.

［302］朱鹏，陈林华. 体育助力乡村振兴的经验与价值及路径选择［J］. 体育文化导刊，2021（2）：28-35.

［303］庄天慧，张海霞，余崇媛. 西南少数民族贫困县反贫困综合绩效模糊评价——以10个国家扶贫重点县为例［J］. 西北人口，2012，33（3）：89-93，98.

［304］左停等. 精准扶贫：技术靶向、理论解析和现实挑战［J］. 贵州社会科学，2015（8）：156-162.

［305］Abian Z. , Russell W. An Analysis of Minority Indigenous Sports in Scotland［J］. Scottish Executive，2007（3）：1-50.

［306］Blandón E. Z. , Källestål C. , Peña R. , et al. Breaking the Cycles of Poverty：Strategies，Achievements and Lessons Learned in Los Cuatro Santos，Nicaragua，1990-2014［J］. Global Health Action，2017，10（1）：1-4.

［307］Buang N. A. B. , Azalina B. B. N. , 三浦敏弘，et al. A Study of Traditional and Cultural Sports Education in Malaysia：Understanding of Sports Item with Trait in Malaysia［J］. Essays and Studies of Physical Arts，2008，3（7）：199-207.

［308］Buser M. , Woratschek H. , Ridpath B. D. Gamification Through Fantasy Sports-Empirical Findings from Professional Sport Leagues［J］. Sport，Business and Management：An International Journal，2021，11（3）：575-597.

［309］Fan S. , Gailati A. , Thorat S. K. Investment，Subsidies，and Pro-Poor Growth in Rural India［J］. Agiricultual Economies，2008，39（2）：163-170.

［310］Freeman R. E. Strategic Management：A Stakeholder Approach［M］. Boston：Pinnan，1984.

［311］Grant J. Sport，Development and Aid：Can Sport Make a Difference？［J］. Sport in Society，2011，14（2）：241-252.

［312］Gratton C. , Dobson N. , Shibli S. The Economic Importance of Major

Sports Events: A Case-Study of Six Events [J]. Managing Leisure, 2010, 10 (2): 17 – 28.

[313] Gunnarsson S. Automatic Control Education in a CDIO Perspective [J]. Economics and Management Studies, 2017, 6 (7): 50 – 58.

[314] Igor C., Chaliburda, C., Cieśliński R. Possibilities of Implementing Traditional Polish Games and Play in the Process of Physical Education According to Pe Teachers [J]. Polish Journal of Sport & Tourism, 2016, 23 (1): 35 – 39.

[315] Kennelly M., Kristine T. Strategic Alliances in Sport Tourism: National Sport Organisations and Sport Tour Operators [J]. Sport Management Review, 2014, 17 (4): 407 – 418.

[316] Kostant P. C. Exit, Voice and Loyalty in the Course of Corporate Governance and Counsel's Changing Role [J]. The Journal of Socio Economics, 1999, 28 (3): 203 – 246.

[317] Kranjčević J. Traditional Sports and Games as a Resource for Sustainable Development [C]. IRNIST STC18 Sport Tourism and Local Sustainable Development At: Lille, France, 2018.

[318] Kurtzman J. Economic Impact: Sport Tourism and the City [J]. Journal of Sport & Tourism, 2005, 10 (1): 47 – 71.

[319] Lawson H. A. Empowering People, Facilitating Community Development, and Contributing to Sustainable Development: The Social Work of Sport, Exercise, and Physical Education Programs [J]. Sport, Education and Society, 2010, 10 (1): 135 – 160.

[320] Levermore R. Sport: A New Engine of Development? [J]. Progress in Development Studies, 2008, 8 (2) 183 – 190.

[321] Lidström I., Svanberg I., Ståhlberg S. Traditional Sports and Games Among the Sámi People in Northern Fennoscandia (Sápmi): An Ethnobiological Perspective [J]. Journal of Ethnobiology and Ethnomedicine, 2022, 18 (1): 20 – 22.

〔322〕 Malerba D. The Trade-off Between Poverty Reduction and Carbon Emissions, and the Role of Economic Growth and Inequality: An Empirical Cross-Country Analysis Using a Novel Indicator〔J〕. Social Indicators Research, 2020, 50（3）: 1 – 29.

〔323〕 Mctigue M., Ellig J., Richardson S. 2nd Annual Performance Report Scorecard: Which Federal Agencies Inform the Public? 〔M〕. Washington: Mercatus Center, George Mason University, 2001.

〔324〕 Morrill B. Public History and America's Pastime: The Use of History and Sports Heritage in Marketing and Community Relations in Minor League Baseball in Tennessee〔C〕. Dissertations & Theses-Gradworks, 2014.

〔325〕 Núñez P. D. P., Lago P. P., José M. J. M. A Descriptive Analysis of the Sport, Health, and Psychological Characteristics of At-Risk Youth in Guatemala〔J〕. Cogent Social Sciences, 2022, 8（1）: 223 – 243.

〔326〕 Nussbaum M. Capabilities as Fundamental Entitlements: Sen and Social Justice〔J〕. Feminist Economics, 2003（9）: 33 – 59.

〔327〕 Okada Chiaki, Kashu Masaya. Sport for Poverty Reduction Through a Cambodian Organization: The Homeless World Cup〔J〕. The International Journal of Sport and Society, 2020, 11（2）: 11 – 22.

〔328〕 Ostrom E., Schroeder L., Wynne S. Institutional and Sustainable Development: Infrastructre Policies in Perspective〔M〕. Boulder, CO: West Views Press, 1993.

〔329〕 Pere Lavega-Burgués, Aaron Rillo-Albert, Carlos Mallén-Lacambra, et al. Exploring Socioaffective Semiotricity: Emotions and Relational Signs in Traditional Sporting Games〔J〕. Semiotica, 2022, 24（2）: 159 – 151.

〔330〕 Peterson A. M., Penner O. Renormalizing Individual Performance Metrics for Cultural Heritage Management of Sports Records〔J〕. Chaos, Solitons & Fractals, 2020, 10（2）: 10 – 21.

〔331〕 Pierrot E. K. Traditional Practices Influence Student Motivation at

School and in School Athletics in the Republic of Benin [J]. Canadian Social Science, 2013, 9 (1): 32 –38.

[332] Pizzo A. D., Gones G. J., Baker B. J., et al. Sensemaking of Novelty: The Dynamic Nature of Integrating Esports Within a Traditional Sport Organization [J]. Sport Management Review, 2022, 25 (3): 383 –405.

[333] Ramshaw G. Sport, Heritage, and Tourism [J]. Journal of Heritage Tourism, 2014, 9 (3): 191 –196.

[334] Ravallion M. Growth, Inequality and Poveity: Looking Beyond Averages [J]. World Development, 2001, 29 (11): 1803 –1815.

[335] Reinhard H. The Impact of Austerity on Poverty and Sport Participation: Mind the Knowledge Gap [J]. International Journal of Sport Policy and Politics, 2018, 10 (1): 203 –213.

[336] Rogers R., Farquhar L., Mummert J. Motivational Differences Among Viewers of Traditional Sports, Esports, and NBA 2K League [J]. Communication & Sport, 2022, 10 (2): 175 –194.

[337] Sen A. Development as Freedom [M]. London: Oxford University Press, 1999.

[338] Sen A. Poverty and Famines: An Essay on Entitlements and Deprivation [M]. Oxford: Clarendon Press, 1981.

[339] Taraneh K., Afshar H. The Relation of the Sport Tourism with Job Creation, Income and Poverty Reduction and Investment in Tehran [J]. Singaporean Journal of Business, Economics and Management Studies, 2018, 6 (7): 13 –20.

[340] Thibaut E., Eakins J., Willem A., Scheerde J. Financial Barriers for Sports Consumption: The Dynamics of the Income-Expenditure Relation [J]. Sport, Business and Management: An International Journal, 2020, 10 (3): 245 –261.

[341] Todo Y. Takahashi R. Impact of Farmer Field Schools on Agricultural

Incomes and Skills: Evidence From an Aid-Funded Project in Rural Ethiopia [J]. Journal of International Development, 2013 (3): 362 - 381.

[342] Vandermeerschen H, Meganck J, Seghers J., et al. Sports, Poverty and the Role of the Voluntary Sector. Exploring and Explaining Nonprofit Sports Clubs' Efforts to Facilitate Participation of Socially Disadvantaged People [J]. International Journal of Voluntary and Nonprofit Organizations, 2017a, 13 (28): 307 - 334.

[343] Vandermeerschen H., Regenmortel T., Scheerder J. There are Alternatives, but Your Social Life is Curtailed: Poverty and Sports Participation from an Insider Perspective [J]. Social Indicators Research, 2017b, 18 (8): 119 - 138.